KB046622

법률의 지평

법무법인 [유] 지평

박영사

발간사

  법무법인(유) 지평은 2000년 이웃과 삶을 나누면서 같이 걸어가고자 세상에 태어 났습니다. 그리고 오늘도 새로운 지평을 열겠다는 꿈을 이루려고 애쓰고 있습니다.

  먼저 최고의 실력과 정성으로 고객에게 헌신하려고 합니다. 구성원들이 행복한 로 펌을 만들고자 노력하고 있습니다. 우리 사회에 공헌하는 공동체를 만들고 싶습니다. 그리하여 아시아를 대표하는 글로벌 명문 로펌을 꿈꾸고 있습니다.

  내년이면 지평은 성년이 되어 우리 사회에서 한몫을 톡톡히 해야 할 나이가 됩니 다. 법조의 지평을 넓혀야 할 사명을 갖고 있습니다. 지난해 지평 가족이 수행한 사 건이나 연구결과 가운데 소중한 자료를 '법률의 지평'에 모아 나누고자 합니다.

  창간호에는 다양한 분야의 논문과 칼럼이 수록되어 있습니다. 시각, 청각장애인들 의 영화관람을 위하여 편의제공을 청구한 소송이나 임차 부분 이외의 재산손해에 대 한 임차인의 배상책임 판례를 변경한 대법원사건 내용도 눈에 띕니다.

  '법률의 지평'을 발간한 목적은 그동안 지평을 믿고 지원하여 주신 고객과 법조계 에 지평의 활동을 알리려는 데 있습니다. 그리고 마중물이 되어 지평 가족의 연구 분 위기와 외부기고를 활성화하려는 뜻도 갖고 있습니다. 앞으로도 매년 지평이 수행한 사건 중 의미 있는 사건, 지평 가족이 외부에 기고한 연구논문이나 판례평석과 칼럼 을 모아 펴내려고 합니다.

  우리 사회에서 더불어 잘사는 소망을 품고 첫걸음을 내딛습니다. 업무전문성은 물 론 공익을 실현하는 법률전문가 공동체를 만들어 이바지하고자 합니다. 역사의 지평 너머에 있는 새로운 꿈을 이루어내겠습니다.

  함께 웃고 울며 오늘의 지평을 만들어 온 지평 가족과 집필자, 그리고 지금까지 지평 밖에서 성원하여 주신 여러분에게 감사드립니다.

대표변호사 이공현

차 례

칼럼

소송 사례

논문

책소개

카드뉴스

칼럼

좋은 절차가 곧 정의[*]

김지형 대표변호사

1. 저는 작년에 신고리 5·6호기 공론화위원회 위원장으로 원전 공론화 과정에 참여
   한 바 있습니다.

   원전 문제는 우리 사회의 가장 첨예하고 가장 오래된 논쟁적 사안의 하나였습니
   다. 그런 만큼 막중한 부담을 안고 공론화 절차를 시작했습니다. 그러나 공론화 과정
   이 모두 끝난 뒤에는 아주 놀랍고 경이로운 경험을 했음을 깨달았습니다.

2. 저는 원전 공론화 과정을 마친 후 그것이 갖는 의미를 크게 두 갈래로 정리해 보았
   습니다.

   첫째, 공론화 과정은 국가권력 중 행정권의 민주적 행사로서의 정치적 의미를 갖
   는다는 것입니다. 이것은 직접민주주의나 대의민주주의와 대비하여 이른바 숙의민주
   주의라는 개념으로 설명되고 있습니다.

   민주주의는 말 그대로 국민 또는 시민이 주인이 되는 정치체제입니다. 숙의민주주
   의는 국가정책결정 과정에 다수의 시민대표가 참여하되, 해당 정책 사안에 관해 전문
   가 수준에 버금가는 충분한 지식과 정보를 제공받아 자신의 견해를 정하는 숙의과정

---

[*] 이 글은 『제6회 아시아 법제 전문가 회의: 국민참여와 소통 확대를 위한 행정절차 법제 정비 방안』 법제처,
   한국법제연구원, 2018. 10. 31. 기조연설문을 일부 수정한 것이다.

을 거쳐 시민대표들의 최종의견을 수렴하고, 그것을 정책결정에 적극 반영하는 절차를 일컫습니다. 모든 국민 또는 시민이 직접 참여하는 것은 아니라는 점에서 직접민주주의와 구별되고, 국회나 정당에 속한 직업정치인이 상시 대표하는 것이 아니라는 점에서 대의민주주의와 구별됩니다.

민주주의는 다양성을 전제로 합니다. 어떤 정책 이슈라도 서로 다른 여러 입장이 공존할 수 있음을 받아들이는 데서 민주주의는 출발합니다. 따라서 민주주의는 서로 다른 입장과 입장 사이에서 상호 절충하면서 새로운 대안을 찾아나가는 과정입니다. 그러기 위해서는 무엇보다 제대로 된 소통이 중요합니다. 지난 원전 공론화는 원자력 발전과 관련한 정부정책의 생산자와 소비자, 공급자와 수요자 사이에서 실효성 있게 소통하는 기능을 수행하였습니다. 원전 공론화 의제와 관련하여 서로 입장을 달리하는 이해관계인들과 전문가들이 시민대표들의 숙의과정에 관여하여 상호 유기적으로 소통하는 역할을 하였습니다.

둘째, 공론화 과정은 사회갈등을 합리적으로 조정하는 절차로서의 사회적 의미를 갖는다는 것입니다.

프랑스 경제학자 토마 피케티가 말한 것처럼 인류 역사에서 아무런 갈등 없이 이루어낸 발전은 없었다고 봅니다. 더구나 앞서 말씀드린 대로 민주주의는 획일성이 아니라 다양성을 당연한 전제로 하는 한, 사회갈등이 없다면 오히려 이상한 일일 것입니다. '사회갈등이 존재하는 현상'을 은폐하거나 회피하지 말고, 힘들더라도 갈등과 기꺼이 마주하여야 합니다. 그리고 한 걸음 더 나아가서 '갈등에서 사회발전의 추진력이나 계기를 만들 수 있다'고 생각해야 합니다. 은폐나 회피보다 더 좋지 않은 것은 갈등을 억압하는 일입니다. 국가권력을 포함하여 어느 하나의 입장이 다른 입장을 지배·굴복시키는 것도 문제이지만, 우리 사회가 이것을 방치하거나 조장하는 것 역시 갈등을 확산시킬 뿐입니다. 그 대신 갈등을 줄여나가려는 사회적 참여와 다양한 노력이 요청됩니다.

정부정책을 둘러싸고 갈등이 발생하였을 때도 다를 바 없습니다. 중요한 정부정책 사안이 정권을 쥔 소수 인사들의 의사만으로 결정되고, 반대의견은 의사결정과정에 수렴되지 않은 채 묵살되고 말 경우, 반대의견을 가진 쪽에서 극한투쟁의 방식으로 저항하고, 이에 따라 양측이 서로 대립·충돌하면서 종종 폭력이 뒤따르기도 하고 소모적인 갈등 양상이 계속되며 그 결과 과도한 사회적 비용을 치러야 할 수도 있습니다. 공론화는 바로 이러한 분열과 대립 상황을 해결하기 위한 사회적 논의 절차의 하나입니다.

개인적으로 저는 30년 가까이 줄곧 법관으로 지냈습니다. 법관이 하는 일은 기본적으로는 승패를 가르는 일입니다. 대법관으로 있는 동안에도 진보와 보수 중 제가 지향하는 어느 한 편의 입장과 가치를 옹호하는 일에 몰두하였습니다. 법관을 마치고 난 이후에 '승패를 가르는 일' 못지않게 '분쟁을 조정하거나 중재하는 일'도 아주 중요하겠다는 생각을 했습니다. 입장과 입장이 서로 부딪치며 갈등을 겪고 있을 때 승패를 가리는 일이 과연 우선일까, 승패를 가려 승리한 어느 하나의 입장만이 진실일까, 승패를 가리는 일은 가장 최후의 선택이어야 하지 않을까, 우리가 우선해야 할 일은 서로 다른 입장과 입장 사이에 놓인 제3의 대안을 찾는 일이 아닐까. 이런 의문들에 대한 일응의 답을 지난 공론화 경험을 통해 얻을 수 있었습니다.

3. 우리 사회는 정의를 추구합니다. 공론화가 추구하는 정의는 무엇일까 생각해 봅니다.

제 좁은 소견으로는, 정의란 연역적·선험적으로 존재하는 것이 아니라 귀납적·경험적으로 모아져야 한다는 것입니다. 우리가 걸어갈 수 있는 길이 여러 갈래 있을 때 그 중 어느 길 하나만이 옳고 나머지 길은 모두 그른 길이 아닙니다. 왼쪽으로 난 길을 갈 수도 있고 오른쪽으로 난 길을 갈 수도 있습니다. 이도저도 아닌 제3의 길을 갈 수도 있습니다. 중요한 것은 '그 길을 누가 어떻게 선택할 것인가'입니다. "좋은 절차가 곧 정의"라고 말할 수 있는 것도 그 때문입니다.

공론화 과정은 하나의 절차입니다. 우리의 삶을 결정할 중요 의제에 대해 넓고 깊게 숙의한 후 어느 길로 가야 할지 선택하는 절차입니다. 제가 원전 공론화 과정에서 주권자로 참여한 471명의 시민대표들에게 말씀 드렸던 것도 이와 다르지 않았습니다. "여러분은 위대한 것을 선택하는 것이 아니라 여러분이 선택한 것이기에 위대한 것입니다." 어떠한 선택이든 그것이 좋은 절차에 의해 이루어졌다면 그것으로 정의는 실현된 것입니다.

4. 저는 공론화 과정을 마치고 나서 우리 사회가 원전 공론화를 경험하기 이전과 그 이후는 분명 달라져야 한다고 여러 차례 강조하였습니다.

원전 공론화를 통해 숙의민주주의에 대해 살아있는 경험을 했습니다. 첨예한 사회적 갈등 사안에 대해 조율과 절충을 통해 조정해 나갈 수 있는 가능성을 경험했습니다. 시민대표들의 현명한 선택을 통해 그 선택한 결과에 대하여 승복하고 사회적 공감을 얻어낼 수 있다는 경험도 하였습니다.

하지만 원전 공론화가 완전한 것은 결코 아니었습니다. 굳이 냉철한 분석과 평가를 하지 않더라도 미숙한 점 역시 많았다는 점을 고백하지 않을 수 없습니다. 그러기에 원전 공론화는 우리에게 많은 과제를 안겨 주었습니다. 원전 공론화 과정이 끝나는 시점은 동시에 공론화의 새 출발을 시작하는 시점이 되었습니다. 공론화의 경험이 사회적 자산으로 쌓여 공론화가 더욱 유용한 기능을 수행할 수 있게 하는 일을 멈출 수 없기 때문입니다.

공론화는 사회적 논의의 한 형식입니다. 정부 등 정책결정권자가 의제를 설정하여 논의에 회부하면 독립적 · 객관적 · 중립적인 지위의 기구가 그 절차를 주관하고 해당 의제에 대해 이해관계나 가치관을 달리하는 당사자 · 전문가 · 시민대표 · 언론매체 등이 직 · 간접으로 논의의 주체로 참여합니다. 오늘날 사회적 소통을 통해 통합을 이루어나가기 위해서 이러한 사회적 논의는 아주 긴요합니다. 그러기에 공론화가 갖는 장점을 살려나가고 단점을 보완하는 지속적인 노력 역시 긴요합니다.

좋은 공론화를 위한 앞으로의 과제를 좀 더 구체적으로 제시해 보면, 무엇보다 관련 분야에 대한 학자나 연구자들의 역할이 막중합니다. 뿐만 아니라 우리 사회에서 더욱 신뢰받을 수 있는 절차의 주관자를 더 많이 가져야 합니다. 의제와 관련되는 전문가적 역량도 갖추어야 합니다. 공론화를 위한 인력이나 조직 등 전문기구의 확충도 필요합니다. 그리고 이러한 모든 것을 뒷받침할 제도나 절차가 마련되어야 합니다.

'국민참여와 소통 확대를 위한 행정절차 법제 정비 방안'을 주제로 법제처와 한국법제연구원이 주최하는 이번 아시아 법제 전문가 회의에서 바람직한 공론화를 위한 큰 길을 닦는 데 초석이 되는 논의가 활발히 이루어져 좋은 성과로 이어지기를 기대합니다.

노인의 나라에 노인법과 인권은 없다*

임성택 대표변호사

올해 폭염으로 숨진 사람의 평균 연령은 66.17세, 가장 많이 쓰러진 장소는 논밭이라고 한다. 재난의 희생자들은 주로 가난한 노인들이다. 우리나라는 OECD 국가 중 노인빈곤율이 가장 높다. 노인자살률은 OECD 평균의 3배가 넘는다. 노인에 대한 혐오는 커지고, 차별과 배제는 심각해지고 있다. 시설뿐 아니라 가정에서의 노인학대도 늘고 있다. 실은 노인만의 타운을 만들거나 노인을 시설에 보내는 것 자체가 인권친화적이지 않다. 노인 교통사고 비율도 가장 높다. 저상버스는 아직 태부족이라 계단버스를 타는 노인은 눈총의 대상이 된다. 노인의 느린 걸음을 이 사회는 참지 못한다. 집에 있지 왜 돌아다니냐며 눈총을 받는다. 노인의 일할 권리를 이야기하면 청년실업도 심각한데 무슨 한가한 소리냐는 답이 돌아온다.

한국은 작년에 노인비중이 14% 이상인 고령사회로 진입했다. 세계에서 가장 빠른 속도다. 불과 17년 만에 7%에서 14%를 넘었다(프랑스 115년, 미국 73년, 독일 40년, 일본 24년). 최근 통계는 더욱 걱정스럽다. 생산연령인구(15~64살)가 처음으로 감소했고, 올 2분기 출산율은 0.97명을 기록했다. 이대로라면 세계에서 유일한 0점대 출산율을 기록할 전망이다.

초고령사회(노인 20% 이상)가 눈앞에 닥친 '노인의 나라'에 노인인권은 없다. 노인인권을 위해 일하는 변호사도 찾기 어렵다. 노인인권을 옹호하고 노인학대사건을 처리

---

* 이 글은 『법률신문』 제4633호(2018. 9. 3.)에 게재된 칼럼이다.

하기 위해 만들어진 노인보호전문기관(중앙 1곳, 지방 31곳)에 상근변호사가 없다. 대한변호사협회 노인법률지원위원회는 2007년경 구성되었다가 지금은 조직도에서 사라졌다. 구글에서 노인 법률상담을 검색하면 '노인을 위한 법률지원사업'이라는 팸플릿이 먼저 검색된다. 미국 오레곤주에서 한국어를 사용하는 노인을 위해 만든 팸플릿이다. 한국에도 없는 한국어로 된 미국의 노인 법률지원이라니!

이 나라에는 노인법도 없다. 노인법을 전공하는 법학자를 본 일이 있는가(사회복지학자들뿐이다). 부자 노인을 대상으로 법률서비스를 하는 변호사도 없다. 미국은 전국노인법변호사협회(National Academy of Elder Law Attorneys) 소속 변호사가 4000명 이상이고, 다른 수천 명의 변호사들이 자신의 업무분야와 연관된 노인법률 서비스를 제공하고 있다. 일본도 상당한 변호사들이 고령자를 위한 법률서비스를 한다.

2000년에는 9명의 젊은이가 노인 1명을 부양했다. 그런데 2020년에는 4명, 2040년에는 2명의 젊은이가 노인 1명을 부양해야 한다. 연금은 고갈되고 경제가 휘청거릴 것은 자명하다. 노인의 일할 권리는 청년의 권리와 충돌될 것 같지만 결국 청년의 짐을 더는 일이다. 누구나 노인이 된다. 지금은 침을 뱉지만 결국 자신의 문제가 된다. 고령사회에 들어선 우리에게 노인법과 인권은 사회를 무너뜨리지 않게 하는 최소한의 장치이다.

근로시간 단축에 따른 기업의 대응방안*

이광선 변호사

1. 들어가며

2018년 2월 28일 국회에서 근로시간 단축 등을 포함한 근로기준법 개정안이 통과되었다. 기존에 1주가 5일인지 7일인지에 대해 논의가 계속되었으나 개정된 근로기준법은 1주를 7일로 명시하여 그 논란을 종식시켰고(1주 최대 근로시간은 52시간), 근로시간 특례 업종도 26개에서 5개로 축소했다.

300인 이상 사업장 및 국가, 지자체 및 공공기관에서는 이미 2018년 7월 1일부터 근로시간이 1주(7일) 52시간으로 단축되었고, 50인 이상 사업장도 2020년부터 적용된다. 기업들은 근로시간 관리에 비상이 걸렸다. 정부는 근로시간 위반 단속을 2019년 3월까지 유예하겠다고 밝혔으니 올해 3월 이후 근로시간 위반을 이유로 한 진정이나 고소가 확대되고 그에 따라 사용자가 처벌될 가능성도 높아질 것이다.

아래에서는 기업들이 근로시간 단축에 대해 실무적 대응방안과 법률적 대응방안(유연근무제) 등에 대해 살펴본다. 또한, 근로기준법 부칙에서 2022년까지 탄력적 근로시간제의 단위기간 확대 등 제도개선 방안을 준비하도록 규정했고, 그에 따라 최근 경제사회노동위원회(이하 '경사노위')에서 탄력적 근로시간제의 단위기간을 6개월로 확대하기로 합의했으므로, 이에 대해서도 간단히 살펴본다.

---

* 이 글은 『월간 노동법률』 2018년 4월호, ㈜중앙경제에 게재된 칼럼을 일부 수정·보완한 것이다.

2. 실무적 대응방안

가. 연장근로 통제·관리

기업들은 사무직의 경우 소위 포괄임금제를 도입하여 추가적인 연장근로수당 지급 부담이 없어 연장근로를 장려하거나 방치해 왔다. 그러나 최근 정부는 포괄임금제를 엄격하게 규제할 것을 선언했다. 포괄임금제가 유효하다고 하더라도, 이는 연장근로수당 지급 유무와 관련 있을 뿐 근로시간 단축을 대비한 것이 아니다.

따라서 기업들은 이제부터라도 연장근로에 대한 철저한 관리가 필요하다. 모든 업무를 소정 근로시간 내에 종료하도록 하고, 급하지 않은 업무라면 야근이 아니라 그 다음 날에 처리하도록 해야 하며, 연장근로가 필요하면 사전 승인을 받은 후에 하도록 해야 한다. 관리자들에 대해서는 부서원들의 연장근로 양을 관리자들의 평가항목으로 삼아 연장근로가 많은 부서의 관리자가 낮은 평가를 받는 등의 불이익을 주어 관리자들이 스스로 연장근로를 관리·통제하도록 해야 한다.

또한, 소정 근무시간이 끝나면 컴퓨터 로그인을 차단하거나(업무시간 이후 컴퓨터 화면에 '연장근로 필요 시 사전 승인' 등의 문구가 나오도록 하는 방안 등), 사무실 전원을 차단하는 방안 등을 통해 근로자들의 일방적인 연장근로 제공을 관리할 필요가 있고, 연장근로가 필요하여 사전 승인받은 근로자들은 별도 사무실에 모여 연장근로를 하는 방법 등도 고려해 볼 수 있다.[1] 이와 같이 철저하게 연장근로를 관리하지 않으면 추후 형사처벌 대상이 된다는 점을 유의해야 한다.

다만, 실제로 연장근로가 필요함에도 관리자가 연장근로를 허용하지 않아 자택이나 사무실 밖에서 연장근로를 하여 실제 성과물을 제공하는 경우에는 추후 연장근로로 인정될 가능성이 있고, 해외출장의 경우 이동 및 대기시간도 근로시간에 해당한다는 최근 하급심 판결에 의하면 근로기준법을 위반하는 문제도 발생할 수 있다.

나. 교대제 개선 등 정원관리(생산직)

사무직의 경우 연장근로를 관리·통제하는 방법으로 근로시간 단축에 어느 정도

---

[1] 최근 컴퓨터 로그인 시간을 근거로 연장근로수당을 청구하는 소송이 증가하고 있다.

대비할 수도 있겠지만, 24시간 사업장 등 교대근로가 필요한 생산 사업장의 경우에는 교대제를 개편하고 정원을 늘리는 등의 대응이 필요하다. 이에 앞서 정확한 정원 산정은 필수이다.

예컨대, 기존 3조 2교대 근무제를 유지하되 주간근무조의 근로시간을 줄이고 야간 근무조의 근로시간을 늘리되 휴게시간(수면시간)을 부여하여(수면시간 동안은 야간조가 다시 번갈아가며 근무) 근로시간을 줄이는 방안이나, 아예 4조 3교대로 가는 방안을 고려해야 한다. 4조 3교대로 갈 경우에는 추가 인원이 확보되어야 한다.

다. 집중근무제

일부 대기업에서는 근로시간 단축에 대비하여 집중근무제를 도입하고 있다. 집중 근무제란 별도의 법적 제도가 아니라, 소정 근로시간에 근로의 밀도를 높여 불필요한 시간낭비를 막는 것을 말한다. 예컨대, 근무시간에 담배를 피거나 잡담(채팅), 웹서핑 등으로 낭비되는 시간을 통제하여 업무의 집중도를 높여 불필요한 연장근로를 방지하는 것이다.

이를 위해 SNS나 불필요한 인터넷 사이트 접속을 막거나 업무시간 중에는 화장실 외에 사무실을 벗어나는 것을 금지하는 것이다. 다만, 보통 오전 9시부터 12시까지, 오후 1시부터 6시까지가 근무시간인데, 3시간이나 5시간 동안 집중근무를 요구할 경우 근로자의 피로도가 높아지거나 직원들의 불만이 제기될 수 있으므로 좀더 유연한 제도 운영이 필요하다. 예컨대, 2시간 근무 후 10−20분 휴식을 주면서 업무시간 중 근로밀도를 높이는 것이다.

한편, 근로시간을 관리하기 위해 직원들의 SNS나 채팅, 사적 이메일 등을 금지한 다는 차원에서 사용자가 직원들의 이메일 등을 모니터링 할 경우에는 관리를 넘어 '감시'가 되고, 형사처벌의 대상[2]이 될 수 있으므로 모니터링을 한다면 사전에 근로자들의 동의를 받아 두는 것이 좋다.

---

2) 통신비밀보호법이나 정보통신망 이용촉진 및 정보보호 등에 관한 법률 위반이 될 수 있다.

3. 법률적 대응방안(유연근무제)

일반적으로 유연근무제란 근로시간의 결정 및 배치 등에 있어서 탄력적으로 운영할 수 있도록 하는 제도를 말한다. 여기에는 탄력적 근로시간제, 선택적 근로시간제, 사업장밖 근로시간제(간주근로시간제), 재량근로시간제, 보상휴가제 등이 포함된다.

가. 탄력적 근로시간제

탄력적 근로시간제란 어떤 근로일의 근로시간을 연장시키는 대신 다른 근로일의 근로시간을 단축시킴으로써, 일정 기간의 평균근로시간을 법정근로시간으로 맞추는 근로시간제를 의미한다(법 제51조). 탄력적 근로시간제는 2주 단위 탄력적 근로시간제와 3개월 단위 탄력적 근로시간제 두 가지 종류가 있다.

(1) 2주 단위 탄력적 근로시간제

2주 단위 탄력적 근로시간제는 취업규칙에 해당 내용이 규정되어 있어야 하고, 2주 이내 일정한 단위기간을 평균하여 1주 근로시간이 40시간을 초과하지 않는 범위 내에서, 특정한 주에 40시간을 초과(48시간 초과 금지), 특정한 날에 1일 8시간을 초과하여 근로하게 할 수 있는 제도이다(법 제51조 제1항). 탄력적 근로시간제를 도입할 때 기존 임금 수준이 낮아지지 않도록 임금보전방안을 강구해야 한다(법 제51조 제4항).

2주 단위 탄력적 근로시간제를 도입하는 내용으로 취업규칙을 변경할 때 불이익 변경절차를 거쳐야 하는지는 견해가 나뉜다. 임금보전방안을 강구하는 이상 불이익 변경이 아니라는 견해, 근로자의 자유로운 시간 이용이 제한되는 근로시간 변화가 초래되므로 불이익 변경이라는 견해, 절충적인 견해가 있다. 행정해석은 탄력적 근로시간제 도입으로 근로조건이 불이익하게 변경되었는지 여부는 동제도의 도입취지와 배경, 해당 사업체의 업무의 성질, 취업규칙 여타 규정과의 관계, 그간의 근무형태 등 제반사정을 종합적으로 고려하여 판단해야 한다는 견해다.[3]

---

3) 근기 68207-681, 1997. 5. 23.

(2) 3개월 단위 탄력적 근로시간제

3개월 단위 탄력적 근로시간제는 근로자대표와의 서면합의를 해야 하는데, 서면합의 사항은 ① 대상 근로자 범위, ② 단위기간(3개월 이내 일정기간), ③ 단위기간의 근로일과 그 근로일별 근로시간, ④ 서면합의의 유효기간이다(법 제51조 제2항). 3개월 이내의 단위기간을 평균하여 1주 40시간을 초과하지 않는 범위 내에서 특정한 주에 1주 40시간 초과 52시간 미만, 특정한 날에 1일 8시간 초과 12시간 미만 내에서 근로하게 할 수 있다. 1일·1주 근무시간이 달라지는 경우 서면합의서에 각일·각주의 근무시간 등을 사전에 명시해야 한다. 탄력적 근로시간제 시행에 대해 개별 근로자의 별도 동의를 받을 필요는 없다.

'근로자대표'란 과반수 노조 또는 과반수 노조가 없으면 전체 근로자의 과반수를 대표하는 자이다. 이 때 종전 과반수 노조가 있더라도, 탄력적 근로시간제 등을 도입할 당시에는 근로자 과반수에 미달하게 되었다면 근로자대표의 지위를 가진다고 보기 어렵다. 또한, 「근로자 참여 및 협력증진에 관한 법률」에 따른 노사협의회 근로자 위원이 근로시간제도에 대한 대표권을 행사하는 것에 대하여 전체 근로자 과반수 의사를 대표하는 자로 선정된 경우가 아니라면 근로자대표로 볼 수 없다.[4]

한편, 일부 부서나 일부 근로자에게만 3개월 단위 탄력적 근로시간제 도입 시 그 적용대상 근로자들의 서면합의만으로 시행이 가능한지 문제될 수 있다. 그러나 구(舊)법에는 "업무단위 또는 부분적으로 적용하고자 할 때에는 당해 근로자와의 서면합의"라는 내용이 규정되었다가 1997. 3. 13. 법 제정 때에는 삭제되었으므로, 전체 근로자대표와 서면합의를 하는 것이 타당하다.

서면합의에 유효기간을 명시해야 하는데, 자동갱신 조항을 두는 것이 가능한지 문제가 될 수 있다. 이에 대해 반대하는 견해도 있지만, 유효기간에 제한이 없으므로 '노사 일방 당사자의 이의가 없으면 동일한 기간 갱신'된다는 자동조항을 두는 것도 가능하다고 판단된다.

---

4) 근로기준정책과－2872, 2015. 7. 1.

(3) 효력

탄력적 근로시간제 하에서 연장근로가 되는 시간은 단위기간을 평균하여 1주간 근로시간이 40시간을 초과하면 연장근로가 된다. 예를 들어, 2주 단위 탄력적 근로시간제의 경우 첫 주를 47시간, 둘째 주를 33시간으로 정한 경우, 둘째 주에 35시간을 근로했다면 2시간이 연장근로에 해당하므로 연장근로수당을 지급해야 한다. 마찬가지로 첫 주에 47시간을 근로했다면 이에 대해서는 별도로 연장근로수당을 지급할 필요가 없다.

탄력적 근로시간제 도입과 무관하게 근로기준법에 따라 당사자간 합의가 있으면 1주 12시간까지 연장근로가 가능하다. 따라서 2주 단위는 1주 최대 60시간(48시간+12시간), 3개월 단위는 1주 최대 64시간(52시간+12시간)까지 근로가 가능하게 된다.

나. 선택적 근로시간제

선택적 근로시간제란 1월 이내의 정산기간 동안 총 근로시간만 정하고, 각일·각주의 근로시간과 각일의 시작 및 종료시각을 근로자의 자유에 맡기는 제도를 의미한다(법 제52조).

이를 도입하기 위해서는 취업규칙에 업무의 시작 및 종료시각을 근로자의 결정에 맡긴다는 내용을 기재해야 하고, 근로자대표와 서면합의를 해야 한다. 서면합의사항은 ① 대상근로자 범위, ② 정산기간(1월 이내) 및 정산기간의 총 근로시간, ③ 반드시 근로해야 할 시간대를 정한 경우는 그 시작 및 종료시각(선택적), ④ 근로자가 그의 결정에 따라 근로할 수 있는 시간대를 정한 경우에는 그 시작 및 종료시각, ⑤ 유급휴가부여 등의 기준이 되는 표준근로시간이다.

선택적 근로시간제는 미리 정한 총근로시간을 넘는 경우에만 연장근로수당을 지급한다. 예컨대, 1개월(30일)을 정산기간으로 정하면, 총 법정근로시간은 171.4시간($40 \times 30/7$)이므로, 그 시간을 넘으면 연장근로가 된다.

선택적 근로시간제는 정산기간의 근로시간만 정하면 되고 각일, 각주에 대한 근로시간은 근로자 스스로 배정하므로 각일, 각주에 있어서 연장근로에 대한 의미가 없다. 사용자가 취업규칙 등에서 연장근로를 명시적으로 요청하거나 사전 승인한 경우에만 연장근로로 인정한다는 점을 명시해 두면, 정산결과 총 근로시간을 넘더라도 사용자가 요청하거나 사전 승인 등이 없는 이상 연장근로수당을 지급할 필요가 없다.

다. 간주근로시간제

간주근로시간제는 근로자가 출장 그 밖의 사유로 근로시간 전부 또는 일부를 사업장 밖에서 근로하여 근로시간 산정이 어려운 경우 근로자대표와 서면합의를 통해 '업무수행에 통상 필요한 시간'을 정하면, 그 시간을 근로시간으로 간주하는 제도이다(법 제58조 제1, 2항).

이 제도는 사업장 밖에서 근로하여 근로시간 산정이 어려운 경우에만 가능하다. 따라서 여러 명이 사업장 밖에서 근로하는데 그 중 근로시간 관리를 하는 자가 있거나 사업장 밖에서 휴대폰 등으로 수시로 사용자의 지시를 받는다거나, 사업장에서 미리 당일 업무를 구체적으로 지시받은 뒤 사업장 밖에서 지시에 따라 업무에 종사하고 그 뒤 사업장에 돌아오는 경우 등은 간주근로시간 대상이 아니다.[5]

라. 재량근로시간제

재량근로시간제는 업무의 성질상 업무수행방법을 근로자의 재량에 위임할 필요가 있는 업무로서, 근로자대표와 ① 대상업무, ② 사용자가 업무수행, 시간배분 등에 관해 근로자에게 구체적으로 지시하지 않는다는 내용, ③ 근로시간 산정은 그 서면합의로 정한 바에 따른다는 내용에 대해 서면합의를 해야 한다(법 제58조 제3항). 재량근로 제도는 근로기준법 시행령이 정하는 업무에 한하여 허용되는데 전문직이나 창의적 업무, 업무수행 수단에 재량이 크고 보수는 근로의 양이 아니라 근로의 질에 의해 결정되는 것이 적절한 업무에 적용된다.

재량근로시간제가 허용되는 업무는 연구개발업무, 정보처리시스템의 분석·설계업무, 기사의 취재·편성 또는 편집업무, 디자인·고안 업무, PD 또는 감독업무, 회계·법률사무 등에 있어 타인의 위임[6] 등을 받아 수행하는 업무이다(법 시행령 제31조).

재량근로시간제를 도입하면, 실제 근로한 시간이 근로자대표와 합의한 시간을 초과하더라도 연장근로수당을 지급할 필요가 없다. 다만, 재량근로시간으로 정한 시간이

---

5) 근로기준법 주해 III, 182쪽, 박영사(2012).
6) 로펌이나 법률사무소의 변호사 업무가 이에 해당할 수 있다.

법정근로시간을 초과하거나 야간근로가 포함되어 있으면 연장·야간근로수당을 지급해야 한다.

4. 경사노위의 탄력적 근로시간제에 대한 합의 내용

대통령 직속 사회적 대화기구인 경사노위 산하 노동시간제도개선위원회가 탄력적 근로시간제의 단위기간을 현행 3개월에서 6개월로 확대하기로 합의했다. 합의 내용대로 법 개정이 이루어지면 탄력적 근로시간제의 단위기간은 ▲ 2주 이내 ▲ 3개월 이내 ▲ 3개월 초과·6개월 미만의 단위로 구분되게 된다.

2주 이내 단위와 3개월 이내 단위의 탄력근로를 시행하고자 할 때에는 현재와 같은 절차로 도입이 가능하다. 2주 이내 단위는 취업규칙으로, 3개월 이내 단위는 근로자대표와의 서면합의로 도입할 수 있다. 이번 합의로 신설될 가능성이 높은 3개월 초과·6개월 미만의 단위 역시 근로자대표와의 서면합의로 도입할 수 있도록 하였다. 3개월 초과 탄력적 근로시간제의 경우 근로일별이 아닌 주별로 근로시간을 정하되 최소 2주 전에 근로일별 근로시간을 근로자에게 통보해야 한다.

또한 3개월을 초과하는 탄력적 근로시간제 도입으로 우려되는 근로자의 과로를 방지하고 건강을 보호하기 위하여, 근로일 사이에 연속으로 11시간 휴식을 의무화하는 내용을 도입하였다. 사용자는 임금저하 방지를 위한 보전수당, 할증 등 임금보전 방안을 마련하여 고용노동부 장관에게 신고해야 한다.

이번 합의결과는 국회에 제출되어 탄력근로제 확대 적용을 위한 관련 법 개정 논의의 기초 자료가 될 예정이다.

5. 마치며

근로기준법이 개정되어 1주 총 근로시간은 52시간을 초과할 수 없게 되었으므로, 사용자는 위에서 설명한 다양한 유연근로시간제도를 고려해 볼 필요가 있다. 그러나 무엇보다도 업무시간 중 효율적인 업무수행이 될 수 있도록 불필요한 회의 단축, 근무시간 중 업무 무관 시간낭비 금지(잡담, 웹서핑 등 업무와 무관한 시간 사용 방지), 사전 승인을 받은 경우에만 연장근로를 허용하는 방법 등을 통해 불필요한 연장근로를 방지할 필요가 있다. 또한, 출장시간 중 근로시간을 어떻게 산정할지, 고객과의 회식이나 접대[7] 등을 근로시간으로 인정할지 등에 대해서도 사전에 근로자대표와 합의를 통해 명확히 규정해 두는 것이 분쟁 예방을 위해 필요하다.[8]

---

[7] 최근 하급심 판례에서는 휴일에 골프접대 시간이 근로시간에 해당하지 않는다고 판단했다(서울중앙지방법원 2018. 10. 30. 선고 2018나25938 판결).

[8] 고용노동부는 2018년 6월 '근로시간 판단기준'을 배포했다(http://www.moel.go.kr/policy/policydata/view.do?bbs_seq=20180500487)

해외 사례를 통해 살펴본 근로시간 단축과 유연근무제 활용 방안[*]

구자형 변호사

2018년 7월 1일부터 1주일의 최대 근로시간은 52시간이 되었다. 과거에는 1주일의 최대 근로시간이 68시간이었는데 이제 52시간으로 줄었으니 적지 않은 변화다.

해외 선진국들의 근로시간, 한국과 차이가 클까?

그런데 주 52시간도 해외에 비하면 너무 많다는 이야기가 들린다. 최근 폴 크루그먼 교수가 한국의 주당 근로시간이 52시간으로 단축되었다는 소식을 듣고서는 어떻게 52시간이나 일하느냐고 오히려 놀랐다는 뉴스가 나와 화제가 되었다. 프랑스는 주 35시간이고 미국, 독일은 주 40시간인데 우리나라는 여전히 주 52시간이나 되어 문제라는 이야기도 종종 들린다.

그러나 사실 우리나라는 주 52시간이고 외국은 주 40시간이라고 말하는 것은 타당하지 않다. 주 40시간제라고 할 때의 주 40시간이란 연장·휴일 근로를 제외한 법정 근로시간 개념으로서 우리나라도 예전부터 주 40시간제를 시행 중이기 때문이다. 최근 우리나라에서 말하는 '주 52시간'이란 연장·휴일 근로시간까지 모두 포함한 최대 근로시간을 말하는 것으로서, 오히려 미국, 독일 등은 연장·휴일 근로시간을 포함한 최대 근로시간 한도를 법률로 정하고 있지 않다. 일본도 최근에야 초과 근로시간을 제

---

[*] 이 글은 『월간 방송작가』 2018년 8월호, 한국방송작가협회에 게재된 칼럼이다.

한하는 법률이 입법되었다.[1]

이처럼 법정 근로시간은 프랑스를 제외하면 어느 나라든 큰 차이가 없고, 연장 근로시간 한도는 오히려 우리나라가 선진국에 비해서도 비교적 엄격한(한도가 작은) 편이다. 그렇기 때문에 우리나라 근로자의 근로시간이 세계에서 가장 많은 편이라고 하지만, 그 이유를 법조문에서 찾기는 어렵다. 우리나라 근로자의 연간 근로시간이 많은 것은 휴가를 적게 사용해서 일 수도 있고, 파트타임 근로자 비중이 작아서 일 수도 있다. 그러나 무엇보다도 장시간 근로를 전제로 만들어진 사회적 관행의 문제가 클 것으로 생각된다.

즉, 선진국의 연간 근로시간이 우리나라보다 적은 것은 법률로 근로시간을 엄격히 제한하였기 때문이라기보다는 사회·문화적으로 일과 생활의 균형을 중시하고, 효율적으로 근무하는 시스템이나 관행이 정착하였기 때문이라고 생각된다.

법률적 규제보다 사회적 노력이 앞선 해외 선진사례

실제로 해외에서는 법률에 의해 규정된 것 이상으로 다양한 유연근무제가 자율적으로 이용되고 있는 것으로 알려져 있다. 유연근무제란 출퇴근 시간을 사용자가 변경하거나 근로자가 자율적으로 선택하는 등 근로시간의 사용 방법을 변경하는 방안을 말한다. 유연근무제를 이용하는 경우 전체 근로시간을 유지하거나 혹은 단축하면서, 꼭 일을 진행해야 하는 시기에는 집중적으로 근무하는 것이 가능하다. 가령, 근로자가 출퇴근 시간을 선택하는 선택적 근로시간제는 일과 생활의 균형을 도모하는 한 방법으로 환영받고 있다.

미국의 경우 법률로 총 근로시간 한도를 규제하고 있지 않으나, 근로시간을 효율적으로 활용하여 일과 생활의 균형을 꾀하기 위한 다양한 제도가 기업 단위에서 자율적으로 시행되고 있다. 압축근무제(하루에 8시간씩 5일 근무하는 대신 가령 하루에 10시간씩 4일 근무), 일시적 파트타임 전환, 직무공유제(하나의 직무를 둘 이상의 근로자가 파트타임으로 공유하고 급여도 나눔), 근무지 교차제(서로 다른 지사에서 근무하는 근무자가 지역을 교환)

---

[1] 일본의 경우 「일하는 방식의 개혁을 추진하기 위한 관련 법률의 정비에 관한 법률」이 2018년 6월 29일 참의원을 통과하여 내년 4월부터 순차적으로 시행될 예정이다.

등이 이용된다고 한다.

독일에서는 법률이 정한 유연근무제를 민간에서 자율적으로 발전시킨 '근로시간계좌제'가 널리 이용된다고 한다. 근로시간계좌제는 월 단위 또는 연 단위로 초과 근로시간을 적립하여 휴가나 근로시간 단축에 이용하는 제도이다. 연 단위를 넘는 장기계좌는 안식년, 육아, 조기퇴직 등 다양한 목적으로 활용된다. 기업은 초과근로 수당의 부담을 덜고, 근로자는 휴식을 확보하는 방법으로 널리 활용되고 있다.

일본의 경우 우리나라에 비해 탄력적 근로시간제(사용자가 출퇴근 시간을 정하는 변형근로제)가 훨씬 더 많이 이용되고 있는데, 우리나라와의 주된 차이는 탄력적 근로시간제의 정산 기간이 길다는 것이다. 우리나라에서는 탄력적 근로시간제를 시행하는 경우 3개월 이내에 근로시간이 정산되어야 한다. 즉, 우리나라에서는 탄력적 근로시간제를 시행하더라도 3개월 단위로 정산하여 근로시간 한도를 준수해야 한다. 반면, 일본의 경우 1년 단위 탄력적 근로시간제가 허용되고 실제로 탄력적 근로시간제를 채택한 기업은 1년 단위로 운영하는 경우가 많다고 한다. 연 단위로 바쁜 시기와 그렇지 않은 시기가 교차하는 업종의 경우에는 일본과 같이 1년 단위의 정산이 필요할 것으로 생각된다.

이처럼 해외에서는 이미 다양한 형태의 유연근무제가 널리 이용되고 있고, 이는 꼭 법률의 규제 때문만이 아니라 일과 생활의 균형을 도모하고자 하는 사회적 노력에 의한 것으로 보인다.

콘텐츠업계의 불가피한 대안, 유연근무제

다만, 우리나라도 어찌 되었든 주당 최대 근로시간이 68시간에서 52시간으로 크게 줄어들게 되었으므로, 장시간 근로를 전제로 만들어진 제도와 조직, 관행에는 변화가 불가피해졌다. 특히 방송업은 과거에는 연장근로 한도가 적용되지 않는 특례업종이었으나, 이제는 특례업종에서 제외되어 더 급격한 변화를 겪게 되었다(다만 기존 특례업종 중 제외된 업종은 주 52시간 규제가 2019년 7월 1일 이후로 유예되었다).

인력을 확충해서 고용을 늘리고 개인별 근로시간도 줄어들 수 있다면 바람직한 변화가 될 수 있다. 제작방식을 바꿔서 과도한 초과근로가 발생하지 않게 할 수 있을지도 모른다. 그러나 당장 인력을 확충하거나 제작방식을 바꾸는 것이 쉽지 않을 수 있고, 인력이 충분하더라도 한 사람의 일을 여러 사람이 나누기 어려운 경우도 많다. 흔히 창조적인 업무나 전문적인 업무는 일을 나눠서 하거나 다른 사람이 대체하기 어려운 편이라고 한다. 방송업 등 콘텐츠업계에는 창조적, 전문적인 업무가 많다.

근로기준법이 정한 재량근로제, 선택적 근로시간제, 탄력근무제 등 유연근무제는 근로시간의 총량이 줄어들 수밖에 없는 상황에서 필요한 경우에 집중적으로 일하기 위한 불가피한 대안으로 생각된다. 꼭 근로시간 단축 때문이 아니더라도 시간 활용의 효율성과 유연성을 높이는 유연근무제는 이미 해외에서 널리 활용되고 있다. 특히, 콘텐츠업계는 단기간 내에 업무가 집중되는 경우가 많은 것으로 알려져 있어 유연근무제를 고려해야 할 필요성이 큰 것으로 생각된다.

우리 근로기준법상 유연근무제로는 재량근로제, 선택적 근로시간제, 탄력적 근로시간제 등이 있다. 재량근로제는 업무수행 방법을 근로자의 재량에 맡기되, 근로자대표와 서면 합의로 정한 시간을 근로한 것으로 간주하는 제도이다. 신문·방송 기자, 방송·영화 프로듀서, 감독 등은 재량근로제를 실시할 수 있는 업종이다. 선택적 근로시간제는 업무의 시작 및 종료 시간을 근로자가 결정하고, 다만 1개월 이내의 정산 기간을 평균하여 근로시간 한도를 준수하도록 하는 방식이다. 탄력적 근로시간제는 사용자가 업무시간을 정하되, 2주 또는 3개월 이내의 단위 기간 동안 정산하여 근로시간 한도를 준수하도록 하는 방식이다.

부동산시장 규제에 대한 단상*

정 원 변호사

　예사롭지 않은 수도권 일부 지역 아파트 가격 인상에 정부는 최근 다시 규제책을 내놓았다. 이른바 9·13대책으로 불리는 주택시장 안정대책이다. 9·13대책은 종부세 세율 인상, 3주택 이상 소유자·조정대상지역 2주택자에 대한 추가 과세, 2주택 이상 세대의 규제지역 내 주택구입 주택담보대출 금지 등을 주요 내용으로 한다. 이러한 부동산시장 규제에 대해 투자자나 실수요자는 손익을 따져가며 예민하게 반응하지만, 변호사 입장에서는 검토할 것이 또 생겼구나 하는 걱정이 먼저 앞서는 게 사실이다. 더 솔직히 말하면 규제를 회피할 방안을 본능적으로 살피게 된다.

　과거로 돌아가보자. 변호사로서 본격적으로 처음 검토한 부동산시장 규제는 분양가상한제였다. 노무현 정부는 계속된 부동산대책에도 집값이 잡히지 않자 2007년 초 이른바 1·11 부동산대책을 발표했는데, 그동안 공공택지에만 적용되던 분양가상한제를 민간택지까지 확대하는 내용이 포함되어 있었다. 택지비와 건축비에 일정 이윤을 더한 금액을 상한으로 분양가를 정하도록 규제하는 내용으로 신규 주택의 가격을 제한함으로써 부동산시장 과열을 막으려는 데 취지가 있었다(현재도 일정 기준을 충족하는 택지에는 분양가상한제가 적용되지만 이보다는 주택도시보증공사, 즉 HUG가 분양보증을 통해 사실상 분양가를 규제하고 있는 것이 현실이다).

　당시 건설사들은 분양가상한제 회피를 위해 다양한 수단을 모색했다. 필자는 당시

---

* 이 글은 『리걸타임즈』 제123호(2018년 10월호)에 게재된 칼럼이다.

지역주택조합 방식과 임대주택 방식 두 가지를 검토했다.

　지역주택조합은 무주택자(이후 주거전용면적 60㎡ 이하 1주택 소유, 다시 85㎡ 이하 1주택 소유로 조합원 자격에 대한 규제가 완화되었다)들을 조합원으로 하여 구성된 사업주체인데 지역주택조합이 조합원에게 아파트를 공급하는 것은 사업주체가 자신의 구성원에게 공급하는 것이라서 「주택공급에 관한 규칙」에서 규제 대상으로 삼는 분양에 해당하지 않아 분양가상한제가 적용되지 않았다(다만 조합원에게 분양하고 남는 세대가 20세대를 초과할 경우 해당 분양은 분양가상한제 적용을 받는다. 현재는 30세대).

　다음으로 당시 민간건설임대주택의 경우 임차인을 모집하는 행위는 분양에 해당하지 않으므로 역시 분양가상한제가 적용되지 않았다. 이후 임대주택은 분양전환을 통해 일반 아파트처럼 소유의 대상이 되지만 분양전환은 주택법이 상정하는 전형적인 분양에 해당하지 않기 때문에 역시 분양가상한제가 적용되지 않는다.

　당시까지만 해도 임대주택은 저소득층이 거주하는 주택이라는 인상이 지배적이었고, 대부분 공공부문이 직접 짓거나 주택건설기금의 지원을 받아 건설되는 임대주택들이었다. 민간이 순수한 자기자본을 들여 임대주택을 짓는다는 것은 정부 입장에서는 상정하기 힘들었고, 이 때문에 민간건설임대주택에 대하여는 사실상 아무런 규제가 없다고 해도 과언이 아니었다(5년의 임대의무기간에 대한 제한만 있었고, 이마저도 2년 6개월이 지나면 최초 임차인에게 분양전환이 가능했다). 하지만 고가주택에 저소득층 주거지라는 인상이 강한 임대주택 이름을 붙여 분양하는 것에 대해서는 건설사에서도 저항감이 상당해서 바로 채택되지 못하다가 단국대 서울캠퍼스 부지에 분양가상한제 적용을 피하기 위해 임대주택 방식으로 한남더힐이 건축되고 성공적으로 분양되면서 민간건설임대주택은 시장에 어느 정도 자리를 잡았다.

　분양가상한제는 재건축·재개발 아파트에도 바로 영향을 줬다. 2007년 11월 말까지 관리처분계획인가신청을 한 단지는 분양가상한제를 적용받지 않았다. 수많은 조합이 기한을 지키기 위해 제대로 요건도 갖추지 않은 상태에서 관리처분계획인가를 신청했고 그 후 부실한 신청의 여파로 관리처분계획인가처분이 취소되는 조합이 적지 않았다.

　재건축초과이익환수금 적용을 피하기 위해 서울 강남지역 조합들이 작년 연말에 연이어 관리처분총회를 개최하여 부랴부랴 관리처분계획인가신청을 접수한 것은 2007년의 데자뷔였다.

이처럼 규제가 생기면 시장은 회피할 수단을 금세 찾아내고 규제의 부작용은 규제 자체의 정당성에 의문을 던지기도 한다. 이 때문에 규제 자체를 반대하는 목소리도 커지고 있다.

하지만 적어도 부동산, 특히 주택에 대하여는 규제가 반드시 필요하다고 생각한다. 다만 부동산 규제를 상당 기간 지켜본 입장에서 몇 가지 제언을 하고 싶다.

우선 규제의 큰 틀을 견지하는 것이 중요하다. 도입 당시 많은 논란이 있었지만 종합부동산세, LTV, DTI를 통한 대출 규제, 다주택자에 대한 양도세 중과 등의 규제수단은 일정한 수준의 사회적 합의를 확보했다. 세부적인 규제의 정도에 대하여는 국민들 각자의 경제적 이해관계에 따라 온도차가 있겠지만 규제의 기본을 훼손하는 것은 더 큰 부작용을 낳을 것이다. 그동안 일정 기간이 경과하고 경기가 악화되면 규제를 회피할 길을 정부 스스로 열어줬던 과거를 반복하는 것은 피해야 하겠다.

모든 정책이 그렇지만 부동산 정책이야말로 우리 국민에게 즉각적인 정서적 파장을 일으킨다. 부동산으로 얻는 수익은 불로소득이라는 도덕적 확신으로 밀어붙일 것이 아니라, 부동산 정책이 국민 각자에게 미칠 영향을 고려해 섬세하게 대응하면서 사회적 합의의 폭을 넓혀야 한다.

소셜 믹스(social mix)가 바람직하다는 전제하에 임대주택 건설을 오랜 기간 추진해왔지만 여전히 임대주택을 건설한다는 계획만 발표하면 인근 주민들이 들고 일어서는 것이 현실이다. 이를 도덕적 견지에서 비난할 것이 아니라 바람직한 주거양식으로서 임대주택을 확립시킬 장기적인 노력을 계속해야 할 것이다. 부동산 정책이야말로 옳고 그름에서 출발하기보다는 조금 더 나은, 조금 더 사회적 합의를 얻어내는 방식으로 꾸준히 집행되기를 바란다.

'부동산 가계약금'을 보는 세 가지 관점[*]

사봉관 변호사

A는 최근 갑자기 대전 지사로 발령 받게 됐다. 얼마 동안 수서고속철도(SRT)로 출퇴근했는데 너무 힘들었다.

결국 대전에 새로 지은 조그만 연립주택을 매수하기로 마음먹었다. 아직 준공이 나지 않았지만 투자 가치도 있어 보였다. 또 매도인 B가 제시한 매매 대금은 2억 5000만원인데 가계약금으로 1000만원 정도만 먼저 지급하면 자신이 대금을 조금 더 깎아 보겠다는 부동산 중개인의 적극적인 권유도 있었다.

또 인근 비슷한 면적의 주택 시세가 3억원 이상이었다. 그래서 나중에 계약서를 작성하기로 하고 일단 가계약금 1000만원을 부동산 중개인이 알려준 B의 통장에 송금했다.

그런데 1주일 정도가 지난 후 아무리 생각해도 준공도 안 된 집을 매수하는 게 꺼림칙했다. 회사에서도 A를 3개월 후 판교 본사로 다시 발령 낼 가능성이 높다고 했다. A는 부동산 중개인을 통해 이런 사정을 B에게 이야기하면서 가계약금을 돌려달라고 정중하게 요청했다.

하지만 B는 A의 사정으로 본계약을 체결하지 못한 이상 가계약금은 당연히 몰취된다고 하면서 반환을 거절했다. A는 가계약금을 돌려받을 수 있을까.

---

* 이 글은 『한경비즈니스』 제1169호(2018. 4. 23.)에 게재된 칼럼이다.

가계약은 당사자 간 의사표시 도구

실무상 가계약의 유형은 매우 다양하다. 정식 계약체결을 위한 준비 단계로 법적 구속력이 없는 것이 있고 가계약이란 명칭이 사용됐지만 실제로 본계약과 아무런 차이가 없는 것도 있다.

또 가계약이라고 하지만 실질은 조건부 계약인 것도 있다. 예컨대 토지에 대한 매매 가계약을 체결하면서 토지 거래 허가가 나지 않으면 매매계약의 효력이 없는 것으로 약정한 것이 그렇다. 가계약을 체결하면서 나중에 본계약을 체결할 때 수정 가능성을 유보하는 것도 있다.

예컨대 건축 도급 가계약을 체결하면서 추후 본계약체결 때 당사자 일방이 지정하는 제3자를 건축 공사의 공동 계약자로 참여시킬 수 있다고 특약하거나 매매 가계약을 체결하고 나중에 계약상 매수인의 지위를 변경하기로 한 것 등이 바로 그렇다.

이와 같이 가계약의 목적과 유형이 매우 다양하므로 법적 성질과 효과를 일률적으로 정하기는 어렵다. 그래서 가계약은 결국 '당사자들의 의사표시의 해석 문제'로 귀결된다. 일반적으로 당사자들이 앞으로 계속될 교섭의 기초로 삼았을 뿐 장래의 교섭에 의해 수정될 것을 예정하고 있었다면 최초의 가계약의 법적 구속력을 인정하기 힘들 것이다.

이 사안은 A와 B 사이에 법적 구속력이 있는 '매매' 가계약이 성립됐는지 여부가 우선 문제다. 계약이 성립되기 위해서는 당사자 사이에 의사의 합치가 있을 것이 요구되고 이러한 의사의 합치는 당해 계약의 내용을 이루는 모든 사항에 관해 있어야 하는 것은 아니다.

하지만 본질적 사항이나 중요 사항에 관해서는 구체적으로 의사의 합치가 있거나 적어도 장래 구체적으로 특정할 수 있는 기준과 방법 등에 관한 합의가 있어야 하고 그러한 정도의 의사의 합치나 합의가 이뤄지지 않았다면 특별한 사정이 없는 한 계약은 성립되지 않는 것으로 보는 것이 타당하다(대법원 2017다242867 판결).

A는 부동산 중개인이 대금을 감액해 보겠다고 이야기했고 B와 직접 매매 대금에 관해 협의한 것도 아닌 점 등을 들어 매매계약의 본질을 이루는 매매 대금에 관한 의사의 합치가 없었으므로 계약이 성립되지 않았다고 주장할 수 있다.

만일 이 주장이 받아들여진다면 A가 B에게 송금한 가계약금 1000만원은 법률상 원인이 없는 부당이득이 돼 B가 A에게 반환할 의무를 부담하게 된다.

세 가지로 나뉘는 가계약금의 성질

하지만 매매는 당사자 일방이 재산권을 상대방에게 이전할 것을 약정하고 상대방이 그 대금을 지급할 것을 약정함으로써 효력이 생기는 낙성, 불요식 계약이다(민법 제563조). A도 B가 제시한 매매 대금이 2억 5000만원이라는 것을 부동산 중개인으로부터 전해 들었다.

또 인근 주택 시세 등을 고려한 다음 가계약금을 송금한 사정 등에 비춰 보면 매매 대금이 특정되지 않았다거나 의사의 합치가 없었다는 이유로 계약이 성립되지 않았다고 보기에는 어려울 것으로 생각된다.

다음으로 계약의 성립 여부와 별도로 가계약금 자체의 성질을 살펴볼 필요가 있다. 이 또한 기본적으로 의사 해석의 문제로, 계약금의 법리가 그대로 적용될 수 있다. 크게 세 가지로 나눌 수 있다.

첫째, 가계약금이 청약의 '증거금'일 때다. 이는 당사자들 사이에 수수된 가계약금은 '향후 본계약이 체결되면' 계약금의 일부로 충당되기로 하고 지급된 금원이므로 당사자들 사이에 실제로 본계약이 체결되지 않은 이상 매도인은 매수인에게 위 가계약금을 반환할 의무가 있다.

둘째, 가계약금이 '위약금'일 때다. 당사자들 사이에 일방의 사정으로 본계약을 체결하지 못하면 이미 지급한 가지급금을 위약금(손해배상의 예정)으로 하기로 특약한 것이다(실무상 위약금 약정은 문서로 작성되는 것이 대부분이다). 다만 위약금은 법원이 여러 사정을 고려해 그 수액을 적절히 감액할 수 있다.

끝으로, 가계약금이 '해약금'일 때다. 당사자들 사이에 다른 약정이 없는 한 가계약금의 교부자는 이를 포기하고 수령자는 그 배액을 상환해 가계약을 해제할 수 있다(민법 제565조 제1항).

한편 유상 계약을 체결할 때 계약금이 수수됐다면 계약금은 해약금의 성질을 가지고 있어 이를 위약금으로 하기로 하는 특약이 없는 이상 계약이 당사자 일방의 귀책사유로 인해 해제됐다고 하더라도 상대방은 계약 불이행으로 입은 실제 손해만 배상받을 수 있을 뿐 계약금이 위약금으로서 상대방에게 당연히 귀속되는 것은 아니라는 것이 판례(대법원 2007다24930 판결 등)의 태도이다.

이 사건은 A와 B 사이에 다른 약정이 없는 이상 A가 B에게 지급한 가계약금 1000만원은 '해약금'으로 추정되므로 A는 B와 본계약을 체결하지 않으려면 가계약금을 포기하고 이를 해제할 수 있다.

다만 B도 A가 해약금 약정에 기한 해제권을 행사하지 않는 이상 가계약의 구속력을 벗어나려면 A의 채무불이행 등 다른 사유로 이를 해제하면서 채무불이행 등으로 인해 입은 실제 손해만을 배상받을 수 있을 뿐 가계약금을 위약금으로 몰취할 수는 없다.

일반적으로 당사자들이 앞으로 계속될 교섭의 기초로 삼았을 뿐 장래의 교섭에 의해 수정될 것을 예정하고 있었다면 최초의 가계약에 법적 구속력을 인정하기 어렵다.

공사비 증액 후 현금 뒷돈의 형사상 책임 문제[*]

김선국 변호사

원청업체 공사팀장 A는 하도급업체 대표와 공사대금을 실제 공사대금보다 증액하기로 합의했다. 그리고 하도급업체 대표는 증액된 공사대금을 현금화해 A팀장에게 되돌려주기로 했다. A팀장은 뒷돈을 챙기고, 하도급업체 대표는 향후 공사수주 등의 각종 편의를 제공받기를 기대하면서 A팀장에 협조한 것이다. A팀장의 형사상 책임은 어떻게 될까?

이 경우 검찰에서 A에 대해 배임수재죄로 기소하는 경우가 많다. 배임수재죄는 타인의 사무를 처리하는 자가 그 임무에 관해 부정한 청탁을 받고 재물 또는 재산상 이익을 취하는 경우 성립하는 범죄이다(형법 제357조 제1항). A는 타인(원청업체)의 사무(하도급업체 선정 등)를 처리하는 자인데 그 임무에 관해 부정한 청탁(향후 공사수주 등의 각종 편의제공)을 받고 공사대금 차액을 취했다고 보는 것이다. 배임수재죄의 법정형은 5년 이하의 징역 또는 1000만원 이하의 벌금이다.

그러나 경우에 따라서는 A를 배임수재죄가 아닌 업무상 배임죄로 기소하는 경우가 있다. 업무상 배임죄는 타인의 사무를 처리하는 자가 그 업무상 임무에 위배하는 행위로써 재산상의 이익을 취득하여 본인에게 손해를 가함으로써 성립하는 범죄이다(형법 제356조, 제355조 제2항). 타인(원청업체)의 사무(하도급업체 선정 등)를 처리하는 자인 A가 공사대금을 부풀려 그 차액을 되돌려 받는 것은 그 업무상 임무에 위배해 재

---

[*] 이 글은 『대한전문건설신문』 제1421호(2018. 10. 22.)에 게재된 칼럼이다.

산상 이익을 취득해 본인(원청업체)에게 손해를 가하는 경우에 해당하기 때문이다. 업무상 배임죄의 법정형은 10년 이하의 징역 또는 3000만원 이하의 벌금이다.

하급심 판결 중 이와 같은 사안에서 배임수재죄가 아닌 업무상 배임죄가 성립한다고 본 사례가 있다(수원지방법원 2015. 6. 12. 선고 2015고합85 판결). 검사는 A에 대해서 주위적 공소사실은 배임수재죄로, 예비적 공소사실은 업무상 배임죄로 기소했는데, 법원은 배임수재죄는 무죄로 판단하고 업무상 배임죄를 유죄로 인정했다. A가 하도급업체로부터 증액된 공사대금을 되돌려 받은 것은, A와 하도급업체 대표가 공사대금을 부풀려 원청업체에 손해를 끼치기로 공모한 것에 해당하고, 부풀린 공사대금을 A가 받는 것은 공동정범들 사이의 내부적 이익 분배에 불과하다고 본 것이다. A와 하도급업체 대표가 원청업체에 대한 업무상 배임죄 공범이므로, A에게 별도로 배임수재죄가 성립하지는 않는다고 보았다.

이 경우 만약 A가 되돌려 받은 공사대금을 개인적인 용도가 아니라 원청업체를 위해 사용한 것이라면 어떻게 될까? 업무상 배임죄의 경우 불법이득의사가 필요한데, 이러한 경우에는 A에게 불법이득의사가 인정되기 어려워 업무상 배임죄로 처벌할 수 없다. 이와 같은 사안에서 업무상 배임죄 무죄를 선고한 하급심 판결이 있다(대구고등법원 2016. 1. 28. 선고 2013노340 판결 등 참조).

인내심 있는 PEF를 꿈꾸며[*]

채희석 변호사

한국의 산업과 기술은 지난 반세기 동안 역사상 유례를 찾아볼 수 없을 정도로 빠르게 성장해 왔다. 이를 통해 한국은 2차 세계대전 이후 이른바 '중간소득함정(Middle Income Trap)'을 돌파한 거의 유일한 모범국가로 칭송받고 있다. 그러나 최근에는 곳곳에서 경고등이 켜지고, 사이렌이 울리고 있다. 한국경제는 이미 2006년에 1인당 국민소득 2만 달러를 돌파하였지만, 10년이 넘도록 여전히 1인당 2만 달러 대를 벗어나지 못하고 있다. 사람들은 이러한 저성장 추세가 일본이 겪은 '잃어버린 20년'의 데자뷔가 아닌가 불안해 한다. 성장엔진이 식어가는 어두운 터널 속에서, 인구 고령화, 4차 산업혁명과 같은 새로운 패러다임, 선진국의 몽니와 중국의 추격 등 걱정스러운 소식만 들려온다.

서울대학교 공과대학의 이정동 교수는 그의 책 「축적의 길」을 통하여 우리가 당면한 이러한 위기가 진정한 성인이 되기 위해 누구나 거쳐야 할 '성장통'이라고 진단한다. 지금까지 한국경제가 쌓아온 놀라운 수준의 '실행 역량'을 바탕으로, 기술 선진국이 되기 위하여 필요한 '개념설계 역량'에 도전해야 한다는 것이다. 이를 위하여 '도전적 시행착오'의 경험을 꾸준히 축적해 나가는 것이 무엇보다 필요하다는 것이 그의 주장이다. 특히 필자에게 가장 인상 깊었던 것은 '인내심 있는 금융(Patient Capital)'에 대한 그의 주문이다. 시행착오의 위험을 분산시키려는 노력에 비례해서 이익이 더 커지

---

[*] 이 글은 『리걸타임즈』 제116호(2018년 3월호)에 게재된 칼럼을 일부 수정·보완한 것이다.

도록 금융산업 전반의 인센티브 체제를 재구축하여, 규모가 더 작지만 보다 도전적인 아이디어들이 사장되지 않고 시험될 수 있는 기회를 얻도록 해주어야 한다는 것이다.

그렇다면 우리의 PEF는 충분히 '인내심 있는 금융'인가? 기업 경영성과 평가사이트인 CEO스코어가 2017년 11월에 발표한 자료에 따르면, 국내 대형 운용사 8곳이 운용하는 PEF가 인수한 25개 기업을 분석한 결과 PEF는 기업을 인수한 후 투자는 크게 줄이고(16.2% 감소) 고용을 유지(1.8% 증가)하면서도 당기순이익을 폭발적으로 늘렸다(26.4%). 비록 대형 운용사가 운용하는 PEF에 한정된 수치이기는 하지만, 대체로 국내 PEF는 기업을 인수한 후 기업의 성장보다는 수익실현에 힘을 써 왔다고 보는데 무리가 없을 것이다. 한국경제의 다른 부문과 마찬가지로 우리의 PEF 생태계 역시 '인내심'보다는 '빨리 빨리'가 미덕으로 받아들여지고 있다는 말이다.

이러한 현상은 PEF의 존속기간에서 여실히 드러난다. 자본시장법상 PEF는 존속기간을 15년 범위 내에서 자유롭게 정할 수 있는데, 실제로 최근 설립되는 PEF의 존속기간은 설립 이후 투자대상을 물색하는 이른바 'Blind Fund'의 경우에도 5년을 넘는 경우가 많지 않다. 원래 PEF는 경영권에 참여할 수 있는 수준으로 지분투자를 하여 일정 기간 기업을 성장시킨 후 투자금을 회수하는, 이른바 'Buy-out 전략'을 주로 구사한다는 점을 감안하면, PEF가 이렇게 단기로 존속기간을 설정하는 현상이 정상적이라고 하기는 어렵다.

PEF의 존속기간을 이렇게 단기로 설정하는 경향을 두고 마냥 GP(PEF 운용사)만 비난할 수도 없는 일이다. LP(PEF 투자자)의 투자성향 자체가 단기의 수익실현을 선호하는 이상, GP가 장기의 존속기간을 고집할 수는 없기 때문이다. 그렇다고 관련 제도를 정비하여 PEF의 존속기간을 일정 수준 이상으로만 제한한다면, 오히려 PEF 생태계의 다양성을 파괴하는 결과만 낳게 될 것이다.

우리의 PEF 생태계가 인내심 있는 금융이 되기 위해서는 GP가 존속기간의 압박을 받지 않고 오랜 기간 동안 투자대상기업을 성장시킬 수 있는 메커니즘이 조성되어야 한다. 이를 위해서는 근본적으로 LP들의 투자성향이 바뀌어야 하겠지만, 투자성향이 바뀌기 전이라도 LP가 PEF의 존속기간 만료 전에 유연하게 투자금을 회수할 수 있도록 함으로써 존속기간이 장기인 PEF에 대한 투자를 유도할 수 있을 것이다.

이와 관련하여 LP가 존속기간 만료 전에 투자금을 회수하기 위해서는 (1) 출자지분을 제3자에게 처분하거나 (2) 출자감소나 퇴사를 통하여 PEF로부터 투자금을 환급

받아야 한다. 그러므로 LP가 PEF의 존속기간 만료 전에 투자금을 회수할 수 있도록 하기 위해서는 출자지분의 처분과 출자감소·퇴사를 유연하게 허용할 필요가 있다.

우선 LP가 제3자에게 출자지분을 처분하기 위해서는 GP로부터 사전동의를 받아야 하고, 이와 별도로 다른 LP들에게 우선매수권을 부여하여야 한다. 어느 것이나 절차가 간단하지 않고 상당한 시간과 비용도 소요되기 때문에, 현실적으로 LP들이 출자지분 처분을 투자금 회수수단으로 의미 있게 고려하지 않는 것이 일반적이다. 또한 이러한 경향은 선진국과 달리 국내에서 PEF 출자지분을 대상으로 하는 세컨더리 마켓이 충분히 활성화되지 않은 원인이 되고 있기도 하다.

물론 PEF는 인적회사로 분류되는 합자회사에 해당하여 함께 투자하는 다른 사원이 누군지가 중요하므로, 사원의 변경을 의미하는 출자지분의 처분에 일정한 제한을 두는 것이 당연하다. 그러나 금융기관처럼 공신력 있는 기관에게 출자지분을 처분하는 경우, 사원의 변경에 따른 위험은 사실상 없는 것과 마찬가지일 것이다. 그러므로 적어도 출자지분을 공신력 있는 기관에게 처분하는 경우에는 위와 같은 GP의 사전동의권과 다른 LP의 우선매수권을 제한하는 방안을 생각해 볼 수 있다.

한편 PEF가 투자자산 처분이나 배당 등을 통하여 수익을 얻는 경우, 이를 즉시 사원들에게 배분하는 대신 희망하는 LP에게 출자감소나 퇴사를 통한 투자금 회수의 기회를 부여하는 방안도 생각해 볼 수 있다. 이 경우 단기투자를 선호하는 LP는 출자감소나 퇴사에 응하여 투자금을 조기에 회수하는 반면, 출자감소나 퇴사에 응하지 않는 LP는 지분율 확대를 통하여 추가적인 수익을 기대할 수 있게 된다. 이를 위하여 출자감소나 퇴사에 대한 사원들의 동의권을 일부 제한할 필요가 있을 것이다.

위와 같은 방안을 통하여 LP가 투자금을 조기에 회수할 수 있는 기회가 부여된다면, LP로서는 존속기간이 장기라고 하더라도 이러한 PEF에 투자하지 않을 이유가 없다. 그리고 존속기간이 장기인 PEF가 활성화된다면, PEF가 단기간의 수익창출보다 장기간의 기업성장에 더욱 관심을 기울일 수 있는 환경이 조성될 것이다. 국내에서도 인내심 있는 금융으로써 PEF의 질적 성장을 기대해 본다.

북한의 외국인투자법제[*]

김이태 변호사

북한은 1984년에 합영법을 제정한 이후 계속적으로 외국인투자를 촉진하기 위한 조치를 취해 왔지만 성과를 거두지는 못하고 있다. 그러나 최근 남북정상회담과 북미 정상회담이 개최되면서 국내외적으로 북한 투자에 대한 관심이 증가하고 있다.

한국기업의 경우 남한의 남북교류협력에 관한 법률, 북한의 북남경제협력법 등을 통해 북한에 투자하는 것도 고려해 볼 수 있지만, 다른 외국기업과 공동으로 투자하는 경우에는 북한의 외국인투자법을 통하여 투자할 가능성도 있다. 또한 북한에 대한 외국인투자가 활성화되면, 한국기업도 다른 외국기업과 동일한 지위에서 북한의 외국인투자법에 따라 투자를 해야 할 가능성도 배제할 수 없다. 따라서 한국기업은 다양한 형식의 투자 구조를 검토하기 위하여 북한의 외국인투자법제에 관심을 가질 필요가 있다.

외국인투자자가 특정 국가에 투자하기 위하여 고려하는 가장 중요한 요소 중 하나는 해당 국가에 외국인투자 보호 제도가 충분히 정비되어 있는지 여부이다. 그 동안의 경험과 사례에 비추어 보면, 북한에도 이러한 제도가 있는지 의심스러울 수 있으나, <표 1>에서 보는 바와 같이 법률 조항에 의하면 적어도 법제도상으로는 북한에서도 외국인투자가 보장되어 있다고 할 수 있다.

---

[*] 이 글은 『리걸타임즈』 제121호(2018년 8월호)에 게재된 칼럼이다.

〈표 1〉 북한의 외국인투자 보호 관련 법률 조항

구분	법률 조항
외국인투자 보호 및 장려	• 북한 내에 있는 다른 나라 사람의 합법적 권리와 이익을 보장함(헌법 제16조). • 북한 기관, 기업소, 단체와 다른 나라 법인 또는 개인들과의 기업 합영과 합작, 특수경제지대에서의 여러 가지 기업 창설·운영을 장려함(헌법 제37조).
국유화 제한	• 국가는 외국투자가와 외국인투자기업, 외국투자은행의 재산을 국유화 또는 몰수하지 않음. 사회공공의 이익과 관련하여 부득이하게 국유화 또는 몰수하여야 할 경우에는 사전에 통지하여 법적 절차를 거쳐 그 가치를 충분히 보상해 줌(외국인투자법 제19조).
투자금 회수 보장	• 외국투자가는 이윤과 기타 소득, 기업을 청산하고 남은 자금을 제한 없이 북한 밖으로 송금할 수 있음(외국인투자법 제20조, 합영법 제42조, 합작법 제16조, 외국인기업법 제21조). • 외국투자가는 기업운영에서 얻은 이윤과 기타 소득을 북한 밖으로 세금 없이 송금할 수 있음. 투자재산은 세금 없이 북한 밖으로 내갈 수 있음(외화관리법 제29조).

한편 북한의 Korea Foreign Investment and Economic Cooperation Committee가 2016년 5월에 펴낸 'Investment Guide to the Democratic People's Republic of Korea'에 의하면, 북한은 외국투자자의 북한 투자에 대한 신뢰를 부여하고 외국투자자의 권리를 보호하기 위하여, 세계 여러 나라와 투자 장려 및 보호에 관한 협정(2014년 기준 중국, 러시아, 싱가포르, 스위스 등 27개 국가와 체결), 이중과세 방지에 관한 협정(2014년 기준 러시아, 스위스 등 14개 국가와 체결)을 체결하고 있다.

외국인투자법을 기본법으로 하는 북한의 외국인투자 관련 주요 법률은 각 분야별로 <표 2>에서 보는 바와 같다.

〈표 2〉 북한의 외국인투자 관련 주요 법률

구분	법률
외국투자기업 창설·운영 제도	외국인투자법, 합영법, 합작법, 외국인기업법, 외국투자은행법, 외국투자기업등록법, 외국인투자기업재정관리법, 외국인투자기업로동법, 대외경제계약법, 대외민사관계법
외국투자기업 및 외국인 세금 제도	외국투자기업 및 외국인세금법, 외국투자기업회계법, 외국투자기업회계검증법
특수경제지대 관리·운영 제도	라선경제무역지대법, 금강산국제관광특구법, 신의주특별행정구기본법, 황금평·위화도 경제지대법, 개성공업지구법, 경제개발구법
부동산 임대 제도	토지임대법

분쟁해결, 기업해산 및 파산 제도	대외경제중재법, 외국인투자기업파산법
기타 관련 법률	외화관리법, 세관법, 환경보호법, 민법, 민사소송법, 저작권법, 발명법, 공업도안법, 상표법, 원산지명법, 출입국법, 무역법, 가공무역법, 지하자원법 등

　　북한의 '외국투자기업'은 외국인투자기업과 외국기업으로 구분되는데, '외국인투자기업'은 외국투자가가 북한에 설립한 합영기업, 합작기업 및 외국인기업을 말하고, '외국기업'은 북한 투자관리기관에 등록하고 북한에서 경제활동을 하는 다른 나라 기업을 말한다(외국인투자법 제2조). 위 Investment Guide에 의하면, 북한에 설립된 외국인투자기업은 2014년 기준 371개라고 한다(특수경제지대 제외).

　　외국인투자기업 중 '합영기업'은 북한측 투자자와 외국측 투자자가 공동으로 투자·운영하고 지분(투자몫)에 따라 이윤을 분배하는 기업이고, '합작기업'은 북한측 투자자와 외국측 투자자가 공동으로 투자하고 북한측 투자자가 단독으로 운영하여 외국측 투자자의 지분(출자몫)을 상환하거나 이윤을 분배하는 기업을 말한다. 그리고 '외국인기업'은 외국측 투자자가 단독으로 투자하여 운영하는 기업을 말한다. 합영법, 합작법, 외국인기업법 및 해당 시행규정은 해당 기업의 창설, 등록, 출자, 영업허가, 관리기구, 결산 및 분배, 해산 및 청산, 분쟁해결 등에 대해 규정하고 있다.

　　위와 같은 북한의 외국인투자법제는 베트남, 미얀마 등 체제전환국의 초기 단계의 외국인투자법제보다 더 체계적으로 정비되어 있는 것으로 평가되고 있다. 그러나 아직 북한의 법제도가 완비되어 있지 않고, 형식적으로는 법이 있더라도 하위규정 등의 미비로 그 내용이 매우 추상적이거나 그 자체로 완결성이 부족한 경우가 있다. 투자선례도 많지 않은 상황에서 사회주의 법제의 특성에 따른 상위법과 하위법의 관계 및 용어의 모호성, 감독기관의 자의적 해석 가능성 등에 따른 위험도 있다.

　　북한도 적극적으로 외국인투자를 유치하기 위하여 관련 법령과 제도를 지속적으로 정비해 나가고 점차 투자 사례도 축적될 것으로 보이지만, 위와 같은 투자 위험을 해소하기 위해서는 초기 단계부터 전문가와 함께 북한 투자를 검토할 필요가 있다. 또한 북한이 남한과의 교류를 통해 정비한 개성공업지구 관련 법제에 기초하여 라선경제무역지대 관련 법제, 경제개발구 관련 법제를 발전시킨 사례에 비추어 보면, 우리가 적극적으로 북한의 외국인투자법제 정비를 지원하고 이를 기초로 북한 투자를 진행할 필요도 있을 것이다. 북한에 대한 투자가 활발하게 진행되어 한반도의 정치·경제 등 여러 분야에도 새 지평이 열리기를 기대해본다.

청소년 담배구매 가능 연령의
법적 규제 현황과 과제*

김성수 변호사

청소년은 몸도 마음도 성장하는 과정에 있다. 이 시기에 담배를 피우기 시작하면 니코틴 중독증에 걸리기 쉽다. 그러면 신체적 건강이 손상되고 나아가 자신의 뜻대로 건전한 생활 습관을 형성하지 못하게 된다. 이른 나이에 담배사용을 시작할수록 더욱 심각하게 니코틴 의존증에 빠져서 자존감을 상실하기 쉽다.

이와 같이 어린 나이에 담배사용을 시작하는 경우에 발생하는 심각한 피해를 고려해서 「청소년보호법」 및 「담배사업법」에서는 청소년 대상 담배거래를 엄격하게 규제하고 있다. 현행법상 규제의 내용과 실제 문제 사례를 살펴보기로 한다.

1. 청소년보호법상 담배거래 규제

먼저 청소년은 만 19세 미만인 사람을 말한다. 다만 만 19세가 되는 날이 속한 해의 1월 1일이 되면 청소년에서 제외된다(제2조 제1호). 2000년 1월 1일부터 12월 31일에 태어난 사람은 2019년 1월 1일 이후 청소년에서 제외되는 셈이다. 주민등록상 생년월일과 실제 생년월일이 다른 사람의 경우에는 실제 생년월일을 기준으로 청소년 해당 여부를 판정한다. 의사의 출생증명서와 같이 객관적으로 명백한 증거가 있는 경우에 한해서 인정될 수 있음은 물론이다(대구지방법원 2009. 9. 11 선고 2009노1765 판결).

---

* 이 글은 『서울시교육청 학교흡연예방사업 뉴스레터』 2018. 7월호에 게재된 칼럼이다.

주류 및 담배는 마약류, 환각물질 등과 더불어 청소년유해약물에 속한다(제2조 제4호 가목). 성인의 경우 마약류나 환각물질 사용은 엄격히 금지되지만 주류 및 담배거래는 비교적 쉽게 이루어진다. 그렇지만 청소년을 대상으로 하는 주류와 담배의 판매는 엄격히 금지되고, 벌금 등 형사처벌이나 영업정지 같은 행정처분의 대상이 된다. 판매업자, 즉 담배소매인에 대한 영업정지는 담배사업법에서 규정하고, 청소년보호법에서는 판매한 사람에 대한 형사처벌을 규정한다.

누구든지 청소년을 대상으로 담배를 판매, 대여, 배포(자동기계장치, 무인판매장치, 통신장치를 통한 경우를 포함)하거나 무상으로 제공하여서는 안된다. 나아가 청소년의 부탁을 받아 담배를 구입하여 청소년에게 제공해서도 안된다. 그러므로 담배판매 등을 하고자 하는 자는 그 상대방의 나이 및 본인 여부를 확인해야 한다. 담배소매업자는 담배판매 등을 하는 경우 그 업소(자동기계장치 등 포함)에 "청소년을 대상으로 담배의 판매·대여·배포를 금지"한다는 내용을 표시하여야 한다(제28조).

이와 같은 규정을 위반하여 청소년에게 담배판매 등(자동기계장치 등을 통한 거래 포함)을 하거나 영리를 목적으로 무상 제공한 자는 2년 이하의 징역 또는 2천만원 이하의 벌금에 처한다(제59조 제6호). 편의점의 알바 직원이라고 할지라도 이런 규정에 위반해서 청소년에게 담배를 판매한 경우 처벌대상이 된다. 청소년의 부탁으로 담배를 구입하여 청소년에게 제공한 경우에도 동일하게 처벌된다(제59조 제7호). 청소년에 대한 담배의 판매 등 금지 표시를 하지 않은 경우에도 역시 같다(제59조 제7의 2호).

2. 담배사업법상 담배거래 규제

담배는 생명과 건강을 해치므로 그 판매를 자유롭게 방치할 수 없다. 소비자에게 직접 담배를 판매하려면 사업장 소재지 관할 시장, 군수나 구청장에게 소매인 지정을 받아야 한다. 게임장, 문구점, 만화방 등 청소년이 주로 이용하는 장소에서 담배판매가 허용되면 청소년이 담배에 쉽게 접근할 수 있게 된다. 그러므로 이런 장소에서 담배를 판매하려는 경우에는 소매인 지정이 허용되지 않는다(제16조). 보통 편의점 사업주가 담배소매인 지정을 받는 경우가 많다.

담배소매인이 청소년에게 담배를 판매한 경우에는 영업정지 행정처분을 받게 된다. 1차 위반을 한 경우에는 2개월, 2차 위반을 한 경우에는 3개월의 영업정지 처분을 받게 된다(제17조 제2항 제7호, 제3항, 시행규칙 제11조 제4항 별표 3). 다만 위반행위가 사소한 부주의나 단순한 오류에 의한 것으로 인정되는 경우 혹은 위반의 내용과 정도 등이 경미한 경우 등 정상 참작 사유가 있는 경우에는 위 처분기준의 2분의 1 범위에서 감경할 수 있다.

이하에서는 청소년보호를 위한 담배거래 규제 사례를 판결을 통해서 확인해 보기로 하자.

3. 청소년보호를 위한 담배거래 규제에 대한 판결 사례

먼저 청소년의 담배거래가 법정대리인 부모의 동의로 이루어진 경우에 그 판매자는 책임이 면제될 수 있을까? 그렇지 않다. 비록 담배구매에 관한 사례는 아니지만 청소년이 법정대리인 어머니의 동의하에 술을 구매한 경우라 할지라도 그 판매자는 청소년보호법위반에 해당되어 처벌된 사례가 있다. 대법원 1999. 7. 13 선고 99도2151 판결에 의하면 청소년보호법은 "청소년에게 유해한 매체물과 약물 등이 청소년에게 유통되는 것 등을 규제함으로써 청소년을 유해한 각종 사회환경으로부터 보호·구제하고 나아가 이들을 건전한 인격체로 성장할 수 있도록 함을 그 목적으로 하여 제정된 법"이다. 그리고 누구든지 청소년을 대상으로 하여 청소년유해약물 등을 판매·대여·배포하여서는 안된다고 규정하고, 이런 규정에 위반하여 청소년에게 술이나 담배를 판매한 자를 처벌하도록 규정하고 있다. 결국 대법원은 "위와 같은 위 법의 입법 취지와 목적 및 규정 내용 등에 비추어 볼 때, 피고인이 17세의 청소년에게 술을 판매함에 있어서 비록 그의 민법상 법정대리인인 어머니의 동의를 받았다고 하더라도 그러한 사정만으로 피고인의 위 행위가 정당화 될 수는 없다"고 판시하였다. 담배 같은 유해약물로부터 청소년을 적극적으로 보호하기 위해서는 그 청소년의 부모가 동의했다고 해서 담배판매를 허용할 수는 없다고 판단한 것으로 지극히 타당한 판결이다. 청소년의 건강을 보호하여 건전한 성장을 도모하는 것은 그 부모의 뜻에만 맡겨둘 수 없는 우리 사회의 귀중한 가치이기 때문이다.

담배를 청소년에게 판매한 사람은 대체로 영세 소상인에 해당하는 편의점 영업주인 경우가 많다. 한편 최근 청소년의 성장속도가 빨라서 외모만 보아서는 19세 미만의 청소년인지 아니면 성인인지 분간이 쉽지 않다. 이런 사정을 전제로 성인인 타인의 신분증을 제시하면서 성인이라고 주장한 청소년에 속아 넘어가 담배를 판매했지만 1개월이라도 영업정지가 되면 생계가 곤란하다고 하면서 영업정지 처분의 취소를 구하는 행정소송이 제기된 사례가 있었다 그러나 법원은 이런 경우 거의 대부분 원고 담배소매인의 주장을 받아들이지 않는다. 대개 신분증을 주의해서 보면 구매자가 신분증의 당사자인지 식별이 가능한 점, 청소년에게 담배를 판매한 경우 1차 위반행위에 대하여 2개월의 영업정지처분을 하게 되어 있는데, 청소년에게 담배를 판매하는 행위를 막아야 할 공익상의 필요가 매우 크므로 위 처분기준이 그 자체로 현저히 부당하다고 할 수는 없는 점, 문제가 된 영업정지 1월의 처분은 위 처분기준에서 2분의 1을 감경한 것인 점, 영업정지 처분이 실행되어도 담배판매 영업만이 정지되고 나머지 영업은 수행이 가능한 점 등 영업정지 처분으로 달성하고자 하는 공익 목적이 원고가 입게 될 불이익보다 가볍다고 볼 수 없다고 판단하는 게 보통이다(서울행정법원 2015. 7. 17 선고 2015구단8858 판결 등 참조).

4. 향후 과제

자라나는 청소년은 우리 사회 미래의 주역이다. 이들의 몸과 마음이 건강하게 성장하도록 돕는 것은 기성세대의 사명이다. 그러므로 담배가 청소년의 신체와 정신을 병들게 하지 못하도록 규제하는 것은 우리 모두의 건강한 미래를 위해서 중요한 과제이다. 이런 점을 고려하면 현행 19세인 담배구매 가능 연령을 더 높일 필요가 있다. 미국의 경우에는 각 주나 도시별로 담배구매 가능 연령을 정하고 있다. 최근 외신보도에 의하면 오리건주가 하와이와 캘리포니아, 뉴저지, 메인주의 뒤를 이어 담배구매가능 법적 연령을 21세로 정하는 법률을 시행하게 되었다고 한다. 2005년 미국 전역에서 가장 먼저 담배구매 연령을 만 21세로 상향한 매사추세츠주 니드햄 지방에서는 5년간 고교에서 흡연율이 절반 가까이 떨어졌다고 한다. 이 지역의 성인 흡연율도 2016년 현재 8%로 전국 평균 18.1%보다 훨씬 낮다. 이와 같이 담배구매 가능 연령을 높이게 되면 청소년은 물론 성인 흡연율이 감소하고 그만큼 담배연기로부터 자유로운 건전하고 건강한 사회는 앞당겨 실현될 것이다. 우리도 담배구매 가능 연령을 더욱 높이고 청소년 담배거래 규제를 더욱 엄격히 시행해야 할 것이다.

1인 미디어 규제에 관한 단상

이소영 변호사

아프리카 TV BJ에서 유튜브 크리에이터에 이르는, 1인 미디어 시대가 도래하고 있다. 지상파 TV광고 점유율이 2016년 15.8%에서 2018년 12.3%로 지속적으로 하락하고 있는 데 반해, 모바일 광고비는 동 기간 16%에서 23.9%로 급성장하고 있다.[1] 대표적인 인터넷 콘텐츠 플랫폼인 유튜브의 트래픽 점유율은 2015년 기준 63%에서 2020년에 79%까지 증가할 것으로 전망된다.[2] 1인 미디어를 중심으로 인터넷 콘텐츠 시장이 개편되고 있다.

성장의 이면에는 부작용도 적지 않다. 가짜뉴스의 유포, 선정·폭력적 콘텐츠의 확산, 디지털 성범죄 동영상 유포 등이 그것이다. 인터넷 방송으로 통칭되는 1인 미디어 콘텐츠를 통제하려는 입법적 시도는 크게 통신 규제 법률을 강화하는 방향(예를 들어, 부가통신사업자에게 모니터링 및 삭제 의무를 부과하는 전기통신사업법 개정안)과 방송 규제 범위에 포함시키는 시도(예를 들어, 일정 요건에 해당하는 인터넷 콘텐츠를 규율하는 방송법 개정안)로 나뉘어지고 있다. 사업자에게 부과하는 의무의 광범위성 내지 통신을 방송의 영역으로 다루는 것이 온당한지 등과 관련한 논쟁은 계속 진행 중이다.

1인 또는 복수의 진행자가 다양한 영상·음성 콘텐츠를 제작하여 온라인을 통해

---

1) "'국내 광고시장도 모바일 천하 … 점유율 1위' 제일기획, '2018년 대한민국 총 광고비 결산'", 한겨레신문 (2018. 2. 26).
2) Cisco, 2016. 6., KB금융지주경영연구소, "동영상 플랫폼의 절대 강자, 유튜브의 성장과 변화", 2017. 6. 28. 에서 재발췌.

실시간 스트리밍 또는 VOD 방식으로 유료 또는 무료로 제공하는 서비스를 흔히 '인터넷 방송'이라 불러 왔지만, 이는 법률상 정의된 개념이 아닐 뿐더러 실제로는 매우 다양하게 분화되거나 결합되고 있다. 국내·외 대표적인 인터넷 개인방송 서비스의 종류와 특징을 살펴보면 아래와 같다.

업체	지역	특징	VOD/실시간
아프리카TV	국내	• 개인방송전문사이트 • 개인 BJ(진행자)가 콘텐츠를 제작 • 시청자들로부터 받는 별풍선[3]을 환가하여 수익을 올림	• 실시간 방송 • 방송 종료 후 VOD[4] 형태로 제공 가능
카카오TV	국내	• 카카오 PD(진행자)가 콘텐츠 제작 • 광고 수익 및 쿠키[5] 수익을 PD 활동 등급별 보상비율에 따라 배분	• 실시간/VOD 모두 가능
V라이브	국내	• 연예인 등 진행자를 선별하여 인터넷 실시간 방송을 지원함 • 유료 결제를 하면 다운로드 영상 소장 등도 가능함	• 실시간 방송을 기본으로 종료 방송을 VOD로 제공
네이버TV	국내	• 네이버에서 V라이브와 별도로 운영하는 개인 인터넷 방송 플랫폼	• 라이브와 VOD 자유로이 선택 가능
유튜브	국외	• 스트리밍 방식의 무료 동영상 공유 사이트로 알려져 있으나 실시간 스트리밍 기능을 통한 인터넷 라이브 방송 및 유료 프리미엄 기능 등을 통해 서비스 다변화 • 삽입 또는 배너 광고 수익을 배분하고 있음	• 실시간 라이브 및 VOD 방식 모두 가능
페이스북	국외	• 페이스북 사이트를 통해 동영상을 업로드하는 방식으로 제공하거나 페이스북 라이브 기능을 이용하여 최대 4시간까지 실시간 방송 가능 • 종료된 라이브 방송은 스트리밍 영상으로 타임라인에 남게 됨	• 스트리밍 영상의 업로드 방식과 라이브 방송 모두 가능 • 라이브 방송 종료 후 그 영상이 자신의 페이스북 계정 타임라인을 통해 공개됨 • 무제한 생방송 기능을 이용하면 방송종료 후 저장되지 아니함
트위치	국외	• 세계 최대 규모의 개인인터넷 방송 서비스로, 게임전문방송으로 시작하여 점차 음식, 실생활 등 테마를 넓히고 있음	• VOD와 라이브 모두 가능

		• 광고 수익과 시청자의 유료 구독료, 서드파티플랫폼을 통한 직접 후원, 비트6) 등의 다양한 수익원이 제공됨	
인스타그램 라이브	국외	• 온라인 사진 공유 및 소셜 네트워킹 서비스로, 2016년부터 라이브 기능이 추가됨 • 자신의 팔로워를 대상으로 최장 한 시간까지 스마트폰을 이용한 라이브 방송 가능 • 종료된 방송은 방송 직후 삭제되나, 방송 제작자의 선택에 따라 '인스타그램 스토리'에 24시간 동안만 제공됨(이후 자동삭제)	• 라이브 방식을 기본으로 24시간 범위 내에서만 스트리밍 방식으로 제공 가능
스냅챗	국외	• 사진 및 영상 메시지를 보낼 수 있는 소셜 네트워킹 서비스 • 사진이나 영상을 촬영하여 텍스트와 함께 1인 또는 복수의 수신인에게 보내면, 확인 후 최대 10초 이내에 영구 삭제됨 • 메시지를 보낸 사람은 해당 사진 또는 영상을 자신의 스토리에 올리는 방법으로 24시간 동안 친구들에게 공개 가능	• 스트리밍 방식으로 제공하지만 확인 후 곧 영구삭제된다는 점에서 라이브와 유사

앞서 서비스 유형에서 알 수 있듯이, 1인 미디어 방송은 다음과 같은 경향 또는 추세를 보이고 있다.

첫째, VOD 서비스와 통합되고 있다. 과거에는 유튜브와 같은 동영상 공유 서비스에 대응하는 개념으로 실시간 스트리밍 방식만을 채택한 서비스 플랫폼을 인터넷 개인방송 서비스라 지칭하였으나, 현재는 VOD 방식과 실시간 스트리밍 방식을 하나의 플랫폼 내에서 선택 또는 병용하는 방식이 다수를 이루고 있다(유튜브, 카카오TV, 네이버TV 등).

둘째, 소셜네트워킹 서비스(Social Networking Service, 이하 'SNS') 또는 인스턴트 메

---

3) 이용자가 유료로 충전한 아이템.
4) VOD(Video on Demand)는 시청자가 원하는 시간과 장소에서 선택하여 볼 수 있도록 영상콘텐츠를 제공하는 것을 의미하며, 통상 스트리밍 방식과 다운로드 방식을 모두 포함하는 의미로 사용된다. 본건 개정 법률안 검토와 관련하여서는 특별히 본문에서 언급하지 않는 한 스트리밍 방식과 다운로드 방식을 구분하지 않고, 실시간 스트리밍 방식(라이브 방식)에 대응하는 의미로 사용한다.
5) 시청자가 유료로 충전한 아이템.
6) 별풍선 등과 같이 시청자가 유료로 구매한 아이템.

신저 서비스와 결합된 하위 기능으로 정착되는 양상을 보이고 있다. SNS는 사용자 간의 의사소통, 정보공유, 인맥 확대 등을 통해 사회적 관계를 생성하고 강화하는 커뮤니케이션 기능에 초점이 맞추어진 온라인 플랫폼으로,7) 인스턴트 메신저 서비스 역시 정보통신 네트워크를 이용하여 실시간 텍스트를 교환하는 커뮤니케이션 서비스이다. 그런데 최근의 SNS 서비스들은 라이브 방송 서비스를 추가하여 실시간 동영상의 제작 및 공유를 중요한 커뮤니케이션 방법의 하나로 도입하는 추세이고(페이스북, 인스타그램, 트위터 등), 메신저 서비스에도 이와 동일한 기능들이 속속 도입되고 있다(페이스북 메신저, 스냅챗 등).

셋째, 서비스 방식 역시 매우 다양해지고 있다. 기존에 동영상 공유 방식을 VOD/라이브 방식으로 구분하는 중요한 기준은 '동시성/이시성' 여부에 있었다. 그런데 최근에는 라이브 또는 VOD로 영상을 제공하고, 제공된 영상을 일정 시간 경과 후 자동으로 영구 삭제하는 기능을 통해 서비스를 차별화하는 방식이 새로운 콘텐츠 비즈니스 플랫폼으로 각광 받고 있다(스냅챗, 인스타그램 스토리).8)

이러한 경향 내지 추세는 인터넷 개인방송 또는 1인 미디어와 이를 둘러싼 플랫폼 서비스의 규제 체계를 수립하는 데 있어서도 중요하게 고려되어야 한다. 실시간 스트리밍 또는 VOD 방식의 동영상 공유 기능은 단순히 영상콘텐츠를 제공하는 기능적 측면을 넘어 인터넷 등의 정보통신망에 기반한 커뮤니케이션 및 의사표현의 중요 수단으로 자리 잡고 있다. 또한 동영상 서비스의 차별화된 기능을 통해 새로운 비즈니스 모델이 만들어지고 있으며, 더 나아가서는 개개인 간 커뮤니케이션 방식과 문화에 영향을 미치는 중요한 도구가 되고 있다. 1인 미디어의 가능성과 거스를 수 없는 흐름을 간과한 채 인위적인 규제의 틀 안으로 끌어들이는 것은 국경이나 국적의 제약을 받지 아니하는 네트워크 기반 서비스에서 국내 사업자의 경쟁력을 약화시킬 것이다. 규제 집행의 실효성은 불확실한 반면 인터넷을 통한 활발하고 자유로운 토론과 의사표현을 위축시킬 우려와 위험은 더욱 높아질 것이다. '규제적 관점'을 과감하게 전환하여, 정보를 비판적으로 선택, 수용하고 인터넷 문화를 자발적으로 조성하는 디지털 리터러시의 배양과 육성에 깊은 관심을 가져야 할 때이다.

---

7) 위키피디아 참조(https://ko.wikipedia.org/wiki/소셜_네트워크_서비스)
8) "대세가 된 '삭제되는 메시지' … 스냅챗·라인 뜨자 페이스북도 따라하네", 매일경제(2016. 5. 23.)
   (http://vip.mk.co.kr/news/view/21/20/1402024.html)

'짝퉁' 방탄소년단, 탄도소년단의 운명은?*

최승수 변호사

방탄소년단(防彈少年團, BTS)은 바야흐로 세계적인 톱 아티스트가 됐다. 한국 가수로서는 최초로 미국 '빌보드 200'에서 1위를 차지한 것이다. 이쯤 되면 국가적인 경사가 아닐 수 없다. 청와대, 외교부, 문체부, 주한미국대사관, 정치권에서도 잇따라 BTS가 이룬 쾌거를 축하했다. 문재인 대통령은 트위터에 "노래를 사랑하는 일곱 소년과 소년들의 날개 '아미'에게 축하의 인사를 전합니다."라는 제목의 축전을 남겼다.

그런데 최근에 방탄소년단의 세계적 인기를 색다른 방식으로 즐기게 하는 뉴스가 나왔다. 일본에서 방탄소년단을 모방한 보이밴드가 곧 데뷔를 앞두고 있다는 소식이다. 이름하여 '탄도소년단'(弾道少年団·BALLISTIK BOYZ·BTZ)! 방탄소년단과 멤버 수도 같고 그룹 이름도 비슷하다. 초창기 방탄소년단처럼 힙합 음악을 내세웠으며 보컬 4명, 래퍼 3명 등 멤버 역할도 똑같다.

케이팝의 인기를 반영하듯 중국에서도 한국의 아이돌과 비슷한 멤버 구성, 비슷한 안무를 바탕으로 아이돌 그룹을 만들어내고 있다. 한 세대 전만 해도 꿈 같은 일들이 벌어지고 있는 것인데 뿌듯한 것은 뿌듯한 것이고, 이러한 짝퉁 사태에 대하여 법적으로는 어떠한 대응이 가능한 것일까. 생각할 수 있는 것으로 상표법, 부정경쟁방지법, 저작권법, 퍼블리시티권에 의한 보호를 들 수 있겠다.

우리나라 「부정경쟁방지 및 영업비밀보호에 관한 법률」에 의하면 "국내에 널리 인

---

* 이 글은 『저작권문화』 제287호(2018. 7월호), 한국저작권위원회에 게재된 칼럼이다.

식된 타인의 성명, 상호, 표장(標章), 그 밖에 타인의 영업임을 표시하는 표지(상품 판매·서비스 제공방법 또는 간판·외관·실내장식 등 영업제공 장소의 전체적인 외관을 포함한다)와 동일하거나 유사한 것을 사용하여 타인의 영업상의 시설 또는 활동과 혼동하게 하는 행위"를 부정경쟁행위의 한 유형으로 보고 있다. 우리나라에서도 가수 박상민의 이름, 외양, 창법, 레퍼토리를 그대로 사용하여 밤무대에서 노래를 한 가수에 대해서 법원이 부정경쟁방지법 위반죄를 적용하여 처벌한 사례가 있다. 가수가 나이트클럽 등에서 공연을 하는 것을 영업 내지 서비스로 보고 그 가수의 명칭과 동일하거나 유사한 명칭을 사용하여 소비자로 하여금 오인혼동을 초래한 경우 부정경쟁행위로 본 것이다. 탄도소년단도 위와 같은 부정경쟁행위로 볼 수 있을지 생각해봤을 때, 소비자가 방탄소년단과 탄도소년단을 오인할 가능성은 그리 많아 보이지는 않는다.

하지만 부정경쟁방지법은 "타인의 상당한 투자나 노력으로 만들어진 성과 등을 공정한 상거래 관행이나 경쟁질서에 반하는 방법으로 자신의 영업을 위하여 무단으로 사용함으로써 타인의 경제적 이익을 침해하는 행위"도 포괄적인 부정경쟁행위의 유형으로 보고 있다. 이러한 유형에 해당할 가능성은 여전히 남아 있다. 미국의 경우 밴드의 라이브 공연 스타일도 트레이드 드레스(trade dress)로 보호받을 수 있다. 이를테면 록밴드 Revolver의 악기 구성, 무대 배경, 무대 의상, 가창 곡 리스트, 관객 참여를 유도하는 동작 등을 유사하게 차용하여 밴드 활동을 하는 것이 문제된 사례에서, 법원은 위와 같은 공연 스타일을 구성하는 요소들은 밴드의 출처의 동일성을 표시하는 트레이드 드레스라고 판시한 바 있다.

한편 퍼블리시티권에 의한 보호가 가능한지 살펴보자. 미국에서도 유명한 음악밴드를 모방한 밴드를 상대로 한 소송사례가 있었다. 피고는 비틀즈를 모방하는 소위 트리뷰트 밴드(tribute band)였는데, 트리뷰트 밴드란 유명 밴드의 음악, 외양, 무대매너, 멤버의 페르소나를 그대로 복제해서 공연하는 소위 헌정밴드를 말한다. 이 사건의 피고도 비틀즈의 무대매너를 그래도 모방해서 공연을 하였을 뿐만 아니라, 유명한 비틀즈의 앨범 자켓의 스타일과 배치를 그대로 따와서 공연 포스터를 만들어 배포했다. 비틀즈의 퍼블리시티권을 보유하고 있는 원고가 피고를 상대로 소송을 제기한 것이다. 법원은 개인들의 그룹 명칭도 그 그룹을 구성하는 개인과 마찬가지로 동일한 보호를 받을 수 있다고 판단하면서 피고에 대하여 "The Beatles", "John", "Paul", "George", "Ringo" 등의 이름을 사용해서는 안된다고 판시하였다. 퍼블리시티권에 관해서는 국가마다 보호법제가 달라 단정적으로 탄도소년단이 방탄소년단의 퍼블리시티권을 침해하였다고 하기는 어려운 측면이 있다. 그룹의 페르소나를 어디까지 인정할 수 있는지도 생각해볼 점이다. 만약 무대매너 등까지 포괄적으로 인정범위를 넓힌다면, 후발 그룹의 표현의 자유가 현저히 제약될 가능성이 있기 때문이다. 우리나라 법원도 위에서 언급한 가짜 박상민 사건에서 단순히 모자와 선글라스 등으로 치장하고, 독특한 모양의 수염을 기르는 등의 타인의 외양과 타인의 독특한 행동 그 자체는 어떤 사물을 표시하기 위한 기록을 의미하는 '표지'로는 보기 어렵고, 단지 무형적이고 가변적인 인상 내지 이미지에 가까운 것이어서, 어떠한 사물을 다른 사물로부터 구별되게 하는 고정적인 징표(徵表)로서의 기능은 적다는 점을 이유로, 가수 박상민의 외양 등은 가수 박상민의 성명과 함께 총체적으로 파악하여 이를 부정경쟁방지법에서 말하는 '국내에 널리 알려진 영업표지'에 해당한다고 보기는 어렵다고 판단하였다. 물론 퍼블리시티권에 관한 검토는 아니지만 가수의 트레이드 드레스에 대한 법원의 태도를 엿볼 수 있는 판결이다.

물론 짝퉁 그룹이 방탄소년단의 노래를 표절하거나 앨범 자켓 등 이미지를 함부로 사용한다면 그 자체로 저작권침해 이슈가 될 수도 있을 것이다.

짝퉁 방탄소년단의 출현은 그만큼 그들의 전 세계적 인기를 반영하는 것이므로 다소 허접한 짝퉁에 대하여 법적인 보호책을 논의하는 것이 무의미할 수도 있다. 실제 방탄소년단의 팬덤은 아미(ARMY)이며, 방탄복과 군대처럼 방탄소년단도 팬클럽과 항상 함께라는 의미를 가지고 있다. 방탄소년단의 군대가 그들의 힘으로 짝퉁을 가만두지 않을 수도 있다는 생각이 든다.

인공지능이 창작하는 날*

성창익 변호사

"그날은 구름이 낮게 드리운 우울한 날이었다. 방 안은 언제나처럼 최적의 온도와 습도. 요우코씨는 단정하지 못한 모습으로 소파에 앉아 시시한 게임으로 시간을 허비하고 있다." 어느 소설의 시작 부분이다. 일본 소설에서 흔하게 본 듯한 표현이지만 평범함을 뛰어넘는 의미가 있다. 인공지능(AI)을 이용해 쓴 소설이기 때문이다. 마쓰바라 히토시 하코다테 미래대학 교수팀은 자체 개발한 인공지능을 이용해 '컴퓨터가 소설을 쓰는 날'이라는 소설을 써서 '호시 신이치 공상과학 문학상'의 1차 심사를 통과했다.

소설뿐만이 아니다. 마이크로소프트와 네덜란드 연구진은 '넥스트 렘브란트'라는 프로젝트를 진행해 렘브란트 작품을 학습한 인공지능이 렘브란트풍의 그림을 그려내도록 했다. 구글이 개발한 인공지능 딥드림(Deepdream)은 일상 사진을 고흐나 뭉크 등의 그림처럼 바꾼다. 쥬크덱이라는 영국의 스타트업이 인터넷에 공개한 인공지능 음악 프로그램을 이용하면 누구나 각자의 스타일로 음악을 만들 수 있다.

아직까지는 사람이 몇가지 설정을 하고 인공지능을 이용해 창작하는 수준이지만 앞으로 점점 사람의 개입을 줄여 인공지능이 스스로 창작하는 방향으로 기술이 발전할 것이다. 창작은 쉬워지지만 그에 따라 미묘한 법적 문제도 생긴다. 인공지능이 만들어낸 창작물은 누구의 창작물인가? 순수한 사람의 창작물과 동등하게 취급하는 것이 타당한가? 인공지능이 머신러닝(Machine Learning)으로 만들어낸 창작물이 남의 작

---

* 이 글은 『아시아투데이』 "이런 법률 저런 판결"(2018. 10. 30.)에 게재된 칼럼이다.

품과 흡사한 경우에는 저작권 침해책임을 져야 하는가?

우리나라 저작권법 2조 1호는 저작물을 '인간의 사상 또는 감정을 표현한 창작물'로 정의하고 이에 한정해 저작권으로 보호하고 있다. 사진작가가 카메라로 사진을 찍는 것처럼 사람이 인공지능을 단순한 도구로 이용해 창작하는 경우에는 '그 이용자의 사상 또는 감정을 표현한' 창작물로 볼 수 있을 것이다. 그러나 점차 인공지능의 진화로 사람의 개입 없이 인공지능이 자체적으로 창작하는 단계까지 가면, 더 이상 '인간의 사상 또는 감정을 표현한' 것으로 보기 어렵게 된다. 인공지능 창작물을 기존 법상의 저작물로 보기 어렵다는 이유로 전혀 보호하지 않는다면 인공지능 개발의욕을 꺾게 된다. 그러나 한편으로 무한정 쏟아지는 인공지능 창작물을 사람의 창작물과 같은 수준으로 보호하면 정작 사람의 창작 여지가 줄어들게 된다. 결국 사회적 합의에 의해 적정한 수준의 보호방법을 찾을 필요가 있다.

인공지능에 의한 저작권 침해 문제도 전통적인 접근방식으로는 해결이 어렵다. 종래의 재판실무에 의하면 저작권 침해가 성립하기 위해서는 남의 저작물과 실질적으로 유사하다는 것만으로 부족하고 남의 저작물에 '의거(依據)'하여(의도적으로 '베꼈다'는 것보다 좀 더 넓은 의미이다) 작성됐다는 점이 인정돼야 한다. 그러나 인공지능이 빅데이터를 학습해 창작한 경우에는 결과적으로 남의 저작물과 흡사한 경우에도 '의거' 관계를 증명하기 어렵다. 저작권 보호에 공백이 생기는 것이다. 역시 새로운 접근방식에 의해 기존 저작권자와 인공지능 산업계 간에 이해관계를 적정한 선에서 조정할 필요가 있다.

인공지능, 빅데이터, 자율주행차, IoT 등 기술의 발달은 기존에 예상하지 못했던 새로운 법적 문제에 직면하게 만든다. 기존의 법제도로는 그러한 문제를 해결하는 데 역부족이다. 기술의 개발을 억누르지 않으면서 다양한 이해관계를 보호하고 조정하기 위해서는 전통적인 사고방식에 얽매이지 않고 새로운 변화에 알맞은 해결책을 찾을 필요가 있다. 법률가만의 문제는 아니니 여러분도 한번 고민해 보시길 바란다.

선정성 논란 개인방송 별풍선 규제 가능할까*

이혜온 변호사

　방송통신위원회가 올해 안에 인터넷 방송 결제 한도액을 1일 100만원 이하로 하향 조정하는 안을 추진하겠다고 밝혔다. 인터넷 개인방송 이용자들은 1일 3000만원까지 별풍선(후원금)을 살 수 있는데 인터넷 개인방송 진행자, 일명 BJ(Broadcasting Jockey)들이 별풍선을 받기 위해 선정적이고 폭력적인 방송을 한다는 지적이 잇따랐기 때문이다. 방송통신위원회 방침을 두고 과잉 규제라는 주장과 더이상 사업자 자율에 맡길 수 없다는 주장이 맞서고 있다.

　'방송법'은 방송이 지켜야 할 심의규정을 정하고 방송 사업자가 심의규정을 위반한 경우 5000만원 이하의 과징금을 부과하도록 하고 음란·퇴폐 및 폭력 등에 관한 심의규정을 위반하거나 마약류 복용이나 음주 후 방송출연 등 심의규정을 중대하게 위반한 경우 등에는 1억원까지 과징금을 부과하도록 하는 등, 방송에 대한 각종 규제 근거를 마련해 뒀다.

　그러나 인터넷 개인방송 사업자는 방송법이 적용되는 방송 사업자가 아니다. '정보통신망 이용촉진 및 정보보호 등에 관한 법률'(정보통신망법)상 정보통신서비스제공자이자 '전기통신사업법'상 부가통신서비스사업자이고, 그 내용에 대한 규제는 방송법상 '방송프로그램'이 아니라 '정보통신콘텐츠'로서 이뤄질 수 있을 뿐이다. 정보통신망법은 음란물과 같은 불법정보 유통을 금지하고 방송통신위원회가 불법정보 유통을 정지

---

* 이 글은 『아시아투데이』 "이런 법률 저런 판결"(2018. 2. 21.)에 게재된 칼럼이다.

하도록 명할 수 있고, 방송통신위원회 명령을 이행하지 않으면 2년 이하의 징역 또는 2000만원 이하의 벌금에 처하도록 하고 있다. 음란물을 배포한 경우에는 별도로 1년 이하의 징역 또는 1000만원 이하의 벌금에 처하는 규정도 두고 있다.

그러나 인터넷 개인방송은 그 분량이 방대해 사후규제가 쉽지 않고 정보통신망법은 방송법처럼 방송내용을 6개월간 보존할 의무를 정하고 있지 않기 때문에 불법콘텐츠인지 증거를 수집하는 것도 쉽지 않다. 정부가 인터넷 방송 결제 한도액을 하향 조정하겠다는 정부 방침을 발표했지만, 현재도 인터넷 방송 결제 한도액은 업계 자율규제에 맡기고 있고 법적으로 이를 강제할 근거가 있는 것은 아니다.

인터넷 개인방송 사업자를 규제하기 위한 각종 법안은 이미 여러 차례 발의된 바 있다. 일례로 정부는 2016년 12월 인터넷 방송 사업자가 자신이 운영하는 정보통신망에 음란정보가 유통되는 사실을 명백히 인식한 경우 해당 정보 삭제 등의 조치를 취하도록 하고 이를 위반하는 경우 최대 2000만원 이하의 과태료를 부과하도록 하는 전기통신사업법 개정안을 제출했다. 그러나 이에 대하여는 인터넷 개인방송의 내용을 플랫폼사업자가 실시간으로 검열하게 돼 헌법상 표현 및 통신의 자유를 침해하고, 국내 사업자만 과도하게 규제해 장기적으로 인터넷 산업 활성화가 저해될 것이라는 우려가 제기돼 개정안은 아직 국회에 계류 중이다.

정부가 별풍선 상한액제한방침을 들고나온 것은 이처럼 현행법상 인터넷 개인방송을 규제할 다른 방법이 마땅치 않기 때문일 것이다. 그러나 인터넷 개인방송에 대한 규제는 표현과 통신의 자유를 제한하는 헌법적 문제이고, 해외 서비스 사업자에 대한 강제가 쉽지 않은 상황에서 국내 사업자만 역차별해 산업 위축을 초래할 수 있는 문제이기도 하다. 2012년 헌법재판소의 위헌 결정으로 폐지된 '인터넷실명제' 역시 국내 인터넷 서비스 사업자만 위축시켰다는 비판을 받은 바 있다. 인터넷 개인방송을 법으로 규제할 것인가, 업계와 이용자들의 자율정화에 맡길 것인가. 사회적 합의가 필요한 시점이다.

잠금장치 해제와 국가 안보…
애플 그리고 카카오*

허 종 변호사

2016년 미국과 대한민국에서 가장 뜨거운 법적 논쟁의 대상이었던 이슈가 있었다. 바로 프라이버시 보호와 공익 가치의 충돌 문제다.

2015년 12월 2일 미 캘리포니아주 남부 샌버너디노(San Bernardino) 지역에서 테러리스트들의 무차별 테러 공격이 있었다. 14명의 무고한 시민이 그 자리에서 사망했고, 22명이 중상을 입은 비극적 사고였다. 미 FBI는 테러리스트 중 한 명인 파룩(Farook)을 추격해 사살했고 그가 소지한 아이폰(Apple iPhone-5C 기종)을 입수했다. 이 아이폰을 통해 범행 증거를 확보하고 배후의 인물은 없는지, 추가 테러 위험은 없는지 확인할 필요가 있었다. 그런데 아이폰의 잠금장치가 문제였다. 강화된 보안 시스템을 갖추고 있어, 미국 NSA(National Security Agency·국가안보국)에서도 잠금장치를 해제하지 못한 것이다. 이에 FBI는 직접 애플사에 'GovtOS'라 불리는 보안 시스템을 해체해 달라고 요청했다. 그러나 애플사는 "그러한 보안 해제 작업을 할 경우 나머지 모든 이용자들의 프라이버시 침해 위험까지 높아질 수 있다."며 FBI의 요청을 거절했다.

이에 FBI는 미 캘리포니아주 연방중앙지방법원(CDCA)에 "애플사로 하여금 위 보안 해제에 필요한 소프트웨어를 제작하여 제공하도록 명령해 달라."고 신청했다. CDCA는 2016년 2월 16일 FBI의 신청을 인용했다. 예상대로 애플사는 법원의 명령을 따르지 않겠다는 공식 입장을 밝혔고, 이용자들에게도 보안 시스템을 저해하는 그 어떤 행

---

* 이 글은 『아시아투데이』 "이런 법률 저런 판결"(2018. 4. 17.)에 게재된 칼럼이다.

위도 하지 않을 것임을 천명하면서 연방항소법원에 항소했다. 한편 미 뉴욕주 연방동부지방법원(EDNY)은 미 법무부가 애플사를 상대로 마약 사범이 소지한 아이폰 잠금장치의 해제 명령을 구한 사건에서 완전히 상반된 결정을 내렸다. "법원은 특정 법인으로 하여금 자신의 제품을 변경(modify)하도록 명령할 권한이 없고, 이를 허용하는 것은 법치주의에 반한다(obnoxious to the law)."는 것이다.

결국 FBI가 애플사의 도움을 받지 않고 잠금장치를 풀어 분쟁이 일단락됐지만, 이이슈는 그 후에도 미국 법조계와 정치권을 뜨겁게 달궜다. 국가 안보가 위협받는 상황인데 프라이버시 보호만을 우선시하는 애플사의 기업윤리를 나무라는 측과, 이용자의이익을 최우선으로 보호하려는 애플사의 책임있는 자세에 찬사를 보내는 측 사이에갑론을박이 이어졌다.

국내 사정도 마찬가지였다. 검찰은 국가보안법 위반 혐의자들의 카카오톡 대화내용을 증거로 수집해야겠다며, 감청 영장을 발부해 다음카카오의 협조를 구했다. 국가안보를 위해 개인의 사생활 정보를 수집하겠다는 것이다. 그러나 다음카카오는 이용자들의 프라이버시가 심각하게 침해될 수 있기에 매우 조심스러운 입장이었다. 하지만 이미 발부된 영장의 집행을 거부하기 어려워 우선은 협조했고, 검찰이 지정한 일자에 피의자가 남긴 카카오톡 대화 내용을 출력물의 형태로 검찰에 제공했다. 하지만 프라이버시 보호를 주장하는 이용자들의 비판이 잇따랐다. 그런데 2016년 10월 대법원에서 이러한 방식의 증거수집이 위법하다고 판결하면서 상황이 급변했다(대법원 2016도8137 판결). 통신비밀보호법에 따르면 검찰의 영장에 의한 감청(통신제한조치)은 실시간으로 이루어져야 하는 것이므로, 이미 수신이 완료된 개인의 대화내용을 열람하는 것은 위법하다는 것이다.

이에 다음카카오는 실시간 감청 기술을 보유하고 있지 않기 때문에 "향후 검찰의감청 영장집행에 응하지 않겠다."고 발표했다. 나아가 이용자들의 프라이버시 보호를강화하기 위한 대책도 발표했다. 첫째 서버에 대화를 저장하는 기간을 2~3일로 크게단축하고, 둘째 서버에 저장되는 대화내용도 대화 당사자만 암호를 풀 수 있도록 모두암호화하겠다는 것이다. 이에 따라 이미 수신이 완료된 대화내용에 대해서도 검찰의압수수색이 쉽지 않게 됐다. 감청 영장과 달리 압수수색 영장의 경우 집행을 거부할수 없기 때문에, 이와 같은 보안 조치가 의미를 갖는다. 자료 자체가 존재하지 않거나협조가 가능하지 않은 자료의 경우 실질적으로 영장이 집행되기 어렵기 때문이다.

온라인상에서 개인의 모든 일상이 기록되고 타인과의 교류가 이뤄지는 시대가 됐다. 프라이버시 보호의 필요성이 날로 커질 수밖에 없다. 통신사업자들 역시 이용자 보호를 최우선의 원칙으로 삼고 있는 듯하다. 원칙적으로 타당한 자세라고 생각한다. 헌법상 권리인 프라이버시권을 침해하기 위해서는 현존하는 공익상의 위험이나 공적 필요성이 엄격하게 소명돼야 한다. 잠금장치를 해제하지 않으면 국가 안보에 심각한 위험이 초래될까? 국가기관이 답해야 한다. 그 답변이 충분히 이뤄졌을 때, 비로소 프라이버시의 희생을 논해야 하지 않을까?

2년 내 처분재산에 대한
상속추정 규정의 위헌성*

구상수 공인회계사

상속개시로 인해 상속인들이 가장 어려움을 겪는 것 중 하나가 피상속인의 사망 전 2년 이내에 사용한 재산에 대한 소명문제이다. 부모님 생전에 돈을 사용할 때마다 일일이 사용처를 물어볼 수도 없고, 돌아가신 후에는 더더욱 확인이 불가능하다. 그런 데 우리 세법에서는 피상속인이 처분한 재산 중에서 상속개시일 전 1년 이내에 재산 종류별로 2억원 이상, 2년 이내에 5억원 이상의 사용처가 불분명할 경우 상속세 과세 가액에 산입하도록 하고 있다(상속세 및 증여세법 제15조 제1항). 2년 내 쓴 돈의 사용처 를 밝히지 못하면 상속인들이 받은 것으로 보아 상속세를 과세하겠다는 뜻이다. 상속 인들이 실제로 받지 않은 돈에 대해 사용처를 입증하지 못한다는 이유만으로 상속인 들이 받은 것으로 보는 것은 문제가 없을까?

위헌소송이 제기됐지만 납세자가 패소했다(헌재 2003.12.18. 2002헌바9916, 헌재 2012.03.29. 2010헌바342). 헌법재판소는 "상속세는 다른 세목에 비해 세원 포착이 어렵 고, 조세면탈이 극심하여, 과세자료의 포착이 쉽지 않은 현금 등으로 상속인에게 증여 또는 상속함으로써 상속세를 부당하게 경감하는 것을 방지하기 위해서는 꼭 필요하다 는 이유로 합헌"이라고 판단했다.

그러나 과세관청에게는 과세를 위한 기본적인 과세요건사실의 입증책임마저 면하 게 하면서 일률적으로 납세의무자에게 입증책임을 전가한 것은 문제가 있다. 특히, 해

---

* 이 글은 『조세일보』 "헌법으로 본 조세"(2018. 7. 31.)에 게재된 칼럼이다.

당 규정은 과거 금융실명제가 실시되지 않았거나 그 시행 초기에 피상속인이 상속개시 전 재산처분 대금을 어떠한 용도에 사용하였는지, 사망 시점에 현금이나 예금 등의 형태로 상속인에게 은밀히 상속시켰는지 등에 대해 과세관청이 확인하는 것이 거의 불가능하여 그 필요성이 인정되었던 규정이다(헌재 2003. 12. 18. 2002헌바99, 판례집 15−2하, 547, 557 참조).

그런데 오늘날 금융실명제가 정착되어 차명거래가 거의 불가능하고 예전과는 달리 과세관청에서 방대한 소득자료 및 거래자료를 보유하고 있는 상황에서 여전히 해당 규정의 필요성이 인정된다고 보기는 어렵다. 더구나 오늘날 핵가족화로 인해 가족의 경제활동이 개별화되어 있는 상황에서 피상속인이 생전에 상속인에게 자신의 재산처분사실 또는 자금의 사용내역 등을 상세하게 알려준다는 것은 매우 이례적이다(헌재 2003. 12. 18. 2002헌바99, 판례집 15−2하, 547, 559 참조).

그런데 포괄적인 입증책임을 납세자에게 전가한 결과 과세관청과 납세의무자 모두 사용처를 입증하지 못하는 경우 상속인이 상속받지도 않은 재산에 대해 상속세를 부담해야 하는 결과가 생긴다. 상속받지도 않은 재산에 대하여 상속세를 부담하도록 할 경우 상속인의 재산권을 심각하게 침해하게 된다. 우리 세법에서 과세관청이 해야 할 과세입증책임을 납세자에게 완전하게 전가한 규정은 극히 드물다. 특히 납세자의 행위와 무관하게 납세자에게 포괄적인 입증책임을 지우는 규정은 찾아보기 어렵다. 한편으로는 과거와 달리 금융재산의 이동에 대한 파악이 용이해진 것도 고려해야 한다.

과세처분의 전제가 되는 사실관계를 입증하기 어렵다는 이유만으로 피상속인과 상속인이 잠재적 조세포탈 상태에 있다고 추정하는 이 규정의 위헌성 논란은 여전히 현재진행형이다. 헌법의 정신에 부합되는지 논의가 필요하다고 생각한다.

세무조사와 적법절차의 원칙[*]

김태형 변호사

　2017. 12. 19. 개정된 국세기본법은 세무조사와 직접 관련 없는 자료의 제출 요구를 금지하고, 장부 등을 일시 보관하는 요건과 방법 및 절차를 보완하는 규정을 두었다. 세무조사는 국가의 과세권을 실현하기 위한 행정조사의 일종으로 과세자료의 수집 또는 신고내용의 정확성 검증 등을 위하여 필요불가결하며 종국적으로는 조세의 탈루를 막고 납세자의 성실한 신고를 담보하는 중요한 기능을 수행한다. 그러나 세무조사를 받는 당사자에게는 상당한 부담이므로 세무공무원의 세무조사권 행사는 납세자의 권리를 침해하지 않는 범위에서 행사되어야 할 것이다.

　헌법은 법률에 따른 납세의무(제38조), 조세의 종목과 세율은 법률로 정한다는 조세법률주의(제59조)를 천명하고 있으나, 세무조사의 적법절차 및 납세자의 권리에 대해서는 명시적으로 규정하고 있지 않다. 다만 헌법 제12조에서 누구든지 법률과 적법한 절차에 의하지 아니하고는 처벌, 보안처분 또는 강제노역을 받지 않는다고 규정하고 있는데, 헌법재판소(1998. 5. 28. 자 96헌바4 결정 등)와 대법원(2014. 6. 26. 선고 2012두911 판결 등)은 모두 위와 같은 적법절차 원칙이 형사소송절차에 국한되지 않고 모든 국가작용에 적용된다고 해석하고 있다.

　강학상으로도 헌법 제38조가 정한 납세의무는 국가구성원인 국민이 국가에 대하여 재정적 부담을 진다는 적극적 성격과 함께 국가공권력이 자의적 과세로 국민의 재산

---

[*] 이 글은 『조세일보』 "헌법으로 본 조세"(2018. 8. 14.)에 게재된 칼럼이다.

권을 침해할 수 없다는 소극적 성격을 함께 갖고 있다고 평가되므로, "법률이 정하는 바에 의하여 납세의 의무를 진다."는 의미는 세무조사를 통해 납세의무를 부담하게 될 경우에는 적법한 세무조사가 전제되어야 한다는 것으로 해석할 수 있다.

세무조사에 관한 법률 개정의 연혁을 살펴보면, 개별 세법상 질문·조사권이 규정되어 있는 이외에 국세기본법은 세무조사와 관련한 별다른 규정을 두지 아니하였다가 1996. 12. 30.자 국세기본법 개정에서 납세자의 권익 향상과 세정의 선진화를 위해 중복조사의 금지와 납세자의 성실성 추정에 관한 규정을 처음으로 도입했고, 2002. 12. 18.자 국세기본법 개정에서 "세무공무원은 적정하고 공평한 과세의 실현을 위하여 필요한 최소한의 범위 안에서 세무조사를 행하여야 하며, 다른 목적 등을 위하여 조사권을 남용하여서는 아니된다."는 규정을 신설하는 한편, 일정한 사유가 있는 경우 우선적으로 세무조사대상으로 선정할 수 있도록 함과 아울러 납세자가 일정한 과세기간 이상 세무조사를 받지 아니한 경우 무작위추출방식에 의해 표본조사대상으로 선정된 경우 신고내용의 정확성 검증 등을 위하여 필요한 최소한의 범위 안에서 세무조사를 할 수 있도록 하되, 과세관청의 조사결정에 의하여 과세표준과 세액이 확정되는 세목의 경우에는 과세표준과 세액을 결정하기 위한 세무조사를 할 수 있도록 하는 규정을 마련했다.

세무조사와 관련하여 납세자 입장에서 가장 곤혹스러운 부분은 세금 관련 장부에 관한 조사일 것이다. 조사주체로서는 세금 탈루 사실 등에 관한 명확한 증거 확보를 위해 영업에 관한 장부나 각종 자료를 우선적으로 확보하려고 할 것인데, 피조사자로서는 영업에 필요한 장부나 자료를 모두 제출하면 영업 자체에 지장이 초래될 수 있고 영업비밀이나 고객정보 등 민감한 자료가 노출되어 추가적이고 심층적인 조사에 무방비로 노출될 우려가 있기 때문이다.

위와 같은 사정을 반영하여 개정 국세기본법에서는 세무조사에 필요한 최소한의 범위에서 장부 등의 제출을 요구하여야 하며 조사대상 세목 및 과세기간의 과세표준과 세액의 계산과 관련없는 장부 등의 제출을 요구할 수 없게 했고(제81조의4 제3항), 과세관청이 장부 등을 일시 보관할 수 있는 요건을 엄격히 정하고, 장부 등을 일시 보관하는 방법 및 절차를 보완하여 세무공무원이 일시 보관 전 납세자에게 일시 보관의 사유 등을 고지하도록 하고 납세자에게는 위 요건을 갖추지 않은 경우 일시 보관할 장부 등에서 제외할 것을 요청할 권한을 부여하였으며(국세기본법 시행령 제63조의11 제1항,

제2항), 세무관서에서 장부 등을 일시 보관하고 있는 장부 등에 관하여 납세자의 반환요청이 있으면 최대 28일 이내에 반드시 반환하도록 하여 납세자의 권리를 보장하였다(제81조의10 제4항).

납세자의 권리보호를 위해서는 위와 같은 법률 개정이 바람직하지만, 실제 제도 운영과 관련해서는 현실적으로 어느 정도 실익이 있을지는 좀 더 지켜볼 문제이다. 당장 "세무조사를 하기 위하여 필요한 최소한의 범위", "조사대상 세목 및 과세기간의 과세표준과 세액의 계산과 관련 없는 장부 등"의 범위와 관련하여 조사주체와 납세자 사이에 이견이 발생할 수 있고, 조사자와 피조사자 사이의 역학관계나 일선 현장에서 세무조사 공무원이 갖는 실질적 영향력을 고려하면 세무조사를 받고 있는 납세자가 어느 정도까지 적극적으로 법령이 정한 권리를 행사할 수 있을지 의문이기 때문이다.

기본적으로는 과세당국 스스로 법률의 개정취지를 고려하여 적법한 세무조사 및 과세행정이 이루어질 수 있도록 노력해야겠지만, 결국은 납세자 스스로 적법절차 원칙에 관한 정당한 권리를 적극적으로 행사해야 할 것이다. 그리고 헌법재판소와 법원 역시 납세자의 절차적 권리 보장을 위해 전향적인 결정과 판결을 내리면서 세무조사 및 과세행정과 관련한 적법절차 원칙을 완성시켜나갈 수밖에 없을 것이다.

위법한 과세처분, 세 번의 과오[*]

－대법원 2017. 4. 20. 선고 2015두45700 전원합의체 판결－

박성철 변호사

1. 들어가며

대법원은 2017. 4. 20. 선고한 2015두45700 전원합의체 판결로 세 번의 과오를 바로 잡았다. 첫째, 대법원 2009. 3. 19. 선고 2006두19653 판결에서 이미 무효라고 판단한 부분을 여전히 남겨둔 대통령령의 잘못을 바로 잡았다. 둘째, 위법한 시행령에 근거해 조세를 부과해 온 과세당국의 그릇된 처분을 취소했다. 셋째, 합헌적 해석을 외면하고 법률과 시행령을 형식적으로 해석한 원심판결을 파기했다. 뒤늦게나마 조세법률주의를 구현한 판결로 의미가 크다.

2. 첫 번째 과오, 위헌인 대통령령

구 상속세 및 증여세법(이하, '상증세법') 제41조는 특정법인이 재산을 무상제공 받아 최대주주 등이 '이익을 얻은 경우'에 증여세를 부과하는 기준이 되는 '이익의 계산' 방법을 대통령령, 즉 시행령에 위임하고 있었다. 같은 법 시행령 제31조 제6항은 최대주주 등이 이익을 얻었는지 따지지 않고 특정법인이 얻은 이익을 '주주 등이 얻은 이익'으로 간주해 증여세 납세의무를 부담하도록 정했다. 최대주주 등은 실제 이익을 얻은 바 없더라도 증여세 납부의무를 부담하게 되는 문제가 생겼다. 대법원은 위 시행령

---

[*] 이 글은 『법률신문』 제4525호(2017. 7. 10.)에 게재된 칼럼이다.

은 모법의 규정 취지에 반할 뿐 아니라 위임범위를 벗어나 무효라고 판시했다(대법원 2009. 3. 19. 선고 2006두19693 전원합의체 판결).

무효가 된 시행령은 이상한 방식으로 살아남았다. 2010. 1. 1. 모법의 '이익'이라는 문언이 '대통령령으로 정하는 이익'으로 개정됐다. 이제 '이익'을 대통령령으로 정할 수 있게 되었다는 이유로 최대주주 등이 실제로 이익을 얻었는지와 무관하게 여전히 증여세를 부과할 수 있는 시행령 규정이 존속하게 되었다. 대법원 판결의 취지에 따라 시행령을 개정하지 않고 오히려 법률을 개정해 무효인 시행령을 유지시키려 한 시도는 위헌적인 공권력 행사였다.

3. 두 번째 과오, 과세당국의 위법한 처분

2010. 1. 1. 상증세법 개정 이후에도, 납세의무자가 아무런 이익을 얻지 못했다면 증여세를 부과할 수 없고, 개정 법률 조항에서도 다르지 않다. 개정 법률이 부과하는 증여세 조항 역시 특정법인에 대한 재산의 무상제공으로 주주가 이익을 얻었음을 전제로 하는 규정으로 보아야 한다. '대통령령으로 정하는 이익'의 의미는 어디까지나 이익이 있을 때 그 이익의 계산방법을 대통령령으로 정할 수 있다는 의미다. 이익이 없는데도 이익이 있다고 대통령령으로 간주할 수 있다는 뜻은 아니다. 그렇기 때문에 결손법인에서 주주가 보유한 주식의 가액이 증가하지 않은 경우라면, 증여된 이익 자체가 없으므로 여전히 증여세를 부과할 수 없다.

과세당국으로서는 주주가 실제로 이익을 얻었는지를 조사해 이익을 얻은 때에 한해 과세처분을 했어야 했다. 그럼에도 과세당국은 2010. 1. 1. 상증세법 개정을 이유로 시행령 조항의 효력이 유지된다면서, 아무런 이익을 얻지 않은 결손법인 주주들에게도 수억 원 혹은 수십억 원의 과세처분을 했다.

실질 이익을 얻지 않은 주주들은 증여세를 납부해야 한다는 인식이 없는 경우가 많았다. 세무조사 결과 과세처분이 내려지는 사례가 빈번했다. 과세당국이 과오를 반복해 빚어진 위법한 납세처분이 끊이지 않았다.

4. 세 번째 과오, 하급심의 위헌적 해석

위법한 과세처분에 대해 하급심 법원도 제동을 걸지 못했다. 서울행정법원 2016. 4. 7. 선고 2015구합74586 판결과 같이 시행령 조항을 무효로 판단하고 과세처분을 취소한 판결이 있었으나, 항소심에서 취소되었다(서울고등법원 2016. 9. 22. 선고 2016누44362 판결). 이 사건 원심인 서울고등법원 2015. 5. 19. 선고 2014누68715 판결처럼 과세처분이 적법하다고 보는 판결례만 쌓여갔다.

하급심 판결들은, 개정된 모법의 문언을 보면 주주가 얻은 이익을 계산하는 일뿐만 아니라 어떤 때 주주가 이익을 얻었다고 볼 것인지도 대통령령에 전부 위임하는 취지라고 판시했다. 모법에 '대통령령으로 정하는 이익'이라는 위임의 근거가 새로 마련됨으로써 시행령은 더 이상 무효가 아니라는 입장을 취했다.

어떤 경우에 주주가 이익을 얻었다고 할 것인지에 대해서까지 시행령에서 정할 수 있다는 의미는, 주주가 실제 이익을 얻는 바 없더라도 이익을 얻었다고 간주하여 증여세를 부과할 수 있다는 뜻으로까지 확대됐다. 서울고등법원은, 모법에서 '대통령령으로 정하는 이익'이라고 한 취지는, 특정법인에 재산을 무상제공하는 것과 같은 거래를 통해 최대주주가 실제로 이익을 얻었는지 여부와 관계없이 시행령에서 규정한 이익을 얻었고 이를 증여받은 것으로 간주한다는 의제규정으로 보아야 한다는 점을 분명히 했다(서울고등법원 2016. 9. 22. 선고 2016누44362 판결 등). 이익이 전혀 없는데도 이익이 있다고 취급해 과세할 수 있다는 놀라운 해석이다.

물론 개정 법률 조항의 취지 자체는 이해할 만하다. 결손금이 있는 특정법인의 주주 등과 특수관계에 있는 자가 특정법인에 재산을 증여하는 등 일정한 거래를 함으로써 특정법인은 그 증여가액을 결손금으로 상쇄하여 증여가액에 대한 법인세를 부담하지 않도록 하면서도 특정법인의 주주 등에게는 이익을 얻게 하는 변칙증여에 대해 증여세를 과세하기 위해 마련되었다는 목적의 정당성은 인정될 것이다.

그렇다고 하더라도, 특정법인에 대한 재산의 무상 제공 등으로 주주가 증여재산에 해당하는 실제 이익을 얻은 경우에 과세할 수 있다는 기본 전제까지 무너뜨릴 수는 없다. 여기서 재산의 무상 제공 등의 상대방이 특정법인인 이상 주주 등이 얻을 수 있는 '이익'은 특정법인 주식 등의 가액 증가분 외에 다른 이익을 상정하기 어렵다.

비록 '대통령령으로 정하는'이라는 문구가 추가되었더라도 모법의 의미는 특정법인의 주주가 이익을 얻었음을 전제로 하여 그 이익, 즉 '주주 등이 보유한 특정법인 주식 등의 가액증가분'의 정당한 계산방법에 관한 사항만을 대통령령에 위임한 규정이라고 보아야 한다.

원심과 같이 시행령 조항을 기계적으로 해석하면, 거래 전후 1주당 순자산가치가 모두 부수(−)로 산정돼 소유한 주식 가치가 상승하였다고 보기 어려운 경우에도 이익을 얻었다고 간주된다. 증여가액 또는 채무면제액 등 거래로 인한 가액을 주식수로 나눈 금액이 곧바로 과세표준이 되는 증여재산가액이 된다. 이처럼 법인이 얻은 이익을 주주 각자의 지분비율만큼 주주가 받은 이익으로 의제하는 것은 법인과 주주가 준별되는 우리 법체계와 모순된다. 법인이 얻은 이익과 주주의 지분가치 상승분을 동일시할 수 없다는 점에서도 부당하다.

결국 이 사건 과세처분의 근거가 된 시행령 조항은, 모법에서 위임한 범위를 넘어서서 증여세 과세요건을 창설한 셈이다. 조세법률주의를 규정한 헌법 제38조, 제59조 및 위임입법의 한계를 정한 헌법 제75조에도 반한다. 주주 등이 실질적인 이익을 얻지 못하였음을 증명한 경우에도 이익이 의제되어 증여세 과세가 가능하다는 점에서는 헌법 제23조에서 보장하고 있는 재산권을 침해한다고도 볼 수 있다. 그럼에도 하급심 법원에서 위헌인 시행령의 효력을 인정하는 판단이 거듭된 일은 퍽 아쉬운 대목이다.

5. 나오며

이 사건에는 과오가 하나 더 숨어 있다. '대통령령으로 정하는'이라는 문구를 모법에 추가함으로써 시행령의 위헌성을 가려보려고 했던 입법자의 잘못이다.

헌법재판소는, 특수관계에 있는 자로부터 현저히 저렴한 대가로써 '대통령령이 정하는 이익'을 받은 자에 대하여 그 이익에 상당하는 금액을 증여받았다고 의제한 구 상속세법 제34조의4는 조세법률주의에 위반되고 위임입법의 한계마저 일탈했다고 판시했다(헌법재판소 1998. 4. 30. 선고 95헌바55결정). 법률에서 단지 '대통령령이 정하는 이익을 받은 자'로만 규정하고 구체적인 내용은 대통령령에 위임해 버리면, 납세의무자인 일반 국민으로서는 과연 어떤 행위로 인한 어떤 이익에 대해 증여세가 부과될 것인지를 법률만 보아서는 합리적으로 예측할 수 없게 된다고 지적했다. 증여세의 과세대상 내지 과세물건을 법률로 특정하였다고 보기 어렵게 된다. 조세법률주의를 정한 헌법 제59조 위반이다. 납세의무의 본질적 내용을 하위법령에 포괄위임하고 있으므로 위임입법의 한계를 정한 헌법 제75조에도 어긋난다.

이 사건에서도 입법자가 만일 헌법재판소의 결정을 고려해 모법을 개정했다면, 단지 '대통령령으로 정하는'이라는 문구만 추가함으로써 무효로 판단된 시행령을 유지하려 하지 않았을 것이다.

과세당국 혹은 하급심 법원에서 과세의 근거가 되는 모법 조항을 합헌적으로 해석하지 않은 잘못을 탓하기에 앞서, 입법자가 법률을 개정할 때에 실제 이익이 있는 경우 과세가 된다는 조세법의 내재적 한계를 법률에 분명히 못 박지 않은 과오가 애초에 있었다. 입법자부터 과세당국, 하급심 법원에 이르기까지 거듭되는 잘못 속에 납세처분을 받은 이들의 고통만 깊어가고 있었다. 늦게나마 조세법률주의 원칙이 확인되어 다행이다.

소송 사례

[공익소송 사례] 시각, 청각장애인의
영화관람권 보장을 위한 소송

임성택, 이주언 변호사

시각장애인과 청각장애인은 영화를 볼 수 있을까요? 시각장애인에게는 화면해설이, 청각장애인에게는 자막이 제공되면 영화를 볼 수 있습니다.

2016. 2. 17. 서울 종로 CGV피카디리1958 영화관 앞에 시각, 청각장애인들이 모였습니다. 영화관 사업자에게는 장애인이 영화를 제대로 관람할 수 있도록 정당한 편의를 제공할 의무가 있는데, 이를 이행하지 않기 때문에 이날 시각, 청각장애인들이 소송을 제기하고 소송을 알리기 위한 기자회견을 했습니다.

여기에서 소개하는 이 소송은 「장애인차별금지 및 권리구제 등에 관한 법률」(이하 '장애인차별금지법')에 근거하여 제기되었습니다. 청구취지는 시각장애인에게는 화면해설, 청각장애인에게는 자막을 제공하라는 것입니다. 피고는 국내 스크린 92%를 점유하고 있는 복합상영관 사업자 3곳입니다. 소송은 법무법인 지평 임성택 변호사를 중심으로 공익변호사들과 장애우권익문제연구소 및 장애인차별금지추진연대가 함께 준비하였습니다.

1심은 1년 3개월 동안 조정기일 2회, 변론기일 6회, 검증기일 1회를 거쳤습니다. 1심에서는 원고 대리인의 검증 신청을 재판부가 받아들여 원고들이 주장하는 폐쇄형 배리어프리 시스템이 실제로 어떻게 구현될 수 있는지 재판부가 영화관을 방문하여 직접 시연하였습니다. 재판 과정에서 피고들은 저작권 문제 등으로 자막과 화면해설을 상영업체가 직접 제작할 수 없다는 주장을 했습니다. 원고 대리인단은 고심 끝에 "제작업자 또는 배급업자 등으로부터 화면해설 또는 자막파일을 제공받은 영화에 관하여" 시각, 청각장애인에게 정당한 편의를 제공할 것을 요구하는 것으로 청구취지를 변경하였습니다. 이러한 과정을 거쳐 재판부는 2017. 12. 7. 원고들의 청구를 모두 인용하였습니다.

2심은 피고들의 항소로 2018. 1. 8.부터 2019. 6. 27. 현재 계속 중입니다. 변론준비기일 3회, 변론기일 1회를 거친 후 현재 조정기일 3회를 진행했고, 4번째 조정기일을 앞두고 있습니다. 조정은 원고들과 피고들 외에 영화진흥위원회까지 참여하고 있습니다. 영화진흥위원회는 국내 영화 산업에서 시각, 청각장애인을 위한 자막 및 화면해설 파일 제작을 지원하고 있습니다. 조정에서는 피고들이 폐쇄형 배리어프리 영화 시스템을 시범사업으로 진행하고, 개방형 배리어프리 영화 상영을 확대하는 안을 논의하고 있습니다.

조정이 성립하지 않으면 항소심 재판이 재개됩니다. 1심에서 전부 승소를 하였지만, 항소심에서 장애인차별금지법상 법원의 구제조치와 관련하여, 피고들의 의무 범위, 청구취지 특정, 집행가능성 등 법리적으로 많은 논쟁이 계속될 것으로 예상됩니다.

재판이 어떻게 끝날지는 모르지만, 결과를 떠나 이 소송은 여러 가지 의미가 있습니다. 우선 장애인의 생존권에 집중되었던 장애인권 논의를 장애인의 문화향유권까지 확대시켰습니다. 재판 과정에서는 원고들과 방청객 중 청각장애인들이 있다는 점을 고려하여 법원에서 정당한 편의제공으로 수어통역사 및 법정의 스크린을 활용한 자막을 함께 제공하고 있습니다. 피고 중 한 상영업체는 홈페이지에 개방형 배리어프리 상영회를 공지하기 시작했습니다. 우리의 소송을 통해 시각, 청각장애인들이 가족들, 친구들과 함께 주말에 영화관을 방문하는 평범한 일상을 누릴 수 있게 되기를 희망합니다.

소　　장

원　　고	김aa 외 3	
소송대리인	법무법인 지평	
	담당변호사　임성택, 김태형	
	변호사　김재왕	
	변호사　이정민	
	변호사　이주언	
피　　고	씨제이씨지브이 주식회사 외 2	

서울중앙지방법원　　　귀중

목   차

소   장

원   고   1. 김aa

                   2. 박bb

                   3. 오cc

                   4. 함dd

                   원고들 소송대리인

                   1. 법무법인 지평

                      담당변호사 임성택, 김태형

                   2. 변호사 김재왕

                   3. 변호사 이정민

                   4. 변호사 이주언

피   고   1. 씨제이씨지브이 주식회사

                   2. 롯데쇼핑주식회사

                   3. 메가박스 주식회사

차별구제청구

청 구 취 지

1. 피고들은 원고들이 장애인이 아닌 사람과 동등하게 영화를 관람할 수 있도록
   가. 원고 김aa, 박bb에게 화면해설을
   나. 원고 오cc, 함dd에게 자막을
   다. 원고 오cc에게 FM 보청기기를
   라. 원고들에게 장애인을 위한 영화 관련 정보를 원고들이 접근할 수 있는 방
      법으로
   각 제공하라.
2. 소송비용은 피고들이 부담한다.

라는 판결을 구합니다.

청 구 원 인

1. 당사자들의 지위 및 소송의 개요

가. 원고 - 장애인

원고 오cc, 함dd은 청각장애인이고, 원고 박bb, 김aa은 시각장애인입니다(갑 제1호증의 1 내지 4 각 복지카드 사본). 원고들의 장애 정도는 다음과 같습니다.

원고 오cc	청력이 일부 남아 있어 보청기 등을 활용하면 어느 정도 들을 수 있는 **난청**	2급 청각장애
원고 함dd	보청기 등을 활용해도 소리를 들을 수 없는 **농아**(聾啞)	1급 청각장애
원고 박bb	아주 가까이 보거나 확대경 등의 도움을 받아야 글이나 물체의 형상을 인식할 수 있는 **저시력 장애인**	3급 시각장애
원고 김aa	전혀 볼 수 없는 **전맹**(全盲)	1급 시각장애

원고들이 영화를 관람하기 위해서는 자막, 화면해설과 같은 편의가 제공되어야 합니다. 청각장애를 가진 원고들은 영화의 소리(음성 및 음향)를 글자로 전달하는 '**자막**'이 있어야 영화(특히 한국영화)를 볼 수 있습니다. 시각장애를 가진 원고들의 경우 화면의 장면, 자막 등을 음성으로 전달하는 '**화면해설**'이 없이는 영화(특히 외국영화)를 관람할 수 없습니다.

나. 피고 - 영화 상영관 사업자

피고들은 영화상영관을 운영하는 문화·예술사업자입니다.

피고 씨제이씨지브이 주식회사(이하 '피고 CGV'), 피고 메가박스 주식회사(이하 '피고 메가박스'), 피고 롯데쇼핑 주식회사(이하 '피고 롯데시네마')는 국내 3대 멀티플렉스(Multiplex, 복합상영관) 사업자입니다(갑 제2호증의 1 내지 3 각 법인등기부등본). 2014년 기준으로 피고들의 극장 수는 288개로 전체 극장 중 80.9%의 점유율을 가지고 있습니다. 피고들의 극장 스크린 수는 2,098개로 전체 2,281개 스크린 가운데 92.0%의 점유율을 보이고 있어, 그 비중이 거의 절대적입니다(갑 제3호증 2014년 한국영화결산, 44쪽).

다. 청구의 요지 - 차별 없는 영화 관람을 위한 편의제공 청구

2007년 4월 10일 「장애인차별금지 및 권리구제 등에 관한 법률」(이하 '장애인차별금지법')이 제정되어, 용역 제공 및 문화·예술활동의 차별금지, 정보제공에서의 정당한 편의제공의무가 법률에 명시된 지 8년 이상의 시간이 흘렀습니다. 특히 **2015년 4월 11일부터는 "스크린 기준 300석 이상 영화상영관"을 보유한 사업자의 경우 장애인이 장애가 없는 사람과 동등하게 영화를 관람할 수 있도록 <u>자막 등 필요한 수단을 제공하여 할 의무</u>가 생겼으나, 피고들은 아직까지도 이를 전혀 이행하지 않고 있습니다.**

원고들은 이러한 위법상태를 시정하고, 차별 없는 영화 관람을 위한 정당한 편의제공을 받기 위하여 이 사건 소송을 제기하게 되었습니다.

2. 원고들의 정당한 편의제공 청구권

가. 장애인의 문화향유권

모든 국민은 누구나 문화·예술활동에 참여할 수 있는 권리, 즉 '문화향유권'을 가지고 있습니다. 헌법재판소는 문화향유권을 헌법 제10조 행복추구권에서 파생되는 권리로 인정하고 있고(헌재 2004. 5. 27자 2003헌가1 결정), 문화기본법에서는 이를 명문화하였습니다.

> **문화기본법 제4조(국민의 권리)** 모든 국민은 성별, 종교, 인종, 세대, 지역, 사회적 신분, 경제적 지위나 신체적 조건 등에 관계없이 문화 표현과 활동에서 차별을 받지 아니하고 자유롭게 문화를 창조하고 문화 활동에 참여하며 문화를 향유할 권리(이하 "문화권"이라 한다)를 가진다.

국제인권조약인 「장애인의 권리에 관한 협약」(이하 '장애인권리협약')에 따르면, 장애인은 비장애인과 동일하게 문화생활에 참여할 수 있는 권리가 있고, 영화 및 영화관에 대한 접근권을 가지고 있습니다. 장애인권리협약은 우리나라도 가입하여 2009년 1월 9일 비준하였기 때문에, 국내법과 동일한 효력을 가지고 있습니다.

장애인 권리협약 제30조(문화생활, 레크리에이션, 여가생활과 스포츠 참여)

1. 당사국은 다른 사람들과 동등한 조건으로 장애인이 문화생활에 참여할 권리를 인정하고 모든 적절한 조치를 취하여 장애인을 위한 다음의 사항을 보장한다:

(a) 접근 가능한 형태로 문화적 자료를 향유할 권리

(b) 접근 가능한 형태로 TV 프로그램, 영화, 연극 및 기타 문화활동을 향유할 권리

(c) 극장, 박물관, 영화관, 도서관, 관광여행 서비스와 같은 문화활동 및 관련 서비스를 위한 장소에 대한 접근성과, 국가의 중요한 기념관 및 문화적 명소 등에 대한 접근성을 최대한 향유할 권리.

2. 당사국은 자신뿐만이 아니라 풍요로운 사회를 위한 창조적이고 예술적이며 지적인 잠재력을 개발하고 활용할 수 있는 기회를 보장하기 위한 모든 적절한 조치를 취한다.

나. 영화 관람시 차별 받지 않을 권리

시·청각장애인도 '영화 관람시 차별 받지 않을 권리'를 가지고 있습니다. 이는 헌법상 평등권에서 비롯된 권리로서 장애인차별금지법에서는 이를 구체화하고 있습니다.

장애인차별금지법 제15조(재화·용역 등의 제공에 있어서의 차별금지)

① 재화·용역 등의 제공자는 장애인에 대하여 장애를 이유로 장애인 아닌 사람에게 제공하는 것과 실질적으로 동등하지 않은 수준의 편익을 가져다주는 물건, 서비스, 이익, 편의 등을 제공하여서는 아니 된다.

② 재화·용역 등의 제공자는 장애인이 해당 재화·용역 등을 이용함으로써 이익을 얻을 기회를 박탈하여서는 아니 된다.

제24조(문화·예술활동의 차별금지)

① 국가와 지방자치단체 및 문화·예술사업자는 장애인이 문화·예술활동에 참여함에 있어서 장애인의 의사에 반하여 특정한 행동을 강요하여서는 아니 되며, 제4조 제1항 제1호·제2호 및 제4호에서 정한 행위를 하여서는 아니 된다.

제4조(차별행위)

① 이 법에서 금지하는 차별이라 함은 다음 각 호의 어느 하나에 해당하는 경우를 말한다.

1. 장애인을 장애를 사유로 정당한 사유 없이 제한·배제·분리·거부 등에 의하여 불리하게 대하는 경우

2. 장애인에 대하여 형식상으로는 제한·배제·분리·거부 등에 의하여 불리하게 대하지 아니하지만 정당한 사유 없이 장애를 고려하지 아니하는 기준을 적용함으로써 장애인에게 불리한 결과를 초래하는 경우

---

4. 정당한 사유 없이 장애인에 대한 제한·배제·분리·거부 등 불리한 대우를 표시·조장하는 광고를 직접 행하거나 그러한 광고를 허용·조장하는 경우. 이 경우 광고는 통상적으로 불리한 대우를 조장하는 광고효과가 있는 것으로 인정되는 행위를 포함한다.

우선, 용역 제공자는 장애인에게, 장애를 이유로, 장애인 아닌 사람에게 제공하는 것과 실질적으로 동등하지 않은 수준의 편익을 가져다 주는 서비스를 제공해서는 아니 됩니다(장애인차별금지법 제15조 제1항). 피고들은 영화 서비스를 제공하는 용역 제공자인데, 원고들에게 자막 또는 화면해설 등을 제공하지 아니하여, 장애인이 아닌 사람에게 영화 서비스를 제공하는 것과 실질적으로 동등한 수준의 편익을 가져다 주는 서비스를 제공하지 않았습니다.

나아가, 피고들을 포함하는 문화·예술사업자는 장애인이 문화·예술활동에 참여할 때 차별행위를 하여서는 아니 됩니다(장애인차별금지법 제24조 제1항). 차별행위 중에는 장애인에 대하여 "형식상으로는 제한·배제·분리·거부 등에 의하여 불리하게 대하지 아니하지만, 정당한 사유 없이 장애를 고려하지 아니하는 기준을 적용함으로써 장애인에게 불리한 결과를 초래하는 경우"가 포함됩니다(이를 이른바 '간접차별'이라고 합니다). 피고들이 영화 상영시 자막 또는 화면해설을 제공하지 않는 것은 장애를 고려하지 않는 기준을 적용하여 원고들을 간접차별하는 것입니다.

다. 정당한 편의제공 청구권

나아가 장애인차별금지법은 피고들에게 자막, 화면해설, 개인형 보청기기의 제공과 같은 '정당한 편의를 제공할 의무'를 부과하고 있습니다.

(1) 제21조에 따른 편의제공 의무

장애인차별금지법 제21조에서는 피고들과 같은 "문화·예술사업자에게/ 그가 배포하는 전자정보 및 비전자정보에 대하여/ 장애인이 장애인이 아닌 사람과 동등하게 접근·이용할 수 있도록/ 문자 등 필요한 수단을 제공하여야 한다"고 규정하고 있습니다.

제21조(정보통신·의사소통 등에서의 정당한 편의제공의무)
① 제3조 제4호·제6호·제7호·제8호 가목 후단 및 나목·**제11호**·제18호·제19호에 규정된 행위자, 제12호·

제14호부터 제16호까지의 규정에 관련된 행위자, 제10조제1항의 사용자 및 같은 조 제2항의 노동조합 관계자(행위자가 속한 기관을 포함한다. 이하 이 조에서 "행위자 등"이라 한다)는 **당해 행위자 등이 생산·배포하는 전자정보 및 비전자정보에 대하여 장애인이 장애인 아닌 사람과 동등하게 접근·이용할 수 있도록 수화, 문자 등 필요한 수단을 제공하여야 한다.** 이 경우 제3조 제8호 가목 후단 및 나목에서 말하는 자연인은 행위자 등에 포함되지 아니한다.

⑤ 다음 각 호의 사업자는 장애인이 장애인 아닌 사람과 동등하게 접근·이용할 수 있도록 출판물(전자출판물을 포함한다. 이하 이 항에서 같다) 또는 영상물을 제공하기 위하여 노력하여야 한다. 다만, 「도서관법」 제18조에 따른 국립중앙도서관은 새로이 생산·배포하는 도서자료를 점자, 점자·음성변환용코드가 삽입된 자료, 음성 또는 확대문자 등으로 제공하여야 한다.

1. 출판물을 정기적으로 발행하는 사업자
2. 영화, 비디오물 등 영상물의 제작업자 및 배급업자

⑥ 제1항에 따른 필요한 수단을 제공하여야 하는 행위자 등의 단계적 범위 및 필요한 수단의 구체적인 내용과 제2항에 따른 필요한 지원의 구체적인 내용 및 범위와 그 이행 등에 필요한 사항, 제3항에 따른 사업자의 단계적 범위와 제공하여야 하는 편의의 구체적 내용 및 그 이행 등에 필요한 사항, 제4항에 따른 사업자의 단계적 범위와 편의의 구체적 내용에 필요한 사항은 대통령령으로 정한다.

우선 피고들은 제3조 제11호의 문화·예술사업자이므로 이 조항의 의무자입니다. 피고들이 제공하는 영화는 전자정보 또는 비전자정보에 해당됩니다(디지털 영화는 전자정보이고, 아날로그 영화는 비전자정보입니다).[1] 특히 이 조항의 의무자는 시행령에서 단계적으로 그 범위를 정하고 있는데(시행령 제14조 제1항 별표 3, 별표 4), 피고들과 같이 스크린 기준 300석 이상의 영화상영관을 보유한 사업자는 2015년 4월 11일부터 의무를 부담합니다. 또한 피고들이 제공하여야 할 '필요한 수단'에는 자막, 음성통역, 개인형 보청기기 등이 포함되어 있습니다.

따라서 피고들은 영화라는 정보를 원고들에게 제공할 때 자막, 화면해설 등 필요한 수단을 제공할 의무가 있습니다.

---

1) 장애인차별금지법 제3조 8. "정보"라 함은 다음 각 목의 사항으로 구분한다.

　가. "전자정보"라 함은 「국가정보화 기본법」 제3조 제1호에 따른 정보를 말한다. 이 경우 "자연인 및 법인"에는 이 법의 규정에 따른 공공기관도 포함되는 것으로 본다.

　나. "비전자정보"라 함은 「국가정보화 기본법」 제3조 제1호에 따른 정보를 제외한 정보로서 음성, 문자, 수화, 점자, 몸짓, 기호 등 언어 및 비언어적 방법을 통하여 처리된 모든 종류의 자료와 지식을 말하며, 그 생산·획득·가공·보유 주체가 자연인·법인 또는 공공기관 여부를 불문한다.

　국가정보화기본법 제3조 1. "정보"란 특정 목적을 위하여 광(光) 또는 전자적 방식으로 처리되어 부호, 문자, 음성, 음향 및 영상 등으로 표현된 모든 종류의 자료 또는 지식을 말한다.

시행령 제14조(정보통신·의사소통에서의 정당한 편의제공의 단계적 범위 및 편의의 내용)

① 법 제21조 제1항 전단에 따라 장애인이 접근·이용할 수 있도록 수화, 문자 등 필요한 수단을 제공하여야 하는 행위자 등의 단계적 범위는 별표 3과 같다.

② 법 제21조 제1항에 따라 제공하여야 하는 필요한 수단의 구체적인 내용은 다음 각 호와 같다.

1. 누구든지 신체적·기술적 여건과 관계없이 웹사이트를 통하여 원하는 서비스를 이용할 수 있도록 접근성이 보장되는 웹사이트

2. 수화통역사, 음성통역사, 점자자료, 점자정보단말기, 큰 활자로 확대된 문서, 확대경, 녹음테이프, 표준텍스트파일, 개인형 보청기기, 자막, 수화통역, 인쇄물음성변환출력기, 장애인용복사기, 화상전화기, 통신중계용 전화기 또는 이에 상응하는 수단

③ 제2항 제2호에 따른 필요한 수단은 장애인이 요청하는 경우 요청받은 날부터 7일 이내에 제공하여야 한다.

④ 공공기관 등은 법 제21조 제2항에 따라 장애인이 행사 개최하기 7일 전까지 지원을 요청하는 경우에는 수화통역사, 문자통역사, 음성통역사 또는 보청기기 등 필요한 수단을 제공하여야 한다.

⑤ 법 제21조 제3항에 따른 장애인 시청 편의 서비스의 구체적인 내용은 다음 각 호와 같다.

1. 청각장애인을 위하여 방송의 음성 및 음향을 화면에 글자로 전달하는 폐쇄자막

2. 청각장애인을 위하여 방송의 음성 및 음향을 손짓, 몸짓, 표정 등으로 전달하는 수화통역

3. 시각장애인을 위하여 화면의 장면, 자막 등을 음성으로 전달하는 화면해설

[별표 3, 4] 문화·예술사업자의 단계적 범위

3. 2015년 4월 11일부터 적용되는 문화·예술사업자

　나. 「문화예술진흥법」 제2조에 따른 스크린 기준 300석 이상 규모의 영화상영관

(2) 제24조에 따른 편의제공 의무

　장애인차별금지법 제24조 제2항에 따르면 문화·예술사업자는 장애인이 문화·예술활동에 참여할 수 있도록 정당한 편의를 제공하여야 합니다. 한편 위 의무를 부담하는 문화·예술사업자의 범위 및 정당한 편의의 구체적 내용은 시행령에 위임되어 있습니다.

장애인차별금지법 제24조(문화·예술활동의 차별금지)

② 국가와 지방자치단체 및 문화·예술사업자는 장애인이 문화·예술활동에 참여할 수 있도록 정당한 편의를 제공하여야 한다.

④ 제2항을 적용함에 있어서 그 적용대상이 되는 문화·예술사업자의 단계적 범위 및 정당한 편의의 구체적인 내용 등 필요한 사항은 대통령령으로 정한다.

시행령 제15조(문화·예술활동의 차별금지)

① 법 제24조 제2항에 따라 장애인이 문화·예술활동에 참여할 수 있도록 정당한 편의를 제공하여야 하는 문화

· 예술사업자의 단계적 범위는 별표 4와 같다.

② 법 제24조 제2항에 따른 정당한 편의의 구체적인 내용은 다음 각 호와 같다.

1. 장애인의 문화·예술활동 참여 및 향유를 위한 출입구, 위생시설, 안내시설, 관람석, 열람석, 음료대, 판매대 및 무대단상 등에 접근하기 위한 시설 및 장비의 설치 또는 개조

2. 장애인과 장애인 보조인이 요구하는 경우 문화·예술활동 보조인력의 배치

3. 장애인의 문화·예술활동을 보조하기 위한 휠체어, 점자안내책자, 보청기 등 장비 및 기기 제공

4. 장애인을 위한 문화·예술활동 관련 정보 제공

[별표 4] 문화·예술사업자의 단계적 범위

3. 2015년 4월 11일부터 적용되는 문화·예술사업자

나. 「문화예술진흥법」 제2조에 따른 스크린 기준 300석 이상 규모의 영화상영관

위 규정에 따르면 문화예술진흥법 제2조에 따른 스크린 기준 300석 이상 규모의 영화상영관을 운영하는 문화·예술사업자는 2015년 4월 11일부터 장애인이 문화·예술활동에 참여할 수 있도록 정당한 편의를 제공하여야 합니다(장애인차별금지법 시행령 제15조 제1·2항, 별표 4). 정당한 편의의 내용으로는 장애인의 문화·예술활동을 보조하기 위한 휠체어, 점자안내책자, 보청기 등 장비 및 기기 제공이 포함되어 있습니다. 영화 관람을 보조하기 위한 장비 및 기기에는 자막 제공 또는 화면해설 기기도 포함됩니다.

나아가 피고들은 장애인에게 문화·예술활동 관련 정보를 제공하여야 합니다. 원고 박bb, 김aa에게는 음성이나 점자자료 등 시각장애인이 접근할 수 있는 형태로 영화 관련 정보를 제공하여야 하고, 원고 오cc, 함dd에게는 문자 또는 수화 등으로 영화 관련 정보를 제공하여야 합니다.

라. 소결

이상에서 살펴본 것처럼 원고들은 헌법, 장애인권리협약, 문화기본법, 장애인차별금지법에 따라 동등하게 영화를 향유할 권리가 있고, 영화 관람에서 차별받지 않을 권리가 있으며, 나아가 자막 또는 화면해설, 보청기기의 제공 등 정당한 편의를 제공받을 권리가 있습니다. 또한 접근할 수 있는 형태로 영화 관련 정보를 제공받을 권리가 있습니다. 특히 피고들은 스크린 기준 300석 이상 규모의 영화상영관을 운영하는 문화·예술사업자로서 2015년 4월 11일부터 위와 같은 '정당한 편의'를 제공하여 할 법적 의무가 생겼습니다.

3. 피고들의 편의제공 거부

가. 피고들의 원고들에 대한 편의제공 거부

원고들은 영화 관람을 위해서 피고들의 상영관을 찾아가 원고 박bb, 김aa은 화면 해설을, 원고 오cc, 함dd은 자막 및 FM 시스템을 요구하였으나, 피고들은 위와 같은 편의제공을 모두 거부하였습니다. 아울러 피고들은 원고들이 접근할 수 있는 방법으로 영화 관련 정보를 제공하지도 않았습니다.

피고들은 제한된 일자와 제한된 상영관에서 소수의 배리어프리 영화를 상영하고 있으나, 이러한 방식은 시·청각장애인의 영화관람권과 선택권을 전혀 충족하지 못하고 있습니다. 장애인차별금지법에 따라 피고들에게는 2015년 4월 11일 이후 정당한 편의제공 의무가 생겼으나, 피고들은 그에 관한 준비를 전혀 하지 못한 것으로 보입니다. 아래에서 보듯이 피고의 편의제공 거부는 부당합니다.

나. 시·청각장애인의 영화 관람 현실

2014년 기준 영화산업의 매출은 2조 276억원이고, 관객수는 2억 1,506만 명으로, 1인당 연간 관람횟수는 세계 최고 수준인 4.19회라고 합니다. 그런데 원고들과 같은 시·청각장애인들은 다른 사람들처럼 여가 시간에 영화를 보려 해도, 정당한 편의제공이 이루어지지 않기 때문에 영화를 볼 수 없습니다.

몇 년 전 '도가니'라는 영화가 수많은 관객을 불러 모을 때에도 막상 청각장애인들은 그 영화를 보기 어려웠습니다. 당시(2011년 1월 기준) 도가니를 상영하는 전국 상영관 640곳 중에 자막을 제공하는 상영관은 고작 22곳에 불과하였기 때문입니다(갑 제4호증의 1, 2 기사출력물 "자막 없는 영화, '도가니'조차 보지 못하는 청각장애인" 등). 이러한 현실을 타개하기 위하여 '장애인 영화관람권 확보를 위한 공동대책위원회'가 결성되었고, 2012년에는 자막, 화면해설 상영 의무화 등을 주장하면서 140일간 1인 시위를 하기도 했습니다(갑 제4호증의 3 기사출력물 "장애인영화관람권 확보 위해 거리로", 갑 제5호증 인터넷출력물 "장애인영화관람권 요구 1인 시위 140일 기자회견").

다. 시·청각장애인에게 필요한 편의제공

(1) 청각장애인 - 자막 제공 기기, FM보청기

청각장애인에게 필요한 것은 한글자막(영화에서 나오는 대사, 효과음 등을 한글로 표시해주는 것)입니다. 한글자막은 열린 방식(Open Caption)과 폐쇄 방식(Closed Caption)으로 나누어집니다. '**열린 자막**'은 스크린 위에 자막을 띄워 모든 사람이 자막을 볼 수 있게 하는 방식이고, '**폐쇄 자막**'은 전용단말기 등 보조기기를 통해 해당 이용자에게만 자막을 제공하는 것입니다. 열린 자막이 장애인에게 보다 편리하겠지만, 폐쇄 자막 기술 또한 매우 다양하게 개발되었습니다.

첫째, **자막이 흐르는 특수안경(Access Glasses)**이 있습니다. 예를 들어, 소니(Sony)에서 개발한 안경은 관람객이 착용하면 안경 유리를 통하여 영화의 자막을 볼 수 있습니다. 미국의 최대 극장사업자인 리걸(REGAL) 등이 이를 채택하고 있습니다.

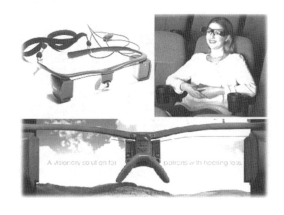

둘째, 좌석 앞 **투명한 화면에 자막을 띄우는 방식**(Rear Window)이 있습니다. 미국 영상 접근성 그룹(Media Access Group)에서 개발한 모픽스(Mopix)의 경우에는 좌석 앞 투명한 화면에 자막을 띄워 영화 감상을 돕는 기기로 영화 화면 전체를 빠짐없이 관람할 수 있도록 하고 있습니다. 자막이 영화의 하단 눈높이에 자연스럽게 배치되어 열린 자막과 유사한 효과를 내는 방식입니다.

셋째, **개인용 자막 처리기기**를 활용하는 방식입니다. 미국의 도레미 시네마(Doremi Cinema)에서 극장용 기기로 개발한 캡티뷰(CaptiView)는 기존의 영화관 의자에 부착하고 무선 인터넷을 통해 전송되는 자막을 관람자가 원하는 각도로 조절하여 사용할 수 있도록 하고 있습니다.

그 밖에도 난청인 청각장애인들을 위해서 FM 보청기기(시스템)를 제공할 필요가 있습니다. FM 보청기기 시스템은 청각장애인들이 가장 많이 사용하는 개인용 보청기 또는 인공와우와 같은 청각보조기를 통해 듣는 것을 도와주는 장치로 영화에서 나오는 소리를 보다 명료하게 전달해주는 역할을 합니다. 실제로 부산국제영화제에서는 2013년부터 FM 보청기기 시스템을 설치하여 난청인에게 영화 관람의 기회를 제공한 바 있습니다(갑 제6호증 기사출력물 "난청인도 영화 감상할 수 있어요").

(2) 시각장애인

시각장애인에게 필요한 정당한 편의제공은 **화면해설**(Descriptive Video, Audio Description)입니다. 화면해설은 화면의 장면, 자막 등을 음성으로 전달하는 것을 말합니다. 시각장애인에게 화면해설이 제공되지 않는다면, 영화의 흐름과 전개를 이해할 수 없습니다. 특히 외국영화를 볼 때 영화를 전혀 이해할 수 없게 됩니다.

화면해설의 방법도 자막과 마찬가지로 '열린 방식'과 '폐쇄 방식'이 있습니다. 실제로 부산국제영화제에서는 2014년부터는 폐쇄 방식의 화면해설을 제공하여 시각장애인에게 영화를 관람하도록 하였습니다.

화면해설을 위한 기기는 보다 단순합니다. 현재 다양한 보조기기가 개발되어 있으며, 최근에는 본인의 핸드폰에 애플리케이션을 깔아서 화면해설을 듣는 방식도 개발되었습니다.

라. 소결

앞에서 살펴본 리걸(Regal Entertainment Group)과 함께 미국의 3대 영화관인 AMC (AMC Entertainment Inc.) 및 씨네마크(Cinemark Theaters)는 모두 폐쇄자막과 화면해설 등 편의를 제공하고 있습니다.

예를 들어, AMC의 홈페이지를 살펴보면 다음과 같은 세 가지 서비스가 제공된다고 설명하고 있습니다. 리걸에서는 아래의 표와 같은 편의제공이 가능하다고 설명하고 있습니다.

CC	Closed Caption (Subtitles for individual viewing) personal captioning equipment available	폐쇄 자막(개인에게 보여주는 자막) 개인 장비를 제공할 수 있음
OC	Open Caption (Captions are projected on screen)	열린 자막(자막이 스크린에 보여진다)
DV	Descriptive Video available for every show time in DTS equipped auditoriums (please contact theatre to confirm show times) and all auditoriums equipped with Sony Access Systems	DTS가 장착된 상영관에서는 해당 영화시간에 화면해설이 가능하고(미리 극장에 상영시간을 확인할 것), Sony Access Systems을 갖춘 상영관에서는 항상 가능한 청취기기가 장착된 모든 타임의 영화를 위한 화면해설
RW	Rear Window Captioning (RW available for every show time in specially equipped auditoriums and films, please contact theatre to confirm show times).	뒷 유리 자막(특별히 뒷 유리 자막이 갖춰진 상영관의 해당 상영시간에 가능하므로 상영시간을 미리 확인하기 바람)

다음 캡쳐화면은 영화관 리걸의 예약 사이트인데 영화 옆에 시간 표시가 있고, 그 옆에 폐쇄자막(CC), 화면해설(DV)이 가능한지를 표시하고 있습니다.

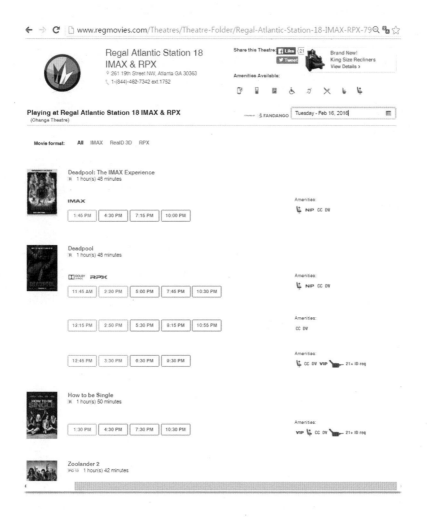

이처럼 기술의 발전으로 시·청각장애인이 편리하게 영화를 볼 수 있는 방법이 많아졌고, 실제로 선진국의 영화관들은 그와 같은 서비스를 충실하게 제공하고 있습니다. 그럼에도 피고들은 아직까지도 이러한 편의제공을 하지 않고 있습니다.

4. 원고들의 구제청구

이상에서 살펴본 것처럼 피고들의 편의제공 거부는 장애인차별금지법상 차별행위에 해당합니다. 이에 원고들은 장애인차별금지법 제48조에 따라 차별 시정을 위한 적극적 조치를 구합니다. 구체적으로 원고들은 "피고들이 원고 오cc, 함dd에게는 자막을, 원고 오cc에게는 FM 보청기기를, 원고 박bb, 김aa에게 화면해설을 제공하고, 원고들 모두에게 장애인을 위한 영화 관련 정보를 원고들이 접근할 수 있는 방법으로 제공할 것"을 구합니다.

제48조(법원의 구제조치)
② 법원은 피해자의 청구에 따라 차별적 행위의 중지, 임금 등 근로조건의 개선, 그 시정을 위한 적극적 조치 등의 판결을 할 수 있다.

장애인차별금지법의 구제조치는 **영미법의 강제명령 제도**(injunction, injunctive relief)를 계수한 것입니다. 영미법상 강제명령은 ① 특정한 사람에게 특정한 행동을 하지 않도록 금지하는 **금지명령**(prohibitory injunction)과 ② 잘못된 상태를 시정하기 위해 특정한 행동을 명령하는 **이행명령**(mandatory injunction)으로 나뉘어집니다. 이를 기초로 미국 법원은 정부 및 사인(私人)을 상대로 차별행위에 대한 적극적인 강제명령을 내려 왔습니다.

우리나라의 법제에서도 사례가 없는 것이 아닙니다. **노동가처분**에서 널리 인정되는 강제명령(임금지급, 근로자 지위확인, 단체교섭응낙, 노동조합활동 방해금지, 근로제공 거부 금지 등)은 Labor Injunction 제도입니다. 민법 제764조에서 명예를 훼손한 자에게 명할 수 있는 **'명예회복에 적당한 처분'**이나 상표법, 저작권법 등 지적재산권법에서 인정하는 **'금지 기타 필요한 조치 명령'**도 유사한 제도입니다(상표법 제65조, 저작권법 제103조의2 등).

우리나라에서 장애인차별금지법에 따라 구제조치를 명한 판결례로는 ① 인사차별을 당한 장애인이 구제조치를 구한 사안에서 "피고는 원고를 법인정관에 규정된 4급 이상의 자격을 요하는 직책의 후임자 심사대상에 포함하라."는 판결을 선고한 사례(전주지방법원 군산지원 2014. 7. 3. 선고 2013가합2599 판결), ② 교통약자의 시외이동권 보장을 위해 행정계획 등을 통해 구제조치를 구한 사안에서 "원고에게, 피고 고속버스 회사는 시외버스에 관하여, 피고 광역버스 회사는 시내버스 중 광역급행형, 직행좌석형, 좌석형 버스에 관하여 원고가 위 각 유형의 버스를 이용할 수 있도록 위 원고들에게 휠체어 승강설비 등 승하차 편의를 제공하라."는 구제조치를 명령한 사례(서울중앙지방법원 2015. 7. 10. 선고 2014가합11791 판결)가 있습니다.

5. 결 론

미국 영화관인 AMC의 홈페이지에 들어가면, **"모든 사람이 즐기는 영화를 만드는 것"**(making movies fun for everyone)을 모토로 시·청각장애인에게 편의제공을 하고 있으니, 직원에게 이를 요청하라고 안내하고 있습니다(https://www.amctheatres.com/assistive-moviegoing).

미국 최대의 영화 상영관인 Regal은 앞서 본 것처럼 소니가 개발한 특수안경을 2013년 5월부터 전국 6000개 스크린에서 제공하여 청각장애인을 위한 폐쇄 자막 서비스를 제공하기 시작했습니다. 미국의 언론보도에 따르면, 소니의 특수안경이 기존 판도를 뒤집는 Game Changer라고 평가하면서, 앞으로 많은 청각장애인이 영화관을 찾을 것이라고 전망하고 있습니다. 특히 시장전문가들은 모바일 기기나 대형 스마트 TV의 보급 확대로 온라인 스트리밍 방식을 통해 영화를 즐기는 소비자들이 늘어나 극장 관람객이 줄어드는 현실에서, Regal 등 극장 체인이 청각장애인과 같은 새로운 소비자층을 유치하기 위해 노력하고 있다고 언급하고 있습니다.

이처럼 시·청각장애인도 엄연히 영화의 소비자이며, 영화시장 확대를 위해서도 자막 및 화면해설 서비스는 필요합니다. 장애인차별금지법에 따른 편의제공이 장애인에 대한 호의나 선심에서 비롯된 것이 아니라, 장애인도 중요한 소비자로서 영화를 관람할 권리가 있고, 그것이 영화산업에도 도움이 된다는 것을 인정하여야 합니다.

특히 화면해설의 경우 시각장애인뿐 아니라 어린이나 노인 등 화면을 빠르게 읽지 못하는 사람들에게도 필요합니다. 자막 서비스도 한국어 듣기보다는 읽기에 능숙한 외국인 등에게 유용할 수 있습니다.

원고들은 영화가 개봉되면 비장애인이 그러하듯이 가족, 친구, 애인과 여가시간에 영화를 보러 가는 일상을 누리기를 원합니다. 이 땅에 살아가는 누구나 어려움 없이 아름다운 영화를 함께 관람할 수 있게 되기를 바라며 원고들은 청구가 인용되기를 바랍니다.

입 증 방 법

1. 갑 제1호증의 1 내지 4   각 복지카드 사본
1. 갑 제2호증의 1 내지 3   각 법인등기부등본
1. 갑 제3호증   2014년 한국영화산업결산
1. 갑 제4호증의 1   기사출력물(자막 없는 영화, '도가니'조차 보지 못하는 청각장애인)
1.   2   기사출력물(장애인이 주인공인 영화, 장애인은 볼 수 없는 현실)
1.   3   기사출력물(장애인 영화 관람권 확보 위해 거리로)
1. 갑 제5호증   인터넷출력물
1. 갑 제6호증   기사출력물(난청인도 영화 감상할 수 있어요)

첨 부 서 류

1. 위 입증방법   각 1부
1. 위임장   1부
1. 담당변호사지정서   1부

2016. 2. 17.

원고들 소송대리인

법무법인 지평

담당변호사 임 성 택

담당변호사 김 태 형

변호사　　　김 재 왕

변호사　　　이 정 민

변호사　　　이 주 언

서울중앙지방법원　　　귀중

[대법원 판례 변경 사례] 임차 부분 이외 재산손해에 대한 임차인의 배상책임

-대법원 2017. 5. 18. 선고 2012다86895(본소)·2012다86901(반소) 전원합의체 판결-

배성진 변호사

임차인이 임대인 소유 건물의 일부를 임차하여 사용·수익하던 중 임차 건물 부분에서 화재가 발생하여 임차 외 건물 부분까지 불에 타 그로 인해 임대인에게 재산상 손해가 발생한 경우, 임차인의 손해배상책임 인정 요건 및 범위가 문제됩니다.

이에 관하여 종래 대법원은 발화원인이 불명인 경우 임차인에게 선관주의의무를 다하였다는 증명책임을 부담하게 하면서 임차목적물과 불가분인 임차 외 건물 부분에 발생한 손해에 대해서까지 '임차목적물 반환의무 불이행으로 인한 배상책임'을 인정하여 왔습니다(대법원 1986. 10. 28. 선고 86다카1066 판결 등 참조). 원인불명의 화재가 발생한 경우 임차인에게 요구되는 선관주의의무이행의 증명이 실제로는 거의 불가능하기 때문에, 임차인의 책임범위는 매우 넓은 범위에서 인정될 수밖에 없었습니다.

그러나 이러한 판례는 소규모 목조건물이나 연소되기 쉬운 판넬 벽을 사이에 두고 있는 건물이 많은 현실을 고려한 것으로, 오늘날 콘크리트건물이나 고층 대형건물에 그대로 적용될 경우 매우 비합리적인 결과를 가져옵니다. 무엇보다도, 임차 외 건물 부분은 임대차 목적물이 아니며 위 부분이 불에 타 발생한 손해는 임차인의 임대차계약상 채무불이행으로 인한 손해라고 보기 어려워서, 뚜렷한 법률적 근거 없이 임차인의 책임을 부당하게 확대한다는 비판을 받아 왔습니다. 지평도 십수 년 전부터 관련 사건에서 판례 변경 필요성을 지속적으로 주장해 왔으며, 이번 판결로 위 주장이 받아들여져 비로소 대법원 판례가 변경되게 되었습니다.

대법원은 이번 전원합의체 판결을 통해 임차 외 건물 부분이 구조상 불가분의 일체를 이루는 관계에 있다 하더라도, 그 부분에 발생한 손해에 대하여 임대인이 임차인을 상대로 채무불이행을 원인으로 하는 배상을 구하려면, 임차인이 보존·관리의무를 위반하여 화재가 발생한 원인을 제공하는 등 화재 발생과 관련된 임차인의 계약상 의무 위반이 있었고, 그러한 의무 위반과 임차 외 건물 부분의 손해 사이에 상당인과관계가 있으며, 임차 외 건물 부분의 손해가 그 의무위반에 따라 민법 제393조에 의하여 배상하여야 할 손해의 범위 내에 있다는 점을 임대인이 주장·증명하여야 한다고 판시하며, 기존 판례를 변경하였습니다.

뚜렷한 법률적 근거 없이 임대인 보호라는 현실적 필요성에 근거하여 임대 외 건물 부분에 발생한 손해에 관해 임차목적물 반환의무 불이행을 이유로 채무불이행책임을 인정하였던 기존 판례가 늦게나마 변경·시정된 것은 지극히 정당하다고 하겠습니다. 지평은 상고이유서 및 상고이유보충서를 통해 기존 대법원 판례의 법리적 부당성 외에도 위 판례가 적용될 경우 실제 사건에서 발생하는 지극히 불공평한 결과를 제시하며 대법원을 설득하기 위해 노력하였고, 이번 판결로 30년 이상 유지되어 온 대법원 판례를 변경하는 결실을 맺게 되었습니다.

상고이유서 중 일부와 대법원 판결의 판결요지를 첨부합니다.

상 고 이 유 서

사　　　　　건	2012다86895	손해배상(기)
원고(피상고인)	김OO	
피고(상 고 인)	박XX 외 1	

위 사건에 관하여 피고(상고인) OO화재해상보험 주식회사의 소송대리인은 다음과 같이 상고이유를 개진합니다.

1. 이 사건의 사실관계 및 1심·원심판결의 요지

가. 이 사건의 사실관계

(1) 이 사건 임대차계약체결

원고(피상고인, 이하 '원고')는 2004. 6. 24.부터 [이 사건 건물]을 소유해 온 자입니다.

원고와 피고(상고인, 이하 '피고') 박XX은 2008. 5. 27. 이 사건 건물 1층 중 150평(이하 '이 사건 임차목적물')[에 관한] 임대차계약(이하 '이 사건 임대차계약')을 체결하였고, 피고 박XX은 그 무렵 원고에게 위 임대차보증금을 지급하였습니다.

이 사건 임대차계약체결 이후, 피고 박XX은 이 사건 임차목적물을 골프용품 보관·판매 매장으로 사용하여 왔고, 원고는 이 사건 건물 2층을 원고 소유의 가구 보관을 위한 물류창고로 이용하여 왔습니다.

(2) 이 사건 보험계약체결

피고 박XX은 피고 OO화재해상보험 주식회사(이하 '피고 OO화재')와 이 사건 임차목적물에 관하여 아래와 같은 주요 계약사항을 내용으로 두 건의 화재보험계약을 체결하였습니다.

(생략)

(3) 이 사건 건물에 관한 화재의 발생

2009. 10. 9. 12:05경 이 사건 건물 1층 전면 주출입구와 1층 및 2층 사이에서 연기가 나면서 화염이 치솟아 확대되어 1층 전면 주출입구를 중심으로 1층 내지 3층 외벽의 상당 부분이 소훼되고, 아울러 이 사건 건물 2층 내부 시설 전부와 옥상 창고 전부, 1층 전면 주출입구 부근 일부가 전소되는 화재(이하 '이 사건 화재')가 발생하였습니다.

이 사건 화재로 인하여 이 사건 임차목적물은 그 외벽의 주요 부분이 소실되고 그 내부 공간 또한 화재진압용수의 누수 등으로 상당 부분 오손되어 골프용품 매장으로 더 이상 사용·수익할 수 없는 상태에 이르렀고, 이에 따라 피고 박XX은 이 사건 임차목적물을 훼손된 상태로 그대로 둔 채 이 사건 화재 발생일로부터 얼마 지나지 않은 2009. 10.경 골프용품 매장을 이전하게 되었습니다.

나. 제1심 및 원심판결의 결론

(1) 원고의 본소 제기 및 피고 박XX의 반소 제기

원고는 피고 박XX, 원심 공동피고 박OX에게는 임대차목적물 반환의무 위반에 따른 손해배상 및 위 피고들이 고용한 직원들의 과실로 인한 사용자책임을 구하고, 피고 OO화재에게는 피고 박XX, 박OX에 대한 위 손해배상청구권에 기하여 보험금의 직접 지급을 청구하는 소송을 제기하였습니다.

한편 피고 박XX은 원고에 대하여 임대인으로서 임대차목적물의 사용·수익에 필요한 상태를 유지할 의무 위반을 이유로 한 손해배상 및 임대차계약의 종료를 이유로 한 임대차보증금반환을 청구하는 반소를 제기하였습니다.

(2) 제1심 및 원심의 판단

제1심은 원고의 본소 및 피고 박XX의 반소 중 손해배상청구 부분을 모두 기각하고, 피고 박XX의 반소 중 임대차보증금반환청구 부분만을 인용하였습니다.

한편 원심은 원고의 본소 중 피고 박XX에 대한 임대차목적물 반환의무 위반에 따른 손해배상청구 일부 및 피고 OO화재에 대한 보험금 청구 일부를 인용(제1심판결의 원고 패소부분 중 일부 취소)하고, 피고 박XX의 반소 중 임대차보증금 반환청구를 기각(제1심판결의 원고 패소부분 취소)하였습니다.

원고의 본소 청구 및 피고 박XX의 반소 청구와 그에 대한 제1심 및 원심 판결의 결론을 정리해보면 다음 표와 같습니다.

청구		청구원인	1심	원심
원고 본소	피고 박XX	임대차계약상 채무불이행에 기한 손해배상청구	기각	일부 인용
		불법행위(사용자책임)에 기한 손해배상청구	기각	기각
	피고 OO화재	보험금 직접지급청구	기각	일부 인용
	피고 박OX	임대차계약상 채무불이행에 기한 손해배상청구	기각	기각
		불법행위(사용자책임)에 기한 손해배상청구	기각	기각
피고 박XX 반소		임대차계약상 채무불이행에 기한 손해배상청구	기각	기각
		임대차계약종료에 기한 임대차보증금반환청구	인용	기각

2. 이 사건의 쟁점 및 상고이유의 요지

가. 이 사건의 쟁점

이 사건의 쟁점은 크게 두 가지로, ① '피고 박XX, 박OX이 손해배상책임을 부담하는지'와 ② '피고 OO화재가 보험금지급책임을 부담하는지'입니다. 이는 곧 '화재원인이 불명인 경우 임차인의 책임'과 '이 사건 보험계약의 담보범위 해석'의 문제로 귀결됩니다.

(생략)

나. 상고이유의 요지

원심은 다음과 같은 잘못된 판단으로 판결에 영향을 미친 위법이 있으므로, 원고는 아래 주장을 상고이유로 삼아 원심 판결의 파기를 구합니다.

(1) 상고이유 제1점 - (생략)

(2) 상고이유 제2점 - 임대차 목적물 이외의 임대인 재산에 발생한 손해에 대한 임차인의 배상책임 인정 요건에 관한 법리 오해

원심은 발화원인이 불명인 경우 임차인에게 선관주의의무를 다하였다는 입증책임을 부담하게 하면서 임차목적물과 불가분인 부분에 발생한 손해에 대해서까지 배상책임을 인정하여 온 과거 대법원 판결을 답습하였습니다. 그러나 원심이 적용한 법리는 임대차계약의 본질 및 입증책임 분배의 취지에 반할 뿐만 아니라 현행 「실화책임에 관한 법률」 하에서는 구체적 타당성도 인정될 수 없습니다. 만약 원심이 근거한 대법원 판결이 '대법원 판례'의 지위를 가지고 있다면, 이러한 부당한 판례는 더 늦기 전에 변경되어야 마땅합니다.

3. 상고이유 제1점

(생략)

4. 상고이유 제2점 - 임대차 목적물 이외의 임대인 재산에 발생한 손해에 대한 임차인의 배상책임 인정 요건에 관한 법리 오해

가. 원심의 판단 및 관련 법리

(1) 원심의 판단

원심은 "발화원인이 불명인 이 사건 화재로 인하여 이 사건 임대차계약은 사회통

념상 그 임대차목적을 달성하는 것이 불가능하게 되어 종료되었고, 피고 박XX이 원고에게 이 사건 임차목적물을 온전한 상태로 반환하는 것 역시 불가능하게 되는 한편, 원고는 이 사건 임차목적물과 구조상 불가분의 일체를 이루는 공간인 이 사건 건물의 1층 일부 및 2층과 옥상 부분이 소훼되는 손해를 입었는바, 피고 박XX이 원고에 대하여 이 사건 화재에 따른 채무불이행책임을 면하기 위해서는 이 사건 화재가 임대인인 원고가 지배·관리하는 영역에 존재하는 하자로 인하여 발생한 것임이 입증되거나, 그렇지 않은 경우 피고 박XX이 이 사건 임차목적물의 보존에 관한 선량한 관리자의 주의의무를 다하였음이 입증되어야 한다"고 하면서, 그러나 "피고 박XX이 이 사건 임차목적물에 관한 보존의무를 다하였다고 인정하기에 부족하고, 달리 이를 인정할 만한 증거가 없"으므로 "피고 박XX은 이 사건 임대차계약에 따른 임차목적물 반환의무 이행불능으로 인하여 원고가 입게 된 손해를 배상할 책임이 있다"고 보았습니다.

(2) 관련 법리

위와 같은 원심의 판단은 대법원 판결에 나타나는 다음의 두 가지 법리에 기초한 것입니다.

(가) 임차건물이 원인불명의 화재로 소실되어 임차물 반환의무가 이행불능이 된 경우, 그 귀책사유에 관한 입증책임의 소재

대법원 2001. 1. 19. 선고 2000다57351 판결

임차인의 임차물 반환채무가 이행불능이 된 경우 임차인이 그 이행불능으로 인한 손해배상책임을 면하려면 그 이행불능이 임차인의 귀책사유로 말미암은 것이 아님을 입증할 책임이 있으며, 임차건물이 화재로 소훼된 경우에 있어서 그 화재의 발생원인이 불명인 때에도 임차인이 그 책임을 면하려면 그 임차건물의 보존에 관하여 선량한 관리자의 주의의무를 다하였음을 입증하여야 하는 것이므로(대법원 1999. 9. 21. 선고 99다36273 판결 참조), 피고가 임차한 부분을 포함하여 소외 회사 소유의 건물 부분이 화재로 소훼된 이 사건에 있어서, 임차인인 피고가 임차물 반환채무의 이행불능으로 인한 손해배상책임을 면하려면 그 임차건물의 보존에 관하여 선량한 관리자의 주의의무를 다하였음을 적극적으로 입증하여야 하고, 이 점을 입증하지 못하면 그 불이익은 궁극적으로 임차인인 피고가 져야 한다고 할 것인바, 이

러한 이치는 화재가 피고의 임차 부분 내에서 발생하였는지의 여부 그 자체를 알 수 없는 경우라고 하여 달라지지 아니한다고 할 것이다.

(나) 구조상 불가분의 일체를 이루고 있는 건물 중 일부 임차 부분에서 발생한 화재로 건물의 다른 부분도 소실된 경우, 임차인의 임차목적물 반환의무 이행불능으로 인한 손해배상의 범위

대법원 2004. 2. 27. 선고 2002다39456 판결
건물의 규모와 구조로 볼 때 그 건물 중 임차한 부분과 그 밖의 부분이 상호 유지·존립함에 있어서 구조상 불가분의 일체를 이루는 관계에 있고, 그 임차 부분에서 화재가 발생하여 건물의 방화 구조상 건물의 다른 부분에까지 연소되어 피해가 발생한 경우라면, 임차인은 임차 부분에 한하지 않고 그 건물의 유지·존립과 불가분의 일체관계가 있는 다른 부분이 소실되어 임대인이 입게 된 손해도 배상할 의무가 있다고 할 것이다.

원심은 위 두 가지 법리에 따라, 원인불명의 화재가 발생한 경우 임차인은 임차건물의 보존에 관하여 선량한 관리자의 주의의무를 다하였음을 입증하지 못하면 임차부분 및 그 건물의 유지·존립과 불가분의 일체관계가 있는 다른 부분이 소실되어 임대인이 입게 된 손해도 배상할 의무를 부담한다고 판단한 것입니다.

그러나 아래에서 보는 바와 같이 임차목적물 이외의 재산에 발생한 손해를 임대차계약상 임차목적물 반환의무 불이행으로 인한 손해에 해당한다고 보고, 임차인이 임차목적물의 관리와 관련한 주의의무를 다하였음을 입증하지 못하는 이상 임차목적물 및 그 밖의 재산에 발생한 손해 전체에 관하여 배상책임을 져야 한다는 것은 도저히 수긍할 수 없는 법리이므로, 만약 위와 같은 내용의 대법원 판결들이 대법원 판례에 해당한다고 본다면 이는 마땅히 변경되어야 합니다.

나. 기존 대법원 판결 및 이에 따른 원심 판단의 부당성

(1) '임대차목적물 반환의무 불이행으로 인한 손해'에 해당하지 않는 손해

임대차목적물 이외의 재산에 발생한 손해는 논리적으로 '임대차목적물 반환의무

불이행으로 인한 손해'에 해당하지 않습니다. 원심이 인용하고 있는 대법원 판결들은 임차목적물과 '구조상 불가분의 일체'를 이룰 경우 임차목적물 이외의 건물 부분에 대해 발생한 손해를 '임차목적물 반환의무 불이행으로 인한 손해'에 해당함을 전제로 하고 있습니다. 그러나 이러한 전제는 논리적으로 성립할 여지가 없습니다.

임차목적물이 소훼되어 이를 반환할 수 없게 됨으로 인해 발생한 손해는 그 자체로 임차인이 임대차계약에 따라 부담하는 '임차목적물 반환의무'라는 급부의무가 불이행된 결과임이 명백합니다. 물론 원인불명의 화재로 인해 임차목적물이 소훼된 경우 임대인과 임차인 사이의 입증책임 분배 및 입증의 정도에 관하여 논란의 여지는 있지만, 임차목적물의 반환이 불가능하게 된 경우 임차인의 임대차계약상 채무가 불이행 상태에 빠진 것은 명백하므로, 임차인 측에서 위 채무불이행에 관하여 귀책사유가 없음을 입증하지 못할 경우 채무불이행으로 인한 손해배상책임을 부담해야 한다는 법리는 기본적으로 타당합니다.

그러나 임차목적물 이외의 재산이 소훼됨으로써 발생한 손해의 경우 이는 논리적으로 '임차목적물 반환의무 불이행으로 인한 손해'에 해당하지 않을 뿐 아니라, 그러한 손해가 '임차인의 임대차계약상 채무불이행의 결과'라는 등식이 성립할 수도 없습니다. 만약 위와 같은 손해가 임차인의 임차목적물 관리 소홀로 인해 발생한 것이라면, 이는 반환이 불가능하게 된 임차목적물에 관해 발생한 손해와는 구별되는 '확대손해'로서, 임대인이 그 부분에 관한 임차인의 채무불이행책임을 묻기 위해서는 그러한 확대손해의 발생이 '임차인의 임대차계약상 주의의무 위반의 결과'라는 사실을 입증해야 한다고 봄이 마땅합니다. 임차목적물인 건물 부분과 그 밖의 건물 부분이 구조상 불가분의 일체를 이루고 있다 하더라도, '임차목적물 이외의 건물 부분에 발생한 손해가 임차인의 채무불이행의 결과라는 사실'이 증명되었다거나 해당 사실에 대한 사실상의 추정이 성립한다고 볼 수 없습니다.

따라서 임차목적물 이외의 재산에 관해 발생한 임대인의 손해의 경우에도, 그 부분이 임차목적물과 불가분의 일체를 이루고 있다면 임차목적물 반환의무 불이행으로 인한 손해에 해당한다고 보아, 임차인이 귀책사유 없음을 증명하지 못하면 해당 손해에 관해 채무불이행책임을 져야 한다는 법리는 더 이상 유지되어서는 안 될 잘못된 법리라 할 것입니다.

(2) 실화책임법의 개정으로 인한 구체적 타당성의 상실

임대차목적물이 화재로 멸실·소훼된 경우 임대인은 임차인에게 불법행위책임 또는 채무불이행책임을 물을 수 있습니다. 이 중 불법행위 책임을 묻는 경우에는 실화책임법이 적용됩니다. 그런데 2009년 5월 8일 전면개정 전의「실화책임에 관한 법률(법률 제607호, 1961. 4. 28. 제정, 이하 '구 실화책임법')」은 "민법 제750조의 규정은 실화의 경우에는 중대한 과실이 있을 때에 한하여 이를 적용한다"고 하여 실화자에게 중과실이 있는 경우만으로 불법행위책임을 물을 수 있도록 하고 있었습니다.

그 결과 구 실화책임법 하에서는 임대차목적물이 화재로 멸실·소훼된 경우 임대인이 임차인에게 불법행위에 기한 손해배상을 청구하여 인용될 가능성이 매우 낮았던 것입니다. 기존의 대법원 판결은 위와 같은 상황에서 임대인으로 하여금 임차인을 상대로 채무불이행책임을 용이하게 물을 수 있도록 함으로써 임대인이 입은 연소피해의 구제를 원활히 하여 '구체적 타당성'을 도모하려는 취지에서 나온 판단으로 이해됩니다.[1]

그러나 현행 실화책임법은 실화자에게 중대한 과실이 없더라도 손해배상책임을 부담시키되 다만 손해배상액을 경감할 수 있도록 개정되었고 이로써 임대인은 연소피해에 관하여 임차인에게 불법행위책임을 물어 피해를 구제받을 수 있게 되었습니다. 따라서 구 실화책임법 하에서 구체적 타당성을 고려하여 무리한 법리를 채택한 기존 판결의 태도를 유지할 이유가 전혀 없게 되었습니다.

(3) 임차인이 부담하는 손해배상책임을 부당하게 확대한 기존 법리

판례가 채택하고 있는 '임차목적물의 존립과 유지에 있어 불가분의 일체를 이루는 부분'이라는 기준은 구조상 독립하지 않은 부분이라고 이해됩니다. 예를 들어, 건물 내부의 방을 임차한 경우에는 그 방과 연접한 다른 방이나 보일러실, 화장실은 모두 임차 부분과는 구조상 독립하지 아니한 부분이 될 것이며, 점포의 경우에도 벽을 사이에 두고 인접하고 있는 부분은 모두 구조상 독립하지 아니한 부분이 될 것이므로, 실질적

---

1) 대법원 1986. 10. 28. 선고 86다카1066 판결은 실화책임법에 의하여 부당한 피해를 당하였다고 보여지는 임대인인 피해자를 구제하기 위하여 형평의 관점에서 내려진 것으로 보는 견해가 있습니다. 변동걸, "임차인의 임차목적물 반환의무의 범위", 대법원판례해설 6호, 97~98쪽.

으로 분리된 건물이 아니고서는 구조상 독립한 부분으로 인정되기 매우 어렵습니다. 그 결과 임차인의 손해배상책임이 부당하게 무한정 확장될 위험이 있습니다.

오늘날의 건물들은 과거와 달리 콘크리트조의 아파트나 철골조의 빌딩이 많은데, 이 경우에도 1동의 건물은 모두 기둥을 같이 하고 벽을 사이에 두고 있어 구조상 독립하지 않은 부분으로 인정될 가능성이 높습니다. '불가분의 일체'라는 기준 자체가 매우 모호할 뿐 아니라 자칫하면 위 건물의 일부를 임차한 임차건물 부분에서 발생한 화재로 인하여 임차인이 부담하는 손해배상책임은 1동 건물 전체에 대한 책임으로 무한정 확장될 위험이 있는 것입니다.

종전의 판례가 대부분 소규모 목조건물이거나 연소되기 쉬운 판넬 벽을 사이에 두고 있는 경우에 대한 것이었음을 감안하면, 콘크리트건물이나 고층 대형빌딩에도 기존의 법리가 그대로 적용되는 것은 매우 비합리적입니다. 한 건물의 일부가 임대차목적물인 경우 임차인은 당해 목적물의 관리에 대해서만 선관주의의무를 부담하는 것이므로 임차인의 배상범위는 당해 임차목적물에 한정되고, 인접 건물의 연소에 관하여는 불법행위책임을 질 뿐이라고 보는 것이 타당합니다. 단지 임대차목적물과 구조상 불가분의 일체라는 이유만으로, 임차목적물 이외의 손해까지 임차목적물 반환의무 불이행책임에 포섭하여 임차인에게 부담하게 하는 것은 아무런 근거 없이 책임을 확대하는 것으로서 현저히 부당합니다.

(4) 임대차목적물 이외 부분의 손해와 관련한 입증책임의 분배 문제

(가) 입증책임의 의의 및 분배원칙

입증책임이란 일방 당사자에게 입증에 대한 책임을 부담시켜 소송승패의 위험이나 불이익을 지우는 것입니다. 그 분배에 관하여는 법률의 구조에 따른 법률요건분류설이 통설과 판례의 입장이며, 요증사실이 누구의 지배영역에 속하는가를 기준으로 하는 위험영역설 및 각종 입증책임의 전환이나 완화가 인정되고 있습니다.

채무불이행책임의 경우 원칙적으로 그 귀책사유의 부존재에 관한 입증책임은 채무자에게 있습니다. 따라서 임대차계약이 종료하였는데 임차인이 부담하는 원래의 급부의무(임대차목적물 반환의무)가 이행불능이 된 경우 그 귀책사유의 입증 역시 임차인이 부담합니다.

(나) 임대차목적물 이외의 부분의 손해에 대한 입증책임

그런데 원인불명의 화재로 인하여 임대차목적물 이외의 부분에 손해가 발생한 경우, 그 자체는 임차인의 채무불이행으로 인한 손해라고 할 수 없습니다. 임차인의 원래의 급부의무는 어디까지나 임대차목적물 자체를 반환하는 것이기 때문입니다. 전통적인 법률요건분류설에 따를 경우 임차인이 입증책임을 부담하는 경우라고 할 수 없습니다. 위험영역설에 따르더라도 임차목적물 이외의 부분을 임차인이 지배하는 영역이라고 볼 수 없기 때문에, 위와 같은 손해에 관한 입증책임까지 임차인에게 부담시키는 것은 입증책임의 분배원칙에 반합니다.

임대차계약의 핵심은 임차인이 차임을 지급하고 타인의 물건을 계약의 목적에 맞게 사용·수익하는 것이고, 이에 따라 임대인은 임차인이 그 물건을 사용·수익에 필요한 상태를 유지할 의무를 부담합니다. 임차목적물에 관하여 임대인과 계약관계를 맺고 있는 데 불과한 임차인에게 그 밖의 재산에 관해 발생한 손해에 대해서도 입증책임의 부담을 지도록 하는 것은 위와 같은 임대차의 본질에 비춰보아도 타당하지 않습니다. 이는 더 이상 계약관계에서의 문제가 아니기 때문입니다. 임대차목적물 이외의 부분에 발생한 손해에 관하여 임차인이 임대인에 대하여 책임을 지게 하려면, 계약관계에 기하지 않은 손해배상청구권을 주장하는 임대인이 임차인의 귀책사유를 입증하여야 할 것입니다.

(5) 원심의 태도에 따를 경우 초래되는 불합리한 결과

원인불명의 화재가 발생한 경우 임차인이 선관주의의무를 다하였음을 입증하지 못하면 임차목적물 및 그와 불가분인 부분에 발생한 손해에 대해서까지 손해배상책임을 부담하도록 하여 온 종전 대법원 판결이 계속 유지될 경우, 매우 불합리한 결과를 초래할 수 있습니다. 판례가 임차인에게 요구하는 선관주의의무이행의 입증이 실제로는 거의 불가능하기 때문입니다.

다음의 판례들을 보면, 대법원이 취하고 있는 논리에 따를 경우 결국 임차인이 거액의 손해배상책임을 부담하게 될 수밖에 없는 구조임을 쉽게 알 수 있습니다. 따라서 원심이 근거로 삼고 있는 대법원 판결 또는 판례는 하루빨리 시정되어야 마땅할 것입니다.

대법원 1994.2.8. 선고 93다22227 판결

화재 원인이 불명인 사안으로, 피고가 구정휴무로 작업을 중지하면서 연탄불을 끄고 전기스위치를 차단하고 공장문을 닫는 등과 같은 조치를 취한 것만으로는 임차건물의 보존에 관하여 선량한 관리자로서의 주의의무를 다하였다고 보기 어렵다고 판시

대법원 1994.10.14. 선고 94다38182 판결

경양식 음식점이 원인불명의 화재로 소실되었는데, 그 화재가 임차건물 내에서 발생한 것으로 추정함이 상당하다면 임차인이 비록 영업을 마치고 평상시와 같이 전기조명스위치 등을 점검한 후 출입문을 잠그고 귀가한 사실이 인정된다 하더라도 그러한 사정만으로 임차인이 선량한 관리자로서의 주의의무를 다하였다고 보기 어렵다고 판시

대법원 1997.6.10. 선고 97다9192 판결

피고는 임차건물에 입주한 이상 바로 그 전기시설 등을 점검하여 화재발생의 원인이 될 수 있는 원인 등을 제거해야 할 주의의무가 있다 할 것이고, 그 사용기간이 1개월에 불과하다고 하여 귀책사유가 없다고 할 수 없으며, 단순히 고장난 안전기를 교체하고 전기선을 점검하였다는 정도만으로는 그 책임을 다하였거나 이 사건 화재가 불가항력에 의한 것이라고 볼 수는 없다고 판시

대법원 2003.12.12. 선고 2003다5276 판결

비록 피고와 그 피용자들이 영업을 마치고 전기스위치 등을 점검한 후 출입문을 잠근 채 퇴근하였고, 평소 피고가 무인경비용역계약을 체결하고 화재 등에 대비한 경비용역을 제공받아 왔으며, 화재보험에 가입하는 한편, 수시로 피용자들에게 화재예방교육을 시킨 사실이 인정된다 하더라도, 그러한 사정만으로는 피고가 이 사건 임차목적물의 보존에 관한 선량한 관리자의 주의의무를 다하였다고 보기는 어렵다고 판시하여 임차인에게 손해배상을 인정

다. 소결

이처럼 원심이 판단의 근거로 삼은 기존 대법원 판결의 법리는 임대차계약의 본질 및 입증책임 분배의 취지에 반할 뿐만 아니라 현행 실화책임법 하에서는 그 구체적 타당성도 인정될 수 없는 것으로서, 마땅히 변경되어야 합니다.

특히 이 사건의 경우에는 실제 임차부분의 손해는 전혀 없었기 때문에(2012. 1. 18. 자 OO연구원 주식회사의 사실조회 회신), 결국 피고 임차인은 자신이 선관주의 의무를 다하였음을 입증하지 못하는 이상 임대차목적물 이외의 부분에 발생한 거액의 손해를 모두 부담하여야 되는 불합리한 상황에 처하게 되었습니다.

5. 결론

이상에서 살펴본 바와 같이 원심의 판단에는 보험계약의 담보범위에 관한 해석을 그르치고, 임대차 목적물 이외의 임대인 재산에 발생한 손해에 대한 임차인의 배상책임 인정 요건에 관한 법리를 오해한 잘못이 있습니다.

피고 OO화재의 상고를 인용하여 원심 판결을 파기하고 이 사건을 원심 법원에 환송하여 주시기 바랍니다.

참 고 자 료

1. 참고자료 1   광주지방법원 2009. 9. 18. 선고 2009나2619 판결

첨 부 서 류

1. 위 참고자료   1부

2012.   11.   1.

피고(상고인) OO화재해상보험 주식회사의 소송대리인

법무법인 지평지성

담당변호사 배 성 진

담당변호사 박 보 영

대법원 제1부   귀중

대법원 2017. 5. 18 선고 2012다86895, 86901 전원합의체 판결

판시사항

[2] 임차인이 임대인 소유 건물의 일부를 임차하여 사용·수익하던 중 임차 건물 부분에서 화재가 발생하여 임차 건물 부분이 아닌 건물 부분까지 불에 타 그로 인해 임대인에게 재산상 손해가 발생한 경우, 임차 외 건물 부분에 발생한 손해에 대하여 임대인이 임차인을 상대로 채무불이행을 원인으로 하는 배상을 구하기 위하여 주장·증명하여야 할 사항

판결요지

[2] [다수의견] 임차인이 임대인 소유 건물의 일부를 임차하여 사용·수익하던 중 임차 건물 부분에서 화재가 발생하여 임차 건물 부분이 아닌 건물 부분(이하 '임차 외 건물 부분'이라 한다)까지 불에 타 그로 인해 임대인에게 재산상 손해가 발생한 경우에, 임차인이 보존·관리의무를 위반하여 화재가 발생한 원인을 제공하는 등 화재 발생과 관련된 임차인의 계약상 의무 위반이 있었음이 증명되고, 그러한 의무 위반과 임차 외 건물 부분의 손해 사이에 상당인과관계가 있으며, 임차 외 건물 부분의 손해가 그러한 의무 위반에 따른 통상의 손해에 해당하거나, 임차인이 그 사정을 알았거나 알 수 있었을 특별한 사정으로 인한 손해에 해당한다고 볼 수 있는 경우라면, 임차인은 임차 외 건물 부분의 손해에 대해서도 민법 제390조, 제393조에 따라 임대인에게 손해배상 책임을 부담하게 된다.

종래 대법원은 임차인이 임대인 소유 건물의 일부를 임차하여 사용·수익하던 중 임차 건물 부분에서 화재가 발생하여 임차 외 건물 부분까지 불에 타 그로 인해 임대인에게 재산상 손해가 발생한 경우에, 건물의 규모와 구조로 볼 때 건물 중 임차 건물 부분과 그 밖의 부분이 상호 유지·존립함에 있어서 구조상 불가분의 일체를 이루는 관계에 있다면, 임차인은 임차 건물의 보존에 관하여 선량한 관리자의 주의의무를 다하였음을 증명하지 못하는 이상 임차 건물 부분에 한하지 아니하고 건물의 유지·존립

과 불가분의 일체 관계에 있는 임차 외 건물 부분이 소훼되어 임대인이 입게 된 손해도 채무불이행으로 인한 손해로 배상할 의무가 있다고 판단하여 왔다.

그러나 임차 외 건물 부분이 구조상 불가분의 일체를 이루는 관계에 있는 부분이라 하더라도, 그 부분에 발생한 손해에 대하여 임대인이 임차인을 상대로 채무불이행을 원인으로 하는 배상을 구하려면, 임차인이 보존·관리의무를 위반하여 화재가 발생한 원인을 제공하는 등 화재 발생과 관련된 임차인의 계약상 의무 위반이 있었고, 그러한 의무 위반과 임차 외 건물 부분의 손해 사이에 상당인과관계가 있으며, 임차 외 건물 부분의 손해가 의무 위반에 따라 민법 제393조에 의하여 배상하여야 할 손해의 범위 내에 있다는 점에 대하여 임대인이 주장·증명하여야 한다.

이와 달리 위와 같은 임대인의 주장·증명이 없는 경우에도 임차인이 임차 건물의 보존에 관하여 선량한 관리자의 주의의무를 다하였음을 증명하지 못하는 이상 임차 외 건물 부분에 대해서까지 채무불이행에 따른 손해배상책임을 지게 된다고 판단한 종래의 대법원판결들은 이 판결의 견해에 배치되는 범위 내에서 이를 모두 변경하기로 한다.

[대법관 김신, 대법관 권순일의 별개의견] 임차인이 임대인 소유 건물의 일부를 임차하여 사용·수익하던 중 임차한 부분에서 화재가 발생하여 임차 외 건물 부분까지 불에 타 그로 인해 임대인에게 재산상 손해가 발생한 경우에, 다른 특별한 사정이 없는 한 임차 외 건물 부분에 발생한 재산상 손해에 관하여는 불법행위책임만이 성립한다고 보아야 한다. 그러므로 임대인이 임차인을 상대로 임차 외 건물 부분에 발생한 손해의 배상을 구하는 경우에는 불법행위에 있어서의 증명책임의 일반원칙에 따라 손해 발생에 관하여 임차인에게 귀책사유가 있다는 점에 관한 증명책임은 피해자인 임대인에게 있다고 보아야 한다. 그리고 이는 '건물의 규모와 구조로 볼 때 건물 중 임차한 부분과 그 밖의 부분이 상호 유지·존립에 있어 불가분의 일체를 이루는 관계'라 하더라도 달리 볼 것은 아니다.

[대법관 김재형의 반대의견] 임차인이 임대인 소유 건물의 일부를 임차하여 사용·수익하던 중 임차한 부분에서 화재가 발생한 경우에 민법 제390조에 따라 임차인의 손해배상책임이 성립하는지 여부를 판단한 다음, 임차물이든 그 밖의 부분이든 불에 탄 부분이 민법 제393조에 따라 손해배상의 범위에 포함되는지 여부를 판단하는 것으로 충분하다. 화재로 불에 탄 부분이 임차물 자체인지 임차물 이외의 부분인지에

따라 손해배상책임의 성립요건이나 증명책임을 달리 보아야 할 이유가 없다. 임차물과 임차 외 건물 부분으로 구분하여 채무불이행이나 불법행위에 기한 손해배상의 성립요건을 별도로 판단하는 것은 손해배상의 범위에서 판단해야 할 사항을 손해배상책임의 성립 여부에서 판단하는 것이라서 받아들일 수 없다.

[대법관 이기택의 별개의견] 임차인이 건물의 일부를 임차한 경우에 임대차 기간 중 화재가 발생하여 임차 건물 부분과 함께 임대인 소유의 임차 외 건물 부분까지 불에 탔을 때 임차인의 의무 위반으로 인한 채무불이행책임의 성립 및 임차인의 채무불이행이 성립하는 경우에 배상하여야 할 손해배상의 범위에 관하여는 반대의견과 견해를 같이한다.

그런데 임차인이 임대인 소유 건물의 일부를 임차하여 사용·수익하던 중 임차 건물 부분에서 화재가 발생하여 임차 외 건물 부분까지 불에 타 그로 인해 임대인에게 재산상 손해가 발생한 경우에 화재의 원인이나 귀책사유가 명확하게 밝혀지지 않은 때에는, 임차 건물 부분의 손해뿐만 아니라 임차 외 건물 부분의 손해까지 임차인이 전부 책임지는 것은 임차인에게 가혹할 수 있고, 이와 달리 임차인이 임차 외 건물 부분의 손해에 대하여 전혀 책임지지 않고 그 부분 손해를 임대인이 모두 감수하도록 하는 것 또한 구체적 타당성에 어긋날 위험이 있다. 따라서 이와 같은 경우에 법원은 임차 외 건물 부분의 손해에 대하여 임차인의 배상책임을 긍정하되, 책임에 대한 제한을 통하여 임대인과 임차인이 임차 외 건물 부분의 손해를 합리적으로 분담하도록 하여야 한다.

논문

[판례평석] 군사기지 인근주민의 군용기 비행금지 청구의 허용 여부*

-最高裁 2016. 12. 8. 선고 平成 27년(行ヒ) 제512, 513호 판결-

권창영 변호사**

목 차

---

* 이 글은 2018. 4. 27. 충북대 법학전문대학원에서 개최된 '제60회 항공우주정책·법 학술대회'에서 발표한 원고를 지정토론을 거쳐 수정한 것으로, 항공우주정책·법학회지 제33권 제1호(2018. 6.)에 수록된 것을 항공우주정책·법학회(회장 최준선)의 동의를 얻어 전재하였다. 전재를 허락해주신 항공우주정책·법학회와 지정토론을 해주신 김웅이(한서대), 김광록(충북대), 한종규(순천대) 교수, 윤민섭 책임연구원(한국소비자원)께 이 지면을 통하여 깊이 감사드린다.
** 법무법인(유한) 지평 변호사, 법학박사, 한국항공대 항공우주법학과 겸임교수, 항공우주정책·법학회 이사, 한국교통연구원 공항소음분석센터 법률자문위원.

I. 서론

1. 문제의 소재

20세기 이후 항공기의 발달과 더불어 항공운송산업이 급속도로 증가하고 있고, 2차 세계대전 이후 공군력의 중요성이 부각되어 각국은 공군력의 증강에 많은 힘을 쏟고 있다. 그 결과 항공기 및 군용기(법률상 군용항공기[1]가 적합한 용어이지만, 이 글에서는 편의상 군용기라고 한다)의 운용이 폭발적으로 증가함에 따라, 공항이나 비행장 인근 주민들이 항공기 운항으로 인한 소음·진동 등을 이유로 손해배상을 청구하거나 비행을 금지하는 경우가 점차 늘어나고 있다.

그런데 항공기에 의한 신속한 물류거래 및 여객 수송은 우리나라의 경제·사회·문화 등 다방면에서의 진보·향상을 위하여 필수불가결한 요소이고,[2] 공군력은 국토방위에 필수적인 요소이므로, 손해배상을 인정하는 것은 별론으로 하더라도 비행을 금지하는 것은 심각한 문제를 초래할 수 있다.

2. 대법원 2016. 11. 10. 선고 2013다71098 판결

우리나라에서는 그동안 공항소음으로 인한 손해배상청구가 주로 문제되었다.[3] 그런데 최근에는 충남지방경찰청 항공대(航空隊)가 헬기장에 헬기를 이·착륙시키면서 원고 소유의 토지의 소유권이 미치는 상공 부분을 헬기의 이·착륙 항로로 사용함으로써 원고가 토지 위 건물을 장례식장 용도로 사용하지 못하고 있는 사건에서, 원고는 토지의 소유권에 터 잡아 피고(대한민국)를 상대로 토지의 상공을 헬기의 이·착륙 항

---

[1] '군용항공기'란 군이 사용하는 비행기·회전익항공기·비행선(飛行船)·활공기(滑空機), 그 밖의 항공기기를 말한다(군사기지 및 군사시설보호법 제2조 제1호).

[2] 대법원 2012. 6. 28. 선고 2012다16674 판결.

[3] 대법원 2004. 3. 12. 선고 2002다14242 판결(매향리 사격장); 대법원 2005. 1. 27. 선고 2003다49566 판결(김포공항); 대법원 2010. 11. 11. 선고 2008다57975 판결(웅천 사격장); 대법원 2010. 11. 25. 선고 2007다74560 판결(대구비행장); 대법원 2010. 12. 23. 선고 2009다10928 판결(평택 K-55, K-6 비행장); 대법원 2012. 6. 14. 선고 2012다13569 판결(대구비행장); 대법원 2015. 10. 15. 선고 2013다23914 판결(광주공군비행장); 서울중앙지법 2008. 1. 22. 선고 2004가합106508 판결(청주공항); 서울중앙지법 2012. 2. 23. 선고 2007가합21363 판결(안흥만 해상사격장).

로로 사용하는 행위의 금지를 구하는 소를 제기하였다. 제1심[4]은 원고의 청구를 기각하였으나, 항소심[5]은 토지의 상공을 헬기의 이·착륙 항로로 사용하는 행위의 금지를 구하는 원고의 청구를 인용하였다. 대법원은 아래와 같은 이유를 들어 원심판결을 파기하였다. 충남지방경찰청 항공대는 2017. 7. 15. 공주시로 이전하였고, 파기환송 후 항소심[6]에서 원고는 2017. 10. 27. 헬기 상공통과 금지 청구 부분을 취하하였다.

〈표 1〉 대법원 2013다71098 판결의 요지

> 토지의 소유권은 정당한 이익이 있는 범위 내에서 토지의 상하에 미치고(민법 제212조), 토지의 상공으로 어느 정도까지 정당한 이익이 있는지는 구체적 사안에서 거래관념에 따라 판단하여야 한다. 항공기가 토지의 상공을 통과하여 비행하는 등으로 토지의 사용·수익에 대한 방해가 있음을 이유로 비행 금지 등 방해의 제거 및 예방을 청구하거나 손해배상을 청구하려면, 토지소유권이 미치는 범위 내의 상공에서 방해가 있어야 할 뿐 아니라 방해가 사회통념상 일반적으로 참을 한도를 넘는 것이어야 한다.
> 이때 방해가 참을 한도를 넘는지는 피해의 성질 및 정도, 피해이익의 내용, 항공기 운항의 공공성과 사회적 가치, 항공기의 비행고도와 비행시간 및 비행빈도 등 비행의 태양, 그 토지 상공을 피해서 비행하거나 피해를 줄일 수 있는 방지조치의 가능성, 공법적 규제기준의 위반 여부, 토지가 위치한 지역의 용도 및 이용 상황 등 관련 사정을 종합적으로 고려하여 판단하여야 한다.
> 한편 항공기의 비행으로 토지 소유자의 정당한 이익이 침해된다는 이유로 토지 상공을 통과하는 비행의 금지 등을 구하는 방지청구와 금전배상을 구하는 손해배상청구는 내용과 요건이 다르므로, 참을 한도를 판단하는 데 고려할 요소와 중요도에도 차이가 있을 수 있다. 그 중 특히 방지청구는 그것이 허용될 경우 소송당사자뿐 아니라 제3자의 이해관계에도 중대한 영향을 미칠 수 있으므로, 방해의 위법 여부를 판단할 때는 청구가 허용될 경우 토지 소유자가 받을 이익과 상대방 및 제3자가 받게 될 불이익 등을 비교·형량해 보아야 한다.

3. 일본 판례에 대한 연구의 필요성

(1) 우리나라 대법원 판결(2013다71098)에서도 비행금지청구에 관한 판시가 최초로 선고되었지만, 현재 환송 후 항소심이 진행 중이고, 사실관계도 확정되지 아니한 상태에서 평석을 하는 것은 적절치 않다.

---

4) 대전지법 2012. 8. 16. 선고 2010가합7823 판결.

5) 대전고법 2013. 8. 27. 선고 2012나4891 판결. 위 판결에서는 "피고는 대전 서구 ○○○ 대 2,926㎡ 지상의 헬기장에 헬기를 이·착륙함에 있어서 대전 서구 ○○○ 대 3,212㎡의 상공을 통과하여서는 아니 된다"고 선고하였다.

6) 대전고법 2019. 1. 31. 선고 2016나1364 판결. 위 판결에 대하여 원고가 2019. 2. 19. 상고를 제기하였다.

(2) 미국의 경우 토지소유자가 항공기 운항자를 상대로 비행금지를 청구하는 사건이 1930년에 등장하였고,[7] 그 이후로도 유사한 소송이 계속 등장하였다. 다만 영미법계의 법리가 대륙법계에 속한 우리나라와 많은 차이가 있어서, 곧바로 시사점을 얻는 데는 어려움이 있다.

(3) 독일의 경우 항공기소음에 대한 법적 구제수단은 소음 자체를 배제·예방하는 것을 목적으로 하는 적극적 방어청구권과 이미 발생한 손해에 대한 전보를 목적으로 하는 소극적 방어청구권으로 대별된다.[8] 전통적으로 소음 등 임미시온에 대한 방어는 독일 민법 제906조에서 법정하고 있는 위법성 판단기준을 중심으로 제1004조 제1항에 근거한 방해배제·예방청구권과 제906조 제2항 제2문에 근거한 손실보상청구권을 중심으로 규율되어 왔다. 공법상 항공기소음에 대한 방어도 소음원에서부터 직접적으로 항공소음을 규제하는 적극적 방어와 손실보상 및 방음설비비용의 상환을 통하여 소음을 간접적으로 규제하는 소극적 방어로 구분되는데, 전자는 항공교통법[9]에서 후자는 항공기소음법[10]에서 각각 규율되고 있다. 민법상 청구권과 관련하여 중요한 의미를 가지는 것은 항공교통법 제11조인데, 위 규정에 따르면 항공기소음이 제906조의 인용한도를 초과하여 위법한 경우라 하더라도 사법상 금지청구권의 행사는 배제되고, 가해시설을 중대하게 변경시키지 아니하는 한도에서 항공기소음을 저감시키기 위한 방어조치를 청구하는 것이 허용되며, 이러한 조치를 취할 수 없는 경우에는 금전배상이 인정된다. 이러한 사법적 구제수단 외에 항공기소음법에서는 항공기소음치를 기준으로 소음보호지역을 설정하고 당해 지역에서 일정한 건축을 금지시키는 대신에, 행정절차를 통하여 건축금지로 인한 손실보상 및 방음비용의 상환을 허용하고 있다.

(4) 일본에서도 공항소음소송이 환경단체를 중심으로 오래 전부터 제기되어 왔는데, 소음피해로 인한 손해배상을 인정하는 경우와 달리 비행금지청구를 인용한 판결은 2014. 5. 21. 요코하마 지방재판소에서 처음 선고되었다. 위 판결은 항소심에서 일부 변경되어 원고의 청구가 일부 인용되었으나, 최고재판소에서 파기 환송되었다. 따

---

7) Smith v. New England Aircraft Co., 270 Mass. 511, 170 N. E. 385 (1930); Swetland v. Curtiss Airports Corp., 41 F. (2d) 929 (N. D. Ohio 1930); Otis J. Garland, "The Proper Theory on Which to Seek an Injunction Against Airflights over Land", Washington University Law Review Volume 22, Issue 4(January 1937).

8) 안경희, "독일법상 항공기소음으로 인한 손실보상청구", 「법조」 제637호, 2009, 154-155면.

9) Luftverkehrsgesetz in der Fassung der Bekanntmachung vom 10.05.2007 (BGBl. I S. 698).

10) Gesetz zum Schutz gegen Fluglärm vom 31.10.2007 (BGBl. I S. 2550).

라서 이 글에서는 우리나라와 비슷한 법령을 채택하고 있는 일본의 재판례 중 비행금지청구가 문제된 '아쓰기 해군비행장'(厚木海軍飛行場, 이하 '아쓰기 기지'라 한다)에 관한 최고재판소의 판례를 분석하여, 비행금지청구권의 허용여부에 관한 시사점을 얻고자 한다.

(5) 이 글의 논의의 범위는 일본에서 문제된 바와 같이, 군사기지[11] 인근주민이 소유권 또는 인격권의 침해를 이유로 행정청(국방부장관 등)에 대하여 군용항공기의 비행금지청구의 소를 제기할 경우 예상되는 법리에 한정하기로 한다.

II. 사실관계 및 기존 소송의 연혁

1. 아쓰기 기지의 연혁과 개요

(1) 아쓰기 기지의 연혁[12]

일본 간토 가나가와현(神奈川縣)의 야마토(大和)·아야세(綾瀬)·에비나(海老名) 등 3개 시(市)에 걸쳐 있는 아쓰기 해군비행장(이하 '아쓰기 기지'라 한다)은 1938년 일본 해군에 의해 항공기지로 지정되었고, 1941년 제도(帝都)방위해군기지로 사용되기 시작하였다.

1945. 9.에는 제2차 세계대전의 종전에 따라 UN연합군의 구성원인 미국 육군에 의하여 접수되었다. 1945. 8. 28. 미군 선발대가 최초로 아쓰기 기지에 착륙하였고, 이틀 후인 8. 30.에는 연합군 총사령관 더글라스 맥아더가 탑승한 바탄號가 아쓰기 기지에 착륙하였다. 그 후 아쓰기 기지는 미 육군에 의해 관리되었지만, 비행장이 아닌 자재창고로서 캠프 자마(Camp 座間)의 보조시설로 이용되다가, 1949년에 폐쇄되었다. 1950년 한반도에서 6·25 전쟁이 발발하자, 아쓰기 기지의 중요성이 재인식되어 미군의 극동에서의 중핵(中核) 항공기지의 하나로 부활하였고, 관할도 육군에서 해군으로 이전된 이후 미 해군 제7함대의 후방기지로 이용되고 있다. 1952. 4. 28. 이후 '일본국과 미합중국간의 안보보장조약' 및 '일본국과 미합중국간의 안전보장조약 제3조에 기한 행정협정'에 기하여 미국에 제공되었다. 그 후 기지는 여러 차례의 정비와 확장을

---

11) '군사기지'란 군사시설이 위치한 군부대의 주둔지·해군기지·항공작전기지·방공(防空)기지·군용전기통신기지, 그 밖에 군사작전을 수행하기 위한 근거지를 말한다(군사기지 및 군사시설보호법 제2조 제1호).

12) http://www.city.yamato.lg.jp/web/kichi/atsugi.html.(2018. 4. 15. 최종 방문).

거쳐 1960년대에는 현재와 비슷한 모습을 갖추게 되었다. 1971년에는 기지의 일부가 일본 해상자위대에 이관되어, 미국과 일본이 공동으로 사용하는 기지가 되었다.

[지도] 일본에 소재하는 미군기지의 현황13)

(2) 아쓰기 기지의 개요

〈표 2〉 아쓰기 기지의 규모와 주요 시설

명칭		아쓰기 해군비행장(FAC3083)
소재지 등		大和市 上草柳, 下草柳, 福田, 本蓼川, 綾瀬市 深谷, 蓼川, 本蓼川, 海老名市 東柏ヶ谷
	위치	북위 35°27′17″, 동경 139°27′0″
	표고	62m
면적		5,068,806㎡
주된 시설	활주로	연장 2,438m × 폭 45m
	유도로	연장 6,764m × 폭 22m

13) https://ko.wikipedia.org/wiki/%ED%8C%8C%EC%9D%BC:Major_US_military_bases_in_Japan.svg

	건물	격납고, 관제탑, 오퍼레이션시설, 사무소, 주택, 창고, 오악시설, 유류저장고, 엔진시험장, 골프장, 사격장, 탄약고, GCA, ILS	
사용자별		미 해군	일본 해상자위대
배속부대		아쓰기 항공시설 사령부 서태평양함대 항공사령부 제5공모항공단 제51대잠헬리콥터 중대	항공집단사령부, 제4항공군사령부, 제3항공대, 제6항공대, 제4정비보급대, 厚木항공기지대, 硫黃島항공기지대, 南鳥島항공파견대, 제51항공대, 제61항공대, 항공관제대, 항공프로그램개발대, 厚木 정보보전분견대, 厚木시스템통신분견대, 厚木경무분견대
상주하는 주된 기종		UC-12F(연락기)	P-3C(초계기), UP-3C(다용기), YS-11M(수송기), SH-60K(초계기), SH-60J(초계기), LC-90(다용기), UH-60J(구난기), US-1A(구난기)
일시 체류하는 주된 기종		F/A-18C(전투공격기) F/A-18E(전투공격기) F/A-18F(전투공격기) EA-6B(전자전기) E-2C(조기경계기) C-2A(수송기) SH-60F(대잠헬기) HH-60H(구난헬기) A-10, C-5, C-17, C-40 C-130H(수송기), P-3C(대잠초계기), UH1	C-1(수송기) C-130(수송기) U-125(비행점검기) EP-3(전자전데이터수집기) OP-3(다용기) MH-53E(소해·수송헬기) T-5(초등연습기) TC-90(연습기) YS-11(수송기)
인원			약 2,000명
임무		1. 제7함대의 함재기부대 기타 다른 비행부대가 임시로 체류하는 경우 시설 서비스의 제공 2. 함재기 등의 수리 및 보급지원 업무	1. 일본 주변해역의 경계·감시 2. 선박의 보호 3. 항로의 안전보호 4. 항만·해협·연안의 방비 5. 재해파견·민생협력 등

2. 아쓰기 기지 관련 소송의 연혁

(1) 제1차 소송

아쓰기 기지 지역주민들은 1976. 9. 일본 정부를 상대로 기지에 이착륙하는 항공기(自衛隊機와 美軍機)의 소음 등으로 피해를 입었다고 주장하면서, 과거의 손해배상, 장래의 손해배상, 항공기 이착륙의 금지를 구하는 소를 제기하였다. 최고재판소는 1993. 2. 25. 선고한 판결15)에서 과거분 손해배상청구를 인정하고, 장래분 손해배상을 구하는 소를 각하하였으며, 비행금지를 구하는 민사상 소는 부적법하다는 이유로 각하하였다.

(2) 제2차, 제3차 소송

1983년부터 기지의 활주로를 항공모함의 갑판으로 보고 착륙 직후에 이륙을 반복하는 야간착륙훈련(Night Landing Practice, NLP)이 시작되면서 소음은 현저히 증가하였다. 주민들은 1984. 10.에 제2차 소를 제기하였으나, 1999. 7. 동경고등재판소는 제1차 소송의 결과와 마찬가지로 과거분의 손해배상만을 인정하였다. 주민들은 1997. 12. 손해배상만을 구하는 제3차 소를 제기하였으나, 2006. 7. 동경고등재판소는 종전과 동일

---

14) https://www.city.ayase.kanagawa.jp/ct/image000002400/naf2.jpg

15) 民集 47卷 2号, 643면.

하게 과거분 손해배상만 인정하였다.

(3) 제4차 소송

7,054명의 주민은 2007. 12. 민사소송 이외에도 전국 기지소음소송에서는 최초로 아쓰기 기지에 이착륙하는 항공기에서 발생하는 소음에 의해 신체적 피해 및 수면방해, 생활방해16) 등의 정신적 피해를 받고 있다고 주장하면서, 방위청장관이 소속되어 있는 국가에 대하여 매일 오후 8시부터 다음날 오전 8시까지 자위대기(自衛隊機) 및 미군기의 운항금지 등을 요구하는 행정소송을 요코하마 지방재판소에 제기하였다. 제1심은 2014. 5. 21. "부득이하다고 인정하는 경우를 제외하고"라는 제한을 부과하여 매일 오후 10시부터 다음날 오전 6시까지 자위대기의 비행을 금지하는 판결을 선고하였다.17)

위와 같은 결론은 항소심에서도 유지되었으나, 최고재판소는 자위대기의 비행금지 청구를 인용한 원심판결을 파기하고, 그 부분에 해당하는 제1심 판결을 취소하였으며, 원고들의 청구를 기각하였다. 세 가지 청구에 관한 당사자의 주장과 최고재판소의 판결 요지는 다음 표와 같다.

청구	원고	피고	최고재판소
자위대기의 비행금지	소음피해가 심각하고, 자위대기의 운항의 공공성을 과대평가해서는 안 된다	자위대기의 운항에 관하여 방위청장관에게 넓은 재량이 인정되지만, 권한의 활용은 어렵다	자위대기의 운항은 고도의 공공성이 인정된다. 소음피해는 경시할 수 없으나 상응하는 대책을 강구할 수 있고, 방위청장관의 권한행사는 타당하다
장래의 손해배상	변론 종결 후에도 위법한 소음피해가 계속될 것이 확실하기 때문에 인정되어야 한다	장래의 손해는 확정할 수 없기 때문에 배상청구는 허용되지 아니 한다	배상액 등을 명확하게 인정할 수 없기 때문에 청구 자체는 허용되지 아니 한다
미군기의 비행금지	미군기에 대하여 일본국의 지배가 미치지 않는다는 원심은 잘못되었다	방위청장관은 미군기의 운항을 제한할 수 있는 권한이 없다	이유를 설시하지 아니하고, 원고 측의 상고를 기각함

---

16) 대화·전화·TV 시청 등의 청취방해, 독서·일 등 정신적 작업의 방해, 불쾌감·건강피해에의 불안 등.

17) 橫浜地判 2014. 5. 21., LEX/DB25446437.

(4) 제5차 소송

주민 6,063명은 2017. 8. 4. 요코하마 지방재판소에 일본 정부를 상대로 과거 3년 간의 손해배상, 비행금지청구가 실현될 때까지 장래분 손해배상을 구하는 민사소송과 자위대기와 미군기의 비행금지를 구하는 행정소송을 제기하였다.

III. 대상판결의 요지와 검토

1. 일본 환경소송의 유형

(1) 민사소송

일본의 주요 환경소송은 민사소송과 행정소송으로 대별된다.[18] 이 중 먼저 민사소송은 손해배상과 금지청구(留止請求)로 이루어진다. 역사적으로 보면, 일본의 공해·환경재판은 고도 경제성장기의 극심한 공해로 민법상 불법행위(제709조)에 근거한 손해배상소송에서 비롯되었다. 그러나 오사카공항소송처럼 도로공해, 공항공해 등 공공 영조물의 설치·관리의 하자로 인한 피해에 대해서는 국가배상사건으로 국가배상법 제2조가 적용된다. 또한 미나마타병이나 석면사건에 볼 수 있는 것처럼 사업자에 대한 규제권한의 지연이나 불행사에 의해 피해가 확대되었다고 하여 국가배상법 제1조에 따라 국가 또는 지방자치단체의 손해배상책임을 묻는 사례도 증가하고 있다.

금지소송(留止訴訟)의 대부분은 인격권을 근거로 하고 있으나, 공공시설과 관련해서는 그 공공성이 중시되므로 금지청구가 인용되는 사안은 한정되어 있다. 1990년대에는 폐기물처리장과 관련하여 평온한 생활권의 침해 등을 이유로 금지청구를 인정하는 판결이 선고되었고,[19] 도로공해와 관련하여 21세기에 들어 2개의 금지판결이 선고되었다.[20]

---

18) 오쿠보 노리코(大久保規子), "최근 일본에서의 환경소송의 전개", 「환경법과 정책」 제14권, 2015. 2., 123-144면(박용숙 번역).

19) 仙台地決 1992. 2. 28. 判例時報 1492号, 109면.

20) 尼崎訴訟에 관한 神戸地判 2000. 1. 31. 判例タイムズ 1726号, 20면; 名古屋南部訴訟에 관한 2000. 11. 27. 判例時報 1746号, 3면.

(2) 행정소송

일본의 행정소송은 오랜 기간에 걸쳐 그 기능 상실이 지적되어 왔다. 종전 행정소송의 핵심은 항고소송, 특히 행정처분의 취소소송이었지만, 원고 적격이나 처분가능성이 인정되지 않고 각하되는 경우도 적지 않았다. 따라서 2004년에 行政事件訴訟法(이하 '행소법')이 개정되어, 의무이행소송 및 금지소송(差止訴訟)이 항고소송의 유형으로 새롭게 규정되어 원고 적격의 확대도 이루어졌다. 그러나 특히 자연·경관·문화재 소송 등에서는 여전히 원고 적격이 부정되는 사안이 끊이지 않고 있으므로, 환경행정소송이 유효하게 기능하고 있다고 보기는 어렵다. 따라서 행소법 개정 후 행정소송의 수는 극적으로 증가하지 않고, 5,000건을 훨씬 밑도는 상황이 계속되고 있다.

(가) 의무이행소송

행소법 개정으로 도입된 의무이행소송에는 비신청형과 신청형의 두 종류가 있다(제3조 제6항).

1) 신청형 의무이행소송

신청형(申請型) 의무이행소송은 법령에 따라 일정한 처분을 구하는 신청을 했음에도 불구하고 이것이 이행되지 않을 때 해당 신청자가 제기하는 소이다. 신청형은 ① 신청을 방치한 경우의 소송(부작위형)과 ② 신청을 거부한 경우의 소송(거부처분형)으로 나눌 수 있다. 예를 들면, 공해병 인정신청이 방치되거나 거부된 경우에 신청형을 이용하게 된다.

2) 비신청형 의무이행소송

비신청형 의무이행소송은 법령에 의하여 신청권이 정해져 있지 않은 경우에 행정청에 대하여 일정한 처분을 요구하는 소송이다. 일반적으로 인근주민 등에게 규제의 발동을 요구하는 신청권은 인정되지 않기 때문에, 규제권한의 발동을 구하는 경우에는 비신청형을 이용하게 된다. 그러나 비신청형 의무이행소송을 제기하기 위해서는, ① 일정한 처분이 이루어지지 않음으로써 중대한 손해를 일으킬 우려가 있을 것(重損要件), ② 그 손해를 피하기 위해 다른 적당한 방법이 없을 것(補充性), ③ 법률상의 이익을 가진 자이어야 할 것이 요구된다(제37의2).

(나) 무명항고소송으로서 금지소송

학설은 기지소음에 대해서 민사소송에 의한 구제를 인정해야 한다고 주장하지만, 판례의 입장에 따를 경우에는 행정소송으로서 법정금지소송설(法定禁止訴訟說),[21] 무명항고소송설(無名抗告訴訟說),[22] 취소소송설,[23] 확인소송 등의 당사자소송설,[24] 민사소송을 포함하여 이들을 선택적으로 사용할 수 있다고 하는 견해[25] 등이 주장되었다.

제1차 아쓰기 최고재판소 판결[26]에 따르면, 자위대기 운항에 관한 방위청장관(防衛大臣)의 권한 행사가 그것에 필연적으로 수반하는 소음 등에 대해 인근주민의 수인을 의무화하는 것 등을 감안하면, 민사금지청구는 해당 권한행사의 취소변경 등을 요구하는 청구를 필연적으로 포함하기 때문에 부적법하지만, 방위청장관은 자위대법에 따라 자위대기 운행의 총괄권한(제8조) 및 항행안전, 항해로 인한 장애방지를 도모하기 위해 필요한 규제권한(제107조 제5항)을 가지고 있고, 장관의 이러한 권한행사는 공권력의 행사라고 판시하여 행정소송에 의한 구제가능성을 시사하였다.

이에 따라 제4차 소송의 원고들은 법정금지청구 또는 무명항고소송 중 하나인 금지청구가 인용되어야 한다고 주장하였다.

2. 재판의 경과

(1) 제1심 판결의 요지

(가) 자위대기 비행금지청구에 관하여

1) 의의

요코하마 지방재판소[27]는 2014. 5. 21. 아쓰기 기지 소음소송에서 자위대기 운항

---

21) 岡田政則, "基地騷音の差止請求と改正行政事件訴訟法", 「早稲田法学」 85巻 3号, 2013, 27면.

22) 塩野宏, 「行政法Ⅱ(第5版補訂版)」, 有斐閣, 2013, 252면.

23) 小早川光郎, 「行政法講義(下) Ⅲ」, 弘文堂, 2007, 320면.

24) 岡田雅夫, "平成5年最判批", ジュリスト 臨時増刊 1046号, 1994, 55면; 高木光, 「事實行爲と行政訴訟」, 有斐閣, 1988, 331면.

25) 須藤陽子, 「行政判例百選Ⅱ」, 第6版, 2012, 329면.

26) 最高裁 1993. 2. 25. 判決, 民集 47巻 2号, 643면.

27) 横浜地判 2014. 5. 21., LEX/DB25446437.

처분의 금지청구를 인용하는 획기적인 판결을 선고하였다. 지금까지 요코타 기지(橫田基地), 후텐마 기지(普天間基地), 카데나 기지(嘉手納基地), 코마츠 기지(小松基地) 등 많은 기지소송이 제기되었지만, 금지청구가 인용된 것은 일본 사법역사상 처음이다.

2) 구제방법의 선택

제1심 판결은, 방위청장관(防衛大臣)의 권한행사는 제1차 아쓰기 최고재판소 판결에 의하여 공권력의 행사에 해당하는 행위라고 인정되는 이상, 항고소송을 제기하여 다툴 수 있다는 점에서 출발하여, '자위대기 운항처분'이라고 부르고, 그 근거를 자위대법 제107조 제5항에서 구하였으며, 구제수단으로는 무명항고소송을 선택해야 한다고 판시하였다.

위 판결은 자위대기 운항처분의 특징으로서, ① 법적 효과를 수반하지 않는 사실행위인 점, ② 처분의 상대방이 불특정 다수인 점, ③ 처분의 개수를 세는 것이 곤란한 점, ④ 자위대기 운항처분의 위법성 여부는 자위대법의 해석이 아니라 여러 가지 다양한 요소를 비교 검토한 결과 소음피해가 수인한도를 초과하는지 여부에 따라 정해지는 점, ⑤ 피해가 사실행위로 인한 소음이므로 취소소송이 기능할 여지가 없는 점을 들고 있다.

자위대기 운항처분의 경우는 금지범위의 제한방법은 매우 다양하고, 일정한 처분을 확정하는 것은 곤란하며, 이 사건은 실질적으로 추상적 부작위명령을 구하는 소송이다. 따라서 법정금지소송에 익숙하지 않기 때문에, 무명항고소송에 따르도록 해야 한다고 보았다.

3) 처분의 위법성

제1심 판결은 방위청장관의 권한행사의 위법성에 대해서 국가배상소송과 같은 판단방식을 채택하였다.

첫째, 방위청장관은 자위대법 제107조 제5항에 따라 인근주민들이 수인한도를 초과한 소음피해를 입는 일이 없도록 하기 위해 필요한 조치를 강구할 의무를 지고, 이 의무를 위반한 자위대기 운항처분은 위법하다.

둘째, 구체적 판단에서는 영조물의 하자(국가배상법 제2조)의 경우와 마찬가지로, 침해행위의 태양과 침해의 정도, 피침해 이익의 성질과 내용, 침해행위가 가지는 공공성 내지 공익상 필요성의 내용과 정도 등을 비교 검토하는 한편, 침해행위의 시작과 그

후의 계속 경과 및 상황, 그 사이에 채택된 피해 방지에 관한 조치 여부 및 그 내용·효과 등의 사정을 고려하여, 이들을 종합적으로 고찰하고 이를 결정해야 한다.

셋째, 배상책임의 유무를 판단할 때와 금지의 필요 여부를 판단할 때는 그 판단방법에 차이가 생기기 마련이라고 하면서, 국도43호선에 관한 최고재판소 판결[28]을 참고판례로 인용하였다.

구체적으로는 오후 8시부터 다음날 오전 8시까지에 대해서는 수면방해의 피해 정도는 상당히 심각하며, 다른 해상자위대는 오후 10시부터 오전 6시까지의 시간대에서는 자율규제를 이미 실시하고 있기 때문에, 운항을 금지하더라도 공공성이 크게 손상되는 것은 아니라고 보았다.

다음으로 오후 8시부터 10시까지와 오전 6시부터 8시까지에 대해서는 일어나서 활동을 하고 있는 사람이 적지 않다고 생각되며, 금지된다면 비행장의 공공성은 일정 정도 손상을 입는다고 보았다.

또한 자위대의 행동은 그 특성상 필요한 경우 언제 어떠한 경우에서도 실시해야 함을 이유로(자위대법 제76조 이하), "부득이하다고 인정하는 경우를 제외하고"라는 제한을 부과하여 매일 오후 10시부터 다음날 오전 6시까지의 비행금지를 인용하였다.

이는 종전 하급심 판결[29]이 공공성을 지나치게 중시하여 손해배상조차 인정하지 않았다는 것을 고려하면, 기지의 고도의 공공성을 전제하면서도, 소음피해의 성질·내용을 상세하게 검토하고 인용범위를 수정하여 금지청구를 인용하였다는 점에서 의의가 크다.[30]

(나) 미군기의 비행금지청구에 관하여

1) 종전 기지 소송에서는 미군기에 대해서는 국가를 피고로 하는 소송과 미국을 피고로 하는 소가 제기되었다. 그러나 최고재판소는 제1차 아쓰기 최고재판소 판결[31]에서 종전부터 국가를 피고로 하는 소송에서 그 통제를 벗어난 제3자의 행위의 금지를 청구하는 것임을 이유로 소를 각하한 원심 판결을 지지하고 상고를 기각하였다. 또

---

28) 最高裁 1995. 7. 7. 判決, 民集 49卷 7号, 2599면.

29) 東京高判 1986. 4. 9. 判例時報 1192号, 1면.

30) 麻生多聞, "基地騒音訴訟初の自衛隊機飛行差止め命令", 法学セミナー 716号, 2014. 9., 114면.

31) 最高裁 1993. 2. 25. 判決, 民集 47卷 2号, 643면.

한 미국을 피고로 하는 민사상 소에 대해서도 요코타 기지에 관한 2002년의 최고재판소 판결[32]은 주권적 행위에 대해서 국제관습법상 민사재판권이 면제된다는 이유로 소를 각하하였다. 이와 같이 종전 판례는 국가에 대한 민사소송의 가능성을 부정하고 있기 때문에, 행정소송의 활용 가능성이 논의되어 왔다. 그러나 제1심 판결은 처분이 부존재함을 이유로 항고소송의 가능성을 부정하였고, 당사자소송에 대해서도 민사금지소송에 관한 제1차 아쓰기 최고재판소 판결의 논리에 따라 이를 각하하였다.

2) 아쓰기 비행장은 1971년 일본의 시설로 사용전환된 것으로, 미국은 미일안보조약 제6조, 지위협정 제2조 제1항, 제4항b 및 미일정부간협정에 따라 위 비행장의 임시사용권을 가진다. 미군기의 기지사용권이 양국간 합의에 근거한 것이며, 미일안보조약 등에서 국가가 일방적으로 미국과의 사이의 합의내용을 변경 등 할 수 있는 근거규정은 존재하지 않기 때문에, 아쓰기 비행장에 관하여 국가가 미국에 대해 사용을 허용하는 행정처분이 존재하지 않는다고 판단하고, 이 사건 미군기 금지의 소는 존재하지 않는 처분의 금지를 요구하는 것으로서 부적법하다고 판시했다.

3) 당사자소송에 대해서도 이 사건 급부청구와 제1차 아쓰기 최고재판소 판결의 금지청구의 목적은 실질적으로 동일하며, 피고에 대하여 그 통제를 벗어난 제3자의 행위의 금지를 내용으로 하는 청구를 한다는 점에서 동일하기 때문에, 종전 판례의 법리는 이 사건에도 미친다는 이유로 소를 각하하였다.

4) 다만 아쓰기 비행장은 방위청장관이 설치·관리하는 공항이며, 방위청장관은 아쓰기 비행장의 사용을 미군에 인정하고 있기 때문에, 방위청장관은 아쓰기 비행장에 이착륙하는 자위대기 및 미군기 전체에 대하여, 이로 인한 재해를 방지하고 공공의 안전을 보장하기 위해 필요한 조치를 강구할 의무를 부담한다고 판시하였다.

(2) 항소심 판결의 요지

항소심 법원[33]은, 방위청장관의 자위대기 비행에 관한 처분은 '일정한 처분'의 요건을 충족한다고 판단하고, 이 사건 소는 법정금지소송(法定差止訴訟)에 해당한다고 판시하였다. 다만 이러한 논점에 관한 피고의 상고수리신청은 기각되었기 때문에, 이에 관한 최고재판소의 판단은 존재하지 않는다.

---

32) 最高裁 2002. 4. 12. 判決, 民集 56卷 4号, 729면.
33) 東京高判 2015. 7. 30., 判例時報 2277호 13면.

3. 대상판결의 요지

(1) 금지청구의 소의 소송요건

행소법 제37조의4 제1항의 금지의 소의 소송요건인 "중대한 손해를 발생시킬 우려"가 있다고 인정되기 위해서는, 처분에 의해 발생할 우려가 있는 손해가 처분 후에 취소소송 등을 제기하여 집행정지결정을 받는 것에 의해 쉽게 구제받을 수 없는 것으로, 처분 전 금지를 명하는 방법에 의하는 것이 아니라면 구제를 받는 것이 곤란한 것임을 요한다.

원고들은 비행장에 관련된 제1종 구역[34] 내에 거주하고 있으며, 비행장에 이착륙하는 항공기에서 발생하는 소음에 의해 수면방해 등의 피해를 반복·계속적이며 경시하기 어려운 정도로 받고 있는 점, 이러한 피해는 사후적으로 그 위법성을 다툴 취소소송 등에 의해 구제받기 어려운 성질의 것으로 비행장의 자위대기의 운항의 내용·성질을 감안하여도, 원고들의 중대한 손해를 발생시킬 우려가 있다고 인정된다.

(2) 본안 판단의 기준

일본국의 평화와 안전, 국민의 생명·신체·재산 등의 보호에 관한 내외의 정세, 자위대기의 운항 목적 및 필요성의 정도, 운항에 의해 주변의 주민에게 미치는 소음에 의한 피해의 성질 및 정도 등의 제반 사정을 종합적으로 고려하여 행해야 하는 고도의 정책적·전문기술적 판단을 요하는 것이 명확하므로, 위 권한행사는 방위청장관의 광범한 재량에 위임되어 있다.

그렇다면 방위청장관의 위 권한행사가 행소법 제37조의4 제5항의 금지요건인 행정청이 그 처분을 하는 것이 재량권의 범위를 넘는 또는 남용이라고 인정되는지 여부에 대해서는, 위 권한행사가 위와 같은 방위청장관의 재량권 행사라는 것을 전제로 하여, 그것이 사회통념상 현저히 타당성이 없다고 인정되는지 아닌지라는 관점에서 심사를 행하는 것이 상당하다.

---

34) 2003년과 2004년에 이루어진 항공기소음도 조사 결과, WECPNL값이 75 이상인 경우에는 제1종 구역으로, 90 이상인 경우에는 제2종 구역으로, 95 이상인 경우에는 제3종 구역으로 지정되었다. 제1종 구역의 면적은 약 10,500㏊이고, 위 구역 내의 세대수는 약 244,000에 이른다.

심사 시에는 비행장에서 계속되어 온 자위대기의 운항이나 그에 의한 소음피해 등에 관한 사실관계를 고려하여, 비행장에서 자위대기의 운항목적 등으로 본 공공성이나 공익성의 유무 및 정도, 자위대기의 운항에 의한 소음에 의해 주변 주민들에게 발생하는 피해의 성질 및 정도, 해당 피해를 경감하기 위한 조치의 유무나 내용 등을 종합적으로 고려하여야 한다.

(3) 본안에 대한 판단

이 사건 금지소송에 관한 자위대기의 운항에는 고도의 공공성·공익성이 있는 것으로 인정되고, 한편으로 비행장에서 항공기소음에 의해 원고들에게 발생하는 피해는 경시할 수 없으므로, 주변 주민에게 발생하는 피해를 경감하기 위해, 자위대기의 운항에 관한 자주적인 규제[35])나 주변 대책 사업의 실시 등에 상응하는 대책조치가 강구되고 있으며,[36]) 이러한 사정을 종합적으로 고려하면, 비행장에 대해 장래에 걸쳐 자위대기의 운항이 행해지는 것이 사회통념상 현저히 타당성이 없다고 인정하는 것은 곤란하다. 따라서 이 사건 금지청구에 관한 자위대기의 운항에 관한 방위청장관의 권한행사가 행정청이 그 처분을 하는 것이 그 재량권의 범위를 넘거나 또는 남용이라고 인정될 경우에 해당하는 것은 아니다.

4. 대상판결의 검토

대상판결은, 아래와 같은 점에서 하급심 판결과 다른 판단을 하여 금지청구를 전부 기각하였다.

(1) 항소심 판결이 긴급성이 인정되지 않는 경우에는 자위대기의 운항시간대를 제한해도 행정목적을 저해한다고까지 할 수 없다고 인식하여, 원칙적으로 야간운항금지를 인정한 것과 달리, 대상판결은 자위대기 운항이 공공성·공익성에서 개괄적으로 우월한 것으로 인정하였다.

---

35) '아쓰기 항공기지의 항공기소음의 경감에 관한 조치(通知)'[2018. 11. 4. 空群運第835호]에 의하여, 오후 10시부터 다음날 오전 6시까지의 시간대에 자위대기의 이착륙 횟수는 2013년 합계 83회(월평균 약 6.9회에서 2014년 합계 53회(월평균 약 4.4회)로 감소하였다.

36) 일본정부는 1조 440억 엔 이상의 비용을 지출하여, 주택방음공사, 학교·병원의 방음공사, 이전보상, 매입 등의 조치를 취하였다.

(2) 대상판결은 아쓰기 기지의 항공기 소음은 미군기에서 발생하는 것이 높은 비율을 차지하고 있는 사정을 중시한 것으로 보인다. 이 사건 소송에서 미군기 운항에 관한 금지청구는 각하되었으나, 미군기에서 발생하는 소음이 큰 부분을 차지하고 있다고 해도, 적어도 자위대기에 의한 기여분에 대해 그 금지기준을 검토했어야 한다는 비판이 제기되고 있다.[37]

(3) 대상판결은 자위대기의 야간운항 자주규제, 주택방음공사에 대한 조성, 이전보상 등 소음피해의 경감책이 행해져 온 것도 중시한다. 제1심 판결은 이러한 대책이 충분한 피해 경감 효과를 보지 못했다고 인정하였고, 항소심 판결도 자위대기의 야간운항 자주규제 등에 의해서도 상황은 개선되지 않았다고 보았다. 대상판결은 이러한 시책에 필요했던 비용에 대해서는 언급하지만 그 효과에 대해서는 직접적인 지적이 없고, 현재 발생하고 있는 소음 피해의 방지를 위해 자위대기의 운항을 금지해야 하는지 아닌지를 판단할 때 위 시책이 왜 고려되었는지에 대해서는 판시하지 않았다.

IV. 우리나라 비행금지소송에 관한 시사점

1. 외국 정부를 상대로 한 소송의 허용 여부

(1) 의의

재판권은 법원이 가지는 사법권의 하나이고, 민사재판권은 국적을 불문하고 우리나라에 거주하는 모든 사람에게 미치는 것이 원칙이다.[38] 외국정부를 상대로 소를 제기한 경우, 사건의 당사자인 외국에게 국가주권의 일종인 재판권이 미쳐서 법원이 그 사건에 대하여 재판하는 것이 허용되는지 문제, 즉 외국에 대하여도 재판권이 미치는지 여부가 문제된다. 이에 관하여 과거에는 재판권면제(jurisdictional immunity)[39]라고 하여 "국내법원은 외국국가에 대하여 재판권을 갖지 않는다"는 국제관습법의 제약이

---

37) 島村健, "厚木基地 第4次訴訟(行政訴訟) 上告審判決", 新·判例解説 Watch 「環境法」No. 67, 2017. 4. 28., 4면.

38) 호문혁, 「민사소송법(제13판)」, 법문사, 2016, 166면.

39) 과거에는 주권면제(sovereign immunity)라는 용어를 사용하였으나, 국제연합 총회는 2004. 12. 2. '외국정부와 재산에 관한 재판권면제협약(The United Nations Convention on Jurisdictional Immunities of States and their property)'을 채택하였으므로, 이하에서는 재판권면제라는 용어를 사용한다.

있었으나,[40] 최근에는 절대적 재판권면제원칙을 일부 수정하여 재판권면제의 영역을 축소하려는 경향이 등장하였다.

(2) 인적 범위

(가) 외국국가

재판권면제를 받는 외국국가는 주권국가임을 원칙으로 하나 국가 또는 정부의 승인이 요건으로 되지는 않는다. 이론상 국내재판은 사인의 법률관계를 적정하게 조정하는 데 그치므로, 국가가 외국국가와 국제관계를 갖기 원하느냐는 점에서 결정되는 국제법상의 승인 여부와는 무관하게, 사실상 국가 또는 정부로서 실질을 갖추고 있으면 당사자능력이 있는 것으로 보아야 한다.[41]

(나) 공공단체, 공법인 등

연방의 州[42]나 지방자치단체, 공공조합, 영조물법인 등 공공단체로서 당해 외국법상 법인격이 있는 경우에는 당해 단체와 법정지국이 대등한 지위에 있지 않으므로 재판권을 행사할 수 있으나, 국가의 위임을 받아 공권력을 행사하는 한도 내에서는 역시 외국 그 자체와 동일시하여야 한다.[43]

(다) 국제기구

국제기구 및 그 구성원에 대한 면제는 주재국의 일방적인 희생 아래 얻어지는 것이었으나 최근 이에 대하여도 국가에 준하는 대우를 함이 원칙이다. 국제연합(UN)에

---

40) 국가의 주권은 국내에 대한 관계에서는 최고이지만, 다른 나라에 대한 관계에서는 독립평등하다. "평등자 사이에 명령권은 없다(*par in parem habet non imperium*)"는 원칙에서 국가는 다른 국가의 재판권에 복종하지 아니한다는 원칙이 논리적으로 연역되지만, 이러한 원칙이 최초부터 타당한 것은 아니었고, 영국의 보통법상 국왕대권(royal prerogative)에 기원을 두고 있다. 秋元佐一郎, 「国際民事訴訟法論」, 国書刊行会, 1994, 5－10면.

41) 권창영, 「민사보전」, 한국사법행정학회, 2018, 97면.

42) 미국 Georgia州는 주권적 권능을 행사할 수 있는 권한을 가지고 있으므로, 외국국가와 동일하게 그 주권적 행위에 관하여는 민사재판권이 면제된다는 취지의 판결로는 最高裁 2009. 10. 16. 判決, 民集 63권 8호 1799면을 참고하라.

43) 나우루공화국 金融公社와 나우루공화국에 대하여 금전지급을 청구한 사건에서 東京高裁 2002. 3. 29. 判決은 "당해 외국국가로부터 독립된 법인인 위 금융공사는 원칙적으로 재판권면제특권을 보유하지 않지만, 예외적으로 재판권면제특권을 보유하는 경우도 있다"고 판시하였다. 横溝大, "外国中央銀行に対する民事裁判および民事執行", 金融研究 24, 2005. 10., 274면.

관하여는 '국제연합의 특권과 면제에 관한 협약'(Convention on the Privileges and Immunities of the United Nations, 1946. 2. 13. 총회채택)이 있고, '전문기구의 특권과 면제에 관한 협약'(Convention on the Privileges and Immunities of the Specialized Agencies, 1947. 11. 21. 총회채택)에 의하여 ILO(International Labour Organisation), FAO(Food and Agriculture Organization of the United Nations), ICAO(International Civil Aviation Organization), UNESCO (United Nations Educational, Scientific and Cultural Organization), IMF(International Monetary Fund), IBRD(International Bank for Reconstruction and Development), WHO(World Health Organization), UPU(Universal Postal Union), ITU(International Telecommunication Union), IRO(International Refugee Organization), WMO(World Meteorological Organization), IMO (International Maritime Organization), IFC(International Finance Corporation), IDA(International Development Association), WIPO(World Intellectual Property Organization), IFAD(International Fund for Agricultural Development), UNIDO(United Nations Industrial Development Organization), WTO(World Tourism Organization)에 대하여는 재판권이 면제된다.44)

(3) 물적 범위 및 예외

국가의 행위 중 어느 것에 재판권을 면제하느냐에 관하여는 절대적 면제론과 제한적 면제론의 견해대립이 있다. 제한적 면제론은 외국의 활동을 공법적·주권적 또는 통치적 행위(*acta jure imperii*)와 사법적·비주권적 또는 업무관리적 행위(*acta jure gestionis*)로 나누어, 후자에 해당하는 경우에만 국내법원의 재판권에서 면제되지 않는다는 입장을 취한다.45) 절대적 면제주의에 입각한다 하더라도 재판권의 면제특권은 포기할 수 있다. 포기의 의사표시는 당사국 또는 그의 정당한 대표자에 의하여 법정지국, 당해 법원, 소송상대방에 대한 법정에서의 의사표시로 가능할 뿐만 아니라 조약 또는 사법상 계약 등에 의한 소송 외에서의 의사표시로도 가능하다. 포기는 사전·사후의 명시의 의사표시 외에 응소, 방어행위나 반소 또는 면제와 상충하는 소송행위를 함으로써 묵시적으로도 가능하다. 그러나 면제를 주장하기 위한 응소 자체나 중재에 관한 합

---

44) http://treaties.un.org/Pages/Treaties.aspx?id=3&subid=A&lang=en.

45) acta jure gestionis와 acta jure imperii의 구별기준에 관하여는 목적기준설, 성질기준설, 상업적 활동기준설, 성질·목적기준설 등의 견해대립이 있다. 최태현, "제한적 국가면제론의 적용기준", 「국제법학회논총」 제36권 제1호, 1991, 206−224면.

의만으로는 포기라고 할 수 없다.

(4) 판례

(가) 제한적 면제론

판례는 과거에는 "국가는 국제관례상 외국의 재판권에 복종하지 않게 되어 있으므로 특히 조약에 의하여 예외로 된 경우나 스스로 외교상의 특권을 포기하는 경우를 제외하고는 외국국가를 피고로 하여 우리나라가 재판권을 행사할 수 없다"[46]고 하여 절대적 면제론의 입장을 취하였으나, 1998년 전원합의체 판결[47]에서 "국제관습법에 의하면 국가의 주권적 행위는 다른 국가의 재판권으로부터 면제되는 것이 원칙이나, 국가의 사법적 행위(私法的 行爲)까지 다른 국가의 재판권으로부터 면제된다는 것이 오늘날의 국제법이나 국제관례라고 할 수 없으므로, 우리나라의 영토 내에서 행하여진 외국의 사법적 행위가 주권적 활동에 속하는 것이거나 이와 밀접한 관련이 있어서 이에 대한 재판권의 행사가 외국의 주권적 활동에 대한 부당한 간섭이 될 우려가 있다는 등의 특별한 사정이 없는 한, 외국의 사법적 행위에 대하여는 당해 국가를 피고로 하여 우리나라의 법원이 재판권을 행사할 수 있다"고 판시하여 제한적 면제론으로 입장을 변경하였다.

(나) 집행권 면제

피압류채권이 외국의 사법적 행위를 원인으로 하여 발생한 것이고 그 사법적 행위에 대하여 해당 국가를 피고로 하여 우리나라의 법원이 재판권을 행사할 수 있다고 하더라도, 피압류채권의 당사자가 아닌 집행채권자가 해당 국가를 제3채무자로 한 압류 및 추심명령을 신청하는 경우, 우리나라 법원은 해당 국가가 국제협약, 중재합의, 서면계약, 법정에서 진술 등의 방법으로 그 사법적 행위로 부담하는 국가의 채무에 대하여 압류 기타 우리나라 법원에 의하여 명하여지는 강제집행의 대상이 될 수 있다는 점

---

46) 대법원 1975. 5. 23.자 74마281 결정.

47) 대법원 1998. 12. 17. 선고 97다39216 전원합의체 판결. 사실관계는 원고가 미국 산하의 비세출자금기관인 '육군 및 공군 교역처(The United States Army and Air Force Exchange Service)'에 고용되어 미군 2사단 소재 캠프 케이시(Camp Cacey)에서 근무하다가 1992. 11. 8. 정당한 이유 없이 해고되었다고 주장하면서 미국을 피고로 하여 위 해고무효확인과 위 해고된 날로부터 원고를 복직시킬 때까지의 임금의 지급을 구한 것이다.

에 대하여 명시적으로 동의하였거나 또는 우리나라 내에 그 채무의 지급을 위한 재산을 따로 할당해 두는 등 우리나라 법원의 압류 등 강제조치에 대하여 재판권 면제 주장을 포기한 것으로 볼 수 있는 경우 등에 한하여 그 해당 국가를 제3채무자로 하는 채권압류 및 추심명령을 발령할 재판권을 가진다. 이와 같이 우리나라 법원이 외국을 제3채무자로 하는 추심명령에 대하여 재판권을 행사할 수 있는 경우에는 그 추심명령에 기하여 외국을 피고로 하는 추심금 소송에 대하여도 역시 재판권을 행사할 수 있고, 반면 추심명령에 대한 재판권이 인정되지 않는 경우에는 추심금 소송에 대한 재판권 역시 인정되지 않는다.[48]

(5) 국제연합의 재판권면제에 관한 협약

(가) 외국정부와 재산에 관한 재판권면제협약의 채택

UN 총회는 2004. 12. 2. 국제법위원회(International Law Commission)가 작성한 '1991년도 외국정부와 재산에 관한 재판권면제에 관한 초안(1991 Draft Articles on Jurisdictional Immunity of States and their Property)'에 기초하여, 특별위원회가 2002. 2. 작성한 '재판권면제에 관한 특별위원회의 보고서[Report of the Ad Hoc Committee on Jurisdictional Immunities of States and Their Property: Supplement No. 22: (A/57/22)]'를 바탕으로, '외국정부와 재산에 관한 재판권면제협약(The United Nations Convention on Jurisdictional Immunities of States and their property)'[49]을 채택하였다.

(나) 보전재판권면제에 관한 규정

위 협약 제18조는 (i) 국제협정, (ii) 중재합의나 서면계약, (iii) 당사자 사이에 분쟁이 발생한 후 법원의 재판 또는 서면통지에 의하여 명시적으로 선언한 경우(a), 국가

---

48) 대법원 2011. 12. 13. 선고 2009다16766 판결.

49) 위 협약은 2005. 1. 17.부터 2007. 1. 17.까지를 서명기간으로 정하였다(http://www.un.org/law/juris-dictionalimmunities/index.html). 2018. 4. 15. 현재 28개국이 서명하고 21개국이 비준하여, 위 협약 30조에서 규정한 발효요건(30번째 국가가 비준서·수락서·승인서·가입서가 국제연합 사무총장에 기탁된 날부터 30일이 되는 날에 발효한다)을 갖추지 못하였다. 우리나라는 2018. 4. 15. 현재까지 위 협약에 서명·비준을 하지 않고 있지만, 위 협약은 국가면제에 관한 관습국제법이 절대적 면제에서 제한적 면제로 이행하고 있는 점을 반영한 최초의 다자조약으로서 국가면제의 분야에서 '법의 지배'와 '법적 안정성'을 확보하기 위하여 체결된 협약이므로, 우리나라도 이에 가입할 필요성이 있다는 견해로는 최태현, "UN국가면제협약의 채택과 가입의 필요성", 「한양대학교 법학논총」 제25집 제4호, 2008. 12., 156-165면을 참고.

가 보전처분의 대상이 되는 재산으로서 청구의 만족을 위하여 할당 또는 지정한 재산 (allocated or earmarked property)인 경우(b) 등을 제외하고는 외국의 재산에 대하여 가 압류·가처분 등 사전처분(prejudgment measures)을 할 수 없다고 규정하고 있다.

(다) 검토

판례는 외국에 대하여 집행권 면제를 인정하고 있고,[50] 외국에서도 집행권으로부 터 절대적 면제를 인정하는 것이 원칙이며,[51] UN에서도 명시적인 포기가 없는 한 절 대적인 재판권면제를 내용으로 하는 협약을 채택하였으므로, 위 협약 18조 소정의 예 외사유가 없는 한 외국국가의 재산에 대한 강제집행이나 보전처분은 허용되지 아니한 다. 재판권면제가 인정되는 경우 법원은 소장각하명령을 하여야 한다.[52]

(6) 재판권이 없음에도 이루어진 재판의 효력

재판권은 재판에 의하여 법적 쟁송사건을 해결할 수 있는 국가권력 또는 사법권을 의미하므로, 재판권면제에 해당하여 재판권이 인정되지 아니함에도 이를 무시한 채 이루어진 재판은 국제법위반으로 무효가 된다.[53] 그러나 국제재판관할을 흠결한 경우 에도 국제법상 재판권 자체를 흠결한 것이 아니라면, 그 재판이 반드시 무효가 되는 것은 아니다.[54]

(7) 소결

따라서 만약 군용기지 부근의 주민들이 미국정부를 상대로 미군기 비행금지를 청

---

50) 대법원 2011. 12. 13. 선고 2009다16766 판결.

51) 미국·영국·프랑스에서는 절대적인 집행권면제가 지배적인 입장이라고 한다. 송상현, "외국에 대한 국내 민 사재판권의 행사와 그 한계 —주권면책 이론에 관한 비교법적 고찰을 중심으로—", 「민사법의 제문제」(온산 방순원 선생 고희기념논문집), 박영사, 1984, 259 – 269면.

52) 국가는 국제관례상 외국의 재판권에 복종하지 않게 되어 있으므로 특히 조약에 의하여 예외로 된 경우나 스스로 외교상의 특권을 포기하는 경우를 제외하고는 외국 국가를 피고로 하여 우리나라가 재판권을 행사 할 수 없는 것이니, 일본국을 상대로 한 소장을 송달할 수 없는 경우에 해당한다고 하여 소장각하명령을 한 것은 정당하다(대법원 1975. 5. 23.자 74마281 결정). 이와 같이 절대적 면제론에 의하면 소장각하명령을 하 여야 하지만, 제한적 면제론에 의하면 면제 여부가 불분명한 경우에는 송달을 하여야 한다. Leo Rosenberg/ Hans Friedhelm Gaul/Eberhard Schilken, Zwangsvollstreckungsrecht, 11. Aufl., C.H. Beck, 1997, S.116.

53) 대법원 2011. 12. 13. 선고 2009다16766 판결.

54) 「국제사법과 국제민사소송」, 사법연수원, 2011, 77면.

구하는 소를 제기하면, 법원은 재판권면제를 이유로 소장각하명령을 하여야 한다.

2. 비행금지를 구하는 행정소송의 적법 여부

(1) 현행 행정소송법의 규정

행정소송의 위법한 처분이나 부정행위로 인하여 권리이익을 침해받은 자가 그 위법을 다투기 위하여 제기하는 소송(행소법 제3조 제1호)인 항고소송에는 취소소송, 무효등 확인소송, 부작위위법확인소송이 있다(행소법 제4조 제1, 2, 3호).

무명항고소송(無名抗告訴訟)은 행정소송법이 규정하고 있는 항고소송 이외에, 당사자의 신청에 대한 행정처분이나 명령 등의 거부 또는 부작위에 대하여 처분이나 명령 등을 하도록 하는 소송인 '의무이행소송',[55] 행정청이 장래에 일정한 처분이나 명령 등을 할 것이 임박한 경우에 그 처분이나 명령 등을 금지하는 소송인 '예방적 금지소송'[56]을 구하는 소송 등을 말한다.

(2) 무명항고소송의 허용 여부

(가) 소극설[57]

① 행정에 대한 1차적 판단권은 행정기관에 있으며 법원은 행정기관이 아니고 행정감독기관도 아니다. ② 적극적 형성판결이나 이행판결을 인정한다면 법원이 행정작용을 행하는 것과 다름이 없어 권력분립주의에 반한다. ③ 행정소송법 제4조 1호의 '변경'이란 적극적 변경이 아니라 소극적 변경, 즉 일부취소를 의미하는 것이다. ④ 행정소송법 제4조가 정한 항고소송의 종류는 제한적·열거적인 것이다.

(나) 적극설[58]

① 행정의 적법성보장과 개인의 권익보호가 사법권의 본래의 기능이라는 점에서 권력분립주의를 실질적으로 파악한다면 적극적 형성판결이나 이행판결을 하는 것이

---

55) 「행정소송법 개정자료집 1」, 법원행정처, 2007, 73–75면.

56) 「행정소송법 개정자료집 1」, 법원행정처, 2007, 75–76면.

57) 박균성, 「행정법론(상)」, 박영사, 2016, 1086–1094면.

58) 다수설은 입법론적으로는 적극설의 입장을 취하고 있다고 한다. 최인호, "무명항고소송과 가처분 –의무이행소송의 중요쟁점을 중심으로–", 「강원법학」 제49호, 2016. 10., 740–743면.

권력분립주의에 반한다고 볼 수 없다. ② 행정소송법 제4조 1호의 '변경'은 소극적 변경은 물론, 적극적 변경까지 포함한다. ③ 행정소송법 제4조가 정한 항고소송의 종류는 예시적인 것이다.

(다) 판례

판례는 의무이행소송을 인정하지 않는다. 즉, 행정청에 대하여 행정상 처분의 이행을 구하는 청구는 특별한 규정이 없는 한 행정소송의 대상이 될 수 없으므로, 피고에 대하여 건축허가의 이행을 구하는 소는 부적법한 것으로서 각하하여야 하고,[59] 검사에게 압수물 환부를 이행하라는 청구는 행정청의 부작위에 대하여 일정한 처분을 하도록 하는 의무이행소송으로서 현행 행정소송법상 허용되지 아니한다.[60]

(3) 소결

따라서 현행 판례법리에 따르면, 국방부장관을 상대로 군용기의 비행금지를 청구하는 무명항고소송은 허용되지 아니하므로, 그러한 소는 부적법하다. 다만, 행정소송법이 개정되어 의무이행소송이 도입된다면 소제기는 적법하게 될 수 있다.

3. 비행금지청구의 인용 여부

만약 의무이행소송이 도입되어 소제기가 적법하다면, 다음으로 남는 문제는 국방부장관의 군용기운항처분의 위법성 여부가 될 것이다.

(1) 재량행위의 위법성 판단기준

행정행위가 그 재량성의 유무 및 범위와 관련하여 이른바 기속행위 내지 기속재량행위와 재량행위 내지 자유재량행위로 구분된다고 할 때, 그 구분은 당해 행위의 근거가 된 법규의 체재·형식과 그 문언, 당해 행위가 속하는 행정 분야의 주된 목적과 특성, 당해 행위 자체의 개별적 성질과 유형 등을 모두 고려하여 판단하여야 하고, 이렇게 구분되는 양자에 대한 사법심사는, 전자의 경우 그 법규에 대한 원칙적인 기속성으

---

59) 대법원 1996. 10. 29. 선고 95누10341 판결.
60) 대법원 1995. 3. 10. 선고 94누14018 판결.

로 인하여 법원이 사실인정과 관련 법규의 해석·적용을 통하여 일정한 결론을 도출한 후 그 결론에 비추어 행정청이 한 판단의 적법 여부를 독자의 입장에서 판정하는 방식에 의하게 되나, 후자의 경우 행정청의 재량에 기한 공익판단의 여지를 감안하여 법원은 독자의 결론을 도출함이 없이 당해 행위에 재량권의 일탈·남용이 있는지 여부만을 심사하게 되고, 이러한 재량권의 일탈·남용 여부에 대한 심사는 사실오인, 비례·평등의 원칙 위배, 당해 행위의 목적 위반이나 동기의 부정 유무 등을 그 판단 대상으로 한다.[61]

(2) 국방부장관의 군용기 비행에 관한 재량의 위법성 판단기준

대법원 2016. 11. 10. 선고 2013다71098 판결을 참조하면, 군용기 운항에 관한 행정처분이 위법하다고 판단하기 위해서는 민사상 비행금지청구권의 성립요건이 주된 판단기준이 될 수 있다.

(가) 참을 한도를 넘을 것

군용기가 인근주민의 주거지의 상공을 통과하여 비행하는 등으로 토지의 사용·수익 또는 인격권에 대한 방해가 있음을 이유로 비행금지 등 방해의 제거 및 예방을 청구하려면, 토지소유권 또는 인격권이 미치는 범위 내의 상공에서 방해가 있어야 할 뿐 아니라 방해가 사회통념상 일반적으로 참을 한도를 넘는 것이어야 한다.

(나) 참을 한도의 판단기준

방해가 참을 한도를 넘는지는 피해의 성질 및 정도, 피해이익의 내용, 항공기 운항의 공공성과 사회적 가치, 항공기의 비행고도와 비행시간 및 비행빈도 등 비행의 태양, 그 토지 상공을 피해서 비행하거나 피해를 줄일 수 있는 방지조치의 가능성, 공법적 규제기준의 위반 여부, 토지가 위치한 지역의 용도 및 이용 상황 등 관련 사정을 종합적으로 고려하여 판단하여야 한다.

(다) 법익의 비교·형량

항공기의 비행으로 인해 소유자 또는 인근주민의 정당한 이익이 침해된다는 이유로 토지나 주거지 상공을 통과하는 비행의 금지 등을 구하는 방지청구와 금전배상을

---

61) 대법원 2001. 2. 9. 선고 98두17593 판결; 대법원 2005. 7. 14. 선고 2004두6181 판결.

구하는 손해배상청구는 내용과 요건이 다르므로, 참을 한도를 판단하는 데 고려할 요소와 중요도에도 차이가 있을 수 있다. 그 중 특히 방지청구는 그것이 허용될 경우 소송당사자뿐 아니라 제3자의 이해관계에도 중대한 영향을 미칠 수 있으므로, 방해의 위법 여부를 판단할 때는 청구가 허용될 경우 소유자 또는 인근주민이 받을 이익과 상대방 및 제3자가 받게 될 불이익 등을 비교·형량해 보아야 한다.

따라서, 국방부장관으로서는 군용기의 운항으로 인한 이익(초계임무나 대잠활동 등 국방상 필요,[62] 항공정보의 획득·제공, 재해파견 등 민생협력활동, 해적대처 등 국제공헌, 교육훈련 등)이 인근주민이 군용기 비행금지로 인하여 얻는 이익보다 훨씬 크다는 점을 주장·증명할 필요가 있다.

4. 결어

현행 항공소음에 대한 소송은 주로 손해배상을 인용하였고,[63] 비행금지를 인용한 사례는 위 대법원 판결에 의하여 파기된 대전고등법원 판결이 유일하다. 그러나 현재

---

62) 국방상 필요에 관한 대법원 판례는 다음과 같다. 군사시설보호법 제7조, 공군기지법 제16조에 의하면 이 사건 토지와 같이 보호구역 내지 비행안전구역 내에 위치한 토지상의 건축물을 설치하고자 하는 신청에 대한 허가를 함에는 국방부장관 또는 기지부대장과 협의를 하여야 하도록 되어 있고 이 때 국방부장관 또는 기지부대장이 군사목적의 필요상 불가하다는 회신을 하여 온 경우에는 허가를 할 수 없다(대법원 1992. 9. 22. 선고 91누8876 판결).; 구 수산업법 제34조 제1항이 어업제한사유로 제5호에서 '공익사업을 위한 토지 등의 취득 및 보상에 관한 법률 제4조의 공익사업상 필요한 때'를 정하여 '국방 및 군사에 관한 사업'에 관한 포괄적인 규정을 마련하였음에도, 이와 별도로 제3호에서 '국방상 필요하다고 인정하여 국방부장관으로부터 요청이 있을 때'를 정하여 손실보상 여부에 관하여 달리 취급하는 취지에 비추어 보면, 구 수산업법 제34조 제1항에 따른 어업제한사유가 제3호의 요건을 충족하는 이상 제5호에서 정한 공익사업의 하나인 '국방·군사에 관한 사업'의 요건을 동시에 충족할 수 있다고 하더라도, 특별한 사정이 없는 한 제3호가 우선 적용되어 손실보상청구권이 발생하지 아니한다고 보아야 한다(대법원 2016. 5. 12. 선고 2013다62261 판결).

63) 군용기 관련 소음소송에 관한 기존 연구성과로는, 강문수, "군 소음피해에 대한 보상법의 타당성 연구", 경제·인문사회연구회, 2014; 공군본부 법무실, 「소음소송의 이론과 실제」, 공군법무 연구총서 I, 2006. 10.; 공군본부 법무실, 「소음소송의 이론과 실제 II」, 공군법무 연구총서 III, 2007. 6.; 김명용, "군용비행장 등으로부터 발생하는 소음의 법적 규제방안", 「공법학연구」 제3권 제2호, 2002; 김용훈·황호원, "군용비행장 소음대책 관련 입법안에 대한 연구", 「한국항공우주정책·법학회지」 제32권 제1호, 2017. 6.; 남기연, "군용항공기 소음피해 구제에 대한 민사법적 고찰", 「환경법연구」 제34권 제2호, 2012; 박영민, "군용 항공기 소음기준(안) 설정에 관한 연구", 한국환경정책평가연구원, 2002; 박정일, "군용항공기 소음과 수인한도에 관한 고찰", 「원광법학」 제27권 제2호, 2011; 이만종, "군용항공기 소음 피해의 쟁점 및 법적 고찰", 「환경법연구」 제3권 제1호, 2009; 이준현, "군항공기·군용비행장 관련 소음소송의 법리에 대한 검토", 「홍익법학」 제14권 제4호, 2013.

대형 항공기를 중심으로 항공운송의 공공성과 필요성을 쉽게 수긍할 수 있는 공항과는 달리, 경제성장과 기술의 발달로 레저용 항공기 운항을 위한 비행장이나 드론포트(Droneport) 등 공공성과 필요성이 상대적으로 낮게 인정되는 사례가 증가할 가능성이 높은데, 이러한 경우에는 비행금지청구권이 인용될 가능성이 상대적으로 높아지게 된다. 이러한 문제점에 선제적으로 대응하고 주변 주민들의 피해를 최소화하기 위해서는 항공법령의 정비, 공역의 효율적 관리, 소음저감기술의 확보, 소음방지대책 등이 필요하다.

이 글은 일본에서 문제되고 있는 군용기의 운항금지에 관한 일본 판례의 논점을 간략하게 소개하고, 우리나라에서 최근 문제되고 있는 비행금지청구의 요건에 관한 시사점을 얻기 위한 것이다. 향후 일본 판례의 변천과 학계의 연구성과 등을 더욱 세밀하게 분석하여, 우리나라에서 제기되거나 장차 제기될 비행금지청구권 논의에 풍부한 참고자료를 제공할 것을 약속하며, 부족한 점은 다음의 연구과제로 남긴다.

참고문헌

[국내문헌]

강문수, "군 소음피해에 대한 보상법의 타당성 연구", 경제 · 인문사회연구회, 2014.

공군본부 법무실, 「소음소송의 이론과 실제」, 공군법무 연구총서 I, 2006.

공군본부 법무실, 「소음소송의 이론과 실제 II」, 공군법무 연구총서 III, 2007.

「국제사법과 국제민사소송」, 사법연수원, 2011.

권창영, 「민사보전」, 한국사법행정학회, 2018.

김명용, "군용비행장 등으로부터 발생하는 소음의 법적 규제방안", 「공법학연구」 제3권 제2호, 2002.

김용훈 · 황호원, "군용비행장 소음대책 관련 입법안에 대한 연구", 「한국항공우주정책 · 법학회지」 제32권 제1호, 2017.

남기연, "군용 항공기 소음피해 구제에 대한 민사법적 고찰", 「환경법연구」 제34권 제2호, 2012.

박균성, 「행정법론(상)」, 박영사, 2016.

박영민, "군용항공기 소음기준(안) 설정에 관한 연구", 한국환경정책평가연구원, 2002.

박정일, "군용항공기 소음과 수인한도에 관한 고찰", 「원광법학」 제27권 제2호, 2011.

안경희, "독일법상 항공기소음으로 인한 손실보상청구", 「법조」 제637호, 2009.

오쿠보 노리코(大久保規子), "최근 일본에서의 환경소송의 전개", 「환경법과 정책」 제14권, 2015. 2., (박용숙 번역).

이만종, "군용항공기 소음 피해의 쟁점 및 법적 고찰", 「환경법연구」 제31권 제1호, 2009.

이준현, "군항공기 · 군용비행장 관련 소음소송의 법리에 대한 검토", 「홍익법학」 제14권 제4호, 2013.

최인호, "무명항고소송과 가처분 −의무이행소송의 중요쟁점을 중심으로−", 「강원법학」 제49호, 2016.

최태현, "UN국가면제협약의 채택과 가입의 필요성", 「한양대학교 법학논총」 제25집 제4호, 2008.

「행정소송법 개정자료집 1」, 법원행정처, 2007.

호문혁, 「민사소송법(제13판)」, 법문사, 2016.

[외국문헌]

岡田政則, "基地騒音の差止請求と改正行政事件訴訟法", 早稲田法学 85巻 3号, 2013.

高木光, 「事實行爲と行政訴訟」, 有斐閣, 1988.

島村健, "厚木基地 第4次訴訟(行政訴訟) 上告審判決", 新 · 判例解說 Watch 環境法 No. 67, 2017.

麻生多聞, "基地騒音訴訟初の自衛隊機飛行差止め命令", 法学セミナー 716号, 2014.

小早川光郎, 「行政法講義(下) III」, 弘文堂, 2007.

塩野宏, 「行政法 II」(第5版補訂版), 有斐閣, 2013.

秋元佐一郎, 「国際民事訴訟法論」, 国書刊行会, 1994.

「行政判例百選 II」, 第6版, 2012.

横溝大, "外国中央銀行に対する民事裁判および民事執行", 金融研究 24, 2005.

Leo Rosenberg/Hans Friedhelm Gaul/Eberhard Schilken, Zwangsvollstreckungsrecht, 11. Aufl., C.H. Beck, 1997.

Otis J. Garland, "The Proper Theory on Which to Seek an Injunction Against Airflights over Land", Washington University Law Review Volume 22, Issue 4, January 1937.

초 록

항공기나 군용기의 운용이 폭발적으로 증가함에 따라, 공항이나 비행장 인근 주민들이 항공기 운항으로 인한 소음·진동 등을 이유로 손해배상을 청구하거나 비행을 금지하는 경우가 점차 늘어나고 있다. 최근에 원고는 토지의 소유권에 터 잡아 피고를 상대로 토지의 상공을 헬기의 이·착륙 항로로 사용하는 행위의 금지를 구하는 소를 제기하였고, 대전고등법원에서 청구를 인용한 사례가 있다. 비록 위 판결은 대법원에서 파기되었지만, 비행금지청구에 관한 논의가 필요하다.

일본에서는 공항소음소송이 환경단체를 중심으로 오래 전부터 제기되어 왔는데, 소음피해로 인한 손해배상을 인정하는 경우와 달리 비행금지청구를 인용한 판결은 2014. 5. 21. 요코하마 지방재판소에서 처음 선고되었다. 위 판결은 항소심에서 일부 변경되어 원고의 청구가 일부 인용되었으나, 최고재판소에서 파기 환송되었다.

아쓰기(厚木) 기지는 미국과 일본이 공동으로 사용하는 기지인데, 인근주민들은 아쓰기 기지에 이착륙하는 항공기에서 발생하는 소음에 의해 신체적 피해 및 수면방해, 생활방해 등의 정신적 피해를 받고 있다고 주장하면서, 방위청장관이 소속되어 있는 국가에 대하여 자위대기 및 미군기의 운항금지 등을 요구하는 행정소송을 요코하마 지방재판소에 제기하였다.

제1심은 "부득이하다고 인정하는 경우를 제외하고"라는 제한을 부과하여 매일 오후 10시부터 다음날 오전 6시까지 자위대기의 비행을 금지하는 판결을 선고하였고, 위와 같은 결론은 항소심에서도 유지되었다. 그러나 최고재판소는 자위대기의 비행금지청구를 인용한 원심판결을 파기하고, 그 부분에 해당하는 제1심 판결을 취소하였으며, 원고들의 청구를 기각하였다. 최고재판소는 자위대기의 운항은 고도의 공공성이 인정되고, 소음피해는 경시할 수 없으나 상응하는 대책을 강구할 수 있으므로, 방위청장관의 권한행사는 타당하다고 판시하였다.

우리나라에서도 군용기지 인근주민들이 미국이나 대한민국 또는 국방부장관을 상대로 군용기 비행금지를 구하는 소를 제기할 수 있다. 만약 군용기지 부근의 주민들이 미국정부를 상대로 미군기 비행금지를 청구하는 소를 제기하면, 법원은 재판권면제를 이유로 소장각하명령을 하여야 한다.

현행 판례법리에 따르면, 국방부장관을 상대로 군용기의 비행금지를 청구하는 의무이행소송이나 무명항고소송은 허용되지 아니하므로, 그러한 소는 부적법하다. 다만, 행정소송법이 개정되어 의무이행소송이 도입된다면 소제기는 적법하게 될 수 있다.

군용기 운항에 관한 행정처분이 위법하다고 판단하기 위해서는 청구가 허용될 경우 인근주민이 받을 이익과 상대방 및 제3자가 받게 될 불이익 등을 비교·형량해 보아야 한다. 국방부장관으로서는 군용기의 운항으로 인한 이익(초계임무나 대잠활동 등 국방상 필요, 항공정보의 획득·제공, 재해파견 등 민생협력활동, 해적대처 등 국제공헌, 교육 훈련 등)이 인근주민이 군용기 비행금지로 인하여 얻는 이익보다 훨씬 크다는 점을 주장·증명할 필요가 있다.

주제어: 군용기, 군용항공기, 소음, 비행금지청구, 최고재판소, 아쓰기 기지(厚木基地), 환경소송, 재판권면제, 의무이행소송, 무명항고소송, 국방부장관

Abstract

[Case Review]

Permission of the claim that prohibits military aircraft operation nearby residential area

― Supreme Court of Japan, Judgement Heisei 27th (Gyo hi) 512, 513, decided on Dec. 8, 2016 ―

Kwon, Chang Young[*]

An increase of airplanes and military aircraft operation lead to significant demanding of residential claims by people who live in nearby airports and military bases due to noise, vibration and residential damages caused by aircraft operations. In recent years, a plaintiff has filed a lawsuit against the defendant, claiming the prohibition of using claimant's possessed land as a helicopter landing route, and the Daejeon High Court was in favour of the plaintiff. Although the Supreme Court later dismissed the Appeal Court decision, it is necessary to discuss the case of setting flight prohibited zone.

In Japan, the airport noise lawsuits have been filed for a long time, mainly by environmental groups. Unlike the case that admitted residential damages caused by noise, the Yokohama District Court for the first time sentenced a judgment of the prohibition of the flight. This ruling was partially changed in the appellate court and some of the plaintiffs' claims were adopted. However, the Supreme Court of Japan finally rejected such decision from appeal and district courts.

Atsugi Base is an army camp jointly used by the United States and Japan, and residents, live nearby, claim that they are suffering from mental damage such as physical abnormal, insomnia, and life disturbance because of the noise from airplane taking off and landing in the base. An administrative lawsuit was therefore preceded in the Yokohama District Court. The plaintiff requested the Japan Self－Defense Forces(hereinafter 'JSDF') and US military aircraft to be prohibited operating.

The court firstly held the limitation of the flight operation from 10pm to 6am, except unavoidable circumstance. The case was appealed. The Supreme Court of Japan dismissed the original judgment on the flight claim of the JSDF aircraft, canceled the first judgment, and

---

[*] Attorney at Law (JIPYONG LLC), Dr. jur.

rejected the claims of the plaintiffs. The Supreme Court ruled that the exercise of the author—ity of the Minister of Defense is reasonable since the JSDF aircraft is operating public flight high zone. The court agreed that noise pollution is such an issue for the residents but there are countermeasures which can be taken by concerned parties.

In Korea, the residents can sue against the United States or the Republic of Korea or the Ministry of National Defense for the prohibition of the aircraft operation. However, if they claim against US government regarding to the US military flight operation, the Korean court must issue a dismissal order as its jurisdiction exemption.

According to the current case law, the Korean courts do not allow a claimant to appeal for the performance of obligation or an anonymous appeal against the Minister of National Defense for prohibiting flight of military aircraft. However, if the Administrative Appeals Act is amended and obligatory performance litigation is introduced, the claim to the Minister of National Defense can be permitted.

In order to judge administrative case of the military aircraft operation, trade—off between interests of the residents and difficulties of the third parties should be measured in the court, if the Act is changed and such claims are granted. In this connection, the Minister of National Defense ought to prove and illuminate the profit from the military aircraft operation and it should be significantly greater than the benefits which neighboring residents will get from the prohibiting flight of military aircraft.

Key words: military aircraft, noise, flight prohibition claims, Supreme Court of Japan, Atsugi Base, environmental litigation, exemption of jurisdiction, compulsory perform—ance suit, anonymous appeal litigation, Minister of National Defense

간접비 소송의 주요 쟁점[*]

김태형 변호사

요 약

최근 관급공사에서 수급인의 잘못 없이 증가된 비용을 수급인이 도급인에게 청구하는 소송이 많이 제기되고 있고, 전반적인 건설경기의 불황, 설계변경이나 공사기간 연장이 발생할 수밖에 없는 관급공사의 구조적 문제 등을 감안하면 앞으로도 위와 같은 분쟁은 계속될 것으로 예상된다. 다른 분쟁과 마찬가지로 판례가 중요한 기준이 될 수밖에 없는데, 지금까지는 위와 같은 소송이 많이 제기되지 않았고 그나마 하급심 단계에서 확정된 사례가 많아 아직 대법원 판례에 따른 법리가 체계적으로 형성되지 못한 상태이다. 최근 중요 쟁점에 관한 대법원 판결이 선고되었고, 이를 기초로 간접비 소송의 기본 체계가 정립될 것으로 기대된다. 다만 여전히 공백이 많고 세부 쟁점이라 하더라도 소송당사자의 이해관계에 중대한 영향을 미칠 수 있으므로 지속적 논의와 연구가 필요하다. 본 논문에서는 지금까지 선고된 판결들을 중심으로 간접비 소송의 주요 쟁점을 살펴본다.

주제어: 건설계약, 공사기간 연장, 공사기간 연장비용, 간접비, 설계변경

---

* 이 글은 『辯護士』 제49집(2017. 1.), 서울지방변호사회에 게재된 논문을 일부 수정·보완한 것이다.

<h1>목 차</h1>

Ⅰ. 서론

건설산업기본법은 도급을 '건설공사를 완성할 것을 약정하고 상대방이 그 일의 결과에 대하여 대가를 지급할 것을 약정하는 계약'이라고 정의하고 있다(제2조 제8호). 특별한 사정이 없다면 '일의 결과'가 바뀔 때 그 대가도 함께 변동될 것이다. 도급의 법률상 개념에 기간이 명시적으로 포함되어 있지는 않지만,[1] 건설도급계약은 '정해진 기

---

[1] 민법 제664조도 "도급은 당사자 일방이 어느 일을 완성할 것을 약정하고 상대방이 그 일의 결과에 대하여 보수를 지급할 것을 약정함으로써 그 효력이 생긴다."고 규정하고 있다.

간 내에 목적물을 완공하여 인도하고 그 대가를 지급하는 것'을 본체로 하므로 공사기간과 비용이 건설공사의 핵심 관리대상이다.[2] 공사기간 연장과 비용 증가 사이의 관계가 문제되는데, 완성해야 할 일의 양(量)과 내용이 변경(이하 '물량증가')되어 공사기간이 늘어나면 당연히 비용도 증가할 것이지만, 일의 양은 고정된 상태에서 불가피한 사정으로 공사기간만 늘어나는 경우에는 속단하기 어렵다. 적어도 비용이 줄거나 변경 전과 같지는 않을 것임은 어느 정도 예상할 수 있으나, 구체적 금액 산정은 더 어렵다. 일의 양이 늘어나거나 내용이 바뀐 경우에는 전후를 비교하여 차이를 계산하는 것이 상대적으로 쉽지만, 단순히 공사기간만 늘어난 경우에는 책임 소재 및 범위 등과 관련하여 문제가 복잡해진다. 실제 공사에서는 물량증가와 공기연장이 동시에, 복합적으로 발생할 수도 있는데, 그 관계를 규명하는 것도 쉽지 않은 문제다.

관급공사에 적용되는 「국가를 당사자로 하는 계약에 관한 법률」(이하 '국가계약법') 제19조는 위와 같은 상황에 대처하기 위해 '계약금액 조정' 제도를 마련하고 있다.[3] 최근 실무적으로 많이 제기되고 있는 '간접비 소송'은 계약금액 조정을 근거로 수급인이 도급인에게 추가 공사대금을 청구하는 소송이다. 법률의 규정과 제도의 취지에 따르면 발주자가 공기연장 등의 사유로 시공자가 부담해야 하는 추가비용을 실비 범위 내에서 조정해야 하나, 일선 건설 현장에서는 발주기관이 여전히 보상 책임을 회피하고 있어 소송으로 분쟁이 비화되고 있다.[4] 대부분의 분쟁은 공기연장에 관한 것으로, 공기가 연장되면 간접비는 반드시 증가하기 때문에 공기연장에 따른 추가비용을 청구하는 소송을 '간접비 소송'이라 표현한다.[5] 시공(施工)의 측면에서도 공기연장으로 발생되는 비용관련 분쟁이 가장 문제다.[6]

---

[2] 신영철, 「공기연장으로 인한 추가비용 산정방법 개선방안」, 동국대학교 박사학위논문, 2012. 7., 16면.

[3] 「지방자치단체를 당사자로 하는 계약에 관한 법률」 제22조에도 같은 취지의 규정이 있는데, 적용 범위에 차이가 있을 뿐 분쟁의 양상이나 법률의 규정은 사실상 동일하므로 이하 국가계약법을 전제로 논의를 전개한다.

[4] 이영환·김원태, 「공공공사 공기연장 실태 조사와 개선 방안 ― 공기연장에 따른 계약금액 조정 중심으로」, 『건설이슈포커스』, 2013. 5., 5면.

[5] 이상우, 「공공공사에서의 공사기간연장에 관한 법적연구」, 광운대학교 석사학위논문, 2012. 12., 36면.

[6] 박성용 외 3, 「건설공사 사전분쟁요인 도출 및 분석」, 『한국건설관리학회 논문집(제10권 제6호)』, 2009. 11., 55면: "시공적 측면에서 빈도는 '공기연장에 따른 계약금액조정', 중요도는 '공기단축으로 인한 비용감액', '업무난이도'는 '발주자에 의한 장기간 공사중지'로 나타났다. 공기연장 또는 공기단축으로 인해 발생되는 비용 관련분쟁과 발주자에 의한 분쟁이 업무처리면에서 가장 힘들다는 것을 파악할 수 있었다."

II. 조정 요건 및 절차에 관한 쟁점

1. 청구 권원

국가계약법 제19조는 계약금액 조정이 필요한 사유를 물가변동, 설계변경, 그 밖에 계약내용의 변경으로 구분하고, 국가계약법 시행령에서 각각 구체적 조정방법을 규정하고 있다. 기획재정부계약예규인 공사계약일반조건도 설계변경, 물가변동, 기타 계약내용의 변경으로 나누어 계약금액 조정에 관한 규정을 두고 있다.

[그림 1] 계약금액 조정 제도의 체계

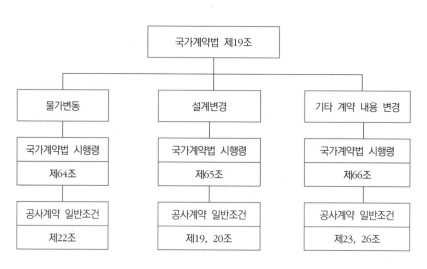

기타 계약내용의 변경은 설계변경과 유사하나 공사물량의 증감이 수반되지 않는다는 점에서 차이가 나기 때문에 시행령에는 설계변경으로 인한 계약금액 조정과 별도로 규정되어 있다. 공사계약일반조건이 법률은 아니지만, 대부분의 관급공사에서는 계약문서에 편입되고, 실제 분쟁에서는 공사계약일반조건의 해석이 쟁점이 될 때가 많다. 법령과 마찬가지로 공사계약일반조건도 시간 경과에 따라 개정되므로, 계약에 편입된 공사계약일반조건의 적용 시점을 확인하여 잘못된 규정을 적용하지 않도록 주의할 필요가 있다. 이와 관련하여 차수별계약에 따라 공사계약일반조건이 개정되었을 때 어느 시점의 규정이 적용되는지 문제된다. 서울고등법원 2013. 11. 18. 선고 2013 나11869 판결(확정: 심리불속행기각)에서 원고는 도급계약서에 '입찰시 공시한 공사계약 일반조건'이 계약문서가 된다고 명시하고 있음을 이유로 최초의 공사계약일반조건만 이 도급계약에 적용된다고 주장했는데, 법원은 장기계속계약에서는 각 차수별 공사계약이 별개의 도급계약이라는 논리로 각 차수별 공사계약 당시에 시행되던 공사계약일반조건을 계약의 내용에 편입시킨 것으로 보아야 한다고 판시했다.

2. 실체적 요건

공기연장에 따른 간접비 청구의 실체적 요건은, ① 공사도급계약이 체결되었을 것, ② 계약상대자의 책임 없는 공사기간 연장사유가 발생할 것, ③ 계약상대자의 계약기간 연장신청에 따라 계약기간이 연장될 것, ④ 공사기간의 연장으로 계약금액을 조정하여야 할 필요가 있을 것으로 정리할 수 있다.[7] '공사도급계약이 체결되었을 것'과 관련해서는 국가계약법 제11조, 지방계약법 제14조에 따라 실제 계약서를 작성해야 한다는 것이, '계약상대자의 책임 없는 공사기간 연장사유가 발생할 것'과 관련해서는 구체적 사유가 문제된다. 관련규정으로는 공사계약일반조건 제25조 제3항 각호의 사유[8]를 참조할 필요가 있고, 공사기간 연장사유는 계약당사자 사이에 합의된 예정공정표에 비하여 공사기간이 부족하게 된 원인으로서, 선행공정의 지연이나 착공 지연, 발주기관의 예산 부족, 공사용지의 인도 지연, 인허가 지연 등의 유형이 있다.[9] '공사기

---

7) 박주봉, 「공공건설 공사계약 관련 간접비등 청구사건의 주요쟁점」, 건설법학회 세미나자료, 20−21면.
8) 1. 불가항력(태풍·홍수 기타 악천후, 전쟁 또는 사변, 지진, 화재, 전염병, 폭동 기타 계약당사자의 통제범위를 벗어난 사태의 발생)의 사유에 의한 경우
   2. 계약상대자가 대체 사용할 수 없는 중요 관급자재 등의 공급이 지연되어 공사의 진행이 불가능하였을 경우
   3. 발주기관의 책임으로 착공이 지연되거나 시공이 중단되었을 경우
   4. 계약상대자의 부도 등으로 보증기관이 보증이행업체를 지정하여 보증시공할 경우
   5. 설계변경(계약상대자의 책임없는 사유인 경우에 한한다)으로 인하여 준공기한내에 계약을 이행할 수 없을 경우
   6. 원자재의 수급 불균형으로 인하여 해당 관급자재의 조달지연 또는 사급자재(관급자재에서 전환된 사급자재를 포함한다)의 구입곤란등 기타 계약상대자의 책임에 속하지 아니하는 사유로 인하여 지체된 경우
9) 실제 사례로는 '공사지구 안의 지장물 보상지연, 공사지구 경계 지역 토지에 대한 보상 및 사용협의 지연,

간의 연장으로 계약금액을 조정하여야 할 필요가 있을 것'이라는 요건은 연장된 공사기간 동안 계약상대자가 실제로 추가비용을 지출하여야 함을 의미하며,[10] 소송에서는 감정을 통해 증가된 비용을 입증하는 것이 일반적이다. '계약상대자의 계약기간 연장 신청에 따라 계약기간이 연장될 것'은 절차적 요건과 관계가 있으므로 항을 바꾸어 살펴본다.

3. 절차적 요건

가. 관련 규정

공기연장에 따른 간접비 청구에서는 공사계약일반조건 제23조, 제26조가 청구원인으로 원용된다. 두 규정의 중요 내용을 정리하면 아래와 같다.

〈표 1〉 공사계약일반조건 제23조와 제26조 비교

제23조(기타 계약내용의 변경으로 인한 계약금액의 조정)	제26조(계약기간의 연장)
① 계약담당공무원은 설계변경, 물가변동 외에 공사기간·운반거리의 변경 등 계약내용의 변경으로 계약금액을 조정하여야 할 필요가 있는 경우 그 변경된 내용에 따라 실비를 초과하지 아니하는 범위 안에서 이를 조정하여야 하며, 「정부입찰·계약 집행기준」 제14장(실비의 산정)을 적용한다.	① 계약상대자는 제25조 제3항 각호의 어느 하나의 사유가 계약기간 내에 발생한 경우에는 계약기간 종료 전에 지체없이 수정공정표를 첨부하여 계약담당공무원과 공사감독관에게 서면으로 계약기간의 연장 신청을 하여야 한다. (단서 생략)
② 계약내용의 변경은 변경되는 부분의 이행에 착수하기 전에 완료하여야 한다. (단서 생략)	② 계약담당공무원은 제1항에 의한 신청이 접수된 때에는 즉시 사실을 조사·확인하고 공사가 적절히 이행될 수 있도록 계약기간의 연장 등 필요한 조치를 해야 한다.
④ 제1항에 의하여 계약금액이 조정될 때에는 계약상대자의 신청에 따라 조정하여야 한다.	
⑤ 계약상대자의 계약금액조정 청구는 제40조에 의한 준공대가(장기계속계약의 경우에는 각 차수별 준공대가) 수	④ 제2항에 따라 계약기간을 연장한 경우에는 제23조에 의하여 변경된 내용에 따라 실비를 초과하지 아니하는 범위안에서 계약금액을 조정한다.

공사지구 안의 문화재로 인한 공사중단, 동절기·강우로 인한 피고의 공사중단 지시, 환지예정지정·도시계획시설변경결정[서울고등법원 2011. 5. 18. 선고 2010나76841 판결(확정: 상고기각)]', '도로용지 매입지연, 인근 주민들의 집단민원 제기, 연계된 재건축사업 추진의 지연 등[부산고등법원 2013. 5. 21. 선고 2012나6578 판결(확정: 심리불속행)]', '선행공사인 토목노반공사 지연[서울고등법원 2008. 11. 26. 선고 2008나35748 판결(확정)]' 등이 있다.

10) 김태관, 「공사계약일반조건상 공기연장비용에 관한 기초연구」, 『아주법학(제9권 제3호)』, 2015. 11., 373-374면.

령 전까지 조정 신청을 하여야 한다.

⑤ 계약상대자는 제40조에 의한 준공대가(장기계속계약의 경우에는 각 차수별 준공대가) 수령 전까지 제4항에 의한 계약금액 조정 신청을 하여야 한다.

공기연장에 따른 간접비 청구가 인용된 사건에서는 대부분 법원이 두 규정 모두를 청구 인용의 근거로 원용하고 있고, 두 규정의 차이가 언급되거나 어느 한 규정만 문제된 사안은 확인하지 못했다. 수급인의 관점에서 생각한다면, 공기연장이 예상될 경우 제26조를 근거로 정식으로 연장신청을 하거나, 설령 연장신청이 안 되었더라도 제23조를 근거로 계약금액 조정을 시도할 수 있을 것이다. 실무적으로 가장 중요한 내용은 계약금액 조정을 위해서는 '준공대가(장기계속계약의 경우에는 각 차수별 준공대가) 수령 전까지' 조정 신청을 해야 한다는 것이다. 대법원 2006. 9. 14. 선고 2004다28825 판결도 '공사기간의 연장으로 인한 계약금액의 조정 사유가 발생하였다고 하더라도 그 자체로 계약금액의 조정이 자동적으로 이루어지는 것이 아니라 계약상대자의 적법한 계약금액 조정 신청에 의하여 비로소 계약금액의 조정이 이루어지는 것'이라고 판시하고 있다.

나. 조정 신청의 대상

1) 총괄계약의 구속력 문제

장기계속계약에서는 총공사를 기준으로 입찰공고가 나오고, 입찰참가자도 그에 맞추어 입찰금액을 결정한다. 차수별 계약은 계약서도 작성되고 그 내용도 분명하기 때문에 계약의 구속력은 당연히 인정되고, 특별한 사정이 없는 한 간접비 소송의 피고도 그 효력을 다투지는 않는다. 문제는 '총공사금액', '총공사기간'으로 특정된 '총괄계약'의 효력이다. 총괄계약을 위해 별도 계약서를 작성하면 특별히 문제가 발생하지 않을 텐데, 대부분 계약서는 작성되지 않고 총공사금액과 총공사기간도 차수별 계약과 달리 변경될 가능성이 높기 때문이다.[11] 실무상 수급인은 총괄계약을 대상으로 조정 신청을 한 후 소송을 제기하는 경우가 대부분이고, 피고는 차수별 계약에 대한 조정 신청이 없어 절차적 요건을 준수하지 못했다고 다투는 것이 일반적이다.

---

11) 국가계약법 시행령 제69조 제2항은 "장기계속공사는 낙찰등에 의하여 결정된 총공사금액을 부기하고 당해 연도의 예산의 범위 안에서 제1차공사를 이행하도록 계약을 체결하여야 한다. 이 경우 제2차공사 이후의 계약은 부기된 총공사금액에서 이미 계약된 금액의 범위 안에서 계약을 체결할 것을 부관으로 약정하여야 한다."고 규정하고 있다.

총괄계약의 성격 및 차수별 계약과 총괄계약의 관계는 장기계속공사의 관급공사에 관한 분쟁에서 가장 중요한 쟁점이었고, 하급심의 주류적 견해는 총괄계약의 독자적 효력을 인정하는 입장이었으나 반대 견해도 있어 그간 논란이 있었다. 서울고등법원 2014. 11. 5. 선고 2013나2020067 판결이 총괄계약의 독자적 효력을 인정하는 대표적 선례였는데, 위 사건에서 서울고등법원은 총괄계약에서 정한 총공사기간에 법적 구속력이 있다는 전제에서 총괄계약에서 정한 총공사금액은 총공사기간 동안의 간접공사비 등을 포함한 전체 공사비이므로 공사의 중단 없이 연차별 계약이 체결되고 그에 따라 공사가 진행되었다 하더라도 연장된 총공사기간에 대하여 총공사금액 조정을 할 수 있다고 판단했다.

그러나 대법원은 2018. 10. 30. 선고된 전원합의체 판결(2014다235189)에서 위와 같은 원심 판결을 파기했다. 대법원은 사건의 쟁점을 "장기계속공사계약에서 총공사기간이 최초로 부기한 공사기간보다 연장된 경우에 공사기간이 변경된 것으로 보아 계약금액 조정을 인정할 수 있는지"로 정리한 후, "장기계속공사계약에서 이른바 총괄계약은 전체적인 사업의 규모나 공사금액, 공사기간 등에 관하여 잠정적으로 활용하는 기준으로서 구체적으로는 계약상대방이 각 연차별 계약을 체결할 지위에 있다는 점과 계약의 전체 규모는 총괄계약을 기준으로 한다는 점에 관한 합의"이며, "총괄계약의 효력은 계약상대방의 결정, 계약이행의사의 확정, 계약단가 등에만 미칠 뿐이고, 계약상대방이 이행할 급부의 구체적인 내용, 계약상대방에게 지급할 공사대금의 범위, 계약의 이행기간 등은 모두 연차별 계약을 통하여 구체적으로 확정된다."고 판단했다.

대법원은 위와 같은 결론을 내리며 여러 논거를 들었는데, 대법원 스스로도 총괄계약의 성립 및 효력을 부인하지 않으면서 공사대금이나 계약의 이행기간과 같이 가장 중요한 사항은 오로지 연차별 계약으로만 확정된다고 판단한 것은 쉽게 받아들이기 어려운 결론이다. 대법원은 총괄계약의 효력과 관련하여 연차별 계약마다 경쟁입찰 등 계약상대방 결정 절차를 다시 밟을 필요가 없고(계약상대방의 결정), 정당한 사유 없이 연차별 계약의 체결을 거절할 수 없고 총공사내역에 포함된 것을 별도로 분리발주할 수 없으며(계약이행의사의 확정), 연차별 계약금액을 정할 때 총공사의 계약단가에 의해 결정할 수 있다고 구체적으로 설명하고 있는데, 유독 모든 공사에서 가장 중요한 계약내용인 '공사대금', '계약의 이행기간'에 관한 독자적인 효력을 부인하는 것은 납득하기 어렵다. 위 전원합의체 판결에서는 4인의 대법관이 반대의견을 개진했는데, 반대의견이 가장 먼저 지적한 지점도 다수의견이 총괄계약의 성립은 인정하면서도 위와 같이 그 효력을 제한하는 근거를 설명하지 못하고 있다는 지점이었다. 구체적으로 반대의견은 법률행위의 성립과 효력에 관한 기본 원칙[12])을 설명한 후 다수의견이 총괄계약의 성립을 인정하면서도 그 효력이나 구속력을 제한하는 근거를 제시하지 못하고 있는 점, 더 나아가 효력 전부를 제한하는 것도 아니고 그 일부를, 그 중에서도 '공사대금'과 '공사기간'과 같이 공사계약에서 가장 중요한 사항의 효력을 제한하는 문제를 지적했다.

2) 조정 신청의 대상에 관한 판례의 태도

하급심에서는 차수별 계약에 대해 조정 신청을 해야 한다는 판결(광주고등법원 2010. 6. 23. 선고 2009나5420 판결(심리불속행기각 확정) 등)과 총괄계약에 대해서도 가능하다는 판결(서울고등법원 2014. 11. 5. 선고 2013나2020067 판결 등)이 대립하고 있었는데, 앞서 살펴본 것처럼 대법원은 연장된 총공사기간에 대하여 총공사금액 조정을 신청할 수 있다는 원심 판결을 파기했다. 총괄계약을 기준으로 한 조정 신청을 허용해야 한다고 판단한 하급심의 중요한 논리는 반대의 경우 수급인에게 불리한 결과가 구조적으로 발생할 수밖에 없다는 것,[13]) 즉 차수별 계약에 대해서만 조정이 가능하다면 발주자가 차수별 계약을 통해 결과적으로는 총공사기간이 증가했음에도 그 기간에 대한 추가 공사비를 지급하지 않아도 되는 일종의 편법이 가능하다는 것인데, 다수의견의 결론 및 논증과정에는 이런 문제에 관한 고민이 부족해 보인다. 다수의견은 '예산의 편성

---

12) "법률행위가 성립하면 효력이 발생하는 것이 원칙이고 다만 그 법률행위의 목적이 불가능하거나 위법하거나 사회적 타당성이 없는 경우에만 효력이 제한된다. 민법의 기본 이념인 사적자치의 원칙에 비추어 의사의 합치가 있는 경우에는 그 효력을 임의로 제한할 수 없고, 제한하려면 그에 합당한 이유와 근거가 있어야만 한다."

13) 서울고등법원 2014. 11. 5. 선고 2013나2020067 판결의 논거는 '총괄계약에 대해 별도로 계약금액 조정 신청이 불가능하다면 총공사기간의 연장에 따른 계약금액의 조정을 받을 수 있는 기회 자체를 박탈당하게 되는 결과가 발생할 수도 있는 점(차수별 계약을 체결하면서 연장된 총공사기간을 반영하여 원래 예상할 수 있었던 기간보다 긴 기간을 공사기간으로 하여 계약을 체결하거나, 차수별 계약 자체를 예정된 숫자보다 추가해서 체결하는 경우)'이고, 서울고등법원 2016. 7. 15. 선고 2015나2006713 판결은 '총괄계약에 대하여만 별도로 계약금액 조정 신청이 불가능하다고 본다면, 총괄계약의 총공사기간이 연장되었지만 차수별 계약의 공사기간은 연장되지 않은 경우에는 총공사기간이 연장되었음에도 차수별 계약의 공사기간이 연장되지 않았다는 이유로 계약상대자의 계약금액 조정 신청이 불가능하게 되고, 각 차수별 계약에서의 공사기간 연장 일수의 합계가 총괄계약에서의 공사기간 연장 일수보다 적은 경우에는 각 차수별 계약에서의 공사기간 연장 일수의 합계를 초과하는 총공사기간의 연장 일수에 대하여는 계약금액 조정 신청을 할 수 없게 된다는 결론에 이르게 되어 불합리함'이라는 논거를 제시했다.

및 집행'의 부담,[14) '불필요한 법적 분쟁'[15)을 염려하고 있는데, 애초에 문제는 장기계속계약방식으로 공사가 진행되었기 때문이고 실제 예산 부족 등으로 공사가 중단되고 시공사들이 중단된 현장의 운영 및 관리를 위해 직·간접적인 피해를 입을 수밖에 없는 사정을 고려하면 다수의견은 너무나 발주자의 입장만을 반영한 결론이라는 비판을 피하기 어렵다. 반대의견이 적절히 지적한 것처럼 다수의견의 결론에 따르면 공사업체는 총공사기간이 연장됨에 따라 발생하는 간접공사비를 일방적으로 부담하면서도 한편으로는 발주자가 연차별 계약체결을 요구하면 이에 응해야 하는 지위에 놓이는 반면, 발주자는 연차별 계약의 공사기간을 연장할 필요 없이 연차별 계약을 추가하는 방법으로 실질적으로 총공사기간을 연장할 수 있어 간접공사비를 추가로 부담하지 않은 채 실질적으로 총공사기간을 연장할 수 있게 되는데, 이는 민법의 기본 전제인 신의성실의 원칙에 반하는 결과임이 분명하다. 더 나아가 반대의견은 "장기계속공사계약이 예산 집행의 경직성 및 국회의 예산심사권 침해 등 계속비계약이 지닌 단점을 보완하는 제도로 활용되는 것을 넘어 국가의 예산 부족으로 인한 공사지연의 위험을 공사업체에게 전가하고 정당한 대가 지급을 회피하는 수단으로 활용되는 것을 허용하는 결과"가 발생될 것을 우려하고 있는데, 과연 위와 같은 문제에 관한 대비책은 무엇인지 되묻지 않을 수 없다.

한편 다수의견에 따르면 소멸시효도 연차별 계약을 기준으로 각각 완성될 수밖에 없는데, 연장된 기간이 긴 공사현장일수록 공기연장에 따른 피해가 적정히 보상되기는커녕 다수의견과 같은 결론으로 오히려 그 피해가 가중될 우려도 있다. 공사업체가 총괄계약을 기준으로 조정 신청을 할 수밖에 없었던 가장 큰 이유는 발주자와 공사업체의 관계를 고려할 때 공사가 모두 마무리되기 전에는 간접비를 주장하기 어려운 현실적 사정이 있었기 때문일 것이다. 연차별 최종기성대가를 수령할 때마다 계약금액

---

14) "계약상대방이 아무런 이의 없이 연차별 계약을 체결하고 공사를 수행하여 공사대금까지 모두 수령한 후 최초 준공예정기한으로부터 상당한 기간이 지나서 그 기간 동안의 추가공사비를 한꺼번에 청구하는 것을 허용할 경우, 예산의 편성 및 집행에 큰 부담을 주게 되고, 각 회계연도 예산의 범위 내에서 장기계속공사계약의 집행을 하도록 규정하고 있는 법의 취지에 반한다."

15) "장기계속공사에서는 연차별 공사가 완료될 때마다 공사대금의 정산을 하며, 계약금액의 조정이 필요한 경우에도 연차별 준공대가 수령 전까지 실비를 초과하지 않는 범위 안에서 산출근거를 첨부한 신청서를 제출해야만 한다. 그런데도 전체 공사가 완료된 후 한꺼번에 공기연장에 따른 추가공사비의 청구를 허용하게 되면 이는 연차별 공사대금정산 원칙에 반할 뿐 아니라, 기간의 경과에 따라 정확한 실비 산정도 쉽지 않게 되어 불필요한 법적 분쟁을 야기하게 되는 등의 문제가 생긴다."

조정을 신청하라는 것은 반대의견의 주장처럼 논리 모순일 뿐만 아니라,[16] 그나마 공사를 마치고 총괄계약을 기준으로 해서라도 겨우 공사대금 조정을 요구할 수밖에 없는 공사업체에게는 너무 가혹한 처사일 것이다.

차수별 계약을 기준으로 공기연장에 따라 추가 발생한 비용을 정산해야 한다는 주장 자체에 논리적 결함이나 모순이 있는 것은 아니지만, 장기간 진행되는 공사에서 공사비와 관련하여 발생한 분쟁을 합리적으로 해결하기에 바람직한 태도라고 볼 수는 없다. 장기계속공사의 특성에 따라 편의상 차수별로 구분하여 별개 계약이 체결되기는 하지만, 그 실질은 하나의 공사이기 때문이다. 계약금액 조정의 시기나 범위에 관하여 쌍방의 의사가 일치한다면 당연히 차수별 계약을 기준으로 정산할 수 있고 그와 같은 정산이 분쟁의 신속한 종결에 유리한 측면도 있겠지만, 합의가 이루어지지 않았다면 전체 공사기간을 기준으로 추가 공사비의 정산을 구하는 수급인의 권리가 제한될 이유는 없을 것이다.

다. 조정 신청의 시기

공사계약일반조건 제23조 제2항은 "계약내용의 변경은 변경되는 부분의 이행에 착수하기 전에 완료하여야 한다."고 규정하고 있는데, 위와 같은 제한이 조정 신청에도 적용되는지 문제된다. 대법원 2011다45989 판결은 "계약상대자는 공사기간 변경으로 계약금액을 조정하여야 할 필요가 있는 경우에는 연장되는 공사기간의 개시 전에 발주기관의 승인을 받는 등 발주기관과의 공사기간 연장에 관한 합의가 있으면 충분하고, 계약금액의 조정 신청이나 그에 따른 조정까지 반드시 변경된 공사기간 개시 전에 완료될 필요는 없다."고 판시했다. 공사계약일반조건 제23조 제2항의 의미는 계약을 변경할 사유가 있으면 이행에 착수하기 전까지 변경을 완료하라는 것으로, 실제 시공 전에 계약내용을 분명히 정하여 추후 발생할 분쟁을 예방하기 위한 취지로 이해할 수 있다.[17] 계약금액 조정이 실질적으로는 계약내용의 변경을 수반하지만 대금의 사후적

---

16) "총괄계약에서 정한 총공사기간의 연장에 따라 총공사대금을 조정하는 것이므로, 그 신청은 총공사대금의 최종 수령전에만 하면 된다고 보는 것이 논리적이다. 총괄계약에 따른 공사대금과 연차별 계약에 따른 공사대금은 구별되는 것이므로, 전자에 관한 계약금액 조정 신청을 후자의 최종 수령 시까지로 볼 수 없다. 총괄계약의 독자성과 구속력을 인정하면서 다시 연차별 최종기성대가 수령 시마다 계약금액 조정 신청을 하라는 것은 논리 모순이다."

17) 박주봉, 앞의 논문 22쪽은 위 규정의 취지를 '계약상대자의 임의적인 시공을 방지하기 위한 것이자 동시에

정산에 불과할 뿐 실제 공정에 영향을 미치는 것은 아니므로, 반드시 공사기간 개시 전까지 계약금액 조정을 신청할 필요는 없을 것이다. 다만 적법한 조정 신청이 있어야 함은 당연하므로, 조정 신청을 하지 않은 상태에서 쌍방 합의로 공사계약이 변경되어 원고가 그 부분에 관하여 이행의 착수를 한 경우에는 원고가 공사계약일반조건에 따른 추가비용을 당연히 청구할 수 없다(서울고등법원 2008나35748 판결).

라. 조정 신청의 주체

공동수급체의 대표자 명의로 계약금액 조정을 신청한 사건에서, 대전지방법원 2014. 7. 10. 선고 2012가합100658 판결[18]은 위와 같은 신청이 조합의 업무집행자로서 조합의 통상사무를 단독으로 집행한 것이므로 적법하다고 판단했다. 공동수급체는 기본적으로 민법상 조합의 성질을 갖고 있고, 그 구성원 일방이 공동수급체의 대표자로서 업무집행자의 지위에 있으면 다른 구성원들에 대한 관계에서는 조합의 업무집행자와 조합원의 관계에 있다.[19] 조합의 업무집행은 조합원의 과반수로써 결정하는 것이 원칙이나 조합의 통상사무는 각 조합원 또는 업무집행자가 전행할 수 있다(민법 제706조). 한편 조합의 재산에 대해서는 민법상 합유의 규정이 적용되고, 합유물의 보존행위는 각자가 할 수 있다(민법 제272조). 공사기간 연장에 따른 추가 공사대금을 확보하는 것은 '보존행위'에 해당되고 업무집행자는 물론 각 조합원도 보존행위를 할 수 있으므로 위 판결은 타당하다.[20] 공동수급체의 업무관행에 비추어 실제 일어날 가능성은 많지 않지만, 같은 논리라면 공동수급체의 다른 구성원이 단독으로 계약금액 조정을 신청하는 것도 허용될 것이다.

준공일이 도과한 후 현장대리인 명의로 신청이 이루어진 사건에서는, 광주지방법원 2008가합9084 판결이 "현장대리인은 상법 제15조의 부분적 포괄대리권을 가진 사용인으로서 공사계약내용의 변경으로 인한 계약금액 조정 신청도 현장대리인의 대리

발주기관의 부당한 선시공 요구를 예방하기 위한 것'이라고 설명하고 있다.

18) 대전고등법원 2014나12421로 계류 중이다.

19) 대법원 2000. 12. 12. 선고 99다49620 판결

20) 대법원 2012. 2. 9. 선고 2010다93806판결도 "민법이 합유물의 보존행위를 각자가 할 수 있도록 한 것은 통상적으로 합유자들은 공통적인 이해관계를 갖고 그 보존행위가 다른 합유자 전원에 대하여도 이익이 되기 때문이고, 같은 취지에서 조합의 통상사무는 민법 제706조 제2항의 규정에도 불구하고 조합원 각자가 집행할 수 있는 것"이라고 판시했다.

권 범위 내에 있고, 준공일이 도과하였다고 하여 그 즉시 현장대리인의 권한이 소멸하는 것으로 볼 수 없고 공사대금이 지급되지 않는 등 공사계약에 따른 권리의무가 남아 있는 상태에서는 현장대리인의 대리권도 여전히 존속한다고 보아야 한다."고 판시했다. 공사가 이미 끝난 상황에서 현장대리인이 공사 진행과 관련 있는 권한을 행사하는 것은 문제가 되겠지만, 계약금액 조정은 공사 진행과 관계 없이 공사대금을 사후적으로 정산하는 절차에 불과하므로 반드시 그 권한의 행사기한을 준공일 이전으로 엄격하게 해석할 필요는 없을 것이다.

마. 상대방

공사계약일반조건 제26조 제1항에서는 계약기간의 연장신청 상대방이 '계약담당공무원과 공사감독관'으로 특정되어 있는데, 조정 신청과 관련해서는 "발주기관은 계약금액을 조정하는 경우에는 계약상대자의 계약금액조정 청구를 받은 날부터 30일 이내에 계약금액을 조정하여야 한다."거나 "계약상대자의 계약금액조정 청구는 준공대가 수령 전까지 조정 신청을 하여야 한다."와 같이 규정되어 있을 뿐 신청의 상대방이 구체적으로 특정되어 있지 않다. 감리단장에 대한 신청은 적법하다는 판결(서울고등법원 2015나2006713)과 책임감리원에게 현장관리계획 보고서를 제출한 것만으로는 계약금액 조정 신청을 인정하기 어렵다는 판결(서울고등법원 2013나11869)이 있다. 계약금액 조정 제도의 취지상 누구에게 신청을 했는지 엄격하게 따질 필요는 없고 일선 현장에서는 감리단장이 사실상 발주자 지위에서 공사 전반을 관장하는 경우가 많으므로 감리단장에 대한 신청이라고 해서 부적법하다고 볼 이유는 없을 것이다. 같은 맥락에서 본다면 책임감리원에게 계약금액 조정을 신청하는 것도 허용하는 것이 타당할 것이나, 계약금액 정산에 대한 구체적 의사를 밝힌 것이 아니라 단순히 현장관리계획을 보고하는 정도였다면 적법한 조정 신청이 있었다고 보기는 어려울 것이다. 결국 위와 같은 문제는 일선 현장에서 발주기관이 조정 신청을 받지 않는 방식으로 계약금액 조정 제도를 회피하는 경향이 있기 때문에 발생하는 문제인데, 수급인으로서는 가급적 계약담당자에게 제출하도록 하고 불가피한 경우에는 추후 분쟁에 대비해서 그 과정과 경위를 입증할 자료를 마련해 둘 필요가 있다.

III. 조정 범위에 관한 쟁점

1. 계약금액 조정의 기간

가. '공백기'의 문제

차수별 계약 사이에 일정한 기간의 공백이 있는 경우, 그 '공백기'도 계약금액 조정 대상에 포함되는지 문제된다. 공백기는 제외된다는 하급심 판결[서울고등법원 2009. 3. 11. 선고 2008나32756 판결(확정)[21]]이 있었는데, 서울고등법원 2014나2033107 판결은 ① 차수별 계약의 공백기에 발생하는 간접공사비는 계약이 최초 체결될 당시 약정한 총 공사금액에 포함된 것이고, ② 원고는 차수별 계약 사이의 공백기에도 공사현장을 계속 관리하여 온 점[22] 등에 비추어 보면 차수별 계약 사이의 공백기간에 발생한 간접 공사비를 연장된 기간의 추가 간접공사비에서 공제하거나 차수별 계약 사이의 기간을 연장된 공사기간에서 제외할 수는 없다고 판단했다. 그러나 위 판결은 대법원 2018. 12. 27. 선고 2015다255463 판결로 파기되었다. 공사대금 및 계약의 이행기간에 관한 총괄계약의 독자적 효력을 인정하지 않는다면 위와 같은 결론이 도출될 수밖에 없는데, 구체적 타당성의 관점에서 위와 같은 결론이 타당한 것인지는 의문이다. 공사기간 연장에 따른 간접비가 기본적으로 당사자 사이의 계약관계를 전제로 하지만 엄밀히 따지면 그 실질은 당초 정해진 계약기간을 초과한 기간에 발생한 비용이다. 차수별 계약의 처분문서에 기재된 계약기간을 엄격하게 해석하면 차수별 계약 사이의 공백기에

---

21) "이 사건 공사도급계약과 같은 장기공사계약은 각 회계연도에 확보된 예산의 범위 안에서 차수별 계약이 체결 및 이행될 것으로 입찰 당시에 이미 예정되어 있다고 할 것이고, 따라서 계약상대자로서는 전회차 공사계약 기간 만료 후 다음차 공사계약체결 시까지 예산확보등을 위한 공백기간이 있을 수 있다는 것을 충분히 예견할 수 있을 뿐만 아니라, 차수별 계약 사이에 있는 공백기간은 차수별 계약기간에 포함되지 아니하므로 이러한 공백기간의 장단에 관하여 이 사건 공사계약 일반조건 제23조 소정의 '계약내용의 변경'이 있다고 볼 수도 없다."

22) 그 밖에 ① 서울고등법원 2008다35748 판결은 '차수공사와 차수공사 간의 공백기간에도 현장의 유지관리를 위한 필수적인 인원을 배치할 수밖에 없었던 사실'을 근거로, ② 서울중앙지방법원 2015. 12. 16. 선고 2014가합546143 판결(확정)은 '공백기간에도 현장의 유지·관리를 위한 필수 인원을 배치하고, 현장사무소를 운영하는 등으로 비용을 지출할 수밖에 없었던 사실'을 근거로, ③ 대전지방법원 2012가합100658 판결은 '공백 기간 중 책임감리원에게 '지장개소에 대한 보완조치 및 취약개소 선정'에 관한 보고를 하기도 한 사실'을 근거로 공백기도 공사기간에 해당한다고 판단했다.

발생한 비용까지 발주자가 책임질 이유는 없다고 볼 여지도 있겠지만, 실제 공사현장의 현실을 감안하면 공백기에 발생한 비용도 계약금액 조정의 형태로 보상되어야 할 것이다. 차수별 계약에 따른 공사는 서로 유기적으로 연결되어 있고, 차수별 계약 사이에 공사가 장기간 중단되고 그 시기도 사전에 분명히 정해졌다는 등의 특별한 사정이 없는 이상 시공사가 완전히 현장에서 철수하기는 어려우므로 현실적으로 차수별 계약 사이의 공백기에도 간접비는 발생할 수밖에 없기 때문이다. 만약 차수별 계약 사이의 '공백기'에 발생한 비용에 관하여 계약상 근거를 찾기 어렵다면, 민법이 정한 사무관리, 부당이득과 같은 법리를 통해 관련 문제를 해결하는 방안을 모색해야 할 것이다.

나. 절대공기

일부 사건에서는 피고가 "총공사기간에 관하여 '착공일로부터 **개월'이라는 표현은 단순한 역일(曆日)이 아니라 당해 공사를 실제로 완료하는 데 필요한 기간, 즉 이른바 절대공기(Working day)에 해당하므로, 총공사기간이 연장되었는지는 차수별 계약기간의 합계가 위 절대공기('착공일부터 **월')를 초과하는 시점이 언제인지 기준으로 판단해야 한다."고 항변하기도 한다. 서울고등법원 2014나2033107 판결은 ① '착공일로부터 **개월'이라는 표현은 문언에 비추어 보더라도 실제 공사를 수행하지 않는 기간을 제외한다고 단정하기 어렵고, ② 총괄계약의 변경계약이나 후속 차수별 계약에서 약정준공일을 공사 착공일(2005. 4. 1.)로부터 60개월 후인 '2010. 3. 31.'로 특정한 점에 비추어 보면 위와 같은 항변은 부당하다고 판단했다. 위와 같은 항변은 결국 차수별 계약 사이의 공백기는 계약금액 조정 대상에서 제외되어야 한다는 주장과 같은 맥락인데, 앞서 살펴본 것처럼 서울고등법원 2014나2033107 판결은 파기되었으므로 파기환송심에서는 다른 판단이 내려질 것으로 예상된다.

다. 공사기간의 정지

쌍방 합의로 정지하기로 한 기간이 공사기간 연장일수에서 제외되어야 하는지와 관련하여, 서울고등법원 2008나35748 판결[23]과 서울고등법원 2015나2006713 판결은

---

23) "공사계약일반조건 제47조 제1항은 '공사감독관이 공사의 전부 또는 일부의 이행을 정지시키는 경우 계약상대자는 정지기간 중 선량한 관리자의 주의의무를 해태하여서는 아니된다'고 규정하고 있고, 같은 조 제3항은 '제1항의 규정에 의하여 공사를 정지시킨 경우 계약상대자는 계약기간의 연장 또는 추가금액을 청구

정지된 공사기간도 연장일수에서 제외되지 않는다는 취지로 판단했다. 쌍방 합의로 정지를 결정하게 되었더라도 그 원인이 수급인에게 있지 않다면 후속 공사진행을 위해 불가피하게 수급인에게 발생할 수밖에 없는 비용은 보상되어야 한다.

2. 설계변경 및 계약변경에 관한 쟁점

가. 후행 차수별 계약과 공사기간 연장에 따른 간접비의 관계

간접비 소송에서 피고가 '장기계속공사의 특성상 실제 공사의 이행은 차수별 계약을 통해 이루어지는데, 총공사기간이 연장되었더라도 연장된 총공사기간에 체결된 차수별 계약에는 이미 간접비가 반영되어 있으므로 간접비는 이미 지급된 것'이라고 항변하는 경우가 많다. 차수별 계약을 체결할 때 이미 공사기간이 연장된 것을 감안하여 비용을 산정하므로 총공사기간이 연장되었더라도 차수별 계약에 따른 공사대금을 지급하면 충분하고 추가로 비용을 정산할 필요는 없다는 논리다. 이에 대해 서울고등법원 2013나2020067 판결은 다음과 같이 판시했다.

> 연장된 기간 동안 체결된 각 차수별 계약에서 산정·반영된 간접공사비는 공사기간이 연장됨으로써 당초 준공기한까지 투입되지 않고 남아 있던 직접 공사물량의 일정 비율에 따라 산정된 것으로 당초 총공사대금에서 정한 간접공사비의 일부이며,[24] 이에는 공사기간이 연장됨으로써 추가로 지출하게 된 간접공사비는 포함되어 있지 않다.

공사기간이 연장된 상태에서 체결된 차수별 계약에 간접비가 포함되어 있기는 하지만, 이는 당초 정해진 물량에 관한 공사를 일정 시점까지는 마칠 것을 전제로 이미 산정되어 있었던 간접비 중에서 남아 있는 물량에 비례한 만큼의 돈이 비율에 따라 안

할 수 없다. 다만, 계약상대자의 책임 있는 사유로 인한 정지가 아닌 때에는 그러하지 아니하다'고 규정하고 있으며, 위와 같은 공사계약일반조건의 수행을 위하여 원고는 이 사건 공사현장에 현장대리인과 안전관리자 및 품질관리인원, 경비원 등을 근무시켰던 사실을 인정할 수 있고, 위와 같은 공사정지는 선행공사인 토목노반공사의 지연으로 인하여 철도청의 요청에 따라 이루어진 사실은 앞에서 본 바와 같으므로, 위와 같이 공사가 정지된 기간을 공사기간 연장일수에서 공제할 수는 없다."

24) 위 판결은 "연장된 공사기간 내의 차수별 계약에서 직접공사비에 연동되어 지급된 간접공사비는 당초 준공기한인 2011. 3. 31.까지 지급되어야 했던 공사비가 공사기간 연장으로 늦게 지급된 것이지 공사기간 연장과 상당인과관계 있는 간접공사비로 지급된 것으로 볼 수 없다."고 설명하기도 한다.

분된 결과이지 당초 예상하지 못했던 상황, 즉 사업비 부족 등을 원인으로 한 공사기간 연장에 따른 간접비가 추가로 책정된 것은 아니라는 취지이다. 총괄계약이 체결될 때 이미 필요한 간접비는 직접 공사물량의 비율로 일정하게 정해진 것이고, 차수별 계약이 체결될 때마다 그 간접비가 적정하게 안분된다는 것이다. 간접비 소송에서 피고들은 일관되게 차수별 계약의 효력을 강조하는데, 위 항변 역시 차수별 계약을 통해 모든 문제가 이미 해결되었다는 주장과 같은 맥락이다. 만약 위 주장이 받아들여진다면, 총괄계약의 구속력에 관한 문제처럼 아예 간접비 청구가 불가능해질 우려도 있다.[25]

나. 설계변경으로 인한 계약변경과 공기연장 비용의 관계

1) 문제의 소재

위에서 살펴본 차수별 계약에 관한 피고 항변의 논리는 설계변경으로 인한 계약변경에도 반복된다. 설계변경에 따라 공사대금과 공사기간이 변경되어 변경계약이 체결되었다면, 공기연장에 따른 간접비도 변경내용에 반영되었으니 추가 간접비 청구가 부당하다거나, 설령 인정되더라도 변경된 금액 중 '공사물량의 증가를 수반하는 설계변경이 있었을 때 이에 반영된 간접비'는 공사기간 연장으로 인한 계약금액을 조정할 때 공제되어야 한다는 것이다.[26] 설계변경으로 인한 계약금액의 조정문제와 공기연장에 따른 계약금액 조정이 동시에 문제되는 상황인데, 먼저 양자를 비교하면 다음과 같다.[27]

---

25) 광주고등법원 2012나3301 판결은 "원고와 피고는 원고의 계약기간 연장요청을 반영하여 공사기간을 정하고 그 공사기간에 관한 간접비를 포함하여 계약금액을 정한 다음 그와 같은 내용으로 제4차 계약 및 그 변경계약을 체결하였다고 봄이 상당하다."고 판시했고, 대전고등법원 2013나11261 판결도 변경계약상의 총공사금액에 총공사기간 연장에 따른 계약금액 조정요청 금액이 반영되어 있다는 논리로 원고 청구를 기각했다.

26) 소송에서는 공백기와 설계변경에 관한 쟁점이 함께 논의되기도 한다. 서울고등법원 2014나2033107 판결에서는 피고의 항변을 "차수별 계약 사이의 공백기간 동안에 발생한 간접공사비 상당액을 공제하거나, 차수별 계약 사이의 공백기간에 상당하는 기간을 연장된 공사기간에서 제외하여야 하고, 설계변경을 통해 이미 반영된 간접공사비는 공제되어야 한다."라고 정리했다.

27) 정기창·박양호, 『공기연장 계약금액 조정실무』, 건설원가연구원, 2013. 8., 69쪽.

〈표 2〉 설계변경·공기연장 계약금액 조정의 성격 비교

구분	설계변경으로 인한 계약금액 조정	공기연장으로 인한 계약금액 조정
공사물량	증감 있음	증감 없음
공사기간	공사물량 변경 정도에 따라 공사기간의 조정이 수반될 수 있음	공사지체사유로 인한 공사기간의 연장이 수반됨
직접비	공사물량 변동에 따라 직접비 변동이 수반됨	공사물량 변동이 없으므로 직접비 변동이 발생하지 않음
간접비	직접비의 변경에 따른 간접비의 변경이 수반됨	직접비의 변경이 없으나 공사기간이 연장됨에 따라 증감하는 비용항목이 추가 발생하므로 간접비 증가
조정금액 산정방법	변경된 설계서에 따른 공사원가산정	연장기간 확정 후 연장기간 동안 발생한 실비를 청구
공사계약 일반조건	제19조, 제19조의2 내지 7, 제20조, 제21조	제23조, 제26조

공사물량 증가를 수반하는 설계변경이 있으면, 당연히 그에 상응해서 간접비도 증가하고 공사기간도 증가할 가능성이 매우 높다. 보통은 이를 반영해서 공사금액과 공사기간을 변경하는 계약이 체결되는데, "간접비가 공제되어야 한다."는 주장의 논리는 '공사기간'이 늘어나고 그에 따라 공사금액도 늘어났으니 변경된 금액에 이미 간접비가 포함되었다는 것이다. 실무상으로는 먼저 각 항목에 따른 간접비 총액을 산정한 후 위와 같은 논리에 따라 '이미 반영'된 것으로 보는 금액을 간접비 총액에서 공제하는 방식이 사용된다.

2) 원고가 청구하는 간접비가 이미 전액 반영되었다는 피고 항변

대법원 2012. 6. 28. 선고 2011다45989 판결로 최종 확정된 서울고등법원 2011. 5. 18. 선고 2010나76841 판결은 "설계변경 내지 물가변동으로 계약금액을 변경하면서 원고들이 주장하는 공사기간 연장으로 인한 간접공사비도 모두 계약금액에 반영하였다."는 피고 항변을 배척했다.[28] 앞서 살펴본 내용 중 "총공사기간이 연장되었더라도 연장된 총공사기간에 체결된 차수별 계약에는 이미 간접비가 반영되어 있으므로 간접비는 이미 지급된 것"이라는 항변과 유사한데, 위 항변은 설계변경 내지 물가변동으로 직접공사비 자체가 증가하면서 그에 수반하는 간접비도 함께 정산해서 반영했다는 취

---

28) 위 쟁점은 상고이유가 아니었기 때문에 대법원이 명시적으로 판단을 내리지는 않았다.

지라는 점에서 새로운 논거가 추가된 것이라고 볼 수 있다.

위 항변은 그 자체로는 논리적으로 별 문제가 없으므로, 결국 쟁점은 실제로 계약금액을 변경하면서 공사기간 연장으로 인한 간접공사비도 반영했는지에 관한 사실인정의 문제로 귀결된다. 위 사건을 심리한 법원은 ① 설계변경, 물가변동, 공사기간 연장 등을 이유로 변경계약을 체결하면서 설계변경 및 물가변동을 이유로 변경계약을 체결하는 경우에는 공사기간의 변경 없이 계약금액만 조정하고, 공사기간 연장을 이유로 변경계약을 체결하는 경우에는 계약금액의 조정 없이 준공기한만 연장된 사실, ② 설계변경 내지 물가변동으로 계약금액을 변경하면서 설계변경, 물가변동으로 변경된 직접공사비에 일정 비율을 곱하여 산출된 간접공사비만 계약금액을 변경하는데 반영되었고 공기연장으로 인하여 추가로 지출된 간접공사비는 반영되지 않은 사실을 근거로 피고 항변을 배척했다. 서울고등법원 2015나2006713 판결도 "설계변경으로 인한 계약금액 조정과 공사기간의 변경 등 기타 계약내용의 변경으로 인한 계약금액 조정은 조정사유와 조정금액 산정방법 등을 전혀 달리한다."는 전제에서, "설계변경으로 인하여 공사금액이 변경되고 간접비도 증액되었다고 할지라도 이는 종전의 총공사기간을 전제로 한 간접비의 증액일 뿐이고, 총공사기간의 연장에 따른 간접비의 증액이 반영되었다고 볼 수는 없다."는 논리로 서울고등법원 2010나76841 판결과 같은 판단을 내렸다.[29]

서울고등법원 2010나76841 사건에서 법원은 앞서 살펴본 것과 같은 구분, 즉 '설계변경으로 인한 계약금액 조정'과 '공사기간 연장으로 인한 계약금액 조정'이 개념적으로 구별됨을 전제로 사실관계를 판단했다. 위 사건에서는 공사물량의 변화와 공사기간의 변경이 구분되어 변경계약이 체결되었고,[30] 이를 전제로 피고 항변과 같은 공사비 반영이 이루어졌는지 비교적 쉽게 판단할 수 있었던 것으로 보인다. 물량증가에 따른 간접비와 공사기간 연장에 따른 간접비가 혼재된 경우도 문제되는데, 이는 항을

---

29) 물가변동으로 인한 계약금액 조정과 관련해서도, 서울고등법원 2013나2020067 판결은 "연장된 기간 동안에 물가변동으로 인하여 계약금액 조정이 이루어진 간접공사비 부분은 공제되어야 한다."는 항변을 "공사기간 연장과 무관한 물가변동으로 인하여 조정된 금액을 공사기간 연장으로 인하여 추가 지출한 간접공사비에서 공제할 별다른 이유가 없다."는 논리로 배척했다.

30) "설계변경, 물가변동, 공사기간 연장 등을 이유로 변경계약을 체결하면서 설계변경 및 물가변동을 이유로 변경계약을 체결하는 경우에는 공사기간의 변경 없이 계약금액만 조정하고, 공사기간 연장을 이유로 변경계약을 체결하는 경우에는 계약금액의 조정 없이 준공기한만 연장된 사실"

나누어 살펴본다.

3) 공제

앞서 '공백기'와 관련하여 언급한 서울고등법원 2014나2033107 판결은 공백기를 '연장된 공사기간'에서 제외하거나 공백기에 발생한 간접공사비를 공제할 수 없고, 변경계약에 공사기간 연장에 따른 간접공사비가 전액 반영되었다고 볼 수도 없다고 판단하면서도, "설계변경 등으로 증액된 공사비에 반영된 간접공사비는 공사기간 연장을 직접 원인으로 한 간접공사비를 산정함에 있어서는 이를 공제함이 타당하다."고 판단했다.[31]

심리불속행기각으로 대법원이 명시적 판단을 내리지는 않았으나, 서울고등법원 2013나11869 판결도 "설계변경(물량증가)으로 인한 간접공사비용은 공사기간 연장을 직접 원인으로 한 간접공사비용에 해당하지 아니하므로 공사기간 연장을 직접원인으로 한 간접공사비용을 산정함에 있어서는 이를 공제함이 타당하다."고 판단했다. 이 사건에서는 감정을 통해 '총공사의 설계변경(물량증가)에 의한 간접공사비 증가액'이 산출되었는데, 위 금액을 간접비 대상(3, 4차)이 전체 공사에서 차지하는 비율로 안분한 후, 위 금액을 3, 4차 간접비 산정 금액에서 공제했다.

설계변경으로 인한 간접비와 공기연장을 직접 원인으로 한 간접비는 구분되므로, 설계변경을 원인으로 계약금액과 공사기간이 모두 변경되는 계약이 체결되었다고 하여 공기연장을 원인으로 한 간접비가 당연히 모두 부인되는 것은 아니다. 다만 물량증가를 수반하는 설계변경이 공사기간 연장에 영향을 미쳤다면 연장된 공기를 전제로 산정된 간접비에서 설계변경으로 인한 간접비는 공제되어야 할 것이다. 정리하면, ① (공사물량이 증가했더라도) 공사기간 연장이 없는 경우에는 증액된 계약금액에 반영된 간접비가 물량증가에 따른 간접비에 국한되고 공사기간 연장에 따른 간접비는 포함되어 있지 아니하므로 공사기간 연장에 따른 간접비를 산정할 때 공제할 금액은 없고, ② (공사물량 증가와 함께) 공사기간도 연장된 경우에는 증액된 계약금액에 반영된

---

31) 그 전제에서 "제1심 및 항소심 감정인의 각 감정결과에 의하면 이 사건 공사의 최초 공사금액은 73,940,000,000원, 2013. 12. 31. 현재 변경된 공사금액은 81,188,000,000원이고, 설계변경으로 증액된 공사비에 반영되어 있는 간접공사비는 189,565,264원인 각 사실을 인정할 수 있고 반증이 없으므로, 이 부분 금액은 피고가 지급하여야 할 공사기간 연장으로 인한 추가 간접공사비에서 공제되어야 할 것이므로, 이 부분 피고의 항변은 이유 있다."고 판단했다.

간접비에 물량증가에 따른 간접비와 공사기간 연장에 따른 간접비가 함께 포함되어 있을 수 있으므로 별도의 계약금액 조정 신청으로 공사기간 연장에 따른 간접비가 문제될 때에는 이미 변경계약에 반영된 금액은 공제하는 것이 논리적으로 타당하다.[32)]

결국 이 문제 역시 공사기간 연장에 따른 간접비와 물량증가에 따른 간접비를 구체적으로 산정하는 사실인정의 문제로 귀결된다. 성격상 감정이 필요한 사항인데, 감정을 통해 입증이 어렵다면 그 증명책임은 누구에게 있는지 문제될 수 있다. 금액 자체가 청구원인의 요건사실이므로 이를 원고가 입증해야 한다는 주장도 가능할 수 있으나, 감정결과에 대해 피고가 공제를 주장하는 것이라면 항변에 해당하므로 피고에게 입증책임이 있다고 보는 것이 타당할 것이다.

3. 원가항목

가. 원가의 구성

원가(原價)의 사전적 의미는 '상품의 제조, 판매, 배급 따위에 든 재화와 용역을 단위에 따라 계산한 가격'이고, 공사원가란 공사시공과정에서 발생한 재료비, 노무비, 경비의 합계액이라고 설명된다.[33)] 국가계약법 시행령 제9조 제1항 제2호 및 국가계약법 시행규칙 제6조에 따라 원가계산에 의한 예정가격[34)]을 작성할 때 적용할 기준으로 '예정가격작성기준(기획재정부예규)'이 마련되어 있다.

나. 일반원칙

간접비 청구의 실체적, 절차적 요건이 모두 갖추어졌다면 실제로 인정될 금액이 중요한데, 서울고등법원 2013나2020067 판결은 다음과 같은 일반론을 제시하고 있다.

---

32) 의정부지방법원 2016. 9. 8. 선고 2013가합11383 판결도 위와 같은 논리로 판단을 전개했다.

33) 윤재윤, 『건설분쟁관계법(제6판)』, 박영사, 2015. 9., 166쪽: "공사원가 계산시 자주 등장하는 용어로 '표준품셈'과 '일위대가'가 있다. 표준품셈은 정부 및 공공기관에서 집행하는 건설공사에 대한 원가계산시 비목별 가격결정의 기초자료로 삼기 위하여 단위공정별로 대표적이고 표준적이며 보편적인 공종, 공법을 기준으로 하여 소요되는 재료량, 노무량 및 기계경비 등을 수치로 제시한 것을 뜻한다. 일위대가는 해당공사의 공종별 단위당 소요되는 재료비와 노무비를 산출하기 위하여 품셈기준에 정해진 재료수량 및 품 수량에 각각의 단가를 곱하여 산출한 단위당 공사비, 즉 단가를 뜻한다."

34) 예정가격이란 계약담당공무원이 입찰 또는 국가가 당사자가 되는 계약을 체결할 때 낙찰자(계약자) 및 계약금액의 결정기준으로 삼기 위하여 미리 작성·비치하여 두는 가격을 말한다(국가계약법 시행령 제2조 제2호).

① 실제 지출한 공사비용을 공사기간의 연장과 객관적으로 관련성이 있고 상당한 범위 안에서 간접공사비를 인정하여야 한다.

② 국가계약법 시행령 제66조 제1항의 취지에 따라 그 금액은 실비를 초과할 수 없다.

③ 정부입찰·계약 집행기준이 정하고 있는 간접공사비 산정방식은 조정 신청에 따른 조정이 이루어질 경우 연장된 공사기간에 예상되는 간접공사비를 산정하는 기준을 제시한 것이므로, 조정에 대한 합의가 이루어지지 않고 원고들이 연장된 공사기간에 실제로 지출한 간접공사비를 청구하는 경우에는 적용되지 않는다.

2015. 11. 27. 선고된 서울고등법원 2014나2033107 판결은 "공사기간 연장에 따른 계약금액의 조정 기준이 되는 '실비'는 공사기간의 연장에 따라 추가로 지출하게 된 비용으로 공사기간의 연장과 객관적인 관련성이 있어야 할 뿐만 아니라 필요하고 상당한 범위 내의 것이어야 한다."고 설명하고 있다. 정리하면, 간접비에 포함되는 항목은 법령이나 계약예규 등에 규정된 내용에 따라 기계적으로 결정되는 것이 아니라,[35] 실비의 범위 안에서, 공사기간 연장과 얼마나 관련되어 있는지, 얼마나 적정한지에 따라 결정된다. 관련성, 적정성에 관해서는 아직 뚜렷한 기준이 마련된 것은 아닌데, 간접비 소송의 사례가 축적되면 일정한 법리가 마련될 것으로 예상된다.

다. 간접노무비

1) 기준

공기연장에 따른 간접비 중에서 상당 부분이 간접노무비 항목인데,[36] '현장 유지'

---

35) 광주지방법원 2002가합3251 판결은 "실비산정기준(회계예규 2200.04-148-1, 1998. 2. 20.) 제3조에 의하면 간접노무비 및 경비에 관하여만 규정하고 있고 간접재료비에 관하여는 규정이 없으나, 간접재료비란 계약 목적물의 실체를 형성하지는 않으나 제조에 보조적으로 소비되는 물품의 가치를 말하는 것으로 공사기간의 변경으로 인하여 발생되는 비용으로 위와 같은 간접재료비도 수반될 수 있음은 물론이므로 위 실비산정 기준에 그 규정이 없다고 하여 곧바로 실비에 포함되지 않는다고 할 수는 없고 앞서 본 바와 같이 그 계약 내용의 변경과 객관적으로 관련성이 있는지 여부와 필요하고 상당한 범위의 것인지 여부에 따라 결정된다 할 것이다."라고 판단했다.

36) 간접노무비의 금액이 크고, 경비 중 산재보험료 등은 '승률계상비목'으로 간접노무비에 일정한 비율을 곱하는 방식으로 계산되고, 일반관리비와 이윤도 간접노무비, 경비에 연동되어 전체 간접비에 미치는 영향이 가장 크다.

에 관한 기준이 명확하지 않아 분쟁이 발생한다. 노무량은 공사의 규모·내용·공종·기간 등을 고려하여 설계서(설계도면, 시방서, 현장설명서 등)의 특성에 따라 적정 인원이 반영되는데,[37] 반드시 노무량에 따라 간접노무비를 계산해야 하는 것은 아니다.[38] 앞서 서울고등법원 판결이 밝힌 법리에 따르면 간접노무인력의 역할이나 직위, 당시 상황 등에 따른 도식적인 기준을 마련하기는 어렵고, 결국 개별 사건에서 구체적인 제반 사정을 종합하여 '관련성', '적정성'이 판단될 것이다. 개별 사건의 '특수성'과 관련해서는 일차적으로 착공시 제출되는 현장조직표에 간접노무인원이 어떻게 설명되어 있는지, 이후 현장조직표상의 간접노무인원이 변동되어야 할 특별한 사정이 발생했는지, 간접노무인원 변동에 관한 발주기관 승인이 있었는지 등이 문제될 수 있다.[39]

2) 다른 현장에 겸직한 노무인력에 대한 간접노무비

연장된 공사기간에 해당 현장 외에 다른 공사현장에서 겸직한 것으로 기재되어 있는 노무인력에 대한 간접노무비가 문제된다. 겸직이 인정된다면 당연히 그 부분의 노무비는 공제되어야 할 텐데, 구체적 공제 금액과 관련하여 서울중앙지법 2014가합546143 판결은 '이 사건 공사현장과 다른 겸직현장에 대한 근무의 비중이나 정도를 가릴 자료가 충분하지 않으므로 이 사건 현장과 겸직현장을 포함한 전체 공사현장의 수의 비율

---

37) 한국경제정책연구소, 「시설공사 원가계산 제비율 적용기준 개선에 대한 용역보고서」, 2010. 7., 11면.

38) 서울고등법원 2013나2020067 판결은 '적정 노무량을 산출하여 직종 단가를 곱하는 것도 한 방법이 될 수 있으나, 반드시 그와 같은 방법을 따라야만 산정결과의 신빙성이나 합리성이 인정된다고 할 수 없는 점(제1심 법원 감정인에 대한 사실조회결과로 알 수 있듯이, 위 감정인은 간접노무인력에 대해서는 노임단가가 발표되지 않아 그에 따른 간접노무비 산정이 곤란한 문제점을 고려하여 피고측 주장의 방법을 사용하지 않은 것으로 보인다), 간접노무비가 직접노무비에 연동하여 발생한다는 것은 공사계약체결시 간접공사비를 정할 경우에 적용되는 것으로서 공사기간 연장으로 인하여 추가로 지출하게 된 간접공사비를 실비의 범위 내에서 구하고 있는 원고들의 청구에 직접적인 영향을 미칠 수는 없고(즉, 공사대금에 관한 약정을 할 때는 간접공사비가 얼마나 소요될지 예측하기가 쉽지 않은 점을 고려하여 그 산정의 방법으로 직접공사비의 일정비율을 간접공사비로 약정하는 것일 뿐이므로, 공사기간 연장으로 실제 지출된 간접공사비를 산정하는 데까지 직접공사비의 일정비율에 따른 산정을 기계적으로 적용할 것은 아니다), 또한 공사물량의 변경 없이 공사기간만이 연장되더라도 연장된 기간 동안 공사현장을 유지하기 위하여 필요한 간접노무비는 발생할 수 있는 점' 등을 근거로 감정결과에 신빙성이 없다는 피고 항변을 배척했다.

39) 계약상대자가 원하는 내용으로 발주자가 승인을 했다면 간접비 청구에 문제가 없겠지만, 당연히 발주자는 최소인원을 주장할 것이다. 결국 소송에서 어느 정도 주장·입증하느냐에 달려 있는데, 공사가 연장된 기간에 개별 간접노무인력이 담당한 역할을 작업일지와 같은 형식으로 정리하여 감리나 발주자에게 정기적으로 보고하고, 현장조직표에 없는 간접노무인원이 필요한 상황을 증명할 수 있는 증거도 미리 확보해 둘 필요가 있다.

로 안분한 금액'에 한하여 간접공사비 산정의 기초가 되는 간접노무비로 인정했다. 또한 "실질에 있어 타현장에 겸직하지 않은 부분은 간접노무비의 산정에서 고려하지 않는다."는 전제에서 겸직기간 개시 이전에 사용승인이 이루어진 경우에는 위 현장에 현실적으로 겸직하였다고 보기 어렵다고 판단했다. 기록상으로는 전체 기간 겸직된 것으로 처리되어 있더라도 준공일 또는 사용승인일 등을 감안하여 실질적 겸직 여부를 결정하고, 겸직이 인정되며 그 겸직기간의 노무비는 공제하되, 근무 비중이나 정도를 가릴 자료가 없으면 각 현장을 1/n의 비율로 근무한 것으로 계산하고 있다.

3) 의무 배치 인력

관련 법령상 의무적으로 건설현장에 배치되어야 하는 현장대리인, 품질관리자, 안전관리자에 대해서만 간접노무비가 인정되는 것인가? 대전지방법원 2012가합100658 판결은 위와 같은 피고 항변을 배척했고,[40] 서울고등법원 2014나2033107 판결 역시 의무적 배치인원으로 한정하지 않고 실제 당시의 현장 상황[41]과 감정결과[42]를 기초로 판단했다.

라. 산출내역서에 일반관리비 및 이윤이 0원으로 기재된 경우

국가계약법 시행령에 따르면 공사입찰에 참가할 때 입찰서와 함께 산출내역서를 제출해야 하는데, 종종 산출내역서에 일반관리비와 이윤이 '0원'으로 기재된 경우가

---

40) "건설공사 현장을 유지·관리하기 위해서는 건설기술자 의무배치 규정에 따른 현장대리인, 품질관리자, 안전관리자만이 공사현장에 필요한 것이 아니라, 그 외에도 현장관리, 시공관리, 품질관리, 하도급관리 및 기타 업무적 지원을 위하여 현장소장, 공정별 시공관리자, 자재·장비관리자, 공무담당자, 노무관리원 및 관리사무원 등의 업무인원이 필요한 점, 원고들은 현장업무 추진에 필요한 적정 인원의 배치를 위하여 피고의 승인을 얻어 현장 인원수를 변경해 온 것으로 보이는 점, 감정인은 현장검증 당시 이 사건 각 공사현장 관련자 및 감리자 등이 참석한 가운데 노무자의 실제 근무사실을 확인하는 방법으로 현장조직도, 인력투입 실적, 근로소득지급 명세서 및 급여명세서 등의 자료를 검토한 후 그 내용에 대하여 원고들과 피고의 의견을 들어 간접노무비를 산정한 점 등을 종합하여 보면, 이 사건 각 공사 현장의 유지·관리를 위하여 필요한 적정 인원수에 해당한다는 판단 아래 이 사건 각 공사 현장에 실제 투입된 인원을 기초로 간접노무비를 산정한 감정인의 감정결과가 정당하므로, 피고의 위 주장은 받아들이지 않는다."

41) "원고는 이 사건 공사를 진행할 당시 피고로부터 간접공사비를 받을 수 있을지 여부가 매우 불투명한 상황이었으므로 불필요한 인원을 무리하게 투입하여 현장을 비효율적으로 관리하였을 것이라고 추단하기 어려운 점".

42) "감정인은 위와 같이 필요한 인원 중 이 사건 공사 현장에서 실제 근무사실이 확인된 노무자를 대상으로 급여명세표와 급여 대장에 기재된 금액을 기준으로 현장 확인을 거쳐서 간접노무비를 산정한 점".

있고, 이 경우 피고들은 "산출내역서에 기재된 것과 같이 일반관리비와 이윤은 포함되지 않는다."고 항변한다. "이윤 없이 관급공사를 수행할 것처럼 내역을 제시하여 낙찰을 받은 후 이윤 반영을 요구하는 것은 신의칙에 반한다."는 논리로 위와 같은 항변을 받아들인 하급심 판례도 있는데,[43] 주류적 판결은 이 경우에도 일반관리비와 이윤을 인정하고 있다.[44] 설령 입찰 당시 일반관리비와 이윤을 포기할 의사였다 하더라도 이는 당초 예상한 기간에 공사가 정상적으로 끝날 것을 전제로 한 것이라고 볼 수 있는데, 수급인의 귀책사유 없이 공사기간이 연장되어 추가비용이 발생했다면 그 기간에 대해서까지 일반관리비와 이윤을 포기했다고 볼 수는 없을 것이다.

보다 중요한 것은 일반관리비율과 이윤을 계산하는 비율이다. 서울고등법원 2010나76841 판결에서는 비율을 계산하는 기준이 명시되지 않았는데, 구체적 금액[45]을 기준으로 계산하면 일반관리비율은 3.58%, 이윤율은 10.81% 정도였다. 위 수치가 어떤 자료를 근거로 어떻게 결정된 것인지 판결문만으로는 명확히 알기 어려운데, '설계내역서상의 일반관리비율 및 이윤율'이라고 표현되어 있으므로, 아마도 감정을 통해 위와 같은 수치가 결정된 것으로 보인다. 물론 실제 산출내역이 있으면 그 자료에 따라 결정될 것이다.

---

43) 서울중앙지방법원 2014가합546143 판결은 "이윤을 다른 항목 비용에 반영하였다는 점을 인정할 만한 증거가 없고, 위 원고들이 이윤 없이 관급공사를 수행할 것처럼 공사금액의 내역을 제시하여 이를 바탕으로 도급계약을 체결하여 놓고 공기연장에 따른 간접공사비 청구에서는 이윤이 다른 명목의 비용으로 숨겨져 있음을 내세워 이윤의 반영을 요구하는 것은 떳떳하지 못하고, 선행행위에 모순된 거동으로서 신의칙에 어긋난다."고 판단했다.

44) 서울고등법원 2010나76841 판결은 "이는 원고들이 위 내역서를 작성할 때 설계내역서의 세부 비용항목 전체에 낙찰률을 적용하여 위 내역서상의 비용을 산출한 것이 아니라 일반관리비 및 이윤에 해당하는 비용을 다른 비용에 포함시키는 방법으로 일반관리비 및 이윤을 0원으로 조정하였기 때문이었음을 알 수 있으므로, 위와 같은 사정만으로는 원고들이 일반관리비와 이윤을 포기하였다고 볼 수 없다. 게다가 이 사건과 같이 원고들의 귀책사유 없이 공사기간이 연장되어 그 연장된 공사기간 동안 원고들이 실제로 간접공사비를 지출한 경우에는 이에 따른 일반관리비 및 이윤도 이 사건 공사에 투입된 비용이라고 할 것이므로, 위와 같은 간접공사비를 산정함에 있어서는 원고들이 실제 지출한 간접공사비에 설계내역서상의 일반관리비율 및 이윤율, 낙찰률을 적용하여 일반관리비 및 이윤을 산정하는 것이 타당하다."고 판단했고, 서울고등법원 2013나11869 판결도 동일한 취지로 판시했다.

45) 간접노무비 911,166,762원, 경비 371,550,081원, 일반관리비 46,036,588원, 이윤 143,746,569원(간접노무비+경비: 1,282,716,843)(간접노무비+경비+일반관리비: 1,328,753,431) 일반관리비율은 3.58%, 이윤율은 10.81%

마. 하수급인 간접공사비

다른 공사와 마찬가지로 관급공사에서도 하수급인이 수급인과 하도급계약을 체결하고 공사에 참여하는 경우가 많은데, 하수급인의 간접비가 문제된다. 발주자가 수급인에게 하수급인의 간접비까지 지급해야 하는지에 관한 대법원 판례는 확인하지 못했는데, 서울중앙지방법원 2014가합546143 판결은 하수급업체들이 지출한 추가 간접공사비 또한 발주자가 수급인에게 지급해야 할 간접공사비에 포함되어야 한다고 판단했다.[46] 대전지방법원 2012가합100658 판결에서는 "하수급인이 추가로 지출한 간접비 명목의 금원은 이를 하도급인이 하수급인에게 지급할 의무가 있는지는 별론으로 하고, 피고에게 그 지급의무가 없음은 명백하다."는 판단이 내려졌다. 하수급인이 지출한 간접비를 인정하지 않는 가장 큰 이유는 하수급인과 도급인 사이에는 직접적인 계약관계가 없기 때문인 것으로 보이는데, 실제 비용이 발생했음에도 단순히 형식적 계약관계만을 이유로 계약금액을 조정하지 않는 것은 부당하다. 공사현장 관리 등을 위해 인력을 투입할 필요성이 없음에도, '추가 간접비'라는 미래의 불확실한 이익을 위해 현실의 손해를 감수하면서까지 비용을 지출할 회사를 상정하기는 어렵기 때문이다.

하수급인이 수급인과 발주처를 상대로 한 소송[서울중앙지방법원 2012. 1. 6. 선고 2011가합60105 판결(확정)]에서는, ① 하수급인의 수급인에 대한 청구는 인용, ② 하수급인의 발주자에 대한 청구는 각하, ③ 수급인의 "발주자로부터 수급인의 현장 파견 인원에 대해서만 간접비를 지급받았을 뿐 원고의 간접비까지 감안하여 간접비를 정산받은 것은 아니다."라는 항변은 기각되었다. 구체적 금액은, 전체 계약금액(A)에서 하수급인이 맡은 공사가 차지하는 금액(B)의 비율(B/A)에, 하수급인이 맡은 공사의 전체 금액(B)에서 하도급계약 금액(C)의 비율(C/B)을 곱한 비율(C/A)을 수급인이 발주처로

---

46) 위와 같은 판단의 논거로 '도급인인 피고에 대한 관계에서 원고의 하수급업체들은 수급인인 원고의 이행대행자이므로 이들의 공사수행은 원고의 공사수행으로 평가할 수 있는 점, 건설산업기본법 제36조 제1항 및 하도급거래 공정화에 관한 법률 제16조 제1항에서 수급인이나 원사업자가 설계변경 또는 경제상황 등의 변동에 따라 발주자로부터 계약금액을 늘려 지급받은 경우에 그 내용과 비율에 따라 증액하여 하수급인 또는 수급사업자에게 지급하도록 규정하고 있고, 원고가 피고로부터 자체의 현장 직원 배치 또는 현장사무소 유지·관리 등에 대한 간접공사비만을 정산받았다는 이유로 하수급업체에 대한 간접공사비 지급을 거절하기는 곤란하다고 보이는 점, 직접적인 계약관계가 없는 원고의 하수급업체들이 피고에게 직접 공사기간 연장에 따른 추가 간접공사비를 청구할 수 없는 점 등'이 제시되었다.

부터 받은 간접비에 곱하는 방식으로 계산되었다. ②와 관련하여 원고는 '연대책임', '제3자를 위한 계약', '채권자대위권'의 논리를 주장했으나, 인정되지 않았다. 위와 같은 상황을 고려하더라도 하수급인의 간접비를 포함한 수급인의 청구가 인정될 필요가 있다. 현재 상황에서는 하수급인이 도급인을 상대로 직접 간접비를 청구할 수도 없고, 수급인은 도급인으로부터 간접비를 추가로 받았는지와 관계 없이 하수급인에게 간접비를 지급해야 하는데, 결국 수급인만 경제적으로 손해를 보는 결과가 발생하기 때문이다.

Ⅳ. 기타 쟁점

1. 청구권 포기

「조달사업에 관한 법률 시행규칙」제12조 제3항은 수요기관의 장이 변경계약의 체결에 필요한 조치를 하기 곤란한 경우에는 "공사내용의 변경에 합의하고, 아무런 이의를 제기하지 않고 계약자의 의무를 성실히 이행할 것을 확약합니다."라는 내용의 합의서(별지 제12호의2 서식)를 공사계약내용 변경요청서에 첨부하여 조달청장에게 변경계약의 체결을 요청하도록 규정하고 있다. 간접비 소송이 증가하면서 최근에는 보다 구체적인 내용으로, 청구권 포기나 부제소 합의로 해석될 수 있는 내용의 별도 합의를 체결하는 경우가 많다.

통상 피고들은 위와 같은 합의서를 근거로 원고가 청구권을 포기했다거나 부제소 합의가 있다는 항변을 한다. 추가간접비 청구를 포기했다고 인정한 판결도 있으나[서울중앙지방법원 2008. 10. 15. 선고 2006가합50739 판결(확정)], 주류적 판결은 변경된 계약 내용에 이의를 제기하지 않는다는 내용만으로는 추가간접비 청구를 포기한 것으로 볼 수 없다고 판시하고 있다(서울고등법원 2010나76841 판결, 서울고등법원 2008나35748 판결). 대법원은 채권포기가 인정되려면 반드시 명시적 의사표시만 있어야 하는 것은 아니나 채권포기와 관련하여 채권자의 어떠한 행위나 의사표시를 해석할 때에는 엄격하게 해석해야 한다고 판시하고 있다(대법원 1987. 3. 24. 선고 86다카1907 판결 등). 분쟁이 발생하면 결국 의사해석이 문제되므로, 추가간접비 청구권의 포기 여부는 합의서 내지 변경계약서에 기재된 내용을 기초로, 공사기간 변경합의를 하는 과정에서 계약상대자가 추가간접비 청구권을 포기하는 취지로 해석될 수 있는 행위를 하였는지 등의 구체적 사실관계를 기초로 판단해야 할 것이다.

2. 신의칙상 감액

실무상 피고들이 "원고가 실비 전액을 지급받는 경우 연장된 공사기간 중 계약금액에서 비율계상방법으로 반영된 간접노무비에 더하여 직접계상방법으로 산정된 실비까지 추가로 지급받게 되어 지나치게 과다한 보수를 지급받는 결과가 되어 신의성실의 원칙이나 형평의 원칙에 반하므로 상당한 범위 내의 금액으로 감액되어야 한다."고 항변하는 경우가 있는데, 위와 같은 항변이 배척된 사례(서울고등법원 2014나2033107 판결[47])도 있고 항변이 받아들여져 10% 정도 감액된 사례도 있다(서울고등법원 2015나2006713 판결,[48] 서울중앙지방법원 2012. 9. 21. 선고 2011가합107011 판결[49]).

---

47) "이 사건 공사 계약 일반조건 제22조는 정부의 계약담당 공무원이 실비를 초과하여 계약금액 증액의 합의를 함으로써 무분별한 재정지출을 하는 것을 제한하려는 취지일 뿐 실비 범위 내에서 반드시 그보다 적은 금액으로 조정하라는 취지라고는 볼 수 없는 점, 공사기간 변경 당시의 금액 조정을 위한 실비 산정과는 다르게 이미 공사가 완료된 이 사건의 경우에는 연장된 기간에 실제 지출한 자료를 기준으로 간접공사비를 산정하는 것이 부득이하고 합리적인 측면도 있는 점, 이 사건 공사계약의 총공사대금에서 차지하고 있는 간접공사비는 당초 준공기한인 2010. 3. 31.까지의 공사기간에 대한 것이고 당초 예정된 공사기간에 모두 지출되었다고 봄이 상당한 점(설계변경으로 증액된 공사비에 반영되어 있는 간접공사비 189,565,264원은 예외이나, 이를 별도로 공제하였음은 앞에서 살펴본 바와 같다) 등을 고려하면 원고가 공사기간 연장에 따라 추가로 지출한 간접공사비 실비 전액을 지급받는 것이 신의칙이나 형평의 원칙에 반한다고 볼 수 없다."
48) "이 사건 도급계약에 의하면 공사기간 연장이라는 계약내용의 변경으로 인한 계약금액 조정은 당사자 사이의 합의에 따라 조정하도록 하는 원칙과 그 합의시 '실비를 초과하지 않는 범위 안에서'라는 조정금액의 한도를 제시하고 있을 뿐이고, 설계변경 또는 물가변동으로 인한 계약금액 조정과 같이 계약단가나 낙찰률 또는 조정률 등에 의하여 일정한 산식에 따라 조정금액이 곧바로 산출되지는 않으므로, 법원으로서는 신의칙 및 공평의 원칙상 이 사건 도급계약 내용이 변경된 원인과 과정, 당해 공사기간 중 雙方 합의에 의한 계약금액 조정 과정과 당시 최초 산정금액 대비 조정 비율, 이 사건 계약금액 조정이 이루어지지 않은 이유, 수급인이 지출한 비용, 계약금액이 합의에 따라 조정되었을 경우에 예상되는 금액 등을 고려하여 실비의 한도 내에서 적정한 조정금액을 결정할 수 있다. 그런데 앞서 본 사실과 감정인의 감정결과에 변론 전체의 취지를 보태어 인정되는 다음의 사정들, 즉 당사자 사이의 협의로 공사기간 변경에 따른 계약금액 조정 절차가 진행되었을 경우 실비의 범위 내에서 그보다 적은 금액으로 계약금액 조정이 이루어졌을 가능성을 배제할 수 없는 점, 연장된 공사기간 중 일부는 설계변경에서 비롯된 것으로 보이는 점, 그밖에 이 사건 각 도급계약의 공사기간이 연장된 경위, 그동안 이 사건 각 공사의 계약금액 결정 및 조정 과정, 원고들이 공사기간 연장으로 인해 지출한 비용의 규모 및 내용 등을 모두 참작하며, 위에서 산정된 공사비를 10% 정도 감액함이 상당하다."
49) 항소심(서울고등법원 2012나80752)에서 화해권고결정으로 종결되었다.

V. 결론

간접비 소송은 결국 공사가 당초 예정대로 진행되지 못해 발생한 추가 공사대금에 관한 분쟁이다. 기본 구도는 간단하지만, 원고 입장에서는 '조정 신청'이라는 절차를 반드시 거쳐야만 청구가 인용될 수 있기 때문에 일반 민사소송과는 구별되는 특수성이 있어 실제 소송 과정에서는 많은 공방이 이루어진다. 지금까지는 조정 신청의 대상, 소멸시효, 청구권 포기의 합의 여부와 같이 피고가 원고 청구 자체를 다투는 쟁점에 관한 논의가 상대적으로 많이 진행되었는데, 위와 같은 쟁점이 정리되고 나면 구체적 금액 산정에 관한 논의도 본격적으로 전개될 것으로 예상된다. 조정금액의 범위와 관련해서도 현재까지는 일단 실비를 기준으로 손해액이 산정되었는데, 수급인 입장에서는 자신의 귀책사유 없이 공사기간이 늘어날 경우 당초 예상하지 못했던 손해를 입을 수 있으므로, 장기적으로는 위와 같은 손해를 전보할 수 있는 방안에 관한 연구도 진행될 필요가 있을 것이다.

참고문헌

[단행본]

윤재윤, 『건설분쟁관계법(제6판)』: 박영사, 2015. 9.

정기창·박양호, 『공기연장 계약금액 조정실무』, 건설원가연구원, 2013. 8.

[정기간행물]

김태관, "공사계약일반조건상 공기연장비용에 관한 기초연구", 『아주법학(제9권 제3호)』, 2015. 11.

박성용 외 3, "건설공사 사전분쟁요인 도출 및 분석", 『한국건설관리학회 논문집(제10권 제6호)』, 2009. 11.

박주봉, "공공건설 공사계약 관련 간접비등 청구사건의 주요쟁점", 건설법학회 세미나자료.

이영환·김원태, "공공공사 공기연장 실태 조사와 개선 방안 – 공기연장에 따른 계약금액 조정 중심으로", 『건설이슈포커스』, 2013. 5.

[학위논문 및 보고서]

김봉채, "국가를 당사자로 하는 계약에 관한 법률에 관한 연구", 성균관대학교 박사학위논문, 2006. 6.

신영철, "공기연장으로 인한 추가비용 산정방법 개선방안", 동국대학교 박사학위논문, 2012. 7.

이상우, "공공공사에서의 공사기간연장에 관한 법적연구", 광운대학교 석사학위논문, 2013. 2.

한국경제정책연구소, "시설공사 원가계산 제비율 적용기준 개선에 대한 용역보고서", 2010. 7.

[판례]

대법원 2018. 10. 30. 선고 2014다235189 전원합의체 판결

대법원 2018. 12. 27. 선고 2015다255463 판결

대법원 2018. 12. 28. 선고 2016다245098 판결

대법원 2012. 6. 28. 선고 2011다45989 판결

대법원 2006. 9. 14. 선고 2004다28825 판결

대법원 1987. 3. 24. 선고 86다카1907 판결

서울고등법원 2016. 7. 15. 선고 2015나2006713 판결 : 대법원 2016다245098 파기환송 (서울고등법원 2019나2000935로 계류 중)

서울고등법원 2015. 11. 27. 선고 2014나2033107 판결 : 대법원 2015다255463 파기환송 (서울고등법원 2019나2001259로 계류 중)

서울고등법원 2014. 11. 5. 선고 2013나2020067 판결 : 대법원 2014다235189 파기환송 (서울고등법원 2018나2064659로 계류 중)

서울고등법원 2013. 11. 18. 선고 2013나11869 판결 : 심리불속행으로 확정
서울고등법원 2012. 9. 26. 선고 2011나65268 판결 : 상고 없이 확정
서울고등법원 2011. 5. 18. 선고 2010나76841 판결 : 상고기각으로 확정
서울고등법원 2009. 3. 11. 선고 2008나32756 판결 : 상고 없이 확정
서울고등법원 2008. 11. 26. 선고 2008나35748 판결 : 상고 없이 확정
서울고등법원 2008. 2. 19. 선고 2006나78277 판결 : 심리불속행으로 확정
부산고등법원 2013. 5. 21. 선고 2012나6578 판결 : 심리불속행으로 확정
대전고등법원 2015. 2. 4. 선고 2013나11261 판결 : 상고 없이 확정
광주고등법원 2014. 7. 18. 선고 2012나3301 판결 : 상고 없이 확정
광주고등법원 2010. 6. 23. 선고 2009나5420 판결 : 심리불속행으로 확정
서울중앙지방법원 2015. 12. 16. 선고 2014가합546143 판결 : 항소 없이 확정
서울중앙지방법원 2012. 9. 21. 선고 2011가합107011 판결 : 항소심에서 화해권고결정으로 종결
서울중앙지방법원 2012. 1. 6. 선고 2011가합60105 판결 : 항소 없이 확정
서울중앙지방법원 2008. 10. 15. 선고 2006가합50739 판결 : 항소 없이 확정
서울동부지방법원 2013. 11. 12. 선고 2012가합20183 판결 : 항소 없이 확정
대전지방법원 2014. 7. 10. 선고 2012가합100658 판결 : 대전고등법원 2014나12421로 계류 중
광주지방법원 2009. 8. 28. 선고 2008가합9084 판결 : 항소 없이 확정

Abstract

Key issues in the indirect cost litigations

Kim Tae Hyung

Recently, in relation to the government supply construction works, an increasing num—ber of contractors are filing a lawsuit against suppliers for the excessive portion of the construction costs not attributable to the contractor. Moreover, considering the prolonged recession in the construction industry and the very nature of the government supply construction works frequently requiring a revision to the original plan or extension of time, the number of such lawsuits is likely to increase further. Similar to other areas, precedents established by the courts will play an important role for the outcome of these cases. Nevertheless, not many cases were disputed in the courts and most of them were finally decided in the lower courts. Hence, many key issues are not established as legal principle by Supreme Court cases. Fortunately, the Supreme Court are currently examining a number of key issues, and thus, some fundamental principles on indirect cost cases will be established once the decisions for such cases are made by the Supreme Court. Nevertheless, further discussions and studies are still essential because some issues are not yet examined by the Supreme Court and even a small issue may have a significant impact on the interests of the parties. Accordingly, some key issues in indirect cost cases are discussed in this paper based on the decisions so far delivered by the courts.

Key words: construction contract, extension of the construction period, costs associated with the extension, indirect cost, change of design

국제건설계약에서 불가항력 조항에 관한 고찰*

-FIDIC 표준계약조건을 중심으로-

이 훈 외국변호사(미국)

Ⅰ. 들어가며

국제건설계약에서 불가항력 조항은 다른 국제계약에서와 마찬가지로 어느 당사자의 계약상 의무를 면제해 주는 조항이다. 불가항력이란 계약체결 후 계약당사자 일방 또는 쌍방이 약정한 계약상 의무를 이행하는데 일반적으로 필요하다고 인정되는 모든 수단을 행하여도 그 자신의 힘으로는 채무불이행을 회피할 수 없는 후발적 이행불능 상황을 말한다.[1] 즉 국제건설계약을 체결한 당사자들은 계약의 대원칙인 "약속은 지켜져야 한다"라는 라틴어 법 격언을 따라 약정한 계약상 의무를 이행하여야 하지만, 유일하게 그러한 의무이행을 면책해주는 기능을 하는 것이 불가항력 조항인 것이다.

갈수록 다양하고 복잡해지는 국제건설프로젝트에서 시공자가 해당 프로젝트를 완료하는 과정에서 부닥칠 수 있는 여러 가지 위험요소들을 고려할 때, 불가항력 조항은 매우 중요한 조항이라고 생각된다. 하지만, 국제건설계약의 당사자들은 대부분의 경우 계약조건에서 흔히 볼 수 있는 불가항력 조항에 대해 개략적인 의미는 파악하고 있지만, 그에 대한 충분한 이해와 지식을 가지고 국제건설계약 협상에 임하고 있다고 보이지는 않는다. 더군다나, 계약당사자들은 계약서 내 상업적 조건들을 포함한 다른 조건

---

* 이 글은 『국제건설에너지법: 이론과 실무 2(국제건설에너지법연구회 총서 2)』, 국제건설에너지법연구회, 2019
에 게재된 논문이다.

[1] 김승현, 국제건설계약의 법리와 실무, 박영사, 2015, 204면.

들을 협의하는 데 많은 시간을 할애하다가 시간에 쫓겨 불가항력 조항은 별다른 수정 없이 그대로 확정하여 계약을 체결하는 경우가 많다.

만일 어느 국제건설계약에서 불가항력 조항을 갖고 있지 않는 경우, 불가항력 사유에 의한 의무면제를 받을 수 있을 지 의문이 들 수 있다. 이 같은 의문에 대해 명확한 답변은 나올 수가 없는데, 그 이유는 어느 국가가 대륙법계 또는 영미법계인지에 따라 불가항력에 의한 의무면제를 인정하는 범위가 다를 수밖에 없고, 또한 법원 등 분쟁해결기관의 성향에 따라 불가항력 상황을 어떻게 해석할 지 예측하기 어렵기 때문이다.

다시 말해, 대륙법계 국가들의 경우 법률로 불가항력에 대한 규정들을 갖고 있어 계약에 불가항력 조항이 없어도 해당 법률 규정들에 의존할 수 있기는 하다. 하지만, 국가별로 불가항력에 의한 의무면제를 인정하는 범위는 달라질 수 있기 때문에[2], 계약에서 해당 법에 저촉되지 않는 구체적인 불가항력 조항을 명시하는 것이 의미가 있다. 또한, 계약의 엄격책임(strict liability) 원칙을 존중하는 영미법을 준거법으로 채택한 국제건설계약의 경우에는 불가항력의 조항 없이 구제를 받으리라는 보장이 없기 때문에[3], 불가항력 조항을 계약에 삽입하는 것이 꼭 필요하다고 본다.

이와 같이 불가항력 사유에 의한 의무면제를 받기 위해 국제건설계약 내에 불가항력 조항이 꼭 필요한 것이라면, 당사자들은 국제건설계약조건 협의 시 처음부터 잘 작성된 불가항력 조항을 갖고 협상에 임하는 것이 중요하다고 생각된다.[4] 더 나아가 가능하다면 해당 국제건설프로젝트의 상황에 맞게 불가항력 조항을 수정 또는 보완하여 체결한다면 최상이라 할 것이다.

이 글의 주요 목적은 국제적으로 널리 사용되고 있는 국제건설표준계약 조건인

---

2) David Thomas QC, Frustration and Force Majeure: A Hard Line in English Law, *Construction Law International* (June 2011), p. 1.

3) Jeremy Glover and Simon Hughes, *Understanding the NEW FIDIC Red Book: A Clause−by−Clause Commentary,* Sweet & Maxwell(2012), p. 362. '보장이 없다'는 의미는 본문에서 더 자세히 논의를 하겠지만, 영미법계에서 불가항력 법리로 인정을 받고 있는 Impracticability법리 또는 Frustration법리에서는 어느 당사자의 의무를 면제해주는 불가항력 사유를 엄격히 제한하고 있다는 점을 고려한 표현이다. 또한 국제건설계약에서 불가항력 조항이 있다 하더라도, 영미법계 국가의 법원들은 불가항력 조항을 Impracticability법리 또는 Frustration법리선상에서 엄격히 해석하려 하므로, 당사자들이 계약체결시점에 상정할 수 있는 불가항력 사유가 있다면 계약서에 명시를 함으로써 미리 법원의 엄격한 해석을 배제할 필요가 있을 것이다.

4) 시공자의 입장에서는 특히 더 그러하다 할 것이다.

FIDIC[5](국제컨설팅 엔지니어링 연맹, 프랑스어 Fédération International des Ingénieurs Conseil 의 약자이다) 계약조건에서 불가항력 조항인 제19조를 구체적으로 논의하는 데 있다. FIDIC 계약조건 제19조는 불가항력 사유에 대한 정의를 내리는 규정을 포함하여, 당사자들의 통제를 벗어나는 사유에 의해 사실상 또는 법적으로 계약상 의무를 이행하지 못하게 되는 경우에, 그 의무불이행의 책임으로부터 면제받을 수 있는 구체적인 규정을 담고 있다.[6] FIDIC은 오랫동안 발주자와 시공자의 어느 한쪽의 이익에 치우치지 않고 균형 잡힌 태도를 견지하는 표준계약조건을 발표해온 것으로 정평이 나 있어서, FIDIC 계약조건내 불가항력 조항의 규정들 역시 국제건설계약에서 사용될 수 있는 모범규정으로 충분히 인식될 수 있다고 본다.[7]

따라서, 아래 본문에서는 FIDIC 계약조건 제19조의 구성과 그 개별적인 내용에 대해 살펴보면서, 또한 해당 규정들을 좀 더 유리하게 활용하는 방법을 찾아보려 한다. 아울러, FIDIC 계약조건의 불가항력 조항이 FIDIC 계약조건의 다른 조항들 중에 발주자의 위험과 관련한 조항과 어떻게 연결되어 있는지도 논의해 보겠다. 그 이유는 FIDIC

---

5) FIDIC은 1913년에 전 세계 컨설팅 엔지니어링 업계의 공동의 이익을 증진시킬 목적으로 설립되었고, 각국의 컨설팅 엔지니어링 협회들을 그 회원으로 하고 있다. FIDIC의 주요목적 중 하나는 윤리적이고 권위 있는 업무표준을 확립하는 것인데, 이러한 목적을 위하여 여러 가지 종류의 건설관련 국제표준계약조건을 작성하여 보급하고 있다 신현식·정수용·최대혁, "국내기업의 FIDIC 이용실태와 유의사항", 국제거래법연구 제22편 제1호(2013), 65면 참조.

6) 여기서 논의되는 FIDIC 계약조건은 1999년에 공표된 계약조건이다. FIDIC은 주로 설계 책임을 누가 부담하는지, 또 부담하면 어느 정도로 부담하는지를 기준으로 1999년 Red/Yellow/Silver/Green Book 네 개의 계약조건을 공표하였는데, 이 1999년 FIDIC 계약조건에 대한 개정판(Green Book을 제외하고)이 지난 2017년 12월에 공표되었다. 2017년 계약조건은 1999년 계약조건과 거의 동일한 조항 체계를 유지하고 있지만, 1999년 계약조건에서 다소 불명확했던 조항들을 가능한 한 명확하고 세밀하게 규정하려는 의도에 따라 일반조건의 분량이 대폭 증가하였다. 하지만, 불가항력에 관해서는 조항이 기존의 19조에서 2017년 계약조건에서는 18조로 이동하였고, 불가항력(Force Majeure)이라는 용어 대신 예외적인 사건(Exceptional Events)이라는 용어를 사용할 뿐 그 내용은 거의 바뀌지 않았다. 2017 FIDIC 계약조건 때문에 1999년 계약조건이 바로 해외건설시장에서 사라지리라고 보지는 않는다. 기존의 1999년 계약조건을 채택하여 현재 진행되고 있는 프로젝트가 많이 있으며, 신규 프로젝트라 하더라도 2017년 계약조건에 대해 어느 정도 확실한 파악이 끝날 때까지 여전히 1999년 계약조건이 사용될 가능성이 높다. 김승현, "2017 FIDIC 계약조건 주요내용 해설", 2018. 9. 10. 개최된 국제건설·에너지법연구회 정기세미나 발표문 2면; Hasan Rahman, Constructive Thinking: FIDIC 2017 — Risk Allocation(DLA Piper; March 2018), p. 1 참조.

7) FIDIC 계약조건 외에도 ENAA(일본엔지니어링진흥협회; Engineering Advancement Association of Japan) 계약조건, EIC(유럽국제시공자협회; European International Contractors) 계약조건, ICC(국제상업회의소; International Chamber of Commerce) 계약조건 등이 있다. 여러 국제건설표준계약조건에 대해서는 김승현, "국제건설계약에서 시공자 책임제한법리", 국제거래법연구 제22편 제1호(2013), 1-3면 참조.

계약조건이 대표적인 국제건설표준계약조건으로서 건설공사를 시행하는 데 있어서 발생할 수 있는 위험들을 발주자와 시공자 간에 나눈 계약이기 때문에, 불가항력 조항도 시공자와 발주자 간에 위험배분의 맥락에서 바라보아야 할 필요가 있기 때문이다.

한편, 위와 같은 FIDIC 계약조건의 불가항력 규정의 구체적인 논의에 앞서서, 이 글에서는 먼저 영미법계 및 대륙법계의 불가항력 관련 법 논리와 국제거래규범하의 불가항력 관련 원칙에 대해 살펴보고자 한다.[8] FIDIC 계약조건에 담긴 불가항력 규정이 작성되기 이전에, 불가항력적인 사유 발생으로 인한 의무면제는 우리나라를 포함하여 전 세계 국가들이 일정한 법리를 통해 인정하여 왔다. 또한 CISG[9], PICC(UNIDROIT 원칙)[10] 등 국제거래 규범들에서도 일반적인 계약원칙으로 자리잡아 왔다. 각국 국가들의 이러한 법리 및 국제거래 규범상 불가항력 원칙들이 FIDIC 계약조건을 포함한 국제건설표준계약 조건에 담긴 불가항력 조항의 근간이 되었다고 볼 수 있기 때문에,[11] 대륙법 체계 국가들 및 보통법 체계 국가들의 불가항력 법리의 비교법적인 논의와 국제거래 규범들에 대한 논의는 FIDIC 계약조건의 불가항력 규정을 이해하는 데 도움이 될 수 있다. 또한, 이 같은 논의는 국제건설계약에서 불가항력 조항과 준거법의 관계를 이해하는 데도 도움이 된다고 필자는 생각한다.

II. 불가항력 법리에 대한 비교법적 논의

불가항력에 관한 법리는 거의 모든 국가들의 국내법에서 인정되고 있다.[12] 법리형

---

8) 이 같은 논의는 학구적인 논의보다는 실무적인 관점에서 접근할 수밖에 없는데, 이 글의 목적 중에 하나는 국제건설표준계약(FIDIC 계약조건)의 불가항력 조항에 대한 이해를 돕고, 그러한 조항을 해당 국제건설프로젝트에 맞게 충분히 활용할 수 있도록 하는 데 있다.

9) CISG는 1980년 유엔 주최로 개최된 비엔나 국제회의에서 제정된 "국제물품매매계약에 관한 UN협약(UN Convention on Contracts for the International Sale of Goods)"을 의미한다.

10) PICC는 사법통일을 위한 국제협회(International Institute for the Unification of Private Law)에서 1994년에 최초 제정된 "국제상사계약에 관한 UNIDRIOT원칙(UNIDROIT Principles of International Commercial Contracts)"을 의미한다.

11) 예를 들면, 국제계약 규범들에서 불가항력 사유를 정의하는 데 있어서, 예측이 불가하였을 것(예측불가성), 통제가 불가하였을 것(통제불가성), 회피가 불가하였을 것(회피불가성) 등, 세 가지 원칙에 기반하고 있는데, FIDIC 계약조건 19.1항에서도 이와 유사한 기준으로 불가항력 사유에 대한 추상적인 정의를 내리고 있다.

12) World Bank Group Report, Guidance on PPP Contractual Provisions, 2017 Edition, p. 16.

성 초기(20세기 초)에는 물리적 불능(physical impossibility), 계약목적의 좌절(Frustration of purpose)에 기반한 법리로 시작되어 현대에 이르러서는 경제적 불능(commercial impracticability 또는 economic impossibility)까지 불가항력 법리에 포함하는 추세이다.13)

물리적 불능은 계약의 목적물이 멸실됨으로써 당사자의 계약의무이행이 객관적으로 불가능하게 되는 경우이다. 계약목적의 좌절은 계약이행은 가능할 수 있으나, 당초 당사자들이 의도했던 계약의 목적이 상실된 경우를 말한다. 만일 계약의 물리적 이행도 가능하고 계약의 목적 달성도 가능하지만, 상황이 변경하여 어느 당사자가 계약을 이행하는 것이 경제적으로 대단히 곤란해져 해당 당사자의 의무이행이 불가능한 것으로 간주되는 경우가 경제적 불능이다.14)

전술한 바와 같이 불가항력 법리의 가장 큰 주안점은 계약체결 후에 계약당사자들에게 계약체결 시 상정했던 상황들과 근본적으로 다른 사건 또는 상황이 발생하였다는 점이다. 즉 불가항력 법리는 "약속은 지켜져야 한다"(pacta sunt servanda)는 원칙이, 약속에 대한 이행은 "상황이 변하지 않았음을 전제로 한다"(rebus sic stantibus)라는 조건과 충돌하면서 전개되어 온 법리라고 할 수 있다.15) 불가항력 법리구성 및 해석은 해당 국가가 대륙법계인지 또는 영미법계인지에 따라 차이가 있을 수 있고, 또한 유사한 법체계하의 국가들이라도 불가항력에 의한 의무이행 면제를 인정하는 범위나 이론이 조금씩 다를 수 있으므로, 아래에서 좀 더 자세히 살펴보기로 한다.

1. 영미법계 국가의 불가항력 법리

영미법계 국가들에 공통되는 보통법(common law) 체계에서는 모든 계약을 보증(guarantee)의 개념으로 간주하며16), 계약의 책임은 엄격책임주의에 기반한다. 따라서, 계약에서 약정된 의무를 이행하지 않았을 경우, 그러한 보증이 지켜지지 않았으므로 채무자에게 귀책사유가 있는지에 상관없이 의무불이행에 대한 책임을 져야 한

---

13) William Cary Wright, "Force majeure clauses and the insurability of force majeure risks", *Construction lawyer* (Fall 2003), p. 1.

14) *Ibid.*

15) John W. Hinchey and Erin M. Queen, "Anticipating and managing projects: Changes in law", *Construction lawyer* (Fall 2006), p. 2.

16) Christopher Brunner, *Force Majeure and Hardship under General Contract Principles: Exemption for Non-Performance in International Arbitration,* Kluwer Law International (2009), p. 62.

다.[17] 영미법이 엄격책임주의에 기초하고 있기는 하지만 의무불이행에 대한 책임을 언제나 면제 받을 수 없는 것은 아니다. 이러한 면제는 주로 의무를 불이행한 당사자의 계약적 보증에 내재한 한계를 인정하는 Impracticability법리 또는 Frustration법리에 입각하여 이루어진다.[18]

Impracticability법리는 미국법의 Impossibility법리에서 발전된 법리다. 즉, 당초 미국법원은 채무자를 의무이행으로부터 면제시키는 경우를, 계약목적물이 멸실되는 경우를 포함하여 계약이행이 물리적으로 또는 객관적으로 완전히 이행불능이 되는 경우(Impossibility)로만 제한하였다.[19]

그런데, 시간이 경과하면서 미국법원은 계약체결 후에 발생한 상황으로 인해 계약이행이 현저히 곤란해졌거나 또는 (계약체결 시점에) 본래 예정했던 방식대로 이행이 가능하지 않게 된 경우에도 채무자가 의무로부터 면제되는 것을 인정하기 시작했다. 미국법원은 이렇게 이행불능이 아닌 이행곤란에 기인한 의무면제에 대해 일정 기간 동안 다른 적절한 용어를 찾지 못해 이행불능(impossibility)으로 간주하여 판결을 내려왔다. 그러나 현대에 이르러, 법원과 많은 학자들이 이행곤란(Impracticability)이라는 용어를 사용하면서부터 이행곤란의 법리가 정착하게 된 것이다.[20]

미국법에서는 불가항력의 법리가 이행불능(impossibility)의 법리에서 시작하여 이행곤란(impracticability)의 법리로까지 확장된 반면, 영국법은 Frustration(좌절)법리에 기반하여 계약이행은 보증되어야 한다는 원칙에서 이행책임 면제를 상당히 제한적인 경우에만 인정하고 있다. 영국법에서의 Frustration법리는 1863년 Taylor v. Caldwell[21]라

---

17) *Ibid.*

18) 김승현, 앞의 책(주1), 205–206면 참조.

19) Gordon D. Schaber and Claude D. Rohwer, *Contracts in a Nutshell,* Third Edition (West Publishing, 1990). p. 366.

20) *Ibid.* 예를 들면, 제2차 미국계약법 Restatement 조문(Restatement(2d) of Contracts) 제261조에서는 "계약체결 후, 채무자의 계약의무이행이 자신의 귀책사유 없이 계약체결 당시 발생하지 않았을 것을 기본전제로 한 사태가 발생하여 의무이행이 곤란하게 된 경우, 의무이행을 하는 것으로부터 면제된다…"라고 규정되어 있다. 영문으로는 "Where, after a contract is made, a party's performance is made impracticable without his fault by the occurrence of an event the non-occurrence of which was a basis assumption on which the contract is made, his duty to render that performance is discharged…"라고 되어 있다. 이 같은 Impracticability법리는 주로 물품매매계약에 적용되는 미국통일상법전(Uniform Commercial Code) 제2–615에도 나타나 있다.

21) 3 B & S 826 (1863), 2 New Rep. 198. 보통법하에서 Frustration의 법리를 확립시킨 대표적 영국계약법

는 판례를 통해 약속의 이행을 완전히 보증하는 보통법(common law)의 엄격성을 완화하기 위해 출발했다고 볼 수 있는데, 이 사건은 계약의 대상 목적물이 멸실되는 경우를 다루었다.[22] 그 이후 점차 이 Frustration법리는 계약의 목적물이 멸실된 경우뿐만 아니라 계약체결 시점에 계약당사자들이 의도했던 목적이 좌절(또는 방해)되는 사안에까지 확장되어 적용되었다.[23]

Frustration법리와 이행곤란(Impracticability)법리의 차이는, 이행곤란법리는 계약의무의 이행을 현저히 곤란하게 만드는 외부적인 상황의 발생을 요구하고 있는 반면, Frustration법리는 외부적인 상황이 계약당사자들이 당초 의도했던 계약의 목적을 좌절 또는 방해하였는지에 초점을 맞추고 있다는 점이다. 따라서, 같은 보통법계 국가들이라 할지라도 미국법과 영국법 간에 법리적인 차이가 존재한다고 할 수 있다. 미국법은 계약체결 이후 예견되지 않은 외부적인 상황의 발생으로 인해 의무이행은 물리적으로 가능하지만 의무이행이 채무자에게 매우 큰 부담을 주는 경우(또는 그 이행으로 채권자가 취할 수 있는 경제적인 이익이 현저히 감소하는 경우)에 미국법은 채무자를 의무이행으로부터 면제하는 경제적 이행곤란/불능(economic impossibility)을 인정하고 있는 반면[24], 영국법은 원칙적으로 그러한 상황을 면제의 상황으로 인식하는 법리를 가지고 있지 않다.

판례이다.

22) 이 사건은 피고들이 원고들에게 뮤직홀(music hall)을 4일 동안 사용하도록 한 계약이었으나, 계약체결 후 뮤직홀이 첫날이 도래하기도 전에 불에 타서 멸실된 상황을 다루었다.

23) 대표적인 판례로 1874년 Jackson v. Union Marine Insurance Co., Ltd.가 있다. 한 개의 선박이 리버풀에서 뉴포트까지 화물(이 화물은 궁극적으로 샌프란시스코의 철도에 사용될 철선이었다)을 싣고 가는 선박용선계약이 있었는데, 리버풀을 출발하자마자 선박은 가라앉았고, 그 선박을 건져 올려 수리를 하는데 만 6개월 이상의 시간이 걸렸다. 이 사건에서 영국법원은 선박의 장기간 수리로 인한 지연으로 인해 선박대여계약이 당초 의도한 상업적 목적을 상실했다고 판단하여 계약이 종료되었음을 선언한 배심원단의 결정이 맞다고 판단하였다. Brunner *supra* note 17, p. 89의 각주 449 참조.

24) 일반적으로는 그렇다 하더라도, 미국법도 여전히 계약책임은 엄격책임원칙을 존중하는 보통법 체계법으로써, 경제적불능/곤란을 이유로 한 채무자의 이행책임 면책은 아주 엄격하게 해석하여 상당히 제한적으로 인정하고 있다는 것을 이해할 필요가 있다. 예를 들면, 금액이 확정된 공사계약(fixed-price contracts)에서 계약체결 이후 당사자들의 지배밖에 있는 외부적인 상황(예: 공사자재가격을 상승시키는 정부의 조치)으로 인해 시공자에게 계약의 가치가 현저히 감소하였다 하더라도, 당사자들 간에 계약 내에서 배분된 위험의 균형을 깨트리면서까지 미국법원들이 시공자를 의무이행으로부터 면제하지는 않을 것이다. John W. Hinchey and Erin M. Queen, *supra* note 15, pp. 4-5 참조.

2. 대륙법계 국가들의 불가항력 법리

영미법계 국가들이 계약불이행 책임에 대해 엄격책임원칙을 취하고 있는 반면, 많은 대륙법계 국가들은 채무자의 귀책사유를 요건으로 하는 과실책임원칙을 택하고 있다.[25] 즉, 대륙법 체계하에서는 채무자가 채권자에게 채무의 내용을 좇은 이행을 해야 할 의무를 그의 귀책사유로 위반한 경우 채무자에게 채무불이행책임이 성립한다. 따라서 채무자의 귀책사유 없이 채무의 이행이 불가능하게 된 때에는 채무불이행책임이 발생하지 않는다.

귀책사유라 함은 우리나라 민법에서는 원칙적으로 고의 또는 과실을 말한다고 이해되고 있다.[26] 우선, 일반적으로 이러한 귀책사유에 대한 입증책임은 채무자에게 있으므로, 채무자는 자신에게 채무불이행에 대한 고의 또는 과실이 없음을 입증하지 못하는 한 채무불이행책임을 부담한다.[27] 여기에서, 계약불이행에 대한 책임요건으로서의 귀책사유, 특히 "과실"이 무엇을 의미하는지 살펴볼 필요가 있다. 그 의미를 우리나라 민법상 불법행위요건으로서의 과실에서 찾아보는 경우, "사회생활상 요구되는 주의를 기울였다면 객관적 채무불이행이 일어나는 것을 예견하거나 회피할 수 있었을 것인데 그 주의를 하지 아니함으로써 그러한 결과가 발생하게 된 것"을 의미한다고 할 수 있을 것이다.[28]

하지만, 불법행위 제도는 대개 서로 모르는 사람 사이에서 발생한 사고로 인한 손해를 배분하는 것이지만, 계약의 경우는 상호간에 의무를 미리 정하여 약정하였다는 점에서 차이가 있다. 그러므로, 계약의무이행에 있어서 채무자는 사회가 어느 사람에게나 요구하는 것 이상으로 채무불이행의 결과를 회피하여야 할 주의의무를 지닌다고 할 수 있을 것이다.[29] 이와 같이, 채무불이행 요건으로서의 과실은 불법행위의 경우보다 다소 넓게 인정되기 때문에, 채무자가 계약불이행으로부터 책임을 면하는 경우는, 대체로 채무자가 예상하거나 회피할 수 없는 불가항력적인 상황이 발생하거나 채권자에게 고의 또는 과실이 있는 경우 등과 같이 아주 제한적인 경우에만 인정될 수밖에

---

25) Brunner, *supra* note 16, p. 65.

26) 양창수, 민법입문(제4판), 박영사, 2004, 205면.

27) 상동, 206면.

28) 상동, 207면.

29) 상동, 207면.

없을 것이다.[30]

따라서 영미법하에서 채무자의 불가항력에 해당하지 않는 채무불이행으로 인해 채무자가 엄격책임원칙에 따라 책임을 지는 것은, 과실책임주의를 취하는 대륙법하에서 계약의무 불이행의 경우에는 채무자가 불가항력 상황이 아니라면 자신에게 과실이 없었다는 것을 입증하기가 사실상 어렵게 되어 책임을 지게 되는 것과, 별반 차이가 없게 된다.[31] 즉, 영미법 또는 대륙법이든 채무자가 채무불이행책임에서 벗어나기 위해서는 채무자가 최선의 주의를 다하였다 하더라도 예견하거나 회피할 수 없었던 외부적인 요인, 즉 채무자의 지배영역 밖에서 발생한 상황으로 인해 채무자의 이행을 합리적으로 기대할 수 없었다는 불가항력 사유를 입증(또는 채권자의 고의 또는 과실)해야만 채무자는 채무불이행책임에서 벗어날 수 있다고 할 수 있다.

위와 같은 맥락에서 프랑스는 같은 대륙법계 국가일지라도, 불가항력적인 사유가 받아 들여지는 경우에만 채무자가 채무불이행에 기인한 손해배상책임으로부터 벗어날 수 있다고 함으로써 엄격책임에 가까운 법체계를 가지고 있다.[32] 우리나라의 경우, 불가항력을 천재지변이나 전쟁 등과 같은 극히 비일상적인 사고를 가리키는 것으로 좁게 해석하는 견해가 있지만, 불가항력을 무과실의 개념과 같은 것으로 이해하여, 채무자가 예견의무 및 회피의무를 합한 주의의무를 다하였음에도 채무불이행을 야기한 (채무자 지배영역밖의) 모든 사유를 불가항력 사유와 동일시 하는 견해도 있다.[33]

한편, 대륙법 또는 영미법 국가들이 갖고 있는 이행불능 또는 불가항력 법리를 통일하고자 하는 국제적인 노력이 지속되어 왔다. 이러한 노력의 결과로 국제상사계약원칙(PICC) 또는 유럽계약법원칙과 같은 국제거래규범들에 담긴 불가항력에 관한 법리들이 거의 유사하다는 점을 알 수 있는데 아래에서 이에 대해 좀 더 자세히 살펴보고자 한다.

---

30) 양창수, (주26), 207면.

31) Brunner, *supra* note 16, p. 67 참조.

32) *Ibid.*

33) 정홍식 외, 국제건설에너지법—이론과 실무, 박영사(2017), 33면; 김승현·정경화, 한국에서의 FIDIC 계약조건 적용과 관련된 법률적 문제점, 법조 65권 4호(2016. 4), 187—189면 참조.

III. 국제거래규범하에서 불가항력 원칙

국제거래와 관련된 일반적인 계약원칙(General Contract Principles)을 통일화 하는 작업에 있어서 CISG가 가장 많은 영향을 끼쳤다 할 수 있는데, 특히 불가항력 법리에 관해서는 더더욱 그렇다고 할 수 있다. CISG는 제79조에서 엄격책임원칙에 입각하여 불가항력적인 상황으로 인한 채무불이행으로부터의 책임면제와 그 면제를 제한하는 사항들을 다루고 있는데, PICC(UNIDROIT원칙), 유럽계약법원칙(PECL)[34] 등 다른 국제거래규범들에서 불가항력 조항을 작성할 때에 CISG 제79조를 참조하였으므로 그 내용이 거의 유사하다.[35] 따라서, 불가항력 법리를 다루는 국제거래규범인 CISG 제79조, PICC 제7.1.7조, 그리고 PECL 제8:108조에서 의무불이행으로부터 채무자의 책임을 면제하는 조건들을 해석하는 기준이 같다고 볼 수 있다.[36]

---

34) 유럽계약법위원회(the Commission on European Contract Law)에서 발표한 유럽계약법원칙(the Principles of European Contract Law)이다. 여기서는 PECL이라고 칭하기로 한다.

35) 김선국, 불가항력 및 사정변경원칙에 관한 계약과 관련한 주요 국제적인 규범들 규정의 비교검토. 기업법연구 제13편(2003), p. 229−230 참조. 아래에서 보듯이 CISG, PICC, 그리고 PECL의 불가항력에 대한 기본적인 정의는 Unforeseeability(예측불가성), Uncontrollability(통제불가성), Unavoidability(회피불가성)의 세 가지로 거의 비슷하다.

CISG Article 79. (1) A party is not liable for a failure to perform any of his obligations if he proves that the failure was due to an impediment beyond his control and that he could not reasonably be expected to have taken the impediment into account at the time of the conclusion of the contract or to have avoided or overcome it or its consequences.

PICC Article 7.1.1. (1) Non−performance by a party is excused if that party proves that the non−performance was due to an impediment beyond its control and that it could not reasonably be expected to have taken the impediment into account at the time of the conclusion of the contract or to have avoided or overcome it or its consequences.

PECL Article 8:108. (1) A party's performance is excused if it proves that it is due to an impediment beyond its control and that it could not be reasonably have been expected to take into account at the time of the conclusion of the contract, or to have avoided or overcome the impediment or its consequences.

36) 이러한 국제거래규범은 국제중재사건에서 불가항력 사유를 심리할 때 참고될 수 있다. 실제 어느 한 국제중재사건(ICC Case No. 11265)에서 불가항력 사유가 예시만 되어 있고, 일반적인 정의가 없었던 계약에 대해, 중재인단은 계약의 불가항력 조항이 UNIDROIT원칙에 입각하여 해석되어야 한다고 하였다. Michael Polkinghorne and Charles B. Rosenberg, "The EBOLA Epidemic and Force Majeure: Expecting the Unexpected", Alternatives to the High Cost of Litigation (December 2014), p. 3 참조.

위 국제거래규범들에서 불가항력적인 상황으로 인한 채무불이행 면제요건을 요약하면 다음과 같다:[37]

(i) 채무자가 장애(impediment)가 발생할 것에 대한 위험을 부담하지 않았을 것과, 특히, 계약체결 시 그러한 장애가 발생할 것을 염두에 두었다고 합리적으로 기대되지 않았을 것;

(ii) 그 장애가 채무자의 (통상적인) 지배의 범위밖에 있었을 것;

(iii) 그 장애가 채무불이행의 원인이었을 것; 그리고

(iv) 그 장애 또는 그로 인한 결과가 합리적으로 회피할 수 있었거나 극복할 수 없었을 것

위 요건 중에서 채무자가 장애의 발생에 대해 위험을 부담하지 않았을 것이라는 요건은 CISG 제79조, UPICC 제7.1.7조, PECL 제8:108조에 명시적으로는 규정되어 있지는 않다. 하지만 해당 요건은 채무불이행 면제를 위한 주요 요건임에 틀림 없고, 해당 장애가 "채무자의 지배 범위 밖"의 장애였을 것이라는 요건 또는 "계약체결 시 그러한 장애가 발생할 가능성을 염두에 두었다고 합리적으로 기대되지 않았을 것"이라는 요건(즉, 암묵적으로 그 장애에 대한 위험을 감수하지 않았을 것)으로부터 이끌어낼 수 있는 요건이다.[38]

그리고 사실상 계약이란 것이 당사자들 간에 계약이행에 수반되는 위험들을 배분하는 것이고, 국제건설계약도 원칙적으로는 시공자와 발주자 간에 해당 프로젝트에 관한 각종 위험을 배분하는 계약이라고 해도 과언이 아닐 것이다. 그렇다면, 일반적으

---

37) Brunner, *supra* note 16, pp. 111–112.

38) *Ibid.*, p. 112. 한편, 여기에서 논의되는 (불가항력 상황으로 인한 의무면제 요건 중,) "채무자가 장애(impediment)가 발생할 것에 대한 위험을 부담하지 않았을 것"은 당초 Impracticability법리 또는 Frustration법리의 주요 부분인 "예측이 불가하였을 것(unforeseeability)"과도 관련이 있다. 즉, 어느 당사자가 계약체결 시점에 예측이 가능하였던 불가항력 상황이 있었다면, 그러한 상황에 대비해서 계약 내에 규정을 만들었을 것인데, 그러한 규정이 없다는 것은 그 위험을 안고 계약을 체결한 것으로 간주될 수 있다는 것이다. 하지만, 시간이 흐르면서 불가항력 사유로 인한 면제요건 중 "예측불가성"에 대한 중요도는 많이 감소하였다고 할 수 있다. 즉 계약체결 시점에 예측이 가능한 상황이었거나 또는 어떠한 위험이 감지될 수 있었는데, 그러한 상황/위험에 대해 계약에 규정이 없다 하더라도, 그것이 자동적으로 해당 당사자가 위험을 안고 계약을 체결하였다고 단정지을 수 없다는 것이다. 따라서, 최근에 들어서는 오히려 모든 불가항력 사유가 예견될 수 있다는 전제에서 그러한 예견가능성(foreseeability)이 어느 정도(degree)였는지가, 불가항력 사유로 인한 의무이행 면제 판단의 하나의 고려대상으로 되고 있다. 본문 아래에서 곧 논의되는 FIDIC 계약조건의 불가항력 조항에 규정된 불가항력 정의에도 예견성(foreseeability)의 요건은 빠져있다. John W. Hinchey and Erin M. Queen, *supra* note 15, pp. 5–6 참조.

로 불가항력적인 상황으로 인식되는(예를 들면, 천재지변, 전쟁 등) 사유로 인해 채무자의 의무이행이 어려워졌다 해도, 해당 계약에서 그러한 상황에 대한 위험을 명시적 또는 암묵적으로 감수한 것으로 인식될 수 있다면, 채무자가 의무불이행 책임으로부터 면제를 받기는 어려울 것이다.[39]

다시 정리하면, CISG, UPICC, PECL에서 의무불이행에 대한 책임은 귀책사유(fault)의 존재를 요건으로 하지 않고, 의무불이행 면제의 주요 요건은 의무불이행이 외부적인 장애에 원인이 있다면, 그 해당 장애가 채무자의 지배 밖에 있어야 하고 또한 채무자가 해당 장애에 대한 위험을 명시적 또는 암묵적으로 감수하지 않았어야 한다는 기준이다.

CISG 제79조, UPICC 7.1.1조 등에 담긴 불가항력적인 상황에서의 의무불이행 책임 면제 요건들은 전 세계적으로 통용될 수 있는 일반적인 계약원칙으로 자리잡게 되었고, 중국, 동유럽, 아프리카 등 여러 나라의 현대 계약법의 불가항력 법리 구성에도 상당한 영향을 미친 것으로 알려지고 있다.[40] 그리고 이러한 일반적인 계약원칙은 ICC 불가항력 조항, FIDIC 계약조건 내 불가항력 조항, 그리고 다른 여러 표준계약들의 불가항력 조항 내에서 핵심적인 요건으로 나타나게 되었다.

IV. FIDIC 계약조건 불가항력 조항에 대한 논의

아래에서는 FIDIC 계약조건 중에서, 소위 Yellow Book이라고 불리는 "FIDIC Conditions of Contract for Plant and Design – Build and for Construction"과 소위 Silver Book이라고 불리는 "FIDIC Conditions for EPC/Turnkey Projects"를 중심으로 불가항력 조항에 대해 살펴보기로 한다.[41] "FIDIC Conditions of Contract for Plant and

---

39) 다시 말해서, 불가항력 법리는 강제적인 성격의 법리는 아니고, 계약에 의해서 얼마든지 조정될 수 있다는 의미이다.

40) Brunner, *supra* note 16, p. 105.

41) FIDIC 계약조건은 시공자가 설계책임을 부담하는지 여부 및 그 정도에 따라 크게 Conditions of Contract for Construction, Conditions of Contract for Plant and Design – Build, 그리고 Conditions of Contract for EPC/Turnkey Projects의 세 가지 주요 계약조건으로 나뉘고, 편의상 그 겉표지의 색깔을 따라 각각 Red Book, Yellow Book, Silver Book으로 나뉜다. 국제건설계약은 FIDIC 계약조건을 직접 사용하지는 않는다고 하더라도 건설공사의 종류에 따라 적절한 FIDIC 계약조건을 선택한 후, 이를 기초로 해서 당사자들간 계약조건 협상을 하는 경우가 많다고 한다. 신현식·정수용·최대혁, 앞의 논문(주5), 65–66면 참조.

Design－Build and for Construction"은, Mechanical Plant 및 Electrical Plant용으로 작성되었다고 하고, 시공자가 발주자가 제공한 설계사양에 따라 설계업무를 수행하지만, 해당 설계사양이 적합한지에 대해서는 책임을 지지 않는다(여기서는 FIDIC Design－Build 계약조건이라고 줄여서 쓰기로 한다). "FIDIC Conditions for EPC/Turnkey Projects"는, 확정적인 금액으로 시공자가 설계사양을 포함하여 설계업무부터 공사 완료까지 모든 책임을 부담하는 형태이다(여기서는 FIDIC EPC/Turnkey 계약조건으로 줄여서 부르기로 한다).

FIDIC 계약조건 불가항력 조항인 제19조의 규정들은 Yellow Book과 Silver Book이 모두 동일하나, 발주자와 시공자에게 각기 배분된 위험들에 대비하여 발생하는 불가항력의 효과 측면에서 FIDIC Design－Build 계약조건과 FIDIC EPC/Turnkey 계약조건 사이에 약간의 차이가 있으므로, 아래에서는 이 두 조건을 가지고 논의하는 것이 의미가 있다고 생각된다. 그리고, 여기서 "FIDIC 계약조건"이라는 용어를 사용하는 경우 어떤 유형이던 상관없이 공통적으로 사용되는 계약조건을 의미한다.

1. FIDIC 계약조건 제19조 규정에 대한 개별적 논의[42]

FIDIC 계약조건에서 불가항력 관련 조항들은 제19조(Force Majeure)에 나열되어 있는데, 그 구성은 19.1항의 불가항력의 정의로부터 시작해서, 불가항력에 관한 통지(19.2항), 불가항력으로 인한 효과(19.3항), 불가항력 사유 발생에 의한 해지(19.5항) 등을 포함하여 총 7개 조항으로 나누어져 있다. FIDIC 계약조건 제19조의 규정을 요약한다면 다음과 같다. 먼저 제19.1항에 정의된 불가항력 사유에 의하여 영향을 받은 당사자는 이를 알게 된 때 또는 알았어야 하는 때로부터 14일 내에 상대방 당사자에게 통지하여야 하고(제19.2항), 그러한 통지를 한 당사자는 불가항력 사유로 인한 불이행 책임으로부터 면제를 받게 된다. 그리고, 제19.3항 불가항력 효과(Consequences of Force Majeure)에 의하면, 불가항력 사유가 발생한 시공자는 공사기간의 연장을 받을 수 있고, 또한 불가항력의 사유가 특정조건을 만족시키는 경우라면 추가비용의 지급에 대한 권리까지 갖는다. 한편, 불가항력 사유로 인하여 시공자가 특정기간을 초과하는 시점까지 공사

---

42) 앞에서 언급한대로, FIDIC 계약조건은 2017년 FIDIC 개정판이 발간되었는데, 여기에서의 논의는 2017년 개정판 전의 1999년 FIDIC 계약조건을 가지고 논의한다.

를 완공할 수 없게 된 때에는 일방당사자는 상대방에게 통지함으로서 계약을 해지할 수 있다(제19.5항). 이러한 계약해지시 발주자가 시공자에게 지급할 급액은 제19.6항이 정한 바에 따라 결정된다. 제19조의 마지막을 구성하는 제19.7항은, 제19.1항에서 정한 불가항력 사유가 아니라도 예외적인 상황의 발생 또는 준거법이 시공자를 추가적인 의무이행으로부터 면책시키는 경우, 그 의무 불이행에 대해서 당사자들이 책임을 면할 수 있도록 규정하고 있다.

불가항력 조항 제19조의 특징을 얘기하자면, FIDIC 계약조건은 전체적으로는, 시공자가 계약을 위반하면 귀책사유의 유무와 관계없이 채무불이행에 따른 손해를 배상하여야 하므로 기본적으로 영미법계의 엄격책임주의를 취하고 있으나, 불가항력 사유가 발생하는 경우에는 제19조의 규정에 따라 시공자의 책임을 면제하고 있으므로 프랑스법적인 요소도 포함하고 있다고 할 수 있다.[43) 또한, FIDIC 계약조건 불가항력 조항 규정은 우리 민법과 비교해볼 때 시공자를 상당히 더 보호하고 있음은 명백하다.[44) 즉, 우리 민법상 일반적인 도급계약하에서 불가항력 사유가 발생하면 채무자는 그 채무를 이행할 책임으로부터 면제받는다.[45) 하지만, 일반건설계약에서 별도의 규정이 없는 경우, 시공자는 건설공사목적물을 완성하여 인도할 의무를 면하기는 하지만, 발주자로부터 대금을 지급받을 수 없게 되어, 결국 불가항력으로 인한 경제적 위험부담은 시공자가 부담하게 된다.[46) 하지만, FIDIC 계약조건은 불가항력의 경우 시공자에게 완공이 지연되는 만큼 공기를 연장해줄 뿐만 아니라 불가항력에 의해 발생한 비용까지 보상해 주도록 하고 있어, 시공자에 대한 보호가 이례적이라 할 수 있다.[47)

그러나 이와 같은 FIDIC 계약조건의 불가항력 규정도 제대로 그 내용을 파악하지 못하면, 시공자들은 그 조항의 보호를 받지 못하는 경우가 종종 발생할 수 있다. 또한 제19조의 규정을 발주자와 협상을 통해서 시공자가 수행하는 해당 국제건설공사에 더 부합되게 수정할 수 있는 여지도 있을 텐데, 이는 제19조의 규정을 제대로 파악하지

---

43) 프랑스법에서는 수단채무와 결과채무를 구분하고, 결과채무에 대해서는 원칙적으로 과실이 있는 것으로 추정하고 채무자가 불가항력 내지 우연사를 입증하는 경우에만 책임을 면하게 하고 있다고 한다. 정홍식 외, 앞의 책(주33), 23면; 김승현·정경화, 앞의 논문 (주33), 188면 참조.

44) 신현식·정수용·최대혁, 앞의 논문(주5), 89면.

45) 상동, 89면.

46) 상동, 89면.

47) 김승현, 앞의 책(주1), 203면.

못하고서는 어려운 일일 것이다. 그래서 아래에서 제19조를 구성하는 개별 조항들에 대해서 구체적으로 살펴보면서, 필요한 경우 불가항력 조항을 좀 더 유리하게 활용할 수 있는 방안을 논의해보기로 한다.

가. 19.1항(Definition of Force Majeure)

FIDIC 계약조건상 어떠한 사유가 불가항력으로 간주되려면, 먼저 19.1항에 규정된 불가항력에 관한 정의를 충족하여야 하는데, 19.1항의 첫 부분은 불가항력으로 인식되기 위한 예외적인(exceptional) 상황의 요건을 다음과 같이 네 가지로 명시해 놓고 있다.

(a) 어느 당사자의 지배[통제]밖에 있었을 것,
(b) 그 당사자가 계약체결이전에 합리적으로 대비하지 못하였을 것,
(c) [해당 상황이] 발생한 이후에, 그 당사자가 회피하거나 또는 극복하지 못하였을 것, 그리고
(d) [해당 상황이] 다른 당사자로부터 실제적으로 기인되지 않았을 것.

FIDIC 계약조건 제19조의 불가항력에 대한 정의는 기본적으로 위에서 설명된 CISG 제79조, PICC 제7.1.7조, PECL 제8:108조 등 국제거래규범상 불가항력에 대한 일반적인 계약원칙으로 자리잡은 원칙을 따르고 있는 것을 볼 수 있다.[48] 즉, 의무불이행 당사자가 FIDIC 계약조건 제19조에서 계약체결 이후에 발생한 예외적인 사유로 인해 의무불이행으로부터 면제를 받으려면, 불가항력적인 상황이 (i) 해당 당사자 통제범위 밖에 있었을 것, (ii) 계약체결 시점에 그러한 상황의 발생을 염두에 두었다고 합리적으로 기대되지 않을 것, 그리고 (iii) 해당 사유를 피할 수가 없었을 것 등, 세 가지 핵심요건을 충족하여야 한다. 또한 예외적인 상황이 다른 당사자에 의해 상당하게 기인된 것이라면 불가항력적인 상황이라 할 수 없다. 즉, 불가항력에 의한 채무불이행 면제는 양 당사자의 통제를 벗어난 상황 또는 사건으로 인해 당사자 일방이 자신의 의무를 이행하지 못하게 된 경우에, 불가항력의 영향을 받은 당사자에게 부여하기 위한 것이 전제되어 있으므로, 만약 해당 상황이 다른 당사자의 통제가 가능했음에도 불구하고 그 당사자의 행위 또는 부작위에 의해 실질적으로 발생한 것이라면 불가항력 상

---

48) Brunner, *supra* note 16, pp. 107−108.

황이라고 할 수 없을 것이다.

FIDIC 계약조건 19.1항은 위와 같이 불가항력에 대한 추상적인 정의를 내린 후, 나아가 다음과 같이 불가항력에 해당하는 구체적인 사유를 예시하고 있다.

(i) 전쟁, 교전(전쟁이 선포되었는지 상관없이), 침투, 외적의 행위,

(ii) 반란, 테러, 혁명, 폭동, 무력 또는 정권찬탈, 또는 내전

(iii) 난동, 소요, 소란, 시공자 또는 하도급업자의 직원, 근로자들이 아닌 자들에 의한 파업 또는 영업장 폐쇄

(iv) 시공자의 군수품, 폭발물, 전리방사선 또는 방사선 사용으로 기인한 경우를 제외한, 군수품, 폭발물, 전리방사선 또는 방사선오염, 그리고

(v) 지진, 허리케인, 태풍, 화산활동과 같은 자연재해

위에 명시된 불가항력 상황 리스트는 예시에 불과한 것이고, FIDIC 계약조건에서 허용되는 모든 불가항력 상황을 명시한 것은 아니다. 즉, 19.1항에서는 불가항력적인 사건의 경우들을 특정해서 나열하기에 앞서 "불가항력은 다음의 예외적인 사태들 또는 상황들을 포함하나, 위 (a) 내지 (d)의 조건들이 충족된다면 거기에 국한되지 않는다("…include, but not limited to…")"라고 명시함으로써, 19.1항에 예시되지 않은 예외적인 상황들도 불가항력 사유로 간주될 수 있음을 분명히 하였다. 특히, "…include, but not limited to…"라는 문구는, 조항에서 이미 예시된 불가항력 상황들과 전혀 다른 불가항력 상황들도, 불가항력의 기본적인 요건들을 갖추면 불가항력 상황으로 법원이 넓게 해석할 수 있도록 하는 목적을 가지고 있다.[49]

위 19.1항에 담겨 있는 불가항력의 정의를 볼 때, 최근 중동지역에서 Islamic State를 수립할 목적으로 각종 테러행위를 자행하고 있는 ISIS의 행위들이 "테러"로 인정될 수 있을 것이고, 그에 대응하는 서방국가들의 조치들은 19.1항 내에서 예시하고 있는

---

49) 덧붙이면, 계약서 해석에 있어서, 영미법계 법원들은 "ejusdem generis"라는 해석원칙(동종제한의 원칙)에 의해서, 계약서 문구를 가능한 한 좁게 해석하려는 경향이 있다. 가령 어느 국제건설계약의 불가항력 조항에서 불가항력 사유를 예시한 후 "other events beyond its control"이라는 문구를 사용하여 조항에서 예시되지 않은 다른 불가항력 사유를 포함하도록 할 수 있다. "ejusdem generis" 원칙은 이같은 문구를 이미 예시된 불가항력 사유들과 유사한 불가항력 사유들로만 제한하려 한다. 영미법계 법원들의 이러한 해석을 배제하기 위해 "included, but not limited to"가 사용되는 것이 바람직할 것이다. Brunner, *supra* note 16, p. 388 참조.

"전쟁", "교전"으로도 인정될 수 있을 것이다. 그런데, 지난 2014년에 아프리카 지역에서 유행한 전염병인 에볼라의 경우, 해당 아프리카 지역에서 프로젝트를 수행중인 시공사들이 에볼라 사건을 불가항력 상황으로 인정받을 수 있을지 검토해 본다.

우선, 에볼라는 급속히 확산되는 전염병으로서 많은 국제계약 내의 불가항력 정의에 "Epidemic"으로 명시되나, FIDIC 계약 19.1항에서는 명확히 불가항력의 경우로 예시되어 있지는 않다. 그렇다면, 에볼라를 불가항력 상황으로 보기 위해서는 19.1항에 규정된 네 가지 요건을 충족하는지 살펴보아야 할 것인데, 에볼라가 예외적인 상황으로서 불가항력을 주장하는 당사자의 지배 밖에 있었다거나, 발생한 이후에 회피할 수 없었다는 점을 설득하는 것은 문제가 없으리라 본다.[50] 그럼, 관건은 에볼라를 계약체결 이전에 합리적으로 대비할 수 없었다는 점을 입증하는 것으로 보이는데, 이것은 계약체결 당시에 해당 프로젝트 수행지역에서 에볼라가 발생했었는지 또는 (발생하지 않았다고 하더라도) 발생가능성을 예측할 수 있었던 상황인지, 그리고 발생한다면 어느 정도까지 심각한 수준이 될 것인지 등에 관한 여러 정황을 고려해서 판단해야 할 것이다.[51]

만일 에볼라 사태가 공사수행에 지장을 줄 수 있는 상황을 예견하고서도 불가항력 조항 등의 계약서 내에 이를 명확하게 반영하지 않았다면, 시공자가 그에 대한 위험을 묵시적으로 부담하였다고 해석될 수도 있음을 유의해야 한다.[52] 한 예로 최근의 ICSID[53]중재사건(*Niko Resources v. Bangladesh Petroleum Exploration & Production Co.*)은 피신청인(방글라데시 가스회사 등)이 2005년에 방글라데시법원이 내린 지급금지명령을 불가항력 사유로 주장하며, 2006년에 체결된 가스공급계약하에서 신청인(가스개발/

---

50) Howard Barrie and Dominic Lacey, "Force Majeure: Analysis of the Ebola Outbreak and its Impact on Project Finance Contracts in Africa", Butterworths Journal of International Banking and Financial Law (January 2015), p. 2.

51) *Ibid.*

52) 189쪽 각주 38에서도 잠시 논의하였지만, FIDIC 계약조건 불가항력 조항 내 불가항력 정의 요건에 "예견이 불가하였을 것"이라는 요건은 명시적으로 규정되어 있지 않다. 하지만, 해당 불가항력 사유가 예측이 충분히 가능하였던 불가항력 사유였고, 계약체결 시점에 그러한 위험을 안지 않도록 계약 내에 합리적으로 규정했을 것이라는 추측이 가능하다면, 해당 당사자가 불가항력 위험에 대한 부담을 안고 계약을 체결했으리라는 해석이 나올 수 있다는 것이다.

53) International Center for Settlement of Investment Disputes. 세계은행 기관의 하나로 국가와 타국국민 간의 투자분쟁해결에 관한 협약(ICSID convention)에 따라 1966년에 설립되어, 투자자-국가 간 투자분쟁에 대한 조정 및 중재절차를 제공한다. NAVER 지식경제용어사전에서 "국제투자분쟁해결센터"라는 용어에 해당하는 내용 참조.

공급회사)이 피신청인에게 인도한 가스에 대한 대금지급을 거부한 사안을 다루었다.[54] 피신청인은 방글라데시 계약법 56조에 의존하였는데, 해당 조항은 계약의 의무이행이 계약이 체결된 이후에 불가능하게 되거나 또는 의무이행 당사자가 피할 수 없는 사유로 인해 불법으로 된 경우에 해당 의무가 무효화 된다고 규정하고 있었다.[55] 하지만, ICSID중재단은 2005년 지급금지명령이 불가항력 사유가 아니라고 판단하였는데, 그 이유는 해당 지급금지명령이 2006년 계약체결 전에 발생하였으므로, 계약당사자들은 이를 알고 있었고 예견 가능하였기 때문에 계약이행을 면제해 줄 불가항력 사유로 볼 수 없다는 것이었다.[56] 즉, 계약당사자들은 법원의 지급금지명령을 계약체결 전에 이미 인지하여 예견 가능했던 장애였으므로, 당사자들은 이러한 위험을 부담하고 가스 공급계약을 체결한 것으로 간주한 것이다.

따라서, 계약체결 전에 예견된 위험이 있다면, 이를 계약서에 명시하여 그 위험에 대한 부담을 어떻게 배분할지 명확히 할 필요가 있다. 물론 계약서에 불가항력으로 예시를 하지 않았다 하더라도, 19.1항의 네 가지 추상적 요건들을 충족하였다고 주장하여 불가항력으로 인정받을 수는 있다. 하지만 이러한 요건들이 충족되었다고 법원을 실제로 설득하기는 매우 어려운 일이다. 특히, 영미법계 법원들은 불가항력 조항에 정해져 있지 않은 상황을 불가항력적인 사유로 인정함으로써, 계약서에서 당사자들이 이미 합의한 위험(risk) 배분구조를 깨트리는 것을 아주 꺼려한다는 것을 이해할 필요가 있다.[57]

한편, 19.1항에 불가항력 상황으로 이미 예시되어 있는 상황들은 다소 폭넓게 열거되어 있어, 이를 좀 더 구체화 시킬 수 있는 여지가 없는 것은 아니다. 예를 들어, "terrorism"이 불가항력 사유로 예시되어 있는데, 만일 실제 테러행위가 발생하여 공사수행이 중단된 것이 아니고, 위협만 있는 상태에서 중단된 상태라면 이와 같은 상황도 "terrorism"에 포함될 수 있을 지 의문이 들 수 있다. 그런데, 이러한 의문을 아예 차단하

---

54) Michael Polkinghorne and Charles B. Rosenberg, *supra* note 36, p. 2. 여기서 말하는 지급금지명령은 방글라데시법원이 피신청인에 대해 가스개발/공급프로젝트와 관련한 합작투자계약이 유효한지 판단이 나올 때까지 신청인에 대한 지급을 금지하라는 명령(injunction)을 말한다.

55) *Ibid.*

56) *Ibid.*

57) Phillip L. Bruner and Patrick J. O'Connor, Jr., Bruner and O'Connor on Construction Law (database updated July 2013), Chapter 19 Remedies and Damages Measures, VI. Agreed Remedies and Damage Measures, p. 3. 영미법계 법원뿐만이 아니라, 국제중재인들도 불가항력 조항을 좁게 해석하려는 경향이 있다고 한다. Michael Polkinghorne and Charles B. Rosenberg, *supra* note 36, p. 3 참조.

기 위한 방안으로, 해당 문구를 "terrorism(whether actual or threatened)"와 같이 수정하면, 테러행위가 실제 발생하지 않았더라도 위협만 있는 상태에서 공사수행이 중단되는 상황도 불가항력 상황이란 것이 분명해질 수 있다.[58]

즉, 공사가 진행되는 국가의 테러행위 발생 가능성이 다른 국가들에 비해 높다면, 위와 같이 "테러"에 대한 용어를 좀 더 구체화해서 추후 법원의 해석이 엇갈리지 않도록 명확히 해두는 것이 바람직할 것이다. 시간이 다소 소요된다고 하더라도, 공사가 진행되는 국가에서 일어날 수 있는 상황으로서 공사에 지장을 줄 수 있는 것들이 무엇인지 자세히 분석한 후, 해당 사유들을 불가항력적인 사유로서 불가항력 조항에 구체적으로 규정할 필요가 있다. 또한 불가항력 조항에 이미 반영되어 있는 사유들의 경우에도 그 해석이 불분명한 사유가 있다면, 해당 사유를 좀 더 구체화하여 명확하게 규정하는 것이 바람직하다.[59]

나. 19.2항(Notice of Force Majeure)

FIDIC 계약조건 19.2항은 어느 당사자가 불가항력적인 상황으로 계약의 의무를 이행 못하게 되는 경우("If a Party is or will be prevented from performing any of its obligations under the Contract by Force Majeure….."), 해당 당사자는 불가항력적인 상황을 인지하였거나 또는 인지했었어야 하는 시점으로부터 14일 이내에 상대방 당사자에게 불가항력 사유에 대한 내용, 그리고 불가항력 사유로 이행을 못하게 되는 의무들을 명시하여 통보하도록 하고 있다. 이와 같은 14일 이내에 통지를 하고 난 이후에는, 19.3항에 따라 불가항력 사유가 종결되는 시점에서의 통지 이외에는, 추가적으로 통지를 할 의무를

---

58) Wright, *supra* note 13, p. 15.

59) East Air Lines Inc. v. McDonnell Douglas Corp.이라는 1976년 미국법원 판례(532 F.2d 957 (5ᵗʰCir.1976))에서 법원이 McDonnell이 정부가 베트남전쟁 기간 동안 주문한 생산량을 소화하기 위해서, Eastern Air Line주문에 대한 생산을 지연한 책임을 면책해 주었다. 이 McDonnell 사건의 불가항력 조항에는 불가항력 사유로서 "정부행위, 정부우선순위, 자재, 그리고 장비, 시설, 또는 완성된 비행기에 영향을 끼치는 배분정책 또는 주문"("any act of government, government priorities, allocation regulations or orders affecting materials, equipment, facilities, or completed aircraft")이 포함되어 있었다. 법원은 이행불이행 사유가 불가항력 사유에 예시된 "정부우선순위"에 의한 주문으로 인해 납품이 지연된 것이므로 McDonnell이 의무이행으로부터 면제(즉, 민간업체 주문에 대해 정부주문이 우선한다는 명시적 문구가 있으므로)된다고 판결하였다. 계약의 불가항력 조항에 단순히 "정부행위"로만 예시하지 않고, 정부행위의 종류를 구체적으로 예시한 것이 McDonnell이 의무이행으로부터 면제된 주요이유가 된 것이다.

부과하고 있지 않다. 따라서, 불가항력에 대한 통지는 불가항력 기간 동안에 어떠한 의무로부터 면제되는지를 결정하게 되므로, 해당 통지문은 매우 신중하게 작성할 필요가 있다고 본다.[60] 19.2항의 통지가 이루어지면, 불가항력으로 영향을 받은 당사자는 해당 의무이행으로부터 벗어나게 된다. 단, 불가항력으로 인한 의무면제의 범위에 대금지급의무는 포함되지 않으므로, 어느 당사자도 계속해서 대금지급의무이행을 하여야 한다.[61]

여기서 주목해야 할 점은 불가항력으로 인해 의무이행이 불가능("…prevented from performing…")하게 되어야 불가항력으로 인한 구제를 신청할 수 있다는 점이다. 만일 불가항력적인 상황이 시공자의 비용을 상당히 상승시키기는 했지만, 의무 자체는 계속해서 이행할 수 있다면, FIDIC 계약조건 제19조에서 불가항력으로 기인한 구제를 요청할 수 없을 것이다. 하나의 예를 들자면, 미국과 영국법원들이 1950년대 수에즈 사건 발생으로 해상운송의무이행으로부터 벗어나고자 했던 운송사들의 불가항력으로 인한 구제 요청을 거부한 것이다. 법원들이 운송사들의 구제 요청을 거부한 이유는 수에즈운하를 통과해서 물건을 운송하지 못한다고 하더라도, 비용은 더 상승하겠지만 희망봉(Cape of Good Hope)을 통과해서라도 의무를 이행할 수 있었다는 점 때문이다.[62] 따라서, 불가항력으로 인한 구제 요청을 하기 위해서는 불가항력으로 인해 의무이행이 완전히 불가능한 상황이어야 하고, 불가항력으로 인해 의무이행을 방해 받는

---

60) Jeremy Glover and Simon Hughes, *supra* note 3, p. 365. 한편, 앞서서 국제거래규범 체계하의 불가항력 원칙을 논의하였을 때 잠시 언급하였듯이, 불가항력 통지를 아니하였을 경우(또는 통지가 지연된 경우에), 채무자가 통지 미도달로 인한 손해배상책임은 부담하지만 본래의 의무를 이행하여야 할 책임은 없다고 본다.

61) 즉, FIDIC 계약조건은 금전지급채무의 경우에는 아예 불가항력 항변을 할 수 없다고 규정하고 있는 것인데, 예를 들어 천재지변에 의해 교통수단과 통신시설이 모두 파괴되어 대금지급 자체가 불가능한 경우에도 발주자가 책임을 면하지 못하는 경우가 발생할 수 있는 것이다. 어떻게 보면 이러한 결과가 불합리한 결과로 보일 수 있는데, 이는 대부분의 국가에서 금전지급의무는 특별히 취급되고 있는 것에 기인한다 볼 수 있다. 가령, 일본 민법의 경우도 FIDIC 계약조건과 같은 태도를 취하고 있다고 하고, 영미법계에서는 그 통화가 소멸하지 않는 한 발주자가 자금을 조달할 수 없었다는 사정은 불가항력에 해당하지 않는다고 한다. 한편, 한국 민법 제397조 제2항 후단에서는 "금전채권의 채무자는 과실 없음을 항변하지는 못한다"고 규정하고 있는데, 금전지급의무이행지체가 불가항력에 의한 것임을 증명하면 채무자는 그 책임을 벗어난다고 하는 견해도 있다. 김승현·정경화, 앞의 논문(주33). 189–192면 참조.

62) Jeremy Glover and Simon Hughes, *supra* note 3, p. 365. 이와 관련하여, 앞서서 잠시 논의한 에볼라의 경우도 마찬가지이다. 에볼라 사태가 불가항력 정의의 요건을 충족한다 하더라도, 그 사유로 인해 의무이행이 완전히 불능해져야만이 불가항력 조항에 의한 구제를 받을 것이다.

다거나 혹은 경제적 비용이 상승한다는 점과 같은 사유로는 불가항력에 따른 구제 요청을 할 수가 없다고 본다.

다. 19.3항(Duty to Minimize Delay)

19.2항에 따른 불가항력 통지 이후에, 19.3항은 각 당사자로 하여금 불가항력으로 인한 의무이행 지연을 최소화하도록 모든 합리적인 노력을 기울이도록 하고 있다. 그리고, 불가항력적인 상황이 종료되면, 한 당사자는 다른 당사자에게 통지하여야 한다. 불가항력으로 인한 공사지연이나 다른 손실을 최소화 하기 위한 조치를 취하여야 하는 의무는 대부분의 국가의 법령에서 규정하고 있다고 할 수 있다. 시공자 입장에서는 발주자와 협력해서 의무이행 지연을 최소화할 수 있는 부분이 있다면, 당연히 그러한 노력을 하는 것이 합리적이라 할 것이다.

라. 19.4항(Consequences of Force Majeure)

19.4항은 19.1항에서 정의된 불가항력 사유 발생 시 시공자가 갖는 공사기간 연장 청구권과 추가비용 청구권에 관해 규정하고 있다. 그런데, 이 19.4항은 시공자와 발주자 간 위험분배 내용을 담은 FIDIC 계약조건 제17조와 밀접한 관계가 있다. 제17조는 주로 공사가 수행되는 국가에서 일어나는 상황으로 인해 공사가 지연되는 경우들을 발주자가 부담하는 위험들로 규정하고 시공자에게 공사기간 연장 또는 추가비용 청구를 허용한다.[63] 반면에 제19조는 공사가 수행되는 지역과 상관없이 발생하는 불가항력적인 상황들에 대해 규정해 놓은 것이고, 이러한 상황들의 경우 공사기간 연장은 허용되지만, 추가비용 청구는 제17조에 규정된 발주자 부담위험의 경우와 일치하는 경우에만 허용된다.

좀 더 자세히 살펴보면, FIDIC EPC/Turnkey 계약조건 17.3항(Employer's Risks)에 정의된 발주자 부담 위험들에는 다음과 같은 것들이 있다.

---

63) 2017년 개정된 FIDIC 조건에서는 17조의 제목을 "위험 및 책임"(Risk and Responsibility)에서 "공사목적물에 대한 보전 및 면책"(Care of the Works and Indemnities)으로 변경하면서, 명시적으로 발주자의 위험에 대한 개념을 삭제하였다. 하지만, 여전히 발주자는 현장을 시공자가 공사업무를 수행할 수 있도록 제공(현장에 대한 정보 제공 포함)하는 것과 현장에서 예측이 불가한 상황에 기인하여 시공자의 비용이 상승하는 것 관련한 위험에 대해 부담하는 개념은 2017년 계약조건에서도 변함이 없어 보인다. Hasan Rahman, *supra* note 6, p. 1 참조.

(a) 전쟁, 교전(전쟁이 선포된 여부에 상관없이), 침투, 외적의 행위

(b) 공사가 수행되는 국가 내, 반란, 테러, 혁명, 폭동, 무력 또는 정권찬탈, 또는 내전

(c) 공사가 수행되는 국가 내, 난동, 소요, 소란, 시공자 또는 하도급업자의 직원, 근로자들이 아닌 자들에 의한 파업 또는 영업장 폐쇄

(d) 공사가 수행되는 국가 내 시공자의 군수품, 폭발물, 전리방사선 또는 방사선 사용으로 기인한 경우를 제외한, 군수품, 폭발물, 전리방사선 또는 방사선오염, 그리고

(e) 음속 또는 초음속으로 비행하는 비행기 또는 비행장치에 기인하는 프레셔웨이브(pressure waves)

그런데, 디자인 업무를 포함하여 공사완성에 대한 전적인 책임을 시공자가 부담하는 FIDIC EPC/Turnkey 계약조건에 비해, FIDIC Design—Build 계약조건하에서는 발주자가 다음의 위험들을 추가로 부담한다.

• 계약에서 달리 정하는 경우를 제외하고, 발주자가 공사목적물의 사용 또는 점거
• 공사목적물 일부에 대해 발주자 직원 또는 발주자가 책임을 지는 자에 의한 디자인
• 예측불가하였거나 또는 경험있는 시공자가 적절한 예비방책을 조치하였을 것으로 합리적으로 기대되지 않았던 자연 재해(forces of nature)의 작용

그렇다면, 위에서 보는 바와 같이 이미 발주자 부담 위험들 내에 전쟁, 교전, 소요, 자연재해(FIDC Design—Build 계약조건의 경우)와 같은 불가항력 사유들이 포함되어 있는데, FIDIC 계약조건 내 불가항력 조항인 제19조와는 불가항력의 범위 및 효과적인 측면에서 어떤 차이가 있는 것인지 알아볼 필요가 있다. FIDIC 계약조건 19.4항에서는 위와 같은 불가항력 상황이 발생하면 FIDIC 계약조건 17.4항(Consequences of Employer's Risks)에서와 마찬가지로 공사기간 연장 또는 추가비용을 청구할 수 있다. 하지만, 19.4항에서 추가비용을 청구할 수 있는 경우는 19.1항에 예시된 불가항력 중 (i) 내지 (iv)[64]까지만 적용되고, 또한 (ii) 내지 (iv)의 경우는 해당 불가항력 사유들이

---

64) 19.1항에서 예시된 불가항력 사유를 여기서 다시 나열하면 다음과 같다: (i) 전쟁, 교전(전쟁이 선포되었는지 상관없이), 침투, 외적의 행위; (ii) 반란, 테러, 혁명, 폭동, 무력 또는 정권찬탈, 또는 내전, (iii) 난동, 소요, 소란, 시공자 또는 하도급업자의 직원, 근로자들이 아닌 자들에 의한 파업 또는 영업장 폐쇄, (iv) 시공자의 군수품, 폭발물, 전리방사선 또는 방사선 사용으로 기인한 경우를 제외한, 군수품, 폭발물, 전리방사선 또는 방사선오염, 그리고 (v) 지진, 허리케인, 태풍, 화산활동과 같은 자연재해.

공사수행 국가 내에서 발생했을 경우에만 추가비용 청구권이 시공자에게 발생한다. 결국, 추가비용 청구측면에서 불가항력 조항 제19조에 따라 발주자가 시공자에 대해 비용을 추가로 부담할 수 있는 사유들은, 17.2항(Employer's Risk)에 정의된 발주자 부담 위험들에 관련된 사유들과 동일하다.[65]

단, 위에서 보았듯이 FIDIC Design–Build 계약조건의 경우 17.2항에서 자연재해를 발주자가 부담해야 하는 위험으로 보고 있으므로, FIDIC EPC/Turnkey 계약조건과는 달리 자연재해에 대해서도 추가비용 청구를 불가항력 조항에서가 아니라, 발주자 부담위험의 하나로서 17.4항(Consequences of Employer's Risks)에 준하여 시공자가 청구할 수 있는 점에서 차이가 난다.[66] 물론, FIDIC EPC/Turnkey 계약조건 제19조에서 자연재해 전체 또는 일부에 대해서도 추가비용을 청구할 수 있도록 수정한다면 본래 FIDIC EPC/Turnkey 계약조건이 의도하는 위험배분과는 다르지만, 이러한 변경이 당사자간에 합의된 사항이라면 변경하지 못할 이유도 없다.

마. 19.5항(Force Majeure Affecting Subcontractors)

19.5항은 시공자의 하청업자가 원청계약에 기재된 불가항력의 범위보다 넓은 하청계약 조건에 의해 의무이행으로부터 면제를 받는 경우, 그러한 넓은 불가항력 사유로 인하여 시공자가 원청계약상 의무이행으로부터 면제를 받을 수 없다고 규정하고 있다.

---

65) 여기서 비용은 FIDIC 계약조건의 "Cost"정의에 의하면, 간접비용 및 유사한 비용을 포함하여 시공자에 의해 공사현장 또는 공사현장 밖에서 합리적으로 발생되는(또는 발생될) 지출을 의미하되, 이익은 포함되지 않은 비용을 의미한다. 더 명확하게 얘기하면, 불가항력에 의해 공사목적물이 손상되거나 멸실되는 경우, 발주자의 위험 부담을 다루는 FIDIC 계약조건 17.3항 및 17.4항에 따라, 시공자가 해당 손상/멸실을 복구하기 위한 직접적으로 지출되는 금액을 발주자로부터 보상받으면 된다. 한편, 이러한 직접적인 지출 이외에 불가항력으로 인해 발생하는 추가비용은 FIDIC 계약조건 17.3항과 17.4항에서도 다루고 있지만, FIDIC 계약조건의 19.4항에서도 제17조에 규정된 발주자 부담위험의 경우와 일치하는 경우에 추가비용 청구를 허용하고 있는 것이다. 예를 들면, 불가항력이 지속되는 동안 공사수행을 하지 못하고 시공자의 현장인력이 대기해야만 했을 때 발생하는 시공자의 간접비가 FIDIC 계약조건 19.4항에서 언급되는 비용에 포함될 수 있다. 김승현, 앞의 책(주1), 203–204면 참조.

66) 달리 얘기하면, FIDIC EPC/Turnkey 계약조건은 시공자가 확정된 금액(fixed lump–sum price)을 가지고 디자인을 포함한 프로젝트 수행 모든 것에 대한 책임을 지는 것을 상정하고 있으므로, 시공자가 프로젝트 수행을 하면서 예측 불가한 상황으로 인해 비용이 상승되는 부분을 발주자가 부담하는 것을 최대한 제한하려는 의도가 보인다. 즉, FIDIC EPC/Turnkey 계약조건 4.12항은 "계약서 내에서 달리 정한 경우를 제외하고는", 시공자가 프로젝트에 관련한 모든 정보를 습득하였고, 모든 어려움(difficulties)을 예측하였으며, 또한 계약금액은 예측 불가한 어려움까지도 감안한 금액인 것을 인지한 것으로 명시하고 있다.

이 19.5항은 시공자가 원청계약에서 가지고 있는 의무들을 하청업자와의 계약에 그대로 반영하여야 하는 이유이고, 설사 하청계약에서 불가항력을 넓게 규정한다고 하더라도, 시공자가 FIDIC 계약조건에서 그와 같은 사유에 의존할 수 없음은 명확하다.[67]

바. 19.6항(Optional Termination, Payment and Release)

19.6항은, 19.2항에 의해 통지된 불가항력 사유가 84일 연속으로 지속되거나 또는 같은 불가항력 사유가 전체적으로 140일 이상 계속되는 경우에는 시공자 또는 발주자가 상대방에게 통지를 하여 계약을 해지할 수 있고, 계약의 해지는 통지 이후 7일 이후에 효력이 발생된다고 규정하고 있다. 이러한 경우, 시공자는 계약해지 시점까지 완성한 공사목적물에 대한 대금, 시공자에게 이미 인도되었거나 인도를 거절하지 못하는 공사자재에 대한 비용, 또한 공사를 완공하기 위해 시공자가 합리적으로 발생한 비용 등에 대해서도 지급을 받을 수 있다. 물론 이와 같은 시공자의 지급요청에는 구체적인 증빙자료가 수반되어야 할 것이므로, 불가항력을 포함하여 계약이 해지될 경우에 대비하여, 시공자가 공사를 진행하면서 발생되는 비용에 대한 자료를 체계적으로, 또한 구체적으로 정리해 두는 것이 필수적이라 하겠다.

2. FIDIC 계약조건 불가항력 조항과 준거법과의 관계

현대 국제건설계약의 추세는 준거법에 크게 상관없이 국제거래규범하의 불가항력 관련 일반계약법칙에 의거한 표준조항들이 널리 사용되고 있는 것으로 보인다. FIDIC 계약조건 불가항력 조항 역시 그렇다. 계약자유의 원칙을 최대한 존중함으로써 준거법에 의한 영향을 최소화하고, 국제거래규범하의 불가항력 표준조항을 기준으로 당사자들의 권리의무를 최대한 동일하게 규정하려고 한 것으로 보인다.[68] 특히, 준거법 영향을 최소화 하는 측면에서는, 국제건설계약의 준거법이 과실책임주의를 취하고 있는 대륙법이라면 FIDIC 계약조건의 불가항력 조항은 불가항력 사유 존재 시 채무자의 과실 없음을 명확히 하는 기능을 하고, 준거법이 엄격책임주의를 취하는 영국법이라면 그 경우 Frustration의 법리에 관계없이 채무자가 면제된다는 점을 명확히 하는 기능

---

67) Jeremy Glover and Simon Hughes, *supra* note 3, p. 369.
68) 정홍식 외, 앞의 책(주33), 34면.

을 한다고 할 수 있다.[69]

그렇다고 하더라도, FIDIC 계약조건에 기반을 둔 국제건설계약에 있어, 준거법이 전혀 상관이 없는 것은 아니다. 상당수의 대륙법 국가들은 불가항력에 관해 민법 등에 규정하고 있어서, 대륙법 국가의 법이 준거법인 국제건설계약에서는 불가항력 조항이 해당 준거법과 불일치되는 면은 없는지 확인할 필요가 있다.[70] 다른 한편으로는, 불가항력 법리가 좀 더 엄격하게 인정되는 영미법계 국가들의 법이 준거법으로 적용되는 계약에서는 필요에 따라 불가항력 조항을 좀 더 세밀하게 협의하여 작성할 필요가 있다고 본다.[71]

또한 FIDIC 계약조건 19.7항(Release from Performance Under the Law)에서는 불가항력에 국한되지 않은 예외적인 상황이 의무이행을 불가능하게 하거나 불법으로 만드는 경우, 또는 준거법이 추가적인 의무이행으로부터 시공자를 면책시키는 경우, 시공자는 의무불이행으로부터 면제되고 19.6항에 따라 공사대금도 지급 받을 수 있도록 규정하고 있다. 이 규정은 19.1항에 명시된 불가항력에 대한 엄격한 정의를 충족하지는 못하지만 의무이행을 불가능하게 하거나 불법으로 만드는 아주 예외적인 상황을 상정해서 만든 조항으로 보이고, 또한 제19조가 아닌 해당 계약의 준거법에 의존하여 법적 구제를 받을 수 있는 여지를 담고 있는 것으로 생각된다.[72] 따라서, 19.1항의 불가항력 요건에 충족되지 않거나 예시된 불가항력 사유에 해당되지 않더라도, 예컨대 대륙계법 국가들의 불가항력에 관한 법령에 의존하여 청구할 수 있는 법적 구제가 있다면 19.7항에 따라 의무이행으로부터 면제가 가능하다 할 것이다.

하지만, 위에서 언급하였듯이 영미법계 국가들은 경제적 비용상승을 포함하여 경제적 곤란을 불가항력으로 보지 않는다는 점,[73] 또한 대륙법계 국가들은 이행곤란을 사정변경의 원칙 등 다른 법리로서 다루고 있으므로 불가항력에 의한 법적 구제는 허용하고 있지 않다는 점을 유념해야 한다.

---

69) 상동, 34면.

70) FIDIC Design−Build 계약조건의 Guidance for the Preparation of Particular Conditions의 19조에서는 발주자가 발주를 내기 이전에 불가항력 조항이 준거법과 일치되는지 확인을 하도록 하고 있다.

71) 한낙현, 국제상거래에서의 불가항력 조항의 시사점에 관한 연구, 관세학회지(제10권 제3호)(2009), p. 287.

72) Jeremy Glover and Simon Hughes, *supra* note 3, p. 372.

73) 미국법은 극히 제한적으로 인정하고, 영국법의 Frustration법리는 경제적 불균형에 의한 이행곤란은 아예 불가항력으로 인정하지 않는다.

V. 결 어

국제건설계약 협상 시 우선순위에서 뒷전에 놓이게 되는 것이 불가항력 조항이다. 때로는 시간에 쫓겨 불가항력에 대해서는 별도의 문구 조정 없이 그대로 체결되는 경우도 있을 것이다. 하지만, 공사기간이 장기간이고 공사에 참여하는 당사자들이 많을 수밖에 없는 국제건설프로젝트에 있어서는 공사에 영향을 줄 수 있는 예기치 않은 상황을 대비하는 것이 중요할 수밖에 없다. 앞서 논의된 바와 같이 FIDIC 계약조건의 불가항력 조항은 불가항력 정의 및 (불가항력) 사유 예시부터 시작해서 불가항력으로 인해 계약 이행 책임을 면제받는 절차와 효과까지 담고 있으므로, 국제거래규범 또는 어느 국가의 불가항력과 관련한 규정에 비해 명확하고 합리적인 기준을 갖고 있다 할 것이다. 따라서, 불가항력의 위험으로부터 최대한 방어할 수 있는 최선의 방법은, FIDIC 계약조건과 같이 이미 자세하게 규정되어 있는 불가항력 조항을 사용하되, 개별 국제건설프로젝트에 맞게 해당 조항을 좀 더 구체적으로 보완하는 것이라고 할 수 있다. 특히 국제건설계약 준거법이 보통법 체계 국가의 법이라면, 대륙법 체계 국가의 법이 준거법인 경우보다, 특히 더 불가항력 조항의 작성에 신경써야 할 필요가 있다고 본다.

아울러, 유념해야 할 것은 FIDIC 계약조건은 시공자와 발주자 간에 위험(risk)을 자세하게 배분한 표준계약이므로, 불가항력 조항 19조를 해석할 때에는 발주자의 위험과 같은 다른 계약조건들과 연계해서 해석해야 한다. 따라서, 불가항력 조항을 수정할 경우 다른 계약조건들과 배치되지 않도록 수정해야 하며, 아울러 그러한 수정이 해당 준거법에도 상충되는 면이 없는지 확인할 필요가 있다. "What we anticipate seldom occurs; what we least expect generally happens"라는 영어 격언이 있다. 우리가 예상하는 것은 거의 일어나지 않고, 우리가 가장 적게 기대하는 것이 일어난다는 의미이다. 모든 것에 늘 철저히 대비하라는 말이겠지만, 불가항력 조항을 검토하고 협의할 때 특히나 떠올려야 하는 말이다.

참고문헌

[국내문헌]

양창수, 민법입문(제4판), 박영사, 2004.

김선국, 불가항력 및 사정변경의 원칙에 관한 계약과 관련한 주요 국제적인 규범들 규정의 비교·
    검토, 기업법연구 제13집 (2003).

김승현, 국제건설계약에서 시공자 책임제한법리, 국제거래법연구 제22집 제1호 (2013).

김승현·정경화, 한국에서 FIDIC 계약조건 적용과 관련된 법률적 문제점, 법조 제65권 제4호 (2016).

박영복, 책임제한사유로서의 불가항력과 사정변경, 외법논집 제35권 제4호 (2011).

박종삼, 국제계약에서 불가항력 조항에 관한 해석론, 국제상학 제11권 제2호 (1996).

석광현, 국제건설계약과 국제사법: 준거법의 결정과 그 실익을 중심으로, 국제건설에너지법연구회
    2014.3.11.자 발표문.

신현식·정수용·최대혁, 국내기업의 FIDIC 이용실태와 유의사항, 국제거래법연구 제22집 제1호
    (2013).

함진규, 국제거래에 있어서의 불가항력에 관한 연구, 고려대학교 법무대학원 석사학위논문 (2005).

한낙현, 국제상거래에서 불가항력조항의 시사점에 관한 연구, 관세학회지 제10권 제3호 (2009).

[외국문헌]

William Cary Wright,. "Force majeure clauses and the insurability of force majeure risks", Con
    struction lawyer (Fall 2003).

John W. Hinchey and Erin M. Queen, "Anticipating and managing projects: Changes in law",
    Construction lawyer (Fall 2006).

Christopher Brunner, Force Majeure and Hardship under General Contract Principles:
    Exemption for Non-Performance in International Arbitration, Kluwer Law International
    (2009).

Jeremy Glover and Simon Hughes, Understanding the NEW FIDIC Red Book: A
    Clause-by-Clause Commentary, Sweet & Maxwell (2012).

Gordon D. Schaber and Claude D. Rohwer, Contracts in a Nutshell, Third Edition (West
    Publishing, 1990).

Phillip L. Bruner and Patrick J. O'Connor, Jr., Bruner and O'Connor on Construction Law
    (database updated July 2013), Chapter 19 Remedies and Damages Measures, VI. Agreed
    Remedies and Damage Measures.

Howard Barrie and Dominic Lacey, "Force Majeure: Analysis of the Ebola Outbreak and its Impact on Project Finance Contracts in Africa", Butterworths Journal of International Banking and Financial Law (January 2015).

David Thomas QC, Frustration and Force Majeure: A Hard Line in English Law, Construction Law International (June 2011).

Michael Polkinghorne and Charles B. Rosenberg, "The EBOLA Epidemic and Force Majeure: Expecting the Unexpected", Alternatives to the High Cost of Litigation (December 2014).

디자인보호의 현실적 한계와 개선방안[*]

최승수 변호사

I. 디자인의 특성과 법제도 이용 현황

2013년 한국디자인산업의 규모는 15조 2,286억원이고, 디자인의 경제적 가치는 89조원으로 추정된다고 한다.[1] 이러한 디자인의 경제적, 산업적 중요성에도 불구하고 디자인 자체의 산업재산권으로서의 보호는 크게 활성화되어 있지 않은 측면이 많다.

디자인권 출원은 2002년 39,952건에서 2013년 70,054건으로 75.35%의 성장세를 기록하고 있다. 디자인 등록도 2002년 27,235건에서 2013년 47,308건으로 출원의 증가율보다 다소 낮은 73.70%를 기록하며 점진적인 상승 추세를 이어가고 있다. 디자인은 물품성에 따라 크게 14가지 군으로 분류되며, 2002년~2013년 동안 디자인 물품군별 출원건수를 살펴보면, 주택설비용품(95,166건, 14.84%), 토목건축용품(81,263건, 12.67%), 전기 전자 기계기구 및 통신기계기구(74,214건, 11.57%), 사무용품 및 판매용품(73,076건, 11.40%) 순으로 높게 나타났다.[2]

하지만, 2008년 통계로 다소 오래된 조사결과이지만 "최근 2년 동안 국내 특허, 디자인, 상표, 실용신안 등록경험이 있는 업체로 일반기업체는 24.5%에 불과했고, 디자인전문회사는 등록경험이 11.8%이고 등록하지 않은 비율이 79.6%에 이른다고 조사되

---

[*] 이 글은 『디자인과 법』., 차세대콘텐츠재산학회·한국디자인법연구회, 2018에 게재된 논문이다.

1) "산업디자인 통계조사 2014," 특허청, 37쪽 및 48쪽.

2) 한국의 특허동향 2002-2013(특허청/한국특허정보원), 195쪽.

었다. 이들 기업체들이 디자인권 등의 출원을 시도하지 않은 이유에 관해서는 '디자인 권리에 대한 인식 부족'이 21.4%, '과정 및 절차의 복잡성' 19%, '필요가 없어서' 18.1%, '출원 등록 준비가 미비해서' 17%, '비용문제' 14.6%, '인력부족'이 6.6%로 나타났다.[3] 그 이듬해 이루어진 2009년 조사에 의하면 전문디자인업체가 디자인권 등을 출원, 등록하지 않은 이유로 '출원/등록이 불필요해서'(60.2%)가 가장 많았고, 그 다음은 '과정 및 절차가 복잡해서'(11.0%), '출원/등록 준비가 미비해서'(10.8%), '비용 문제 때문에'(8.4%), '디자인권리에 대한 인식이 부족해서'(7.4%), '인력이 부족해서'(2.3%) 등이 제도를 활용하지 않은 이유로 조사되었다.[4]

이후로 조사된 통계자료가 없어 디자인을 창출하는 기업체의 지식재산권 등록이나 출원 현황이 어느 정도 증가하였는지, 증가하거나 정체되어 있다면 그 이유는 무엇인지 정확히 추정되지는 않지만, 2009년 통계에서 "출원등록이 불필요하다"거나 "과정 및 절차가 복잡하다"는 이유로 지식재산권 제도 활용을 하지 않는다는 조사결과는 제도가 현실을 따라가지 못한다는 측면이 있거나, 디자인 산업의 특수성에 기인하는 것이라고 보여진다.

우선 이러한 법제도에 대한 기업체의 활용거부 또는 인식미비의 원인으로 디자인권을 비롯한 법제도의 불충분성에 기인하는 측면도 있을 것이다. 디자인의 결과물이 지식재산권으로 잘 보호받지 못하거나 보호받지 못할 것이라고 생각하는 이유로는 다음과 같은 점을 들 수 있는데, 다른 산업재산권과 다른 특수성이 있다고 보여진다. 첫째, 디자인은 외관 또는 형상으로 판단되므로 타 지식재산권에 비해 도용가능성이 크다는 점, 둘째, 색채, 비례, 형태 등 일부 조형적 변경으로 유사한 형태의 새로운 디자인 형성이 가능하다는 점, 셋째 유행성으로 인하여 제품의 짧은 라이프사이클은 창작과 모방 사이의 선후관계 파악을 어렵게 한다는 점을 들 수 있다.[5]

---

3) 산업디자인통계조사 총괄보고서(2008). 한국디자인진흥원, 21쪽.
   (http://www.designdb.com/dtrend/trend.r.asp?order=new&dStyle=&MenuCode=&key-word=&relation_keyword=&menupkid=237&pkid=1647&Category=&page=2)

4) 산업디자인 통계조사 2009, 한국디자인진흥원, 294쪽 이하.

5) "디자인전문회사의 디자인보호법 활용 전략 수립에 관한 연구," 안선우·채승진, 디자인학연구 통권 제87호, 58쪽.

II. 디자인보호의 역설

1. 디자인보호에 대한 찬반론

디자인 그 중 특히 패션디자인을 권리로써 보호하려는 법안으로 미국 의회에서 발의된 안건이 지난 세기 동안 약 100건 정도나 있었다고 한다. 그러나 그러한 법안들은 예외 없이 논란 속에 불발되고 말았다. 비교적 최근에 발의된 "혁신적 디자인보호법"(Innovative Design Act)에 대해서도 이해관계가 상충하는 업계에서 찬반론이 제기되었고, 이론적으로도 학자 사이에 찬반론이 팽팽히 대립되었다. 패션디자이너 평의회(Council of Fashion Designers of America)나 의류신발협회(American Apparel and Footwear Association) 측은 법안 통과를 찬성한 반면, 특정 패션산업 부분 특히 소매상들은 법안에 절대적으로 반대하였다. 하버드대 석지영 교수(Jeannie Suk)나 수전 스카피디(Susan Scafidi) 교수 등은 법안 통과에 찬성하였는데, 당연히 그러한 보호법안이 미국 패션비즈니스계에서의 오리지널 복제품 생산관행을 끝낼 수 있는 절호의 기회라고 주장하였다. 반면, 칼 로스티알라(Kal Raustiala)나 크리스토퍼 스프리그먼(Christopher Sprigman) 등은 미국의 패션산업이 발전하는 이유는 다름 아니라 약한 디자인보호시스템으로 인하여 패션기업이 모방꾼이나 베끼기 업자보다 한발 더 앞서가기 위해 끊임없이 창조력을 발휘할 수밖에 없는 구조 때문이라는 역설적인 근거를 들었다.

실제 어떤 이론이 더 타당한지에 대한 결론은 유보하더라도 디자인보호의 역설의 근거가 무엇인지는 일단 살펴볼 필요가 있다.[6]

첫째, UCLA 법대 교수인 칼 로스티알라나 버지니아대학 교수인 스프리그먼은 '디자인 복제 현실'이나 '약한 지적재산 보호체계'가 패션산업을 위하여 실질적으로 도움이 되기 때문에 디자인침해방지법은 오히려 비생산적이라고 반박한다. 미국 패션산업은 그 동안 디자인 복제(knockoff) 관행으로 인하여 번창해왔다고 주장한다. 이러한 패션카피캣은 디자이너로 하여금 언제나 새로운 디자인을 끊임없이 창출하여 게임에서 항상 앞서가도록 추동해왔다는 것이다. 하지만 이에 대해서는 강한 패션디자인보호법 체계를 가지고 있는 유럽에서 패션산업이 번창하는 이유를 설명하지 못한다는 비판이 제기된다. 나아가 실제 미국에서도 패션디자인에 대하여 저작권, 상표, 트레이드 드레

---

6) Guillermo C. Jimenez/Barbara Kolsun, Fashion Law, 66-75쪽.

스 및 디자인특허제도를 통해 강한 보호를 받고 있다는 점도 지적되고 있다. 실제 2008년 아디다스는 아디다스의 유명한 3개 스트라이프 패턴을 거의 그대로 베낀 페이리스신발(Payless Shoes)에 대하여 3억 달러의 판결을 받아낸 점을 보아도 미국의 디자인보호법은 강력하다는 것이다.

둘째, 디자인보호 역설의 또 다른 논거로 디자인 복제가 패션의 민주화를 촉진한다는 점이 제시된다. 오뜨 꾸뛰르나 럭셔리 디자인은 상류층이나 누릴 수 있는 것인데 이를 모방한 제품은 값싸게 중산층에도 공급되므로 복제패션을 통해 민주화를 달성할 수 있다는 것이다. 하지만 이에 대하여는 유럽에 기반을 둔 자라(Zara)나 에이치앤엠(H&M)이 트렌디한 제품을 저렴한 가격에 공급하지만 이들도 하이패션 제품을 그대로 베끼지는 않고 창조적으로 모방하고 있다는 점이 지적되고 있다. 어찌되었든 자라나 에이치앤엠도 하이패션을 그대로 베끼지는 않더라도 모방한다는 점은 분명한 것 같다.

셋째, 하이패션을 모방하여 저렴한 가격으로 판매하는 업자가 지식재산권을 침해하는 결과를 피하지 못한다면 결국 소비자들은 비싼 가격으로 패션제품을 구입할 수밖에 없다는 점도 역설의 논거로 제시된다. 그러나 이에 대하여는 소비자는 마크 제이콥스(Marc Jacobs)의 자켓을 1500달러에 구입할 수도 있고, 이에 영향을 받은 자라(Zara) 제품을 150달러에 구매할 수도 있다는 점을 비판의 근거로 제시한다. 이 비판은 결국 패스트 패션(fast fashion)이 하이패션(high fashion)에 영향을 받은 제품을 생산 판매하는 것은 묵인한다는 전제에 서있다. 어디까지가 복제로 금지되는 것이고 어디까지가 영향을 받았을 뿐인 것으로 묵인되는 것인지는 사실 분명치는 않다.

넷째, 패션은 역사적으로 늘 반복되어 왔고, 법적 보호를 받을 만큼 창조성이 있다고 보기 어렵다는 점이다. 주머니는 주머니일 뿐이고 소매는 그저 소매일 뿐이지 이에 대하여 특정인에게 독점권을 부여하는 것은 불합리하다는 것이다. 이에 대하여 저작권 보호에 필요한 창작성이라는 것이 최소한도이면 충분하다는 미국 판례법의 기준에 비춰보면 클래식한 디자인도 지적재산권으로 보호를 받을 수 있다는 비판이 가해진다.

다섯째, 디자인보호법이 통과되면 비용이 많이 드는 불필요한 소송이 남발될 것이라는 우려도 제기된다. 그러나 이에 대하여는 미국에서도 이미 충분히 많은 디자인 침해소송이 제기되어 왔다는 점이 반대논거로 제시된다.

보다 강력한 디자인보호법이 도입되어야 한다는 학자들은 패션이 충분히 창작성이 있는 분야로 재산권으로 보호를 받기에 충분한 분야라는 점을 강조한다. 나아가 정보기술의 발전에 따라 복제품이 오히려 오리지널 제품보다 먼저 판매망에 나와 대중들에게 판매되고 있어, 복제산업을 단속할 필요가 있다는 점을 지적한다.

2. 디자인 역설에 대한 평가

디자인 역설은 그 자체로 완전한 설득력을 가지고 있지는 않지만, 어느 정도 디자인업계의 현실과 소비자의 소비패턴을 현실적으로 반영한다는 측면이 있다. 어느 정도의 창작성이 독점적 권리를 부여할 만큼 의미 있는 창작성인지, 그리고 그러한 기준을 통과한 디자인에 대하여 그렇게 강력한 권한을 부여하는 것이 타당한지에 관한 철학적 차이도 근저에 깔려있다.

사실 우리나라 디자인업계에서도 자신이 창작한 디자인에 대하여 강력한 법적 보호를 구하지 않는 이유로 자신도 기존 제품을 모방하거나 영향을 받았으므로 자신에게 그렇게 강력한 권한을 부여 받는 것이 부당하다는 의식이 있을지도 모른다. 다음으로는 우리나라 디자인보호를 위한 법제도로 어떤 것이 있고, 그 법제도가 가지는 한계를 살펴보기로 한다.

III. 한국의 디자인보호 제도와 그 한계

1. 디자인보호법상의 보호

가. 디자인권의 개요

디자인보호법은 디자인의 보호 및 이용을 도모함으로써 디자인의 창작을 장려하여 산업발전에 이바지함을 목적으로 제정되었다. 디자인보호법에서 보호하는 "디자인"이란 물품(물품의 부분 및 글자체를 포함)의 형상·모양·색채 또는 이들을 결합한 것으로서 시각을 통하여 미감(美感)을 일으키게 하는 것을 말한다. 즉 디자인의 성립요건으로서 ① 물품에 표현되어야 하고(물품성), ② 물품의 형상·모양·색채 또는 이들을 결합으로서(형태성), ③ 시각을 통하여(시각성), ④ 미감을 일으키게 하는 것(심미성 또는 미감성)이어야 한다. 물품의 부분에 대한 디자인, 즉 '가위의 손잡이 부분' 등과 같이 물품의 어느 부분에 관한 디자인도 하나의 디자인으로 등록 받을 수 있다.

디자인의 등록요건으로는 신규성, 창작비용이성, 공업상 이용가능성이 있다. 신규성은 출원 전 국내외에서 공지되었거나, 공연히 실시된 디자인, 출원 전 국내외에서 반포된 간행물에 게재되었거나 전기통신회선을 통하여 공중이 이용 가능하게 된 디자인 및 이에 유사한 디자인이 아닌 것을 말한다. 신규성 판단과 관련하여 국제주의를 채택하여 넓은 범위의 디자인을 포함하며 일반적 시각에서 판단 가능한 수준을 말한다. 창작비용이성은 출원 전 공지·공용의 디자인 또는 주지의 형상·모양 등에 의하여 디자인이 속하는 분야에서 통상의 지식을 가진 자가 용이하게 창작할 수 있는 디자인이 아닌 것을 말한다. 2013년 개정법에 의해 창작성 요건을 판단함에 있어 국내뿐만 아니라 국외에서의 경우도 포함하여 창작성의 요건을 강화하였다. 기존에 자국의 산업발달을 도모하고자 하였던 국내상황을 고려하였지만, 현재 디자인산업에서의 국제화 및 디자인 창작자의 권리보호 강화를 도모하기 위함이다. '공업상 이용할 수 있는 디자인'이란 공업적 생산방법에 의하여 동일한 물품을 양산할 수 있는 디자인을 말한다.

디자인보호법상의 디자인등록요건에 해당할 경우 디자인등록을 할 수 있으며 등록된 디자인은 설정 등록한 날부터 발생하여 디자인등록출원일 후 20년이 되는 날까지 존속한다. 디자인권은 업으로서 등록디자인 또는 이와 유사한 디자인을 실시할 권리를 독점으로 하는 권리로, 디자인권의 효력은 등록디자인 또는 이와 유사한 디자인을 업으로서 실시할 권리를 독점하는 적극적 효력과 권한 없는 제3자의 위법한 실시를 배제할 수 있는 소극적 효력으로 구분된다.

나. 디자인보호법상의 디자인보호 특수제도

(1) 디자인일부심사등록 제도(디자인보호법 제2조 제6호, 제68조)

디자인일부심사등록이란 디자인등록출원이 디자인등록요건 중 일부만을 갖추고 있는지를 심사하여 등록하는 것을 말한다. 디자인일부심사등록제도는 2013년 개정 전에는 디자인무심사제도로 디자인의 실체적인 등록요건에 대한 심사는 하지 않고 형식적인 요건을 갖춘 경우에만 디자인을 등록할 수 있도록 한 제도로, 현재에는 그 명칭이 개정되어 디자인일부심사등록제도라고 하고 있다.

디자인 창작이 활성화되고 출원량이 증가함에 따라 창작된 디자인이 신속히 권리화 되지 못하는 문제가 대두되어, 유행성이 강하고 라이프 사이클(Life cycle)이 짧은 일부 물품에 대하여 1998년 3월 1일자로 무심사등록제도를 도입하였고 2014년 7월 1일자로 명칭을 일부심사로 변경하여 운영하고 있다. 현재 일부심사출원대상 물품류로는 제2류(의류 및 패션 잡화 용품), 제5류(섬유제품, 인조 및 천연시트 직물류), 제19류(문장구, 사무용품, 미술재료, 교재)가 해당된다.

본 제도는 유행성이 강하고 라이프 사이클이 짧은 일부 물품에 대하여 디자인의 형식적 요건 즉, 디자인의 성립성, 공업상 이용가능성, 창작비용이성 등의 요건을 갖추었는지만을 심사하여 신속하게 등록시키는 제도이다. 따라서 디자인에 대한 실체적 요건을 갖추었는지 여부는 판단하지 않는 반면, 일부심사를 거친 디자인도 등록디자인과 동일한 권리를 행사할 수 있다. 따라서 이러한 형식적인 요건만을 거쳐 등록되기 때문에 일부심사로 등록된 디자인권 중에서는 실체적인 요건을 충족하지 않는 디자인이 일부 발생할 가능성이 있으며 이러한 문제점을 보완하기 위한 장치로 디자인일부심사등록에 대한 이의신청(§68)을 본법에서 규정하고 있다.

일부심사등록제도는 신속한 권리 획득이라는 장점이 있지만 일부심사로 인하여 선의의 제3자가 예측하지 못한 손해를 입을 가능성을 고려하여 다음과 같은 보완제도를 시행하고 있다.

- 타인의 저명한 상표나 저작물 등을 디자인으로 표현하여 등록 받는 것을 방지하기 위하여 모든 부등록사유에 대하여 심사할 수 있다(디자인보호법 제34조 및 제62조 제2항).
- 관련디자인 일부심사출원에 대하여 기본디자인과의 관계에 대한 심사를 강화하였다(디자인보호법 제62조 제3항).
- 정보제공이 있는 경우에는 제공된 정보에 근거하여 디자인 등록요건의 전부에 대하여 심사, 등록여부를 결정한다(디자인보호법 제62조 제4항).
- 국내 또는 국외에서 널리 알려진 형상·모양·색채 또는 이들의 결합에 의하여 용이하게 창작할 수 있는 디자인은 등록 받을 수 없다(디자인보호법 제33조 제2항).

일부심사등록제도 시행 이후 2005년까지 안정적으로 평균 20%대의 무심사출원율을 보이고 있다고 한다. 약간의 기복은 있지만, 디자인 무심사등록건수가 전체적으로 증가하고 있으며 다소 감소의 모습을 보이는 디자인 전체등록 건수에 비하여 무심사등록점유율은 2009년에 35.3%까지 증가하고 있음을 알 수 있다. 이것은, 무심사등록

대상 물품을 추가적으로 확대해 나갔던 특허청의 정책에 의하여 주로 비롯된 현상이라고 볼 수 있다.[7] 디자인 일부심사등록제도가 심사기간의 단축을 통한 디자인의 조기 권리화에 일정 부분 기여함으로써 다소 안정화로의 단계로 이행하고 있지만, 부실 권리 양산을 저지할 실효성 있는 제도장치 방안마련도 필요할 것이다.[8] 무심사등록제도 개선을 통한 부실권리 최소화 방안이 전제되는 한 대상물품의 추가적인 확대는 바람직한 방향이라고 할 것이다.

(2) 비밀디자인 제도

출원인은 디자인권의 설정 등록일로부터 3년 이내의 기간을 정하여 그 디자인을 비밀로 할 것을 청구할 수 있는데, 이는 출원인이 일정 기간 동안 출원 디자인을 비밀로 함으로써 타인의 침해를 방지하고 제품 사업화에 대한 준비기간을 선택할 수 있도록 하기 위함이다. 비밀디자인 신청은 심사 또는 일부심사 출원 모두 가능하다. 비밀디자인청구에 의해 비밀로 할 수 있는 기간은 디자인권의 설정등록일부터 3년 이내이고, 그 지정된 기간을 단축하거나 연장할 수 있다.

디자인은 물품의 외적 미관으로 타인의 모방 및 도용이 용이하고, 유행성이 강한 특징이 있는데, 비밀디자인 제도를 활용함으로써 이러한 문제를 예방할 수 있고, 디자인의 실시 시기도 적절하게 선택할 수 있는 장점이 있다. 그러나 과실추정 규정이 배제되고, 침해금지 및 예방청구권 행사 시 사전경고가 필요로 하는 등 침해자에 대한 민사상의 권리를 행사함에 있어서 일정한 제한이 있다.

(3) 한 벌 물품 디자인제도

한 벌 물품 디자인제도는 2 이상의 물품이 동시에 사용되는 경우에 당해 한 벌의 물품 디자인이 한 벌 전체로서 통일성이 있는 때에는 1디자인으로 디자인등록을 받을 수 있게 하는 제도이다. 이러한 제도가 도입된 이유는 물품 중에서 한 벌의 오디오세트, 한 벌의 수저세트와 같이 상호 보완관계에 있을 때 그 효력 및 기능면에서 보다 완전해지는 물품과 같이 1디자인 1등록출원에 대한 예외로 인정하여 출원의 편의를 제공하고, 다수 물품의 집합을 통하여 통합적인 미감을 창출하는 시스템 디자인보호

---

7) 이상만, 디자인보호법상 디자인 무심사등록제도의 실효성 확보방안에 관한 실증적 연구, 산업재산권 제34호 (2011), 130쪽.

8) 배상철, 디자인 무심사등록제도 개선에 관한 연구, 특허청(2006).

의 필요성이 증대되었기 때문이다.[9]

한 벌 물품디자인으로 등록되기 위해서는 2 이상의 물품이 한 벌의 물품으로 동시에 사용되어야 하고, 한 벌의 물품의 디자인은 한 벌 전체로서 통일성이 있어야 한다. 한 벌의 물품의 디자인에는 그 전체로서 하나의 디자인권이 발생한다.

(4) 복수디자인등록출원제도

1디자인마다 1출원으로 하여, 1디자인권이 부여되는 것이 원칙이지만, 복수디자인등록출원은 디자인 1출원 원칙에도 불구하고 100개 이내의 디자인을 1디자인등록출원으로 하는 것을 말하는데, 이때에는 반드시 같은 물품류에 속해야 출원이 가능하다.

다. 분쟁사례

(1) 대법원 2013. 3. 14. 선고 2010도15512 판결

타인의 상품임을 표시한 표지와 동일 또는 유사한 디자인을 사용하여 일반수요자로 하여금 타인의 상품과 혼동을 일으키게 하여 이익을 얻을 목적으로 형식상 디자인권을 취득하는 경우, 부정경쟁방지 및 영업비밀보호에 관한 법률(이하 '부정경쟁방지법') 제15조 제1항에 따라 같은 법 제2조의 적용이 배제되는지 여부가 문제로 된 사안이다.

법원은 부정경쟁방지법 제15조 제1항은 디자인보호법 등 다른 법률에 부정경쟁방지법 제2조 등과 다른 규정이 있는 경우에는 부정경쟁방지법의 규정을 적용하지 아니하고 다른 법률의 규정을 적용하도록 규정하고 있으나, 디자인보호법상 디자인은 물품의 형상·모양·색채 또는 이들을 결합한 것으로서 시각을 통하여 미감을 일으키게 하는 것이고, 디자인보호법의 입법 목적은 이러한 디자인의 보호 및 이용을 도모함으로써 디자인의 창작을 장려하여 산업발전에 이바지함에 있으므로, 디자인의 등록이 대상물품에 미감을 불러일으키는 자신의 디자인의 보호를 위한 것이 아니고, 국내에서 널리 인식되어 사용되고 있는 타인의 상품임을 표시한 표지와 동일 또는 유사한 디자인을 사용하여 일반 수요자로 하여금 타인의 상품과 혼동을 일으키게 하여 이익을 얻을 목적으로 형식상 디자인권을 취득하는 것이라면, 그 디자인의 등록출원 자체가 부정경쟁행위를 목적으로 하는 것으로서, 설령 권리행사의 외형을 갖추었다 하더라도 이는 디자인보호법을 악용하거나 남용한 것이 되어 디자인보호법에 의한 적법한 권리

---

9) 육소영, 패션디자인의 법적 보호, 한국지식재산연구원, 지식재산연구 제5권 제2호, 2010, 90쪽.

의 행사라고 인정할 수 없으니, 이러한 경우에는 부정경쟁방지법 제15조 제1항에 따라 같은 법 제2조의 적용이 배제된다고 할 수 없다고 판시하였다.

(2) 대법원 2000. 12. 26. 선고 98도2743 판결 및 2013. 2.14. 선고 2011도13441 판결

우리 대법원은 "의장과 상표는 배타적, 선택적인 관계에 있는 것이 아니므로 의장이 될 수 있는 형상이나 모양이라고 하더라도 그것이 상표의 본질적인 기능이라고 할 수 있는 자타상품의 출처표시를 위하여 사용되는 것으로 볼 수 있는 경우에는 위 사용은 상표로서의 사용이라고 볼 수 있다"는 입장을 견지하고 있다.

실례로 "피고인이 이 사건 등록상표와 유사한 표장을 슬리퍼의 갑피부분에 부착하여 사용한 태양, 등록상표의 주지성 및 피고인의 사용의도 등을 종합하여 보면, 피고인이 그와 같이 사용한 표장은 실제 거래계에서 자타상품의 출처를 표시하기 위하여 사용된 것으로 보여지고, 그 사이에 피고인이 위 표장인 도형에 관하여 1996. 8. 9. 의장등록출원을 하여 1997. 9. 11. 의장등록을 받았다고 하더라도, 그러한 사정만으로 피고인의 위 표장 사용을 의장적으로만 사용된 것으로 볼 수는 없다."고 판시한 것이 그 예이다(대법원 2000. 12. 26. 선고 98도2743 판결).

이러한 등록디자인과 등록상표와의 관계에 관한 대법원의 결론은 최근 사건(대법원 2013. 2. 14. 선고 2011도13441 판결)에서도 유지되었다. 즉, 타인의 등록상표와 동일 또는 유사한 표장을 그 등록상표의 지정상품과 동일 또는 유사한 상품에 상표로서 사용하면 타인의 상표권을 침해하는 행위가 되고, 한편 타인의 등록상표와 동일 또는 유사한 표장을 이용하더라도 그것이 상품의 출처표시를 위한 것이 아니어서 상표의 사용으로 인식될 수 없는 경우에는 타인의 상표권을 침해한 것으로 볼 수 없다. 이때 그 표장이 상표로서 사용되었는지는 표장과 상품의 관계, 상품 등에 표시된 위치나 크기 등 당해 표장의 사용태양, 등록상표의 주지저명성 및 사용자의 의도와 사용경위 등을 종합하여 실제 거래계에서 그 표시된 표장이 상품의 식별표지로서 사용되고 있는지를 기준으로 판단하여야 한다고 설시하였다.

(3) 서울중앙지방법원 2014. 12. 24. 선고 2014가합13032 판결

최근 영국의 버버리사가 쌍방울을 상대로 낸 상표권 침해금지 소송에서 법원은 "쌍방울은 버버리에 1000만원을 지급하라"며 원고승소 판결했다. 재판부는 판결문에서 "쌍방울의 제품에 사용된 체크무늬와 버버리 상표는 둘 다 베이지색 바탕에 일정한

간격으로 검은색, 빨간색
선이 교차하는 모양이다"
며 "일반 수요자들이 봤을
때 전체적인 미감이나 인
상이 매우 유사하다고 볼
수 있다"고 밝혔다.

재판부는 "체크무늬가
의류 등 상품 표면에 사용
돼 버버리 제품이라는 출
처를 표시하는 기능을 수행한 만큼 체크무늬 자체가 단순 디자인이 아닌 상표로 볼 수
있고, 쌍방울 제품에서 체크무늬 문양은 제품 전체에 사용된 반면 TRY라는 브랜드 표
시는 비교적 작아 일반 수요자의 입장에서 주의 깊게 살피지 않으면 이를 버버리 제품
으로 혼동할 가능성이 상당하다"며 "상표권 침해가 인정된다"고 판단했다.

라. 디자인보호법상 보호의 한계

디자인보호법은 신규성 및 창작비용이성의 요건이 구비되어야 하므로 그 등록요건
이 엄격하다. 이러한 요건을 충족하지 못하는 약한 형태의 디자인을 디자인보호법으
로 보호하기에는 한계가 있다. 또, 등록절차와 시간의 경과는 디자인의 유행성과 단기
의 라이프싸이클에 부합하지 않는 측면이 있다. 이러한 단점을 보완하기 위하여 디자
인일부심사등록제도가 도입되었지만, 그 이면에 부실한 디자인권이 양산될 수 있다는
우려도 있다. 나아가 이러한 유형의 디자인에게 20년이라는 보호기간을 부여하는 것
은 의문을 표시하는 견해도 존재한다. 또, 등록출원절차의 부담과 비용부담의 면에서
보면, 다소간 복잡한 법적 절차(출원서면 작성, 응답, 출원비용, 대리인비용 등)가 심리적 및
경제적으로 제도이용을 위한 동기부여가 되지 못하는 점도 있다.[10]

---

10) 차상육, 281면.

2. 부정경쟁방지법상의 보호

가. 상품형태모방행위금지

(1) 의의

> 자. 타인이 제작한 상품의 형태(형상·모양·색채·광택 또는 이들을 결합한 것을 말하며, 시제품 또는 상품소개 서상의 형태를 포함한다.)를 모방한 상품을 양도·대여 또는 이를 위한 전시를 하거나 수입·수출하는 행위.

부정경쟁방지법 제2조 제1호 자목은 부정경쟁행위의 한 유형으로서 타인의 제작한 상품의 형태를 모방한 상품을 양도·대여 또는 이를 위한 전시를 하거나 수입·수출하는 행위를 규정하고 있는데, 여기에서 "모방"이라 함은 타인의 상품의 형태에 의거하여 이와 실질적으로 동일한 형태의 상품을 만들어 내는 것을 말하며, 형태에 변경이 있는 경우 실질적으로 동일한 형태의 상품에 해당하는지 여부는 당해 변경의 내용·정도, 그 착상의 난이도, 변경에 의한 형태적 효과 등을 종합적으로 고려하여 판단하여야 한다(대법원 2012. 3. 29. 선고 2010다20044 판결 참조).

부정경쟁방지법 제2조 제1호 자목의 입법취지는, 상품형태의 모방행위를 방치할 경우, 모방자는 상품화를 위한 비용 및 위험을 대폭 경감할 수 있는 한편, 선행자의 시장선행의 이점은 현저히 감소하여, 모방자와 선행자 사이에 경쟁상 현저한 불공정이 생기고, 더욱이 개성적인 상품개발, 시장개척에의 의욕이 저해되어 결국 공정한 경업질서를 붕괴시키게 될지도 모르기 때문에, 선행자의 투하자본을 회수할 수 있도록 모방자의 무임승차(free riding)나 도용(盜用)으로부터 상품형태를 보호함으로써, 선행자에게는 신규상품을 개발할 수 있도록 동기를 부여하고, 아울러 선행자의 이익이 침해되지 않는 범위 내에서 모방을 허용하여, 결국 건전한 거래질서를 유지하도록 하는 데에 있다.

자목을 적용하기 위해서는, ① 타인이 제작한 상품의 형태를, ② 모방한 상품을, ③ 양도, 대여, 양도·대여를 위한 전시, 수입, 수출하는 행위에 해당되어야 한다. 다만 ④ 동종의 상품이 통상적으로 가지는 형태와, ⑤ 상품의 시제품 제작 등 상품의 형태가 갖추어진 날부터 3년이 지난 형태는 자목의 규제대상에서 제외된다.

(2) 분쟁사례

가) 벌꿀 아이스크림 모방 사건(서울고등법원 2015. 9. 10. 선고 2014나2052436 판결)

최근 분쟁사례로 꿀이 담긴 벌집을 올려놓은 벌꿀 아이스크림 브랜드 '소프트리'를 운영하는 엔유피엘이 자사 제품의 모방 판매를 금지해달라며 '밀크카우'를 판매하는 엠코스타를 상대로 낸 부정경쟁행위 금지청구 사건을 들 수 있다.

벌꿀 아이스크림 브랜드 '소프트리'는 지난 2013년 6월부터 컵이나 콘에 소프트 아이스크림을 담고 그 위에 직육면체 모양의 벌집을 얹은 제품을 판매하면서 큰 인기를 끌었다. 하지만 2014년 2월 경쟁업체인 '밀크카우'가 비슷한 제품을 내놓고 판매하자, 소프트리는 밀크카우가 자사 제품을 모방했다며 디자인권침해금지 가처분신청과 함께 부정경쟁행위금지 청구소송을 냈다.

1심은 소프트리의 가처분 신청은 기각했지만 본안소송에서는 소프트리의 손을 들어줬다. 재판부는 "두 제품이 모두 플라스틱 컵이나 콘 위에 흰색의 소프트 아이스크림을 담고 그 위에 일반적으로 먹는 액상의 벌꿀이 아닌 벌집 그대로의 상태인 벌집채꿀을 일정 크기로 잘라 올려놓은 형태로써 상품의 형태가 실질적으로 동일 내지 유사하다"며 "소프트 아이스크림과 벌집채꿀의 양과 비율까지 매우 유사하다"고 판단하였다.

하지만 항소심은 원심과 달리 소프트리 제품이 독자적인 특징이 없어 상품의 형태로 보호되는 것이라고 보기 어렵다고 판단하였다(서울고등법원 2015. 9. 10. 선고 2014나2052436 판결). 우선 부정경쟁방지법 제2조 제1호 자목 해당 여부와 관련하여 법원은 자목에서 규정하는 상품의 형태는 일반적으로 상품 자체의 형상, 모양, 색체, 광택 또는 이들을 결합한 것으로서 상품의 구체적인 형태를 말하는 것이고, 구체적인 상품의 형태와 분리된 상품의 아이디어 또는 상품의 형태에 관련되어 있다고 하더라도 추상적인 특징에 불과한 것은 상품의 형태에 해당한다고 볼 수 없다고 판단하였다. 이러한 전제 하에, 소프트리 제품의 상품 형태 중 가장 특징적인 부분인 벌집채꿀의 모양과 크기의 경우는 항상 소프트 아이스크림 위에 직육면체의 벌집채꿀이 올려진 형태를 가지고 있다고 보기 어렵고, 소프트리가 주장하는 '휘감아 올린 소프트 아이스크림 위에 직육면체 모양의 벌집채꿀을 얹은 형태'라는 것은 추상적인 특징 내지 제품의 결합방식 또는 판매방식에 관한 아이디어에 불과하여, 상품의 형태로서 보호되는 것이라고 보기 어렵다고 판단하였다.

또한 소프트리 제품과 같이 여러 부분이 조합되어 이루어진 상품의 경우, 조합된 상품을 구성하는 개개의 상품이 흔한 형태이고, 또한 개개의 상품을 조합한 상품 자체의 형태도 흔한 형태임에도 불구하고, 상품을 조합하여 판매하는 것이 종래에 없던 새로운 판매방법이거나 그와 같은 조합방식을 종래 볼 수 없었다는 이유만으로 그와 동일하게 조합한 상품을 자목에서 규정하는 상품형태의 모방이라 할 수 없다고 하면서, 이와 달리 본다면 결과적으로 이는 상품의 형태가 아닌 상품을 조합하는 방법이라는 아이디어를 보호하는 것이 되어 부당하다고 판단하였다.

이 판결은 상품 형태모방 판단과 관련하여 상품의 추상적인 특징 내지 제품의 결합방식 또는 판매방식에 관한 아이디어에 불과한 것은 부정경쟁방지법상 형태모방에 해당하지 않는다는 기존의 원칙[11])을 확인한 데 의의가 있다고 볼 수 있다.

나) 가방 디자인 모방 사건(서울중앙지방법원 2005. 2. 3 선고 2004가합7205 판결)

프랑스 명품 가방과 크기, 재질, 색채가 상이한 가방의 모방 여부가 문제된 사건이다. 법원은 부정경쟁방지법 제2조 제1호 자목 위반 여부와 관련하여 "위 두 가방은 앞서 살펴본 바와 같이 잠금장치 부분이 유사할 뿐 아니라 그 밖에도, ① 덮개 및 본체의 각 테두리 부분을 일정한 간격의 징으로 장식한 점, ② 바닥의 네 귀퉁이에 철제 장식을 부착한 점, ③ 정면좌, 우측에 띠와 버클로 잠금장치를 한 점, ④ 양 손잡이를 묶는 띠를 두고 있는 점, ⑤ 정면 하단부에 작은 주머니를 부착한 점 등에 있어서 동일하고, 전체적으로 그 외관을 비교하여 보더라도 그 모양 및 형상이 유사하다고 할 것인데, …. 위 인정 사실에 보태어 보면, 피고 가방은 원고 가방의 형태를 모방한 상

---

11) 서울남부지방법원 2008. 5. 29. 선고 2007가합15456 판결(위생기용 조절대의 형태모방 판단과 관련하여 부정경쟁방지법 제2조 제1호 자목은 "상품의 '형태'를 보호하는 것이므로, 상품의 형태를 모방한 것이 아니라 그 상품이 사용하고 있는 아이디어나 특징을 모방한 경우에는 상품형태 모방행위에 해당되지 않는다고 할 것이고… 내부구조가 외부로 나타나지 않고 시장수요자가 주목하는 것도 아닌 상품의 경우에는 외부로 나타나지 않는 내부구조는 부정경쟁방지법상의 상품형태의 구성요소에 해당하지 않는다"고 판시)

품이라고 할 것"이라고 판시하였다.

(3) 한계

부정경쟁방지법에는 모방의 정의규정이 없어, 모방의 개념은 전적으로 학설과 판례에 맡겨져 있다. 나아가 상품형태의 정의규정이 없어, 향후 내부구조, 용기·포장, 부품(미세한 컴퓨터 부품), 세트상품 등의 형태가 문제될 경우 상당한 논란이 예상된다. 나아가 '동종의 상품이 통상적으로 갖는 형태'의 의미가 다양하게 설명되고 있어 그 적용에 있어서 혼란을 초래할 수 있으므로 이를 명확하게 규정할 필요가 있다.[12]

나. 차목 부정경쟁행위금지

(1) 의의

> 차. 그 밖에 타인의 상당한 투자나 노력으로 만들어진 성과 등을 공정한 상거래 관행이나 경쟁질서에 반하는 방법으로 자신의 영업을 위하여 무단으로 사용함으로써 타인의 경제적 이익을 침해하는 행위

2013. 7. 30 개정 당시 신설된 조항으로 부정경쟁행위의 유형인 제2조 제1호 가목 내지 자목 이외에 타인의 상당한 투자나 노력으로 만들어진 성과 등을 공정한 상거래 관행이나 경쟁질서에 반하는 방법으로 자신의 영업을 위하여 무단으로 사용함으로써 타인의 경제적 이익을 침해하는 행위를 부정경쟁행위의 유형으로 인정한 것이다.

최근 기술의 변화 등으로 나타나는 새롭고 다양한 유형의 부정경쟁행위에 적절하게 대응하기 위하여 타인의 상당한 투자나 노력으로 만들어진 성과 등을 공정한 상거래관행이나 경쟁질서에 반하는 방법으로 자신의 영업을 위하여 무단으로 사용함으로써 타인의 경제적 이익을 침해하는 행위를 부정경쟁행위에 관한 보충적 일반조항으로 신설한 것으로 평가된다.[13] 현대사회에서 기술의 발전과 시장의 변화에 따라 아바타, 인터넷프레이밍 광고 등 법률에 규정되어 있지 않은 새로운 유형의 부정경쟁행위가 발생하고 있다. 이에 개정법은 새로이 등장하는 경제적 가치를 지닌 무형의 산물을 보호하기 위해 부정경쟁행위에 대한 보충적 일반조항을 도입한 것으로 보인다.

한편, 대법원은 부정경쟁행위가 민법상 불법행위에 해당하기 위한 요건으로 ① 경쟁

---

12) 정봉현, 112면.

13) 부정경쟁방지 및 영업비밀보호에 관한 법률 일부개정법률안 심사보고서(2013.4. 국회 산업통상자원위원회) 2~3면, 4면.

자가 상당한 노력과 투자에 의해 구축한 성과물을 상도덕이나 공정한 경쟁질서에 반해 자신의 영업을 위해 무단으로 이용해 경쟁자의 노력과 투자에 편승했을 것, ② 이를 통해 부당하게 이익을 얻었을 것, ③ 경쟁자의 법률상 보호할 가치가 있는 이익을 침해했을 것 등 크게 3가지 요건을 제시하였고, 그리고 부정경쟁행위가 민법상 불법행위에 해당하는 경우에도 금지청구권을 행사할 수 있는 요건을 별도로 제시하였다(대법원 2010. 8. 25.자 2008마1541 결정).

(2) 분쟁사례

차목 부정경쟁행위는 2014년 1월 31일에 발효된 것이라서 디자인제품과 관련하여 본격적으로 적용된 사례는 아직은 많지 않다.

가) 드라마 캐릭터 모방제품 사건(대법원 2012. 3. 29. 선고 2010다20044 판결)

이 사건은 드라마의 주인공들이 입은 의상 디자인 등을 베껴 상품을 제조 판매한 것이 문제된 사안이다. 이 사건은 부정경쟁방지법 차목이 도입되기 전에 내려진 판결이지만, 차목의 취지가 반영되어 불법행위를 인정한 사건이다.

이 사건은 피고가 자신이 운영하는 홈페이지에서 한국방송공사와 문화방송이 방영한 "겨울연가", "황진이", "대장금", "주몽" 등 제호 하에 위 드라마가 연상되는 의상, 소품, 모습, 배경 등으로 꾸민 "HELLO KITTY" 제품을 제조ㆍ판매한 사안이었다. 법원은 경쟁자가 상당한 노력과 투자에 의하여 구축한 성과물을 자신의 영업을 위하여 무단으로 이용함으로써 부당하게 이익을 얻고 경쟁자의 법률상 보호할 가치가 있는 이익을 침해한 경우, 민법상 불법행위에 해당한다고 판시하였다.

즉, ① 원고 방송사들은 이 사건 각 드라마의 제작을 위하여 상당한 비용과 인력, 시간을 투입하였으며, 이러한 노력과 홍보에 힘입어 이 사건 각 드라마가 큰 호응을 얻었고 해외에까지 수출되었던 점, ② 드라마 캐릭터에 대한 상품화 사업이 활발하게 진행될 경우, 드라마 자체의 수출이나 DVD 판매수익보다 캐릭터 상품화 사업이 더 큰 수익을 가져오고 있고, 이는 새로운 드라마나 문화콘텐츠의 개발에 중요한 동인으로 작용하고 있는 점, ③ 드라마가 방영되어 인기를 얻게 되는 시기와 그에 관한 상표 등록이나 상품화 사업이 주지성을 획득하는 시기까지는 시차가 있어, 상표법이나 부정경쟁방지법에만 의존할 경우 보호에 공백이 생기고, 그로 인하여 아무런 권한이 없는 제3자가 아무런 대가를 치르지 않고 먼저 상품화 사업을 벌여 이익을 얻을 경우 시장질서가 크게 훼손되고 결국 문화산업의 발전을 저해하는 결과를 가져오는 점, ④ 국내 드라마에 관한 상품화 권리가 국내에서 정당하게 보호되지 아니할 경우, 해외시장에서 한류 드라마를 이용한 사업에도 악영향을 끼칠 것인 점 등에 비추어 보면, 원고 방송사들이 권한 없는 제3자의 편승행위에 의하여 방해 받음이 없이, 이 사건 각 드라마의 제호, 캐릭터 등을 이용하여 상품화 사업을 영위할 수 있는 거래질서는 법적으로 보호할 가치가 있는 이익이라 할 것이라고 판단하였다.

이 사건에서 원고는 캐릭터 저작물성에 기한 저작권침해, 응용미술저작물성에 기한 저작권침해를 주장하였으나, 법원은 이 사건 각 드라마에 등장하는 인물들의 이름, 복장, 소품만으로는 이 사건 각 드라마와 별개로 저작권법에 의하여 보호받을 수 있는 캐릭터 저작물이 된다고 할 수 없다는 취지로 판단하였고, 드라마 '겨울연가' 남녀 주인공의 코트와 목도리, 드라마 '대장금'의 의녀 복장과 드라마 '주몽'의 소서노 의상은 각 저작물로서 보호받기 위해 필요한 창작성이 있다고 할 수 없다는 등의 이유로 저작권침해를 인정하지 않았다.

나) MCM 가방디자인 모방사건(서울중앙지법 2015. 1. 16. 선고 2014가합529797 판결)

유명브랜드 MCM 가방과 유사한 가방 디자인과의 유사 여부가 문제된 사건이다.

법원은 유사 디자인 판매행위가 부정경쟁방지법 가목 및 다목에도 해당한다고 판단하였다. 나아가 차목 해당 여부에 관하여는 가목 및 다목에 해당한다고 하여 차목 규정이 적용되지 않는다고 볼 수 없다고 판시하였다. 차목이 부정경쟁방지법상 보충규정성에 대하여 많은 논란을 낳게 한 판시라고 할 수 있다.

재판부는 "원고는 2002년 설립된 이래 원고 표장을 포함한 MCM 상표를 사용한 가방·지갑 등의 제품을 생산·판매하여 온 것으로 보이는 점, 원고는 매년 상당한 금액의 비용을 광고·홍보 비용으로 지출하였고 그로 인하여 MCM 상표를 사용한 제품이 일반 소비자들 사이에 고급 브랜드로 인식되어 온 점 등을 근거로 원고 표장은 상품표지로서 원고의 상당한 투자와 노력으로 만들어진 성과"로 판단한 후, "피고들이 이 사건 침해제품을 생산·판매한 행위는 부정경쟁방지법 제2조 제1호 차목의 부정경쟁행위에 해당한다고 보아야 하고, 비록 피고들의 위 행위가 앞서 본 부정경쟁방지법 제2조 제1호 가, 다목의 부정경쟁행위에 해당한다고 하여 위 규정이 적용될 수 없다고 볼 수는 없다."고 결론을 내렸다.

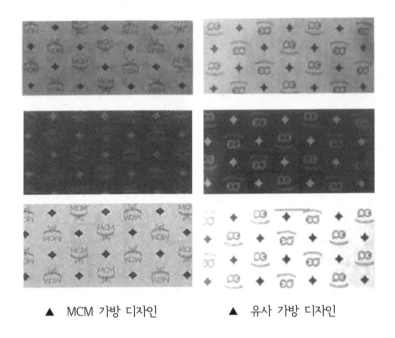

▲ MCM 가방 디자인   ▲ 유사 가방 디자인

다) 에르메스 핸드백 사건(서울중앙지법 2015. 1. 29. 선고 2014가합552520 판결)

이 사건은 에르메스 핸드백 중 소위 버킨백과 켈리백과 유사한 형태의 가방에 대한 판매금지청구 사건이다. 법원은 "고가의 명품 핸드백의 상품형태는 지속적인 광고, 선전 등에 의하여 그것이 갖는 차별적 특징이 거래자 또는 수요자에게 원고 에르메스의 상품임을 연상시킬 정도로 현저하게 개별화됨으로써 상품출처표시기능을 갖게 될 정도에 이르렀다"고 보고 원고 제품의 상품형태는 상당한 투자나 노력으로 만들어진 성과라고 판단하였다.

이 사건에서는 앞서 살펴본 MCM 가방 판결과 다르게 법원은 "피고 실시제품은 차목의 행위에 해당하며 이에 따라 손해배상 청구 및 제조판매금지 청구를 받아들이는 이상, 선택적으로 주장된 가목 또는 다목은 따로 판단하지 않는다"고 판시하였다. 가목 및 다목과 차목은 선택적으로 적용 가능하다는 것이다. 나아가 민법 또는 부정경쟁방지법 차목에 의해 보호되는 상품형태는 반드시 신규한 것임을 요하지 않으며, 디자인권에 의해 보호되지 않는 디자인도 부정경쟁방지법 차목으로 보호 가능하다고 판시한 점에 특징이 있다.

라) 벌꿀아이스크림 사건(서울중앙지법 2014. 11. 27. 선고 2014가합524716 판결, 서울고
   등법원 2015. 9. 10. 선고 2014나2052436 판결)

이 사건은 앞서 살펴보았듯이 1심과 항소심의 판결이 정반대로 내려졌다. 원심은,
"우리나라의 경우 트레이드 드레스를 독자적으로 보호하는 규정은 존재하지 않지만,
부정경쟁방지 및 영업비밀보호에 관한 법률 차목의 도입취지와 트레이드 드레스의 의
미 및 요건을 종합적으로 고찰해볼 때, 특정 영업을 구성하는 영업소의 형태와 외관,
내부디자인, 장식, 표지판 등이 각각 개별 요소들로서는 가목 내지 자목을 비롯하여
디자인보호법, 상표법 등 지식재산권 관련 법률의 개별 규정에 의해서는 보호받지 못
한다고 하더라도(따라서 개별 요소들이 지식재산권 관련 법률의 개별 규정에서 요구하는 요건
들을 갖추어야 하는 것은 아니다), 그 개별 요소들이 전체 또는 결합된 경우 위와 같이 식
별력, 비기능성, 출처혼동 가능성을 모두 갖추어 상품이나 서비스의 전체적인 이미지
로서의 트레이드 드레스로 평가될 수 있다면, 이는 특별한 사정이 없는 한 차목이 규
정하고 있는 '해당 사업자의 상당한 노력과 투자에 의하여 구축된 성과물'에 해당한다
고 볼 수 있고, 따라서 경쟁자가 이를 공정한 상거래 관행이나 경쟁질서에 반하는 방
법으로 자신의 영업을 위하여 무단으로 사용하는 행위는 차목에 해당한다"고 판시하
였다.

이에 반하여 항소심은 부정경쟁방지법 제2조 제1호 차목의 부정경쟁행위 해당 여
부와 관련하여서 원고 제품이 원고 측의 상당한 투자나 노력으로 만들어진 성과물에
해당한다고 볼 여지는 있으나, 원고 제품은 단순히 소프트 아이스크림과 토핑으로서
의 벌집채꿀을 조합하는 제품의 결합방식이나 판매방식에 관한 아이디어를 실현한 것
에 불과할 뿐만 아니라 아이스크림 위에 토핑으로 벌집채꿀을 올리는 것이 공지의 아
이디어였던 점을 비추어 볼 때, 피고가 원고 제품과 실질적으로 동일한 피고 제품을
제조하여 판매하였다고 하더라도, 공정한 상거래 관행이나 경쟁질서에 반하는 행위라
고 보기 어렵다고 판단하였다.

마) 퓨전일본음식점 사건(서울중앙지방법원 2014. 8. 28. 선고 2013가합552431 판결)

이 사건 퓨전일본음식점의 상호와 내부 인테리어의 유사성이 문제된 사건이다. 법
원은 "피고가 이 사건 음식점의 상호와 고양이 그림 등 내부 인테리어를 그대로 모방
하여 피고 음식점과 그 홈페이지를 운영하였다는 것은 부정경쟁방지법 가목 내지 자

목이 정하는 있는 행위유형에 해당한다고 볼 수 있는바, 앞서 본 바와 같이 이 사건 상호의 주지성 요건 등을 갖추지 못하여 가 내지 다, 아목이 정한 부정경쟁행위로 인정할 수 없는 이상 위와 같은 사정을 들어 차목이 정한 부정경쟁행위에 해당함을 주장할 수는 없다"고 판시하였다.

법원은 부정경쟁방지법 가목 내지 자목에 해당하지 않는다면 차목은 인정할 수 없다는 입장을 취한 것이다. 즉, "만일 가목 내지 자목의 행위유형에는 해당하지만, 해당 각 목에서 정하고 있는 부정경쟁행위로 인정되기 위한 요건을 일부 갖추지 못한 경우에도 일반조항인 차목으로 의율할 수 있다면, 굳이 차목과 별개로 가 내지 자목을 둘 이유가 없다고 할 것인데(가 내지 자목이 정하는 개별 요건들을 창작자의 보호와 자유로운 경쟁이라는 두 가지의 가치를 적절히 조화시키기 위한 입법자의 결단에 해당한다), 그럼에도 불구하고 부정경쟁방지 및 영업비밀에 관한 법률 차목 신설 후 그와 별개로 여전히 가 내지 자목의 규정을 유지하고 있다. 부정경쟁방지법 차목의 입법경위 및 취지 부정경쟁방지법 제2조 제1호의 규정체계에 의하면 차목의 신설 이전의 판례가 매우 제한적으로 위의 법리를 적용하여 온 점, 시장참여자의 입장을 볼 때 가 내지 자목이 규정하고 있는 유형의 행위를 함에 있어 부정경쟁방지법이 규정하고 있는 요건을 충족하지 아니하여 법률상 허용된다고 판단하고 그 행위를 하였음에도 불구하고 부정경쟁행위로 인정될 경우 불측의 손해를 보게 되어 법적 안정성을 저해할 우려가 있는 점, 부정경쟁행위의 일반조항의 지나친 확장해석은 자칫 시장경제의 기본인 경쟁의 자유를 과도하게 제한한 우려가 있는 점 등을 보태어 보면, 부정경쟁방지법 차목은 가 내지 자목에서 규정하고 있는 행위유형과는 다른 종래의 지식재산권 관련 제도 내에서 예상할 수 없어 기존 법률로는 미처 포섭할 수 없는 유형의 행위로서 가 내지 자목의 유형에 준하는 것으로 평가할 수 있는 행위에 적용되고, 특별한 사정이 없는 이상 가 내지 자목에서 정하고 있는 행위유형에는 해당하나 위 각 목에서 정하는 부정경쟁행위로 인정되기 위한 요건을 갖추지 못한 경우에는 차목으로 함부로 의율하여서는 안 된다."는 논거를 제시하고 있다.

바) 안경테 디자인 사건(서울중앙지법 2014. 8. 29. 선고 2014카합80386 결정)

이 사건은 안경테 디자인의 유사성으로 인하여 판매금지를 구한 사건이다. 법원은 안경테 좌측 하단에 전체적인 색과 다른 색을 일부 입히는 것은 그 자체로 아이디어에 해당하는 것으로 보충적 일반 조항에 따라 반드시 보호되어야 하는 성과라고 보기 어렵고 '+' 마크는 덧셈을 의미하는 통상의 기호에 불과하여 역시 노력과 투자가 부여된 성과라고 보기 어렵다고 판단하여 신청을 기각하였다.

법원은 부정경쟁방지법 차목의 입법취지와 관련하여, "차목은 기술의 변화 등으로 나타나는 새롭고 다양한 유형의 부정경쟁행위에 적절하게 대응하기 위하여 신설된 보충적 일반조항으로서, 종래의 지식재산권 관련제도 내에서는 예상할 수 없어 기존 법률로는 미처 포섭할 수 없었던 유형의 행위를 금지할 필요성이 발생할 경우에 대비하여 입법된 것이라고 할 것이다. 그런데 이와 달리 종래의 지식재산권 관련 제도 내에서도 누구나 일반적으로 예상할 수 있었던 행위인 상품형태 모방행위의 경우, 상품형태의 보호를 주장하는 사람은 디자인보호법에 따라 일정한 등록요건을 갖추어 자신이 제작한 상품의 형태에 대한 디자인 등록을 마친 후 해당 등록디자인권에 기하여 침해금지청구를 하거나, 해당 상품의 형태가 상품의 표지로서 국내에 널리 인식된 경우 이와 유사한 상품 형태의 사용금지를 구하거나(가목), 상품의 형태가 갖추어진 날부터 3년 내에 해당 상품의 형태를 모방한 상품의 양도, 대여 등의 금지를 구하는 자목 등으로 보호받을 수 있는바, 위 각 보호의 권원이 되는 법률이 규정하고 있는 개별 요건들은 창작자의 보호와 자유로운 경쟁이라는 두 가지의 가치를 적절히 조화시키기 위한 입법자의 결단에 해당한다."고 판시하였다. 나아가 "스스로 디자인보호법에 따른 등록요건을 갖추지 아니하고, 부정경쟁방지법 가목이 적용될 수 있을 정도로 노력과 비용을 투자하여 해당 상품 형태를 자신의 영업표지로서 국내에 널리 알리지 못하였으며, 자신의 상품을 제작한 때로부터 3년이 지나 타인에 대하여 부정경쟁방지법 자목에 따른 금지청구를 할 수 없는 사람에 대하여 차목의 보충적 일반조항에 따른 금지청구를 허용하여 상품형태의 보호 범위를 확장하는 것은 위와 같이 기존 법률체계가 갖출 것을 요구하던 일정한 보호요건의 존재 의의를 퇴색시킬 우려가 있다. 따라서 위와 같은 경우에 부정경쟁방지법 차목을 적용하는 것은 상품형태가 이룬 성과의 정도와 사회적·경제적 가치, 상품형태 모방의 정도, 양 당사자의 보호가치 있는 이익의 형량 등 제반 사정을 종합적으로 고려하여 매우 예외적으로 신중하게 이루어져야 한다."고 설시하면서 차목 적용의 신중성을 주문하였다.

사) 솔섬 사진 사건(서울고등법원 2014. 12. 4. 선고 2014나2011480 판결)

이 사건은 동일한 피사체를 촬영한 두 사진을 둘러싼 분쟁이다. 이 사건에서 원고의 저작권 권리침해 주장은 인정되지 아니하였다. 원고는 부정경쟁방지법 차목 위반도 주장하였으나, 법원은 "피고가 광고에 사용한 이 사건 공모전 사진은 이 사건 사진저작물과 실질적 유사성이 인정되지 아니하므로 원칙적으로 이를 자유롭게 사용할 수 있는 것이다. 원고는 이 사건 공모전 사진이 이 사건 사진저작물을 모방하였음을 전제로 부정경쟁방지법 차목의 적용을 구하나, 실질적 유사성이 인정되지 아니하는 형태의 모방행위는 저작권법에 의해 허용되는 것이고, 위 차목은 한정적으로 열거된 부정경쟁방지법 가−자목 소정의 부정경쟁행위에 대한 보충적 규정일 뿐 저작권에 의해 원칙으로 허용되는 행위까지도 규율하기 위한 규정은 아니라고 보아야 한다."고 판시하였다. 저작권법상 보호를 받을 수 없는 사안이라면 부정경쟁방지법 차목 위반 주장을 할 수 없다는 것이다.

3. 저작권법상의 보호

저작권법에 의하면, 디자이너 혹은 디자인 개발회사가 디자인을 창작한 경우, 그 디자인이 ① 인간의 사상 또는 감정을 표현한 것일 것, ② 창작성이 있을 것 등의 요건을 갖추게 되면 저작권법상 응용미술저작물로서 보호받을 수 있다.

현행 저작권법은 응용미술저작물에 대하여 정의규정을 두고 있고(법 제2조 제15호), 저작물의 일종으로서 규정하고 있다(법 제4조 제1항 제4호). 구체적으로 응용미술저작물의 정의규정은 제2조 제15호에서, "물품에 동일한 형상으로 복제될 수 있는 미술저작물로서 그 이용된 물품과 구분되어 독자성을 인정할 수 있는 것을 말하여, 디자인 등을 포함한다"고 규정하고 있다. 이러한 현행 저작권법상 정의규정에 의하면, 디자인은 창작성과 분리가능성 요건을 충족하여야 응용미술저작물로서 보호받을 수 있게 된다. 저작권자는 디자인을 창작 후부터 생존 및 사후 70년간을 그 보호기간으로 하여 저작권 보호를 받을 수 있다. 또, 그 창작디자인이 업무상 저작물로서 취급되는 경우에는 간행물에 게재되거나 대중매체에 발표되는 등의 형태로 공표되면 공표 후 70년간 보호받을 수 있다.

이른바 "히딩크 넥타이" 사건에서 대법원은 "일명 '히딩크 넥타이'의 도안이 우리 민족 전래의 태극문양 및 팔괘문양을 상하좌우 연속 반복한 넥타이 도안으로서 응용된 미술작품의 일종이라면 위 도안은 '물품에 동일한 형상으로 복제될 수 있는 미술저작물'에 해당한다고 할 것이며, 또한 그 이용된 물품과 구분되어 독자성을 인정할 수 있는 것이라면 저작권법 제2조 제11의2호에서 정하는 응용미술저작물에 해당한다."고 판시하였다(대법원 2004. 7. 22. 선고 2003도7572 판결).

즉 응용미술작품도 ① '물품에 동일한 형상으로 복제될 수 있는 미술저작물일 것'과 ② '그 이용된 물품과 구분되어 독자성을 인정할 수 있는 것일 것'의 두 가지 요건을 갖춘다면, 저작권법에 의한 보호를 받는다고 판시하였다. 위 대법원 판결의 분리가능성 이론은 이후 하급심에서 적용되어 주된 용도가 실용적 측면에 있는지 다른 실용품의 디자인으로 활용될 수 있는지에 따라 물리적 또는 관념적으로 분리가능성을 판단하여 응용미술저작물에 해당하는지를 판단하고 있다.

그러나, 법원의 견해는 산업디자인이 이용된 주된 용도가 미적인 요소인지 기능적인 요소인지에 따라 판단한다면서 어느 정도 고려되어야 미적인지 기능적인지에 관한 구체적인 기준이 없어 문제가 있다. 나아가 독자성의 의미나, 그 구체적 기준에 대하여는 명쾌한 기준을 제시하였다고 보기 어렵고, 독자성의 의미 해석과 관련하여 참조할 수 있는 미국의 분리가능성이론도 그 판단기준이 명확한 것은 아니라고 판단된다. 관념적 분리가능성의 의미가 모호하여 오히려 혼란을 초래하고 있다는 점에 관해서 법적 안정성의 측면에서 향후의 과제로 남아 있다.[14]

4. 관세법 및 불공정무역조사법에 의한 보호

디자인에 대한 디자인권, 저작권 또는 상표권을 보유하고 있는 경우 그 권리를 침

---

14) 차상육, 패션디자인보호를 둘러싼 분쟁양상과 법적 쟁점, 산업재산권 제32호(2010), 248면.

해한 물품을 수출하거나 수입하는 행위가 있는 경우 권리자는 세관장에 해당 물품의 통관 보류나 유치를 요청할 수 있다.[15] 세관장은 위 요청을 받은 경우 특별한 사유가 없으면 해당 물품의 통관을 보류하거나 유치하여야 한다. 나아가 세관장은 같거나 유사한 디자인을 사용하여 디자인보호법상의 디자인을 침해하는 물품에 해당함이 명백한 경우에는 직권으로 통관보류나 유치를 할 수 있다(관세법 제235조 제5항 및 7항).

한편, 「불공정무역행위 조사 및 산업피해구제에 관한 법률」에 의하면 해외에서 지식재산권침해물품 등을 국내에 공급하는 행위 또는 지식재산권침해물품 등을 수입하거나 수입된 지식재산권침해물품 등을 국내에서 판매하는 행위, 나아가 지식재산권침해물품 등을 수출하거나 수출을 목적으로 국내에서 제조하는 행위를 불공정무역행위로 규정하고 있다. 무역위원회는 불공정무역행위가 있다고 판정하면 해당 행위자에게 ① 해당 물품 등의 수출·수입·판매·제조행위의 중지 ② 해당 물품 등의 반입배제 또는 폐기처분, ③ 정정광고, ④ 법 위반으로 무역위원회로부터 시정명령을 받은 사실의 공표, ⑤ 그 밖에 불공정무역행위의 시정을 위하여 필요한 조치 등 시정조치를 명할 수 있고, 이에 더해 과징금까지 부과할 수 있다(불공정무역행위 조사 및 산업피해구제에 관한 법률 제10조 및 제11조).

IV. 디자인보호제도의 개선방안

1. 기존 제도의 적극 활용 전략

디자인보호법상의 일부심사등록제도, 디자인공지증명제도 등에 대하여 디자인전문회사 등 수혜대상이 되는 기업에 대한 적극적인 홍보가 필요하다. 또한 '디자인맵'과

---

15) 제235조(지식재산권 보호) ① 다음 각 호의 어느 하나에 해당하는 지식재산권을 침해하는 물품은 수출하거나 수입할 수 없다. <개정 2012.6.1.>
  1. 「상표법」에 따라 설정등록된 상표권
  2. 「저작권법」에 따른 저작권과 저작인접권(이하 "저작권등"이라 한다)
  3. 4. [생략]
  5. 「특허법」에 따라 설정등록된 특허권
  6. 「디자인보호법」에 따라 설정등록된 디자인권

'특허로'처럼 디자인보호에 대한 정보를 제공하는 사이트를 디자인전문회사에게 적극 홍보하고 방문 상담지도를 실시해야 한다. 그 외 출원의 필수 절차를 쉽게 정리한 책자의 발간과 배포, 출원 요령과 사례 등에 관한 정기적인 디자인보호법 설명회 개최, 출원절차와 특허등록 자료 정보를 공유하는 온라인 커뮤니티의 구축 등의 사업을 추진할 필요가 있다. 또한 정기적인 디자인보호법 교육을 실시하여 디자인보호법에 대한 접근을 용이하게 해야 한다. 이 밖에 일부 디자인전문회사의 영세성을 감안하여 디자인출원 및 등록비용 할인 등도 한 방안이 될 수 있다.[16]

2. 영세디자인업체의 권리보호

영세한 수준의 디자인업체는 하청을 받아 디자인시안을 제작해서 결과물의 지적재산권을 정당한 보상 없이 발주자에게 넘겨주는 경우가 허다하다. 공정거래위원회에서도 이러한 불공정계약관행을 타파하고자 디자인업종의 표준하도급계약서를 제정하여 보급하고 있다. 표준계약서의 채용이 현실적으로 가능하려면 공정거래당국의 주기적인 지도와 감독이 필요하다.

제품디자인 표준계약서 제9조(지식재산권 귀속 등)
① 당해 계약에 따라 수요자에 의해 인수된 최종인도물에 대한 지식재산권은 용역 종료 또는 보수 지불이 완료된 후 수요자에게 양도되며, 지식재산권의 등록에 소요되는 비용은 수요자가 부담한다.
② 본 용역 수행과정 중에 수요자에게 제시된 공급자의 중간인도물에 대한 지식재산권은 공급자에게 귀속되며, 수요자는 공급자의 허락 없이 사용할 수 없다.

한국디자인진흥원 및 특허청 자료에 의하면 디자인전문회사의 대부분은 기업규모가 작아 특허와 법적 문제 등을 전담할 인력과 부서가 부족하여 외부 자문 혹은 정부기관의 지원으로 해결하는 것으로 나타났고, 외부 자문이 여의치 않을 경우 디자인보호법 관련 정보는 특허청 홈페이지나 한국디자인진흥원에 자문을 요청하여 얻는 것으로 드러났다. 국내 디자인보호법은 법 자체의 문제보다 충분히 활용되지 못하는 상황이 더 큰 문제로 파악된다. 디자인 전문회사가 디자인권 확보에 적극적이지 않은 이유로는 첫째, 디자인보호법에 관련된 생소한 용어와 출원과정의 복잡함, 둘째, 대부분 디자인 전문회사는 외부의 용역을 받아 디자인을 진행하므로 이 과정에서 발생하는 디자인

---

16) 디자인전문회사의 디자인보호법 활용 전략 수립에 관한 연구, 안선우·채승진, 디자인학연구, 63면.

권은 발주업체에 귀속되는 점, 셋째, 심사 지연 문제 등이 지적되고 있다. 이러한 영세한 디자인업체에 대해 전문가들에 의한 무료법률지원체계를 갖추어 운용할 필요가 있다.

3. 디자인공지증명제도의 활용

일정한 요건을 갖춘다면 저작권의 보호를 받을 수도 있지만 특허청에 디자인으로 등록되지 않은 디자인들은 보다 확실한 보호수단인 디자인보호법의 보호를 받을 수 없으며 저작물로 인정받기 어려운 디자인은 저작권법의 보호를 받기도 어렵기 때문에 디자인 모방 및 표절로 인한 창작자의 권리 침해에 노출되어 있는 상태이다. 특허청을 통하여 디자인에 대한 창작자와 창작 시기를 공신력 있게 증명 받는 디자인공지증명제도는 권리 획득 및 방어, 활용 등 법적 영역에서의 상대적 약자로 분류되는 중소기업이나 독립 디자이너, 혹은 학생들이 자신의 권리를 침해 받지 않기 위한 최소한의 보호장치라고 평가된다.

공지된 디자인과 동일, 혹은 유사하거나 그 결합으로 이루어진 디자인은 디자인보호법상 신규성을 상실한 것으로 보기 때문에 디자인 등록을 받거나 법적으로 보호받을 수 없게 된다.

디자인공지증명제도를 통하여 특허청에 공지증명된 디자인은 정식으로 등록 출원되지 않은 디자인이더라도 특허청에서 심사 시 참고자료로 관리하여 무권리자의 디자인 무단등록으로 인한 디자인 침해 피해를 예방할 수 있게 된다. 물론 디자인공지증명제도를 통해 정당한 창작자와 창작일을 증명 받았다 할지라도 디자인권과 달리 생산, 판매 등 이윤을 창출하는 행위를 금지시킬 수 있는 정도의 독점 배타적인 권리를 보장받지는 못하기 때문에 보다 강력하게 권리를 보호 받으려면 특허청에 정식으로 '디자인등록출원' 해야 할 것이다.

4. 디자인분쟁조정제도의 활용

한국디자인진흥원이 추진하고 있는 '디자인산업 공정거래 환경조성사업'의 핵심 사업으로, 디자인 사업자와 이용자 간의 발생하는 다양한 계약관련 분쟁 해결을 위한 전문 조정기구로 국민 누구나 디자인 분쟁과 관련하여 이용할 수 있도록 되어 있다. 법원에서 소송으로 분쟁으로 해결할 경우 짧으면 6개월 길면 1년을 넘기게 된다. 이렇게 분쟁이 장기간이 지나서야 결론이 난다면 해당 업체로서는 그 결론이 사실상 큰 의미가 없는 것이 된다. 따라서 전문적인 조정기관이 단기간 내에 해당 분쟁을 적극적으로 해결해 주는 ADR을 활용할 필요가 있다. 디자인분쟁조정위원회는 매우 좋은 취지로 설립이 되었음에도 불구하고 가시적인 성과를 내지 못하고 있는 것 같다. 이러한 제도를 잘 운용하려는 노력이 필요하다.

참고문헌

2012 디자인 법률자문 분쟁조정 사례집, 한국디자인진흥원/한국디자인기업협회.

산업디자인 통계조사 2014, 산업자원통상부/한국디자인진흥원.

한국의 특허동향 2002－2013, 특허청/한국특허정보원(2014. 12.).

해외 주요국의 지식재산 법제도 및 정책동향 조사·분석 － 상표·디자인 부문 조사·분석, 특허청/
　　한국지식재산연구원(2012. 12.).

안선우·채승진, 디자인전문회사의 디자인보호법 활용 전략 수립에 관한 연구, 디자인학연구 통권
　　제87호 Vol. 23 No. 1.(2010).

채승진·안선우, 디자인보호법 비교 및 활용에 관한 연구, 연세대학교 법학연구 제20권 제3호(2010).

해외 주요국의 지식재산 법제도 및 정책동향 조사·분석 － 상표·디자인 부문 조사·분석, 특허청/
　　한국지식재산연구원(2012. 12.).

한창희, 미등록 디자인보호와 부정경쟁방지법, 상사판례연구 제21집 제1권(2008).

차상육, 패션디자인보호를 둘러싼 분쟁양상과 법적 쟁점, 산업재산권 제32호(2010).

박하영, 패션디자인의 보호방안에 관한 연구, 홍익대학교 대학원 석사학위 논문(2014.).

김종균, 장호익, 디자인보호법과 저작권법에 의한 디자인의 법적 보호 비교연구, 디자인학연구, 통권
　　제94호 Vol. 24 No. 1.(2011).

경쟁법의 세계화, 그 현황과 문제점[*]

김지홍, 이병주 변호사

I. 경쟁법 집행의 세계화 배경

20세기말 경쟁법 분야에 있어서 가장 중대한 발전은 ICT 산업 등 새로운 산업의 대두에 따른 변화보다 경쟁법 집행의 세계화에 있다고 한다.[1] Einer Elhauge와 Damien Geradin은 "현대 경쟁법은 글로벌 경쟁법이다."라고 하기도 하였다.[2]

20세기 중반까지만 해도 경쟁법 집행은 미국, EU 등 소수의 선진국에서만 문제되는 '국내적' 문제였는데, 20세기말, 21세기로 들어서면서 그 '국제적' 성격과 중요성이 점차 부각되고 있다.[3] 이 같이 '경쟁법의 세계화'가 부각되게 된 배경으로 크게 두 가지가 이야기된다.

먼저 "지난 수십 년간 세계 경제가 글로벌화되고 통합화가 가속화됨에 따라 기업들의 글로벌 비즈니스 활동이 증대되고"[4] 있다는 점이 첫 번째 배경으로 지적된다. 그 결과 국경을 넘어선(cross-border)[5] 기업 M&A나 국제카르텔 등이 증가했고, 이

---

[*] 이 글은 한국공정거래조정원의 연구비를 지원받아 작성된 보고서로, 『2017년 법·경제분석그룹(LEG) 연구보고서』, 한국공정거래조정원, 2017. 12.에 게재되었다.

1) Andrew I Gavil & Harry First, The Microsoft Antitrust Cases: Competition Policy for the Twenty-First Century, The MIT Press (2014), 185쪽.
2) Einer Elhauge & Damien Geradin, Global Antitrust Law and Economics, Foundation Press (2007), 3쪽.
3) Gavil & First, 앞의 책, 185쪽.
4) 이순미, "경쟁법 집행에서 국제협력의 필요성과 발전방향: OECD 논의 동향을 중심으로", 경쟁저널 제178호 (2015. 1.), 130쪽.
5) 이하 '초국경', '크로스 보더', 'cross-border'를 혼용하기로 한다.

를 대응하기 위해서는 경쟁법의 집행 역시 국경을 넘어설 필요가 커졌다.[6] 실제로 개별 국가의 경쟁법이 그 국경을 넘어 역외 적용되는 사례가 현저히 증가하였다. 미국 경쟁당국에 의하여 부과된 담합 관련 벌금의 90% 이상이 국제카르텔에 부과되었으며, 유럽집행위원회가 조사한 국제카르텔 사건은 1990년 대비 무려 450%나 증가했다고 한다. Cross-border M&A도 1990년 이후 250~350% 증가하였으며, 단독행위 사건 역시 마찬가지이다.[7]

둘째, 20세기말 이후 경쟁법을 제정하고 적극적으로 집행하는 국가의 숫자가 현저히 증가하였다는 점도 글로벌 관점에서 경쟁법을 바라보게 되는 중요한 계기가 되었다.[8] 현대 경쟁법이 도입되기 시작한 것은 제2차 세계대전 이후이지만,[9] 1980년대까지만 해도 미국, 캐나다, EU, 독일 등 소수의 선진국들만 경쟁법을 실질적으로 집행하였다. 그런데 1990년대 초 공산권이 패망하면서 경쟁법을 도입하는 나라들이 급격히 증가하였다. (i) 체제 경쟁에서 시장경제체제가 승리하면서 자유시장 보호의 중요성에 대한 공감대가 전 세계적으로 확대되었고, (ii) 타국의 경쟁법 도입이 자국 기업의 자유로운 경영활동에 도움이 된다고 생각하였던 미국, EU 등 선진국들이 구 공산권 국가들, 개발도상국들 등에 경쟁법 도입을 적극 권장·지원하였으며, (iii) EU 등이 회원국 가입의 조건으로 경쟁법 도입을 제시하기도 하였고, (iv) World Bank 등이 원조의 조건으로 경쟁법 도입을 권장하거나 경쟁법 도입을 재정적으로 지원한 것 등에 그 원인이 있다고 지적된다.[10] 그 결과 "1970년대에는 단지 7개 국가에서만 경쟁당국이 활동하고 있었[던 것이], 1990년에는 23개 국가가 경쟁법을 보유하고 그 중 16개 국가에서 경쟁당국이 경쟁법을 집행하게 [되었으며], 2013년에는 경쟁법을 보유한 국가가 127개국, 경쟁법 집행기관을 보유한 국가는 120개 국가에 이르게" 되었다.[11]

---

6) OECD, Challenges of International Co-operation in Competition Law Enforcement (2014), 5쪽.

7) 상동.

8) Damien Geradin, "The Perils of Antitrust Proliferation: The Globalization of Antitrust and the Risk of Overregulation of Competitive Behavior", Chicago Journal of International Law, Vol.10 No.1 (2009), 189쪽.

9) 일본은 1947년, 영국은 1948년, 독일과 EC는 1957년에 각 경쟁법을 도입함. Gavil & First 앞의 책, 287쪽 참조.

10) Geradin, 앞의 글, 195-196쪽; Mark R. A. Palim, "The Worldwide Growth of Competition Law: An Empirical Analysis", Antitrust bulletin, Vol.43 No.1 (1998), 105쪽 등 참조.

11) 이순미, 앞의 글 137쪽; OECD, Challenges of International Co-operation in Competition Law Enforcement (2014), 5쪽.

II. 경쟁법 집행의 세계화에 따른 문제점

초국경적(Cross–border) 경쟁법 집행이 요구되는 시대에 경쟁법을 보유한 국가의 숫자가 급격히 증가하면서 여러 가지 문제점이 지적되고 있다.

1. 중복집행 및 중복대응에 따른 사회적 비용의 증가

먼저 동일 사안에 대하여 복수의 경쟁당국이 중복하여 집행할 경우, 경쟁당국의 집행비용이 증가할 뿐만 아니라 이에 응대하기 위한 기업의 사업비용도 증가하게 되는바, 이는 사회적 비효율을 초래할 수 있다.[12]

예컨대 기업 M&A 시 과거에는 하나의 경쟁법만 검토하여 하나의 기업결합신고만 하면 되었으나, 이제는 많은 경우 여러 나라의 경쟁법을 검토하고 각각 기업결합신고를 하여 승인을 받아야 하는바, 이는 상당한 거래비용의 증대를 초래한다. 예컨대 PricewaterhouseCooper의 2003년 보고서에 의하면, 전형적 cross–border M&A의 경우 8개국에 대한 기업결합 신고 또는 검토를 필요로 하며 이를 위해 평균 330만 유로에 달하는 외부자문 비용이 소요된다고 한다.[13]

경쟁당국의 규제에 대응한 소송 위험과 그에 따른 비용 증대 가능성 역시 상당하다. 시장의 세계화로 하나의 기업활동에 대하여 복수의 경쟁당국이 동시 또는 순차로 제재하게 되는 경우가 드물지 않은데, 각 국가의 법령의 내용과 절차 등이 달라 이에 대응하는 데에는 막대한 시간과 비용이 들 수 있다. 예컨대 Microsoft의 경우 Windows 운영시스템과 Window Media/Internet Explorer 끼워팔기 등과 관련하여 미국 DOJ로부터 소송을 당하였을 뿐만 아니라 유럽집행위원회로부터 제재를 받았고, 한국, 일본, 대만, 러시아, 중국 당국으로부터도 조사를 받거나 제재를 받았는데,[14] 이 과정에서 Microsoft는 천문학적 금액을 대응비용으로 사용하였다. 이 같은 사업비용 혹은 사업 위험은 IBM, Exxon과 같은 대규모 글로벌 기업이라면 감수할 수 있을지 모르겠으나,

---

12) OECD, 위 보고서, 6쪽.

13) PriceWaterhouseCoopers, A Tax on Merger? Surveying the Time and Cost to Business of Multi–jurisdictional Merger Reviews 4(2003). Geradin, 앞의 글, 201쪽 각주 57에서 재인용.

14) Gavil & First, 앞의 책, 185쪽.

그보다 작고 전문화된 기업들 입장에서는 감당하기 어려울 수 있다.[15] 이는 기업들로 하여금 보다 창의적이고 모험적인 기업활동, M&A 등에 나서는데 주저하게 만들 수 있다.

2. 중복집행에 따른 충돌·모순 가능성

복수의 경쟁당국이 각각의 경쟁법에 따라 중복하여 집행할 경우, 그 결정이 상호 충돌·모순될 수 있다.

예컨대 GE/Honeywell 합병에 관하여 미국 경쟁당국은 승인을 하였으나 유럽집행위원회가 불허함으로써 합병이 무산되는 결과를 낳았고,[16] British Airways가 여행사/기업 등 거래상대방에게 조건부 리베이트를 제공한 것에 대하여 유럽집행위원회 및 유럽법원은 공히 경쟁제한적이라고 본 반면, 미국 연방법원은 그렇지 않다고 보았다.[17]

Qualcomm의 표준필수특허 라이선스 정책에 대한 중국 및 한국 경쟁당국의 최근 시정조치 역시 충돌의 소지가 있다는 지적이 있다. Qualcomm은 자신이 보유한 이동통신 표준필수특허에 대하여 해당 기술이 구현되는 모뎀칩셋 제조사에게 라이선스를 제공하는 대신 그 모뎀칩셋이 장착되는 최종제품(휴대폰) 제조사에게 라이선스를 제공

---

15) Geradin, 앞의 글, 200쪽.

16) 상세한 설명은 Daniel J. Gifford & Robert T. Kudrle, The Atlantic Divide in Antitrust: An Examination of US and EU Competition Policy, University of Chicago Press (2015), 39쪽 이하 참조; 다만, 이후 유럽 General Court (이하, 'GC', 舊 CFI)는 유럽집행위원회의 결정의 적법성을 인정하면서도 포트폴리오 효과에 대한 입증이 없다고 판시했다. 이에 관한 국내문헌은 이민호, "GE/Honeywell 기업결합 사건에 대한 유럽1심법원 판결 검토: 포트폴리오 효과가 혼합결합 규제의 근거가 될 수 있는가?", 경제법판례연구 제5권 (2009. 2.), 153-210쪽 등.

17) British Airways 사건에 대한 유럽집행위원회 결정문은 Commission Decision of 14 July 1999 (IV/D-2/34.780 - Virgin/British Airways), GC 법원 판결은 Case T-219/99 British Airways PLC v. Commission of the European Communities [2003] ECR II-5917, Court of Justice (이하 'CJ') 판결은 Case-95/04P British Airways PLC v. Commission of the European Communities [2007] CEC 607를, 미국 연방법원의 판결은 Virgin Atl. Airways Ltd. V. British Airways Plc., 257 F.3d 256 (2d Cir 2000) 각 참조. British Airways 사건에 관한 상세한 설명은 김수련, "조건부 리베이트에 대한 미국 및 유럽 판결의 비교: British Airways 사건을 중심으로", 경제법판례연구 제6권 (2010. 1.); 정영진, "시장지배적 지위 남용행위에 대한 유럽 경쟁법과 미국 독점금지법의 접근방법의 차이: 유럽위원회의 Virgin/British Airways 결정(1999)을 중심으로", 경쟁저널 제122호 (2005. 11.) 등 참조.

하면서 모뎀칩셋 가격이 아닌 휴대폰 가격의 일정 비율에 해당하는 금액을 로열티로 받았다. 그 결과 로열티 금액이 실제 그 기술이 구현되는 모뎀칩셋 가격과 비슷하거나 더 높다고 하는, 기이한 결과를 초래하였다. 이에 대하여 한국 공정거래위원회(이하 '공정위')는 "라이선스를 원하는 모뎀칩셋 제조사에게도 라이선스를 제공하라"는 시정명령을 내린 반면,[18] 중국 국가발전개혁위원회(NDRC)는 휴대폰 제조사에 대한 로열티를 낮추라는 취지의 시정조치를 명했다.[19] 이와 관련하여 Qualcomm은 "휴대폰 제조사에 라이선스를 계속 제공함"을 전제로 한 중국 NDRC의 로열티 인하명령과 "모뎀칩셋 사로 라이선스 대상을 변경하라"는 한국 공정위의 시정명령은 서로 모순되어 둘 다 이행하는 것이 곤란하다고 주장하고 있다.[20]

3. 실질적 과다집행(overregulation)의 우려 – "Strictest Regime Wins" 문제

중복집행의 문제점으로 지적되는 다른 한 가지는 "가장 엄격한 경쟁법이 사실상 기준(de facto regime)이 된다"는 점이다.[21][22]

예컨대 한 기업이 A국과 B국 모두에서 사업활동을 하고 있는데, A국은 수평적 경쟁제한에 대하여 상대적으로 관대한 입장인 반면 수직적 경쟁제한에 보다 엄격하고, B국은 수평적 경쟁제한에 대하여 상대적으로 엄격한 반면, 수직적 경쟁제한에 보다 관대한 경우, 그 기업의 입장에서는 수평적 경쟁제한에 대해서는 B국, 수직적 경쟁제한에 관해서는 A국의 입장에 따라 사업을 수행하지 않을 수 없다. 이렇게 가장 엄격한 국가의 경쟁법에 맞추어 사업활동을 하지 않을 경우, 그 당국으로부터 규제를 당할 위

---

18) 공정위 2017. 1. 20. 의결 제2017−025호.

19) Qualcomm의 2015. 2. 9.자 "Qualcomm and China's National Development and Reform Commission Reach Resolution" 참조. 원문은 아래 링크 참조.
   http://files.shareholder.com/downloads/QCOM/3864235320x0x808060/382E59E5−B9AA−4D59−ABFF −BDFB9AB8F1E9/Qualcomm_and_China_NDRC_Resolution_final.pdf

20) Qualcomm은 한국 공정위의 시정명령에 불복하여 서울고등법원에 취소소송을 제기하였고 2017. 11. 현재 소송이 진행 중이다(서울고등법원 2017누48 시정명령 등 취소 사건).

21) Andrew T. Guzman, Cooperation, Comity, and Competition Policy, Oxford University Press (2011), 349−350쪽. Damien Geradin은 이를 "Strictest Regime Wins 문제"라 칭하며(Geradin 앞의 글 192−193 쪽). OECD는 이에 대해 "가장 개입주의적인 기준(interventionist standard)이 항상 이기게 된다"고 표현 한다[OECD, Challenges of International Co−operation in Competition Law Enforcement (2014), 44쪽].

22) OECD, 위 보고서, 44쪽.

험에 노출되기 때문이다. A, B 각국이 일련의 경쟁정책들을 통해 최적의 경쟁 상황을 추구하고 있다고 가정하면(예컨대 A국은 수평적 경쟁제한은 관대하게 하면서 수직적 경쟁제한을 엄격히 통제하는 것이 사회적 효용 총량을 극대화하는 길이라고 판단한 것일 수 있다), 양국의 감독을 받는 기업은 그러한 최적의 경쟁 목표보다 더 엄격한 경쟁법 집행을 당하는 셈이 된다.[23]

실제로 앞에서 언급한 2001년 GE/Honeywell 기업결합에서 미국 DOJ는 조건부 승인을 내렸지만 유럽 당국은 불허하였고 그 결과 거래는 중단되었다. 결과적으로 유럽 기준이 이긴 것으로 볼 수 있다.[24]

금지조치까지는 아니지만 초국경적 효과를 낳는 시정조치들의 경우에도 마찬가지이다. 예컨대, Glencor와 Xstrata는 스위스 채굴 기업으로 복수 국가에 소재한 광산에서 채굴작업을 진행하여 채굴된 광물을 전 세계에 판매해 왔는데, 미국 DOJ의 경우 2012년 양사 기업결합에 대해 어떠한 조치도 취하지 않은 반면, 중국 상무부(MOFCOM)는 2013년 해당 기업결합을 승인하면서 페루에서 개발중인 Las Bambas 구리 채굴에 대해 자산매각조치를 부과하였다. 기업결합 당사회사인 Glencor와 Xstrata의 중국시장에서의 시장점유율 합계는 약 18% 미만으로 이 정도의 점유율의 경우 다른 대부분의 경쟁당국은 기업결합에 개입하지 않는 수준이었으나, 중국 MOFCOM이 규제에 나서면서 결과적으로 보다 엄격한 기준인 MOFCOM 기준이 양사 기업결합에 적용되는 결과를 초래했다. 유럽집행위원회 또한 유럽 아연시장의 특수성을 이유로 자산매각조치를 포함한 아연시장 관련 구조적 조치를 부과했다.[25]

이와 관련하여 특정 국가 소비자들이 누릴 수 있는 효용의 범위를 다른 나라의 경쟁당국이 임의로 제한할 수 있게 된다는 점에서도 부당하다는 지적이 있다. 즉, A국은 일정한 수평적 행동이 소비자 효용증대에 도움이 된다고 판단하여 이를 허용하고 있는데, B국의 경쟁당국이 이에 대해 엄격한 입장을 취하는 바람에 A국 소비자들은 그에 따른 소비자 효용을 누릴 수 없게 된다는 것이다.[26]

이러한 "가장 제한적인 관할(the most restrictive jurisdiction)" 현상은 기업결합 당사

---

23) Guzman, 앞의 책, 349쪽.

24) OECD, Challenges of International Co-operation in Competition Law Enforcement (2014), 44쪽.

25) OECD, 위 보고서, 44쪽; CASE COMP/M.6541 - Glencore International plc / Xstrata Plc (2012).

26) Geradin, 앞의 글, 192쪽.

회사들이 보다 많은 비용을 지출하게 하고 심사기간도 길어지도록 기업결합의 당사회사들과 경쟁하는 사업자들이 경쟁법 집행을 경쟁사에 대한 공격수단으로 활용할 남용 가능성이 있다는 지적도 있다.[27]

4. 보호주의적 집행에 대한 우려

보호주의적 집행의 우려는 중복집행·과다집행의 문제점을 더욱 부각·심화시킨다. 대부분의 경쟁당국은 정치·경제적 판단이나 간섭으로부터 자유롭지만, 모든 사안에 대하여 항상 그런 객관성이 보장되는 것은 아니며, 특히 경쟁법을 도입한 지 얼마 안 된 신흥 당국들의 공정성에 대해서는 아직도 우려의 목소리가 높다. 예컨대 미국계 항공기 제조사인 Boeing과 McDonnell Douglas 합병에 대해 미국 FTC는 승인한 반면, 유럽집행위원회가 금지한 것에 대해서는 유럽 항공기제조사인 Airbus를 보호하기 위한 보호주의적 조치였다는 비판이 있으며,[28] 특히 인도, 중국 등 무시할 수 없는 신흥 경제대국들의 경쟁법 집행에 대하여 그 적절성과 공정성에 대한 우려가 많이 제기되고 있다.[29]

단순히 특정 경쟁당국이 편파적이라는 것을 넘어서, 경쟁법 집행의 기준 자체가 대단히 모호하고 추상적이라는 점에서 이러한 우려는 경쟁법 집행에 내재된 문제라고 할 수 있다.[30]

5. 과소집행(underregulation)의 우려

반대로 복수 경쟁당국의 복수 집행만으로는 글로벌 기업의 초국경적 경쟁제한행위에 대하여 충분한 규제가 되지 못한다는 지적이 있다.

---

27) OECD, Remedies in Cross−Border Merger Cases (2013), 103쪽.

28) 유럽경쟁당국의 Boeing/MD 합병 불승인 결정에 대한 상세한 설명 및 비판은, Daniel J. Gifford & E. Thomas Sullivan, "Can International Antitrust Be Saved for the Post−Boeing Merger World?", Antitrust bulletin, Vol.45 No.1 (2000), 55쪽 등 참조.

29) 예컨대 미국 DOJ의 경쟁담당 차관보(Assistant Attorney General for Antitrust)는 중국 경쟁당국이 오류나 자의적 적용의 여지가 큰 기업결합심사나 단독행위 심사보다는 위법성이 명백한 카르텔 규제에 집중해야 한다고 한다. Hew Pate, "What I Heard in the Great Hall of the People - Realistic Expectations of Chinese Antitrust", Antitrust Law Journal, Vol.75 No.1 (2008), 195쪽 참조.

30) Geradin, 앞의 글, 202쪽.

경쟁법이 없거나 경쟁법 집행이 실질적으로 이루어지지 못하는 국가가 여전히 다수 존재하는데, 그 국가 또는 그 국가의 소비자들에게 영향을 미치는 반경쟁적 행위에 대해서는 여전히 적절한 경쟁법 규제가 이루어지지 못하고 있다.

미국이나 유럽과 같이 경쟁법 집행이 잘 발달한 국가들의 활발한 역외적용도 이같은 문제를 해결하지 못하는데, 이는 미국·유럽 등도 자국 기업의 수출담합(export cartel) 규제에 대하여는 소극적이라는 점에서 확인된다. 수출담합은 수출국가의 기업들에게 이익을 주는 반면, 그 피해는 수입국가의 소비자들이 입게 되는바, 수출국 경쟁당국 입장에서는 이를 적극적으로 규제할 유인이 적기 때문이다.[31]

III. 경쟁법 집행의 세계화에 따른 문제점 해결 시도의 과정

복수 경쟁당국에 의한 복수집행이 가져오는 장점도 분명히 있지만,[32] 앞서 살펴본 바와 같이 그에 따른 우려와 위험 역시 상존한다. 이에 경쟁법 학자들과 집행당국들은 한 나라 차원에서 제정·집행해 왔던 경쟁법과 경쟁법 집행시스템에 대하여 다시금 생각하고 개선을 위해 노력해 왔다. 그 주요한 노력들을 시간 순으로 살펴보면 다음과 같다.

1. 1927년 제네바 세계 경제 콘퍼런스 개최[33]

초국경적 경쟁제한행위에 대한 공동 대응 논의는 1차 세계대전이 끝난 직후인 1920년으로 거슬러 올라간다. 사업자들은 19세기말 경기 침체에 대응하는 과정에서 경쟁 대신 상호 합의를 통해 경영 위협을 줄이기 위해 노력했는데, 이는 이른바 '국제카르텔'의 시초였다고 할 수 있다.[34] 이 같은 국제카르텔 관행은 제1차 세계대전 이후 더

---

31) Guzman 앞의 책, 349-351쪽; Geradin, 앞의 글, 197쪽.

32) 예컨대 Gavil과 First는 복수집행의 위험성이 과장되었다면 그 장점을 강조한다. Gavil과 First가 강조하는 것은 한마디로 "복수 경쟁법의 경쟁 촉진"에 있다. 즉, 복수의 당국이 서로 다른 경쟁법을 집행하는 과정에서 서로 경쟁하게 되고, 이는 정책의 다양성과 창의성을 촉진하고, 집행재원의 효율적 배분을 가져오며, 집행공백을 줄이고, 특정 정치적 입장에 의한 경쟁정책의 포획을 막을 수 있다는 것이다(Gavil & First, 앞의 책, 293쪽).

33) 1927년 제네바 세계 경제 콘퍼런스에 관한 본 David J. Gerber (이동률 역), 국제경쟁법, 박영사 (2014), 31-41쪽을 요약, 보완하였다.

34) William R. Cornish, "Legal Control over Cartels and Monopolization 1880-1914: A Comparison",

욱 빈번해졌고 심각한 경쟁제한의 결과를 가져오게 되었다.[35]

국제연맹(League of Nations)은 1925년 당시 직면하고 있던 각종 세계 경제 문제들을 논의하기 위해 국제 콘퍼런스를 소집하였는데, 그 주제 중 하나가 "국제카르텔에 어떻게 대응할 것인가"였다. 이 콘퍼런스는 1927년 5월 3주에 걸쳐 진행되었으며 50개 국가 대표 194명이 참석했다.

당시까지만 해도 '국제카르텔'은 '경쟁법'의 고유한 문제라기보다는 이른바 '무역자유화'에 대한 장애요소로서 인식·논의되었다. 즉, 국제카르텔은 '보호관세'와 같은 '정부에 의한 무역장벽'과 같은 맥락에서 이른바 '민간 영역에서의 무역장벽'으로 논의되었다.

그러나 1920년대까지만 해도 "카르텔은 나쁘다"란 공통된 인식은 아직 형성되어 있지 않았다. 도리어 "카르텔이 경제 발전을 합리화하고, 과잉생산을 줄이며, 노동자들의 고용안정성을 증대하는 수단이 될 수 있다"는 '카르텔 옹호론'도 상당한 목소리를 내고 있었고, '선한(good)' 카르텔과 '악한(bad)' 카르텔을 구별하여 후자만 규제하여야 한다는 것이 오히려 일반적 견해였다.

결국 제네바 콘퍼런스는 "국제 카르텔 합의에 관한 한, 국가들이 카르텔에 취하고 있는 입장이 다양하[여] 이에 관한 사법체제 설립은 불가능한 것으로 인식된다"면서 대신 "국제연맹이 국제카르텔에 관한 정보를 수집하고, 개별 카르텔 행위를 점검하며, 카르텔로 발생하는 효과를 조사하고, 해로운 카르텔 행위에 관한 정보를 발표"하라고 권고하는 선에서 마무리되었다.[36]

이 같은 제네바 세계 경제 콘퍼런스는 초국경적 경쟁제한행위에 대한 공동 대응의 필요성에 관하여 주의를 환기하고, 통일적 대응을 위해 노력하기 시작한 최초의 시도라고 할 수 있다. 다만, 아직 카르텔을 제외한 다른 경쟁제한적 행동에 대해서는 인식이 부족했고, 카르텔의 폐해에 대한 공감대도 부족하여 실질적으로 의미 있는 결과를 도출해 내지는 못했다. 특히 당시 거의 유일하게 경쟁법(Sherman Act)을 가지고 있던 미국이 국제연맹에 참가하지 않았던 점 역시 1927년 제네바 콘퍼런스가 실패로 돌아

Nobert Horm & Jurgen Kocka, Law and the Formation of Big Enterprises in 19th and Early 20th Centuries (Gottingen 1979), 280-305쪽, Gerber 앞의 책 30쪽에서 재인용.

35) Gertrud Lowasy, International Cartels: A League of Nations Memorandum (Lake Success 1947), 1-12쪽, Gerber 앞의 책, 30쪽에서 재인용.

36) Gerber, 앞의 책, 40쪽.

가게 된 원인 중 하나로 지목된다.

2. 1948년 하바나 헌장(Havana Charter) 제정 시도와 무산[37)

단일한 세계 경쟁법 및 경쟁법 집행체제를 만들기 위한 노력은 제2차 세계대전 이후 다시 본격화되었다. 2개의 세계대전을 치른 각 나라들은 국제연합(United Nations), World Bank, GATT, IMF 등 복수의 국제기구들을 설립하여 국제정치·경제 문제에 통일적으로 대응하겠다는 야심찬 프로젝트(이른바 'Bretton Woods 체제')를 추진하였는데, 그러한 원대한 구상 중 하나가 '국제무역기구(International Trade Organization, 'ITO')'의 설립 및 이를 중심으로 한 세계 경쟁법 집행체제를 수립하는 것이었다.

UN 경제사회이사회의 주도로 시작된 논의는 미국을 포함한 53개국이 서명한 '하바나 헌장(Havana Charter for an International Trade Organization)'을 낳았다. 경쟁제한적 행위에 대한 대응은 하바나 헌장 제5장(Restrictive Business Practice)에 담겨 있는데, 그 주요 내용은 다음과 같다:

- 가격 등 거래조건 고정, 시장분할, 생산량·구매량 제한, 경쟁사업자 배제, 특정사업자에 대한 차별 등은 경쟁제한, 시장접근 제한, 독점력 증대 등을 통해 생산 및 무역의 증대에 해로운 영향을 미칠 수 있다(제46조).
- 각 회원국은 그 영토 내에서 제46조에서 정한 경쟁제한적 행동을 예방하기 위해 입법 등 가능한 모든 조치를 취할 의무가 있다(제50조 제1항).
- 경쟁제한적 행동으로 말미암아 피해를 입은 회원국은 직접 또는 ITO를 통해 상대국에 협의를 요청할 수 있고, 각 회원국은 쌍방에 만족스러운 결론을 도출하기 위해 노력한다(제47조).
- 경쟁제한적 행동에 따른 피해를 입은 회원국은 ITO에 이를 신고할 수 있고, ITO는 이를 조사할 수 있으며, 조사 결과 위반행위가 인정될 경우, ITO는 관련 회원국에 필요한 시정조치를 요구 또는 권고할 수 있다(제48조).
- ITO는 국제무역에 영향을 미치는 경쟁제한적 행동에 대하여 연구하고, 각 회원국에게 그에 관한 법령, 절차, 협약 등에 관해 권고 등을 할 수 있다(제49조).

---

37) 하바나 헌장 제정 과정에 관한 본 장은 Gerber 앞의 책, 52–71쪽을 요약, 보충하였다.

결국, 하바나 헌장은 금지되는 경쟁제한적 행위의 유형에 관해 일정한 합의에 이름으로써 '세계 경쟁법' 제정에 첫 걸음을 내디딘 것이며, ITO를 통한 경쟁제한적 행위 조사 및 시정조치라고 하는 '세계 경쟁법 집행체제' 수립을 시도하였다는 점에서 역사적 의미가 있다.

그러나 하바나 헌장 제정을 통한 '세계 경쟁법 집행 체제' 수립 시도는 미국의 하바나 헌장 비준 거부로 말미암아 실패하였다. 제2차 세계대전 이후 세계가 미국과 소련을 중심으로 이념에 따라 분열되면서 국제기구를 통한 통일적 문제해결에 대하여 시대착오적이라는 인식이 미국 내에 팽배했고, 하바나 헌장을 통해 해결하려고 하였던 관세 장벽 철폐 등 목적은 GATT(General Agreement on Tariffs and Trade)를 통해 일부 달성되어 굳이 하바나 헌장을 고집할 이유가 줄어들었기 때문이었다고 한다.[38]

3. 1967년 OECD의 경쟁법 집행 협력에 관한 권고안 채택

여러 국제기구와 단체들도 초국경적 경쟁제한행위의 확대와 경쟁법의 세계화 문제에 대한 대처에 나섰는데, 그 중 가장 적극적이고 꾸준하게 활동하고 있는 기구 중 하나가 OECD(경제협력개발기구: Organisation for Economic Cooperation and Development)이다.[39]

OECD는 1967년 경쟁법 집행 과정에서 회원국 상호 간에 협력할 것을 제안하는 권고안(Recommendation of the Council Concerning Co-operation between Member countries on Anticompetitive Practices affecting International Trade)을 채택하였는데, 그 요지는 ① 타국의 중요한 이익에 영향을 미치는 집행행위에 관하여 상대국에 통보하고, ② 경쟁당국 간 서로 정보를 교환하고 협의하며, ③ 서로의 집행활동에 필요한 정보 수집을 돕고, ④ 타국에서 이루어진 반경쟁적 행동에 대하여는 비록 자국에 영향을 미치더라도 먼저 상대국에게 집행을 요청하라는 것 등이었다.[40]

---

38) Gerber, 앞의 책, 62-65쪽 참조.

39) OECD는 회원국의 경제성장과 금융안정을 촉진하고 세계경제발전에 기여하고, 개도국의 건전한 경제성장에 기여하며, 다자주의와 무차별주의에 입각한 세계무역의 확대에 기여하는 것을 목적으로 하는 정부간 정책연구 및 협력기구이다. http://www.oecd.org/about/ 참조.

40) 이 권고안은 1995년 개정되었다가 2014년 권고안으로 대체되었는데 그 원문은 OECD 홈페이지에서 찾아볼 수 있다. http://www.oecd.org/daf/competition/2014-rec-internat-coop-competition.pdf 참조. 주요 내용으로 (i) 협의 및 예양, (ii) 조사 및 소송절차에서의 통지, (iii) 조사 및 소송절차에서의 상호조정, (iv) 조사 및 소송절차에서의 정보교환, (v) 다른 경쟁당국에의 조사협조를 규정하고 있다.

OECD의 1967년 권고안은 세계 경쟁법 제정 혹은 단일한 세계 경쟁법 집행시스템을 수립하는 방향 대신, 각 국가별로 경쟁법 집행이 이루어짐을 전제로 각 경쟁당국 간 서로 협력하는 방향과 원칙을 제시하였다는 점에서 의미가 있다. 이러한 OECD 권고안의 내용은 이후 체결된 '미·EU 경쟁협력협정(1991)' 등 양자간 경쟁협력협정의 가이드라인이 되었다.

4. 1980년 UNCTAD의 'UN 경쟁법 원칙' 제정

하바나 헌장에서 시도된 통일된 세계 경쟁법 마련은 유엔국제무역개발기구(UNCTAD)로 이어졌다. 즉, 1960년대에 들어서면서 미국 및 유럽을 중심으로 경쟁법 적용이 확대되기 시작했고, 다국적 기업(multi-national enterprise)의 활동도 활발해졌는데, 이는 다국적 기업에 적용될 수 있는 공통의 경쟁규칙이 필요하다는 공감대를 형성시켰고, UNCTAD를 중심으로 진행된 일련의 논의 결과 1980년 "제한적 영업관행의 규제를 위해 다국간에 합의된 원칙과 규범(UNCTAD Multilaterally Agreed Principles and Rules for the control of Restrictive Business Practices, 'UN 경쟁법 원칙')"이라는 다자간 협약을 낳았다.[41] UN 경쟁법 원칙'의 주요 내용은 다음과 같다.[42]

- 기업들은 (i) 가격고정, 시장분할, 생산량·판매량 제한, 공급거절 등을 위한 공동행위를 해서는 안 되며, (ii) 약탈적 가격할인, 거래조건의 차별, 기업결합, 수출품 가격 고정, 수입 제한, 거래거절, 끼워팔기 등을 통한 시장지배적 지위 취득 또는 남용 행위는 금지된다(D.3.항 및 D.4.항).
- 각국 정부는 기업의 경쟁제한적 행동을 통제하기 위해 필요한 법률 제정 및 이를 집행하기 위한 사법·행정 절차의 수립 등 조치를 취해야 하며(E.1.항), 그러한 입법은 시장지배적 지위의 부당한 취득 및/또는 남용, 시장 접근 제한 등 경쟁에 대한 부당한 제한 등을 제거하고 효과적으로 대처할 수 있는 것이어야 한다(E.2.항).
- 각국 정부는 경쟁제한적 행동을 규제할 때에는 확립된 절차에 따라 모든 기업을 공평하고 평등하게 대우해야 하며(E.3.항) 국제무역에 부정적 영향을 미치는 경쟁제한적 행동에 대해서는 적절한 예방적·시정적 조치를 취해야 한다(E.4.항).

---

41) Eleanor M. Fox & Daniel A. Crane, Global issues in Antitrust and Competition Law, West Academic Publishing (2010), 492-493쪽 참조.
42) 'UN 경쟁법 원칙'의 원문은 UNCTAD 홈페이지(http://unctad.org/en/docs/tdrbpconf10r2.en.pdf)에서 확인할 수 있다.

- 각국은 경쟁제한적 행동 규제에 관한 공통된 접근 방법을 개발하기 위해 협력하며(F.1.항), 경쟁법 집행 선진국들은 후발 국가들의 경쟁법 집행시스템 도입 및 개선을 위해 필요한 도움을 제공한다(E.8.항, F.4.항)
- UNCTAD는 각국의 협약 준수 및 이행 상황에 관하여 매년 보고를 받으며(F.2.항), 모델 경쟁법을 제정하고(F.5.항), 관련 법령 및 제도 실행에 필요한 기술적 지원 및 자문, 교육 프로그램 등을 제공한다(F.6.항).

UNCTAD는 이상과 같은 'UN 경쟁법 원칙'에 따라 2000년 모델 경쟁법(Model Law on Competition)을 마련하였다.[43] 그러나 다른 UN 모델법들과 달리 '모델 경쟁법'은 경쟁법 집행 선진국들로부터 큰 관심을 받지 못하였고, 실제 경쟁법 통일에 큰 영향을 주지 못하였다.[44]

'UN 경쟁법 원칙'은 1980. 12 5. UN총회에서 채택되었던바 비록 구속력이 없는 임의적 규정이기는 하였지만, 경쟁법 및 그 집행에 관하여 다자간 체결된 유일한 협약이라는 점에서 의미가 있다.[45] 또한 경쟁제한적 공동행위 및 단독행위의 유형에 관하여 보다 상세히 적시하고, 각국 정부에 그에 대한 대응 입법 및 규제절차 마련을 요구하였다는 점에서 세계 경쟁법 제정을 향해 한 걸음 더 나아갔다고 할 수 있으며, 개발도상국들의 경쟁법 제정 및 경쟁법 집행시스템 도입을 위한 선진국 및 UNCTAD 등 국제적 지원을 정함으로써, 경쟁법 집행의 공백을 막고 세계 경쟁법 집행시스템이 선진국의 그것으로 수렴·통일되도록 시도하였다는 점에서도 의미가 있다.

5. WTO의 세계 경쟁법 제정 논의와 포기

기존의 "관세 및 무역에 관한 일반협정(GATT)"을 대체하는 새로운 국제기구로서 WTO(세계무역기구)의 설립이 논의되던 1993년경 일군의 경쟁법학자들이 모여 Draft International Antitrust Code[46]를 만들어 WTO 관련 협정에 포함시키자고 시도하

---

43) UNCTAD가 2000년 만든 '모델 경쟁법'은 2012년, 2015년, 2017년, 모두 3회에 걸쳐 개정되었는데, 그 원문은 UNCTAD 홈페이지에서 찾아볼 수 있다.

(http://unctad.org/en/Pages/DITC/CompetitionLaw/The-Model-Law-on-Competition.aspx)

44) Eleanor M. Fox & Daniel A. Crane, 앞의 책, 505쪽.

45) Eleanor M. Fox & Daniel A. Crane, 앞의 책, 493쪽.

46) Draft International Antitrust Code는 Munich Draft Code라고도 불린다. 평소 독일 뮌헨에서 개최되는 세계 경쟁법 학자들의 모임 자리에서 이 초안이 처음으로 발표되었기 때문이다. Draft International Antitrust

였다.[47)

Draft International Antitrust Code('DIAC')는 ① 각국의 국내법에 도입·채택되어
야 하는 최소한의 경쟁법 내용을 명시하는 한편, ② 이 협약을 집행·감독할 국제
경쟁당국(International Antitrust Authority)과 이에 관한 분쟁을 심판할 국제경쟁심판부
(International Antitrust Panel)의 설립을 제시하였다는 점에서 그 특징이 있다. ① 즉, Draft
International Antitrust Code는 시장지배적 지위 남용행위란 무엇이고, 어떤 공동행위
가 부당 공동행위가 되는지 등에 관한, 우리 공정거래법과 유사한 실체법 규정을 제시
하면서 각국의 경쟁법이 최소한 이에 맞게 제정·운영될 것을 요구하였고, 위법행위를
발견할 경우 각국이 취할 수 있는 제재조치의 종류와 내용 등에 관해서도 제시하였다
(제2편 제4조 내지 제15조). ② WTO 산하에 '국제경쟁당국(International Antitrust Authority)'
을 두어 개별 국가에 일정한 조치를 촉구하거나 직접 해당 사업자를 상대로 소송을 제
기할 수 있는 권한을 부여하고자 하였고, 나아가 '국제경쟁심판부(International Antitrust
Panel)'를 상시 기구로 두고 Draft International Antitrust Code의 이행과 관련한 당사
국 간의 분쟁 및 국제경쟁당국과 당사국 간의 분쟁을 심리하게 하고 그 결정에는 각
국가에게 반드시 따를 의무를 부과하고자 하였다(제7편 제19조 내지 제20조).

한마디로 Draft International Antitrust Code(DIAC)는 세계 경쟁법 및 세계 경쟁법
집행 시스템의 구체적 청사진을 제시한 것이다. 만약 WTO에 의하여 이 초안이 채택
되었다면, 세계 경쟁법 집행시스템 도입이 성사될 수 있었을 것이다.

그러나 안타깝게도 DIAC는 WTO에서 채택되지 못하였다. WTO는 1993년 이후
회원국들이 동의할 수 있는 최소한의 경쟁법 원칙을 마련하기 위해 오랫동안 논의하
였고 2001년 도하선언에 경쟁법 정책에 관한 3개의 문단을 삽입하는 업적을 이루기도
하였지만,[48) 2004년 8월 1일 WTO General Council이 도하선언 의제에서 경쟁정책을

Code에 관한 보다 상세한 설명은 Wolfgang Fikentscher, "The Draft International Antitrust Code(DIAC)
in the Context of International Technological Integration", Public Policy and Global Technological
Integration (1997), 211－220쪽 참조.

47) Alison Jones & Brenda Sufrin, EU Competition Law: Text, Cases, and Materials, Oxford University Press
(2016), 1239쪽. Draft International Antitrust Code 원문은 Daniel J. Gifford, "The Draft International
Antitrust Code Proposed at Munich: Good Intentions Gone Awry", Minnesota Journal of Global Trade,
Vol.6 No.1 (1997), 31－66쪽에 게재되어 있다.

48) 2001. 11. 14. 발표된 제4차 도하각료선언(Doha Ministerial Declaration)은 총 52개항으로 되어 있었는데
그 중 3개항을 "무역과 경쟁정책의 상호관계"라는 항목에 할애하여 (i) 국제무역의 발전을 위한 경쟁법 정

제외한다고 선언하면서, WTO를 통한 세계 경쟁법 마련 시도는 중단되었다. 개발도상 국들의 반대도 주요한 원인이었지만, 세계 경쟁법 제정에 소극·부정적이었던 미국의 태도도 한몫 하였다.[49]

6. 미·EU 경쟁협력협정 등 양자간 협정의 체결[50]

모든 국가에 적용되는 세계 경쟁법을 제정하고 이를 통일적으로 규제하는 세계 경 쟁법 집행시스템을 만들려는 시도는 앞서 살펴본 바와 같이 잘 성사되고 있지 않다. 이에 대한 현실적 대안으로, 세계 시장에 대한 참여와 경쟁법 집행이 활발하게 이루어 지던 주요 국가들을 중심으로 경쟁법 집행 협력에 관한 양자간 협정 체결이 먼저 또는 병행적으로 이루어지기 시작했다.

대표적인 양자간 협정은 1991년 체결된 '미·EU 경쟁협력협정'(Agreement between the Government of the US and the Commission of the European Communities regarding the application of their Competition Law)인데, 그 주요 내용은 다음과 같다:[51]

- 각 당사국은 상대국가의 중요한 이익에 영향을 미치는 집행활동에 대하여 상대국가에 이를 통보해야 한다(제2조).[52]

책의 기여 및 저개발/개도국의 경쟁법 도입 및 발전을 돕기 위해 다자간 협력이 필요하다는 점을 강조하 면서 좀 더 구체적으로는 (ii) 투명성, 비차별주의, 하드코어 카르텔 금지, 자발적 협조를 위한 모델 조항, 개도국의 경쟁법 발전을 위한 지원 등에 관하여 제5차 회의에서 논의하겠다고 하였다. 이 도하선언의 원문 은 WTO 홈페이지(https://www.wto.org/english/thewto_e/minist_e/min01_e/mindecl_e.htm)에서 확인할 수 있다.

49) Jones & Sufrin, 앞의 책, 1239−1240쪽 참조. 예컨대 경쟁법 세계화 논의에 오랫동안 적극적으로 참여해 왔던 Eleanor Fox 교수는 미국이 WTO를 통한 단일 세계 경쟁법 제정에 반대한 이유에 대하여 "이미 자국 의 공정거래법을 일방적으로 역외적용하고 있던 미국의 입장에서 단일 세계 경쟁법 제정을 시도할 경우 불 가피하게 발생할 수밖에 없는 타협과 양보, 그리고 그것이 가져올 미국 주권에 대한 침해를 우려하였다"고 설명했다. Eleanor M. Fox, "Toward World Antitrust and Market Access", American Journal of International Law, Vol.91 No.1 (1997), 12쪽 참조.

50) 경쟁법 집행 협력에 관한 양자간 협정에 관한 상세한 설명은 Jones & Sufrin 앞의 책, 1235−1238쪽; Fox & Crane, 앞의 책, 505−517쪽 각 참조.

51) 협정 원문은 아래 링크를 참조.
http://ec.europa.eu/world/agreements/prepareCreateTreatiesWorkspace/treatiesGeneralData.do?step=0& redirect=true&treatyId=300

52) "상대국가에 중요한 이해관계에 영향을 미치는 경우"로 (a) 상대국의 경쟁법 집행활동과 관련된 경우, (b)

- 각 당사국의 경쟁당국은 정기적으로 만나 경쟁법 정책 및 집행에 관한 정보를 교환·논의한다(제3조).
- 각 당사국은 상대국의 경쟁집행활동에 협력하며, 필요한 경우 서로 조율할 수 있다(제4조).
- 각 당사국은 상대국 영역 내에서 행해진 반경쟁적 행위가 자신의 중요한 이익에 악영향을 미치는 경우 상대국에 적절한 집행을 요청할 수 있다(제5조).
- 각 당사국은 집행활동의 개시 여부, 집행활동의 범위, 구제 및 시정조치에 관한 결정 등 집행활동의 모든 단계에서 상대국의 중요한 이익을 신중하게 고려한다(제6조).

이후 미국과 EU는 1998년 "적극적 예양(positive comity)"을 강화하는 내용의 협정을 1998년에 추가로 체결하였는데(Agreement between the European Communities and the Government of the United States of America on the application of positive comity principles in the enforcement of their competition laws), 이 협정에서 추가된 핵심 내용은 다음과 같다:53)

- 당사국은 특정한 반경쟁적 행위가 자국의 소비자들에게 "직접적이고 실질적이며(direct, substantial), 예견가능한 영향(reasonably foreseeable impact)"을 주지 않거나, 자국 소비자들에게 그러한 영향을 주기는 하지만 그 행동이 상대국에서 주로 행하여지거나 상대국의 영역을 주된 대상으로 한 경우, 자국의 집행은 중단·보류하고 상대국에 집행을 요청하는 것을 원칙으로 한다(제3조 및 제4조).
- 요청을 받은 상대국은 해당 반경쟁적 행위에 대한 조사 및 조치에 최선을 다하고 요청국에 진행 과정 및 결과를 통보한다(제4조).

결국 상대국의 협조 아래에 각자 집행하는 것을 원칙으로 하되, 상대국이 집행하는 것이 더 적절한 경우에는 상대국에 집행을 요청하고 스스로 집행은 자제하는 '적극적 예양'까지 합의하였던 것이다.

반경쟁적 행위의 상당부분이 상대국 영역에서 행하여진 경우, (c) 관련 기업결합 당사자의 전부 또는 일부가 상대국가의 법인인 경우, (d) 해당 행위가 상대국의 요구, 조장 또는 승인된 것으로 판단되는 경우, (e) 제재조치의 중요 부분이 상대국 영역 내에서의 작위 또는 부작위 의무를 부과하는 경우를 열거하고 있다(Art II. 2).
53) 협정 원문은 아래 링크를 참조.
http://ec.europa.eu/world/agreements/prepareCreateTreatiesWorkspace/treatiesGeneralData.do?step=0&redirect=true&treatyId=310

미국과 유럽경쟁당국은 '미·EU 경쟁협력협정'에 따라 경쟁법 집행 협력이 잘 이루어지고 있다고 자평하고 있으며, 그 대표적인 사례로서 1994년 Microsoft 조사 사건을 꼽는다.54) 그러나 미·EU 경쟁협력협정이 제대로 작동하고 효과를 내고 있는지에 대하여는 비판적 견해도 존재한다.55) GE/Honeywell 사건과 Boeing/McDonnell Douglas 사건은 모두 1991년 미·EU 경쟁협력협정 이후에 있었던 것들로서 협정에 따라 상호 필요한 통보 및 협의를 하였지만, 그 결론은 180도 상반된 내용이었다.56) 정말로 중요한 사안에 대하여는 양자간 협력협정이 제대로 작동하지 않는다는 지적이었다.

어쨌거나, '미·EU 경쟁협력협정'의 경험은 주요 국가들 간에 유사한 경쟁협력협정 체결로 이어졌다. 예컨대 EU는 캐나다(1999), 일본(2003), 한국(2009), 스위스(2013)와 경쟁협력협정을 체결했고, 브라질(2009), 러시아(2011), 중국(2012), 인도(2013)와는 그보다 한 단계 낮은 수준인 양해각서(MOU)를 체결했다.57)

한국의 경우 2009년 EU와 경쟁협력협정을 체결하였고, 미국, 오스트리아, 멕시코, 캐나다, 러시아, 루마니아, 독립국가연합(CIS) 및 터키와도 기관간 협정 또는 양해각서를 체결하였다.58)

이 같은 일련의 양자간 경쟁협력협정은 각자 집행을 전제로 집행당국간 의사소통과 협력을 정한 것이어서 세계 경쟁법의 제정 혹은 경쟁법의 실체적 내용의 수렴화와 직접 관련이 없다.59) 다만, 이 같은 잦은 의사소통과 협력은 각국 경쟁당국 간 이해를 증대시켜 종국적으로 경쟁법의 실체적 내용이 수렴하는 데 기여할 것으로 기대된다.

---

54) Jones & Sufrin, 앞의 책, 1236쪽.
55) Geradin, Reysen & Henry, 앞의 글, 9-10쪽.
56) Jones & Sufrin, 앞의 책, 1236-1237쪽.
57) Jones & Sufrin, 앞의 책, 1237쪽.
58) 성승제, 국제카르텔 규율과 대처방안 연구, 한국법제연구원(2016), 49쪽.
59) Geradin, 앞의 글, 194쪽.

7. 자유무역협정(Free Trade Agreement) 또는 지역무역협정(Regional Trade Agreement)[60] 속 '경쟁챕터' 삽입

다수의 국가가 모두 만족하고 동의할 수 있는 단일 경쟁법/경쟁집행 시스템 마련의 대안으로 진행되었던 또 하나의 노력은, 양자간 혹은 다자간 자유무역협정에 '경쟁'에 관한 내용을 담는 것이었다.

2015년 7월 1일 현재 WTO의 데이터베이스에 저장되어 있는 232개의 자유무역협정(Free Trade Agreement, 이하 'FTA') 중 무려 216개(약 88%)가 경쟁에 관한 장(이하 '경쟁챕터')을 두고 있다.[61] 이들 경쟁챕터의 내용은 체약국이 누구냐, 언제 체결되었느냐 등에 따라 조금씩 다른데 그 내용은 대체로 ① 경쟁의 촉진, ② 경쟁법의 제정과 유지, ③ 국유기업·지정독점(designated monopoly)에 대한 규제, ④ 국가 보조(state aid)에 대한 규제, ⑤ 경쟁법 적용 제외에 대한 제한, ⑥ 경쟁법 집행의 원칙, ⑦ 경쟁당국 간 협력과 협의, ⑧ 경쟁 관련 분쟁의 해결 방법 등을 담고 있다.[62]

우리나라 역시 예외는 아닌데, 우리나라가 체결한 FTA들은 한-ASEAN 자유무역협정 하나만 빼고는 모두 경쟁챕터를 담고 있다.[63] 그 내용은 앞서 Laprévote 등이 정리한 여덟 가지의 범위를 벗어나지 않지만, 상대국이 누구냐, 언제 체결되었느냐에 따라 조금씩 다르다. 예컨대 한-미 FTA(2007)는 경쟁당국 심리단계에서의 발언 및 증거 제시 기회의 제공, 반대신문권의 보장 등을 상세하게 적고 있는 반면, 다른 FTA들에서는 이런 상세한 조항이 발견되지 않는다. 이는 미국 경쟁법 집행과정에서 미국 기업들에게 주어지는 절차적 보호를 한국 등 협약 상대국에서도 동일 또는 유사하게 보장해주려는 노력으로 보인다. 흥미로운 것은 우리나라도 중국과 체결한 FTA(2015)에 '방어

---

60) 지역무역협정을 통한 경쟁법 집행 협력에 관한 상세한 논의는 UNCTAD, "Competition Provisions in Regional Trade Agreements: How to Assure Development Gains", UNCTAD/DITC/CLP/2005/1 (2005) 참조.

61) François-Charles Laprévote, Burcu Can & Sven Frisch, Competition Policy within the Context of Free Trade Agreements, 1쪽 참조. http://e15initiative.org/wp-content/uploads/2015/07/E15-Competition-Laprevote-Frisch-Can-FINAL.pdf

62) 개별 항목에 대한 구체적 검토는 Laprévote 외 2, 앞의 글 2-13쪽 참조.

63) 공정거래위원회, 2016년 공정거래백서, 509쪽. 한국이 체결한 자유무역협정의 원문은 외교부 홈페이지에서 찾아볼 수 있다. (http://www.mofa.go.kr/trade/treatylaw/treatyinformation/bilateral/index.jsp?mofat=001&menu=m_30_50_40)

의견 제시 기회 보장' 등 한−미 FTA에 담긴 절차적 보장에 관한 내용을 일부 담고 있다는 점이다. 이는 한−미 FTA 등을 통한 학습효과와 중국 절차에 대한 우리 정부의 우려가 담겨 있다고 해석될 수 있다. 한편 한−미 FTA에는 "가격차별이 원칙적으로 가능하다"는 조항을 특별히 담고 있는 반면, 한−EU FTA는 국가 보조에 대한 규제를 추가로 담고 있는데, 이러한 차이 역시 미국과 유럽이 서로 관심을 갖고 우려하는 영역이 다르다는 것을 시사한다.

이 같은 양자간 FTA 속 경쟁챕터 분석을 통해 우리가 알 수 있는 것은, 각국 정부는 다자간 합의의 성사가능성이 낮은 상황에서 특정 국가와의 개별적 협상을 통해 자신들이 우선적으로 관철시키거나 보장받고 싶은 내용을 FTA 경쟁챕터에 삽입하여 왔다는 사실이다.

경쟁챕터는 양자간 FTA에서는 물론 특정 지역의 복수 국가들이 체결한 '지역무역협정(Regional Trade Agreement)'에서도 발견된다.[64] 양자간 협정이 대부분 선진국들 사이에 체결되었다고 하면, 지역무역협정은 주로 개발도상국들 간에 체결되었다는 점에서 차이가 있다.

개발도상국들 간 지역무역협정의 장점으로는 ① 개발도상국들의 경우 경쟁법을 독자적으로 집행할 수 있는 자원이 부족한 경우가 많은데 이를 공동으로 집행할 경우 집행의 효율성과 가능성이 높아지고, ② 특히 초국경적 성격을 갖는 경쟁제한 행위를 규제할 수 있게 될 가능성이 커지며, ③ 경쟁법의 역외적용과 관련한 관할권 및 준거법 충돌 문제를 해소할 수 있고, ④ 동일 지역에 속한 국가들이다 보니 동일 또는 유사한 문화와 문제를 공유하고 있어 공통한 문제해결을 함께 추진하기 쉬우며, ⑤ 선진국들이 제안한 경쟁법 내용을 함께 검토할 수 있고, ⑥ 나아가 국내 정치 문제가 복잡해 경쟁법 도입이 어려운 국가들이 많은데, 지역무역협정의 가입은 경쟁법 도입의 계기가 될 수 있다는 것이 지적된다.[65]

---

64) Fox & Crane, 앞의 책, 518쪽.

65) Fox & Crane, 앞의 책, 518−519쪽.

8. 국제경쟁네트워크(ICN)를 통한 국내경쟁법의 수렴화(convergence)[66]

21세기 들어 가장 주목받고 있는 것은 국제경쟁네트워크(International Competition Network, 이하 'ICN')를 통한 경쟁법의 수렴화 시도이다.

경쟁법 집행의 세계화 문제를 대응해 왔던 OECD, UNCTAD, WTO 등은 각각 일정한 한계를 가지고 있었다. OECD는 주로 경제선진국들로 구성된 조직이었던 반면, UNCTAD는 개발도상국을 위한 조직이었으며, WTO의 경우 무역기구로서 경쟁법은 부차적인 문제일 수밖에 없었다. 이에 경쟁당국들 간에 논의의 장을 별도로 만들어 보자는 취지에서 2001년 각국 경쟁법 집행기구들로만 구성된 ICN이 설립되었다.[67]

ICN은 기업결합 작업반, 카르텔 작업반 등 5개 작업반을 조직해 경쟁법 집행 매뉴얼, 모범 집행 사례, 가이드라인 등을 만들어 배포하는 방식으로 각국의 경쟁법 및 그 집행체제를 발전·수렴(convergence)되도록 하는 데 크게 기여하고 있다.[68] ICN의 수렴화 전략은 3단계로 이루어진다고 설명된다. 즉, ① 각국 혹은 지역에서 각자 경쟁법 및 그 집행에 관한 실험을 하게 하고(제1단계), ② 그 중 가장 우수한 접근 방식을 찾아낸 다음(제2단계), ③ 이러한 우수한 접근 방식을 각 국가로 하여금 자발적으로 채택하게 함으로써 각 국가의 경쟁법과 그 집행절차가 '수렴'하도록 한다는 것이다.[69] ICN은 이처럼, 모두에게 구속력 있는 경쟁법 규범을 만들려고 시도하는 대신, 우수 사례 혹은 가이드라인들을 만들어 공포한 다음 그 채택 여부는 회원국들의 자유에 맡기고 있다.[70]

---

66) ICN에 관한 자료는 굉장히 많이 출판되어 있는데, 미국 FTC 위원이었던 William E. Kovacic의 보좌관이었던 Hugh M. Hollman과 함께 ICN 창립 10주년을 기념해 작성한 "The International Competition Network: Its Past, Current and Future Role", Minnesota Journal of International Law, Vol.20 No.2 (2011) 등이 대표적이다. ICN은 별도로 인터넷 홈페이지를 만들어 관련된 모든 정보를 공개하고 있다.

(http://www.internationalcompetitionnetwork.org/)

67) 위 책, 568–569쪽.

68) ICN 문서들은 모두 ICN 홈페이지에 공개되어 있다. (http://www.internationalcompetitionnetwork.org/)

69) Hollman & Kovacic, 앞의 글 276쪽.

70) ICN은 자신들의 이러한 접근 방식에 대하여 다음과 같이 설명한다:

"ICN은 전 세계 경쟁법과 경쟁정책의 통일화를 'top down' 방식으로 추구하지 않는다. ICN에게 그럴 능력이 없을 뿐만 아니라 보다 근본적으로 그런 총괄적 통일화 시도는 회원 국가들이 처한 다양한 경제적, 제도적, 법률적, 문화적 차이에 비추어 정의롭지 못한 결과를 초래할 수 있기 때문이다. 이러한 다양성(diversity)은 경쟁법 문제를 해결하기 위해 여러 나라에서 개발된 다양한 방법들을 비교할 수 있게 함으로써 중요한 영감의 원천이 된다. 그런 비교를 통해 가장 설득력 있는 접근 방법을 찾아낸 다음에는, 이를 채택하여 그에 따른 이익을 향유할 것인지는 각국의 경쟁당국이 판단할 일이다." ICN, A Statement of

2001년 설립 당시 14개국 경쟁당국 협의체로 출발했던 ICN은 2014년 4월말 현재 115개국 129개 경쟁당국을 회원으로 보유하고 있는바,[71] 경쟁법을 가지고 있거나 경쟁법 도입에 관심이 있는 전 세계 거의 모든 국가가 가입해 있다고 해도 과언이 아니다.

이렇게 ICN이 급속히 성장하고 성공한 이유에 대하여 학자들은 ① OECD 등 다른 국제기구들이 '정부간 기구'여서 다른 부처의 의견과 이해관계가 복잡하게 얽히게 되는 반면, ICN은 오로지 경쟁당국 간 협의체여서 의견 교환과 수렴이 보다 쉽다는 점, ② 다른 국제기구들과 달리 기업, 소비자그룹, 학자, 변호사 등 사인들도 '비정부조언자(Non-Government Advisor: 이하 'NGA')'라는 자격으로 자유로이 참여할 수 있어 보다 창의적이고 효율적이며 균형잡힌 시각이 제공될 수 있고, 자발적 준수를 촉진한다는 점, ③ OECD 등 다른 국제기구들이 사무국 등을 두고 있어 그 사무국 직원들의 관료화 문제에 노출되어 있는 반면, ICN은 이런 상근 조직이 없이 각 경쟁당국과 NGA들이 자발적으로 ICN을 운영한다는 점에서 조직의 유연성이 높아지고 새로운 쟁점에 대한 도입이 신속해진다는 점 등을 지적한다.[72]

구속력 있는 다자간 협약 등을 제정하려다 실패의 쓴 맛을 본 경쟁법 학자들 및 경쟁당국들은 이 같은 소프트로(soft law)[73]적 접근이 현실적이고 효과적이라고 평가하고 있으며,[74] 이러한 접근 방식의 '올바름' 또한 ICN 성공의 비결로 지적되고 있다.

Mission and Achievements up Until May 2005 (2005), 2쪽).

71) 공정거래위원회, 2016년 공정거래백서, 495쪽. ICN 홈페이지에는 2017년 10월말 현재 총 336개 경쟁당국 (1개 국가에 복수 당구 가입 가능)이 회원으로 등재되어 있다.

72) D. Daniel Sokol, "Monopolist without Borders: The Institutional Challenge of International Antitrust in a Global Gilded Age", Berkley Business Law Journal, Vol.4 No.1 (2007), 105-118쪽.

73) 경쟁법의 세계화 맥락에서 이야기되는 '소프트로(soft law)'란 "법적 구속력은 없지만 실질적 효력은 가지는 행위 준칙"으로 설명된다(Francis Snyder, "Soft Law and Institutional Practice in the European Community", the Construction of Europe: Essays in Honour of Emile Noel (1994), 197-198쪽). '소프트로(soft law)'는 ① 의무의 강도 ② 규범의 상세성, ③ 부여된 재량의 정도, 이 세 가지 측면의 전부 또는 일부가 약하다는 점에서 '하드로(hard law)'와 구분될 수 있다는 지적도 있다(Kenneth W. Abbott & Duncan Snidal, "Hard and Soft Law in International Governance", International Organization, Vol.54 No.3 (2000), 434쪽.

74) Jones & Sufrin, 앞의 책, 1240-1241쪽.

9. 소결: 근본적 해결방안 vs. 현실적 해결방안

중복집행·과다집행·과소집행 등 경쟁법 집행의 세계화 과정에서 발생하는 문제점을 근본적으로 해결하는 방법은 (i) 통일된 세계 경쟁법을 제정하고, (ii) 전 세계를 관할하는 세계적 경쟁법 집행기구를 만들어 단일한 집행을 하는 것이라고 할 수 있다. 유럽 협약과 그에 기초한 유럽집행위원회/유럽법원의 집행이나 미국의 반독점법 관련 연방법 제정 및 연방 경쟁당국의 집행(비록 역사적 이유로 DOJ와 FTC, 2개로 나뉘어 있어 여전히 중복의 소지가 있지만)과 같은 단일한 경쟁법 집행체제를 만들 수 있다면, 국가별 중복집행이나 그러한 중복집행에 따른 모순·충돌, 혹은 보호주의에 따른 편파적용과 같은 문제를 피할 수 있고, 집행의 공백과 같은 '과소집행'의 문제도 대부분 해결될 수 있기 때문이다.

하바나 헌장, UN 경쟁법 원칙, Draft International Antitrust Code 등 제정을 위한 노력은 위와 같은 "단일한 세계 경쟁법 체제" 수립을 위한 노력이었다고 할 수 있다.[75] 그러나 이를 위한 노력들은 지금까지 모두 성공하지 못하였다. ① 각국이 이미 채택·시행하고 있는 경쟁법의 내용이 서로 상이하고, ② 이를 집행하는 절차도 서로 다를 뿐만 아니라, ③ 무엇보다 각국이 처한 상황과 위치가 다르기 때문에 모두의 이해관계를 충족시킬 수 있는, 의미 있는 세계 경쟁법과 세계 경쟁법 집행시스템을 만든다는 것은 쉽지 않은 일이기 때문이다.[76]

이에 경쟁법 관련자들은 그러한 근본적 해결책에 대한 대안 또는 절충안으로써, 혹은 근본적 해결을 행해 나아가는 이행적 중간과정으로서 (i) 각 국가의 경쟁법 역외적용에 관한 원칙을 일치화하는 방법,[77] (ii) 통일된 세계 경쟁법을 제정하는 대신 각

---

75) 이렇게 구속력 있는 단일 세계 경쟁법을 제정하고 세계적 경쟁법 집행기구를 만들려는 노력들은, ICN으로 대변되는 '소프트로(soft law)'적 접근 방법에 대비하여 '하드로(hard law)'적 접근 방법이라고 설명된다 (Sokol, 앞의 글). ICN 등의 목표인 '수렴화(convergence)'에 대비하여 '통일화(harmonization)' 시도라고 설명되기도 한다(Hollman & Kovacic, 앞의 글 276쪽).

76) Geradin, 앞의 글, 198쪽 참조.

77) 경쟁법의 역외적용에 관한 논의는 "협력"보다는 "경쟁"과 "견제"를 통해 발전·수렴해 왔다. 즉, 전통적 관할배분의 원칙은 '속지주의'에 기초한 '속인주의'의 추가였는데, 미국은 "효과주의"라는 원칙을 제시했다가 다시 "국제예양에 따른 고려", 그리고 "제한적 효과주의"로 가고 있으며, EU의 경우 주관적 속지주의 → 객관적 속지주의 → 이행이론 등등을 거쳐 미국의 '제한적 효과주의'와 사실상 동일 또는 유사한 내용으로 나아가고 있다. 이 부분에 관한 논의와 과정 역시 상당히 복잡하나, 이번 연구의 대상이 아니므로 생략한다.

국의 경쟁법을 유사하게 만드는 방법(convergence),[78] (iii) 개별적 집행 과정에서 상호 정보 제공, 집행 요구, 공동대응 등을 통해 협력(cooperation)하는 방법이 있을 수 있다. (i) 경쟁법의 역외적용에 관한 원칙이 통일적으로 수립될 수 있다면 어느 한 국가/당국이 하나의 집행을 하게 되는바 중복집행의 우려를 피할 수 있게 되고, (ii) 경쟁법 집행은 각자 하더라도 그 실질적 내용이 통일되거나 유사해질 수 있다면, 그 결과가 충돌·모순될 가능성이 없거나 현저히 줄어들게 되며,[79] (iii) 경쟁당국 간 상호 협력은 '집행공백'이라는 과소집행의 우려를 해소하는 한편, 역외적용으로 발생할 수 있는 비효율·충돌 등의 가능성을 줄일 수 있기 때문이다.

본 장에서 살펴본 내용들은 세계 경쟁법 체제 수립이라고 하는 근본적 목표를 추구하면서 동시에 당장 실현가능성이 높은 대안적·절충적 방안을 마련하기 위한 일련의 시도들이었다고 할 수 있다.

---

78) Gerber는 '통일된 세계 경쟁법 마련'과 '컨버전스를 통한 국내법 수렴화'를 서로 대립된 것으로 인식하면서 'commitment pathway'라는 방법을 새로운 대안을 제시하는데, 컨버전스 노력과 세계 경쟁법 제정 노력이 서로 대립되는 것이라는 견해에는 동의하기 어렵다. 컨버전스는 세계 경쟁법 제정의 현실적 대안 혹은 중간단계로서 인식되고 있다고 보는 것이 더 맞으며, 실제로 앞서 살펴본 것처럼, 경쟁법 집행의 세계화에 대처하는 과정에서 이 두 가지 노력은 동시에 추구되어 왔는데, 이는 Gerber가 제시하는 commitment pathway와 크게 다르지 않다(Gerber, 앞의 책 참조).

한편, Laprévote 외 2인은 '컨버전스 → 단일한 세계 경쟁법 마련'의 중간적 이행단계로서 FTA 경쟁챕터 모델 문구 작성 및 확산을 제시하고 있다. 즉, 다수 국가가 한번에 의견을 모으는 것은 힘들지만, 표준적 FTA 경쟁챕터 조항을 마련해 양자간 FTA에 이를 반영하고 널리 확산시켜 나가다 보면, 그런 내용들이 모여서 다수가 동의할 수 있는 단일한 세계 경쟁법과 집행시스템을 마련할 수 있지 않겠느냐는 지적이다 (Laprévote 외 2, 앞의 글 18−20쪽).

79) 이른바 '소프트로(soft law)'를 통한 경쟁법 수렴화(convergence) 전략에 대하여 비판적 견해도 다수 존재한다. '수렴화' 전략은 애초부터 잘못된 전제에 서 있다는 것이 대표적 비판 중 하나이다. '수렴화' 전략의 전제는 모든 국가와 경쟁당국이 아주 합리적이기 때문에 최고의 접근 방식만 제공하면 알아서 이를 채택할 것이라는 데에 있는데, 개별 국가의 정책 결정은 반드시 합리적으로 결정되는 것은 아니라는 것이다. 특히 각 국가가 처한 경제적·사회적·정치적 현실이 다르기 때문에 개별 국가의 주권자들이 원하는 내용은 서로 상충될 가능성이 크다는 것이다. 따라서 정작 중요한 사안에 대하여는 '수렴화'가 되기 어렵다는 지적이다. 나아가 "경쟁법이 있어야 한다"는 기본적 원칙에는 쉽게 수렴화가 이루어질 수 있지만, 구체적·개별적 규범과 절차에 이를수록 의견 일치가 어렵다는 지적도 있다(Gerber, 앞의 글 7−8쪽).

IV. 각자 집행에 따른 상충 위험과 현실 사례 속에서 확인되는 구체적 해결 노력들

III.항에서 살펴본 것과 같이 거의 100년 가까이 경쟁법의 통일 및 통일적 집행을 위해 노력해 왔지만, 실제 집행은 여전히 각 국가별로 이루어지고 있는 것이 현실이다. 이러한 각자 집행은 불가피하게 경쟁당국과 충돌 및 모순을 초래할 위험을 내재하고 있다. 결국 각 국가의 경쟁당국과 법원들은 개별적·구체적 사례를 처리하는 과정에서 스스로 이 같은 문제들을 해결하기 위한 방안을 모색할 수밖에 없는데, 그 구체적 사례들을 살펴봄으로써 경쟁법 집행의 세계화에 대한 좀 더 실천적인 해결 방향을 가늠해 볼 수 있다. 다만 그 전에 왜 각자 집행이 불가피하게 충돌·모순을 초래하게 되는지 그 원인을 살펴보고, 개별적·구체적 사례들을 살펴본다.

1. 복수 경쟁당국의 각자 집행결과가 서로 충돌하게 되는 이유

OECD는 '초국경 기업결합(cross-border merger)'[80]과 관련해서 경쟁당국 간 다른 견해가 나오는 이유를 ① 문제된 행위의 경쟁제한성 여부를 판단할 실체 규정의 차이, ② 각 경쟁당국이 관할하는 시장에서 경쟁상황 내지 조건의 차이, ③ 경쟁제한성 판단이 애매한 사안(border-line case) 혹은 수집된 증거 및 그 증거에 대한 해석의 차이라고 하는 세 가지로 설명한다. 이는 기업결합에 국한되지 않으며 국제카르텔 및 다국적 기업의 초국경적 단독행위에도 적용될 수 있는 설명일 것이다.[81]

가. 실체적 경쟁법 규범의 차이

우선 국가나 지역에 따라 경쟁 문제를 규율하는 실체적 법규의 내용 자체가 달라 복수 경쟁당국 간 집행에서 충돌이 발생할 수 있다.

---

80) '초국경적 기업결합'이란 기업결합의 구조(structure) 및 효과(effect) 측면에서 정의가 가능하다고 한다. '구조' 면에서는 기업결합의 당사회사들이 복수 국가에서 설립되었을 때 '초국경' 기업결합으로 이해할 수 있으며, '효과' 면에서는 기업결합 당사회사의 설립지와 무관하게 기업결합의 효과가 복수 국가의 시장에 영향을 미칠 때 '초국경'적 성격이 있다는 설명으로, OECD, Cross-Border Merger Control: Challenges for Developing and Emerging Economics (2011), 22쪽.

81) OECD, Challenges of International Co-operation in Competition Law Enforcement (2014), 40~41쪽 참조.

법령의 문언 자체는 유사하더라도 시장의 관행이나 축적된 선례들이 달라 서로 충돌하는 경우도 있다. 예컨대 EU 경쟁법의 경우 EU 기능조약(Treaty on the Functioning of the European Union, 이하 'TFEU') 제101조를 통해 카르텔로 규율하는 대상을 매우 넓게 인정하는 반면,[82] 우리나라는 '합의'에 국한하여 제재한다는 점에서 유럽보다 인정 범위가 좁은 편인데 이러한 경우가 이에 해당한다고 할 수 있다. 한 연구 결과에 따르면, 기업결합과 관련하여 유럽은 전반적으로 엄격한 태도를 견지하고 있는 반면, 미국은 '협조효과(coordinated effect)'에 관해 특별히 엄격한 경향을 보인다고 한다.[83] 중국 기업결합 규제는 친 국내적(pro-domestic)인 목표를 증진하기 위한 것으로,[84] 글로벌 구조적 조치가 국제적으로 충돌되는 것을 피하기 위해 행태적 조치를 주로 적용해 오고 있다.[85]

보다 근본적으로, 경쟁당국 간 충돌은 경쟁법의 목적에 관한 서로 다른 이해에 기인한 경우가 많다. 예컨대 미국은 소비자 효용 증대 혹은 경쟁 자체의 보호 내지 번성을 도모하면서 반경쟁적 수단을 통한 독점적 지위 획득의 방지를 주된 목적으로 하는 반면, 유럽은 소비자 효용 증대뿐만 아니라 경쟁과정의 보호 내지 거래상대방의 자유의 문제도 신경 쓰면서 시장통합 내지 단일시장 창출을 또 다른 목적으로 삼고 있으며, 중국은 경제발전에 무게를 두고 있는바, 이러한 목적의 상이함이 경쟁법 적용 결과의 차이를 낳는다고 평가된다.[86]

---

82) TFEU 제101조 제1항에서는 경쟁제한적인 "agreements between undertakings, decisions by associations of undertakings and concerted practices"를 금지하는 반면, 우리 공정거래법 제19조 제1항의 경우 경쟁제한적인 "합의"를 금지한다.

83) Mats A. Bergman et al., "Comparing merger policies in the European Union and the United States", Review of Industrial Organization, Vol.36 No.4 (2010), 305-331쪽[OECD, Challenges of International Co-operation in Competition Law Enforcement (2014), 40쪽에서 재인용].

84) Mario Mariniello, "The dragon awakes: Is Chinese competition policy a cause for concern?" Bruegel Policy Contribution, Issue 2013/2014 (October 2013)[OECD, Challenges of International Co-operation in Competition Law Enforcement (2014), 40쪽에서 재인용].

85) OECD, Challenges of International Co-operation in Competition Law Enforcement (2014), 40쪽.

86) 위 보고서, 40쪽. ICN은 각국 경쟁당국이 단독행위(unilateral conduct) 규제를 통해 달성하려는 목적을 (1) 효율적인 경쟁 과정의 보장, (2) 소비자 후생의 증진, (3) 효용의 극대화, (4) 경제적 자유의 보장, (5) 중소기업의 공정한 경쟁기회의 보장, (6) 공정 및 형평 증진, (7) 소비자 선택의 증진, (8) 시장통합 달성, (9) 시장 자유화 촉진, (10) 국제시장에서 경쟁 증진으로 정리하고 있는데[Report on the Objectives of Unilateral Conduct Laws, Assessment of Dominance/Substantial Market Power, and State-Created Monopolies(2007), Annex A], 경쟁법의 목적 또한 이와 크게 다르지 않을 것이다. 경쟁당국 간 집행에서의 충돌은 이와 같이 나라마다 경쟁법을 통해 달성하려는 목적이 다른 점에서 원인이 있다고 생각된다. 같

나. 경쟁 조건·환경의 차이

한편, 경쟁 조건 내지 환경의 차이 또한 경쟁당국이 다른 결론에 이르는 원인으로 꼽힌다.

기업결합의 효과는 국가·지역에 따라 다를 수 있고 경쟁제한성 평가 또한 그에 따라 달라질 수 있다.[87] 예컨대 ① 각 시장에 존재하는 경쟁사업자의 수가 다른 경우, 기업결합 후 시장집중도에 대한 판단을 다르게 만들 수 있고, ② 소비자의 행태 또한 나라별로 다를 수 있는데, 이로 인해 시장획정이나 경쟁제한성 유무에 대하여 경쟁당국별로 다른 결론이 도출될 수 있다. 나아가 ③ 다국적 기업의 단독행위 또한 국가별로 차별적으로 이루어질 수 있는데, 그 내용에 따라 경쟁사업자가 배제되는 양상이나 정도가 달라질 수 있다. 예컨대 동일 기업이 모든 거래상대방에게 조건부 리베이트를 제공하고 있다고 하더라도, 그 리베이트 지급 조건 및 지급 내역 등은 미국, 한국, 유럽시장에서 각기 다를 수 있고 이는 각 경쟁당국의 경쟁제한성 평가에 영향을 미칠 수 있을 것이다.

다. 경쟁제한성 및 그 해소방안에 대한 평가의 차이

실체적 규정이나 경쟁 조건·환경이 같거나 유사하더라도 특정 행동의 경쟁제한성에 대한 평가가 달라서 경쟁당국 간 충돌이 발생할 수 있다.

예컨대, 신고된 특정 기업결합에 대한 승인이 시장에 미칠 영향, 문제된 다국적 기업의 단독행위가 없었을 경우 시장에 초래되었을 경쟁 상황에 대해서는 누구도 단정적으로 이야기하기 어렵다. 이는 아직 도래하지 아니한 장래 혹은 가정적 상황에 대한 평가이기 때문이다. 특히 특정 행동이 초래할 수 있는 친경쟁적 효과와 반경쟁적 효과에 관한 증거가 모두 존재하는 이른바 'borderline case'의 경우 경쟁당국의 평가가 달

은 취지로 홍명수, 한국공정거래조정원 창립 10주년 기념 학술대회 자료집: 토론문, 210쪽 참조.

87) 기업결합에서 이러한 예로, 세계 유아용 분유 시장의 1위업체인 Nestle와 3위 사업자인 Pfizer Nutrition을 취득하는 기업결합에서 결합회사들은 복수 국가에서 경쟁했지만 경쟁양상이 개별 국가별로 달라 지리적 시장이 국가별로 획정되었음. 그 결과 11개 경쟁당국에서 해당 기업결합을 승인했지만, 남아공과 호주, 멕시코의 경우 자국 시장에서 특수한 경쟁제한의 우려를 조치하기 위해 각자 관할에서 유아용 분유 사업을 매각하라는 구조적 조치를 부과했음[Duy D. Pham, "Resolving Conflicts in International Merger Reviews through Merger Remedies", World Competition, Vol.39 No.2 (2016), 271, 280쪽].

라질 소지가 크다.

단적으로 미국 FTC가 2011년－2012년 동안 심사한 기업결합 사건 중 17%에 대해서는 위원들 간에 승인 여부에 대하여 의견이 갈렸고, 단독행위의 경우 적어도 하나의 반대의견이 존재하는 사건은 대략 55%에 육박하였다고 한다.[88] 단일 경쟁당국 내의 판단이 이렇게 다를진대, 경쟁법 규범과 역사, 처한 조건 및 환경이 다른 복수의 경쟁당국 간 의견 차이 발생 가능성은 더욱 높을 수밖에 없다.

경쟁제한성에 대한 평가가 유사하더라도 그에 대한 해결방안(시정조치)의 내용이 달라질 수도 있다. 예컨대 Seagate/Samsung 기업결합에 대해 미국과 유럽은 조건 없는 승인결정을 내린 반면, 중국 MOFCOM은 "1년간 삼성 사업부를 독립적으로 운영해야 한다"는 행태적 시정조치를 부과하였다.[89] Western Digital/Viviti 기업결합의 경우, 미국, EU, 일본과 한국의 경쟁당국은 "Western digital의 특정재산을 Toshiba에게 매각하라"는 조건으로 승인결정을 내린 반면, 중국 MOFCOM은 여기에 더해 "2년 후 waiver를 신청할 수 있는 조건으로 Western Digital이 Viviti 사업부를 2년 동안 독립 운영하라"는 시정조치를 부과했다.[90] 문제된 기업결합이 경쟁제한적이라는 평가는 동일했지만 이러한 경쟁제한성을 해결하는 시정조치 내용은 각 경쟁당국이 다를 수 있다.

2. '관할권 행사 여부'에 대한 판단을 통한 충돌 가능성 해소

가. 경쟁법의 역외적용에 관한 입법례

통일된 경쟁법이나 단일한 경쟁법 집행체제가 마련되지 않은 상황에서 모순·충돌된 중복집행결과를 피할 수 있는 첫 번째 방법은 각 국가가 관할권을 행사할 수 있는 범위를 합리적으로 제한함으로써 중복집행의 가능성 자체를 줄이는 것이다. 이는 이른바 "경쟁법의 역외적용과 국제 예양"의 문제인데, 각국은 과거의 선례들을 종합하여 이 부분을 명문으로 입법화하고 있다. 경쟁법의 역외적용에 관한 명확한 지침을 제공함으로써 기업들의 사업활동에 예측가능성을 높이고, 국가간 상호 협력 및 존중 가능성을 높이고자 하는 것이다.

---

88) OECD, Challenges of International Co－operation in Competition Law Enforcement (2014), 41쪽.

89) OECD, Remedies in Cross－Border Merger Cases (2013), 101쪽.

90) 위 보고서, 102쪽 참조.

예컨대 미국의 경우, 1982년 "반독점법 역외적용 개선에 관한 법률(Foreign Trade Antitrust Improvement Act, 이하 'FTAIA')"을 제정하였다. 그 요지는 외국과의 거래의 경우, 미국 국내 거래 또는 수입·수출거래에 "직접적, 실질적, 합리적으로 예견가능한 효과(direct, substantial and reasonably foreseeable effect)"를 미치지 않는다면 미국 경쟁법이 적용되지 않는다는 것으로서, 외국과의 거래는 원칙적으로 미국 경쟁법 적용대상에서 제외하되, 예외적으로 외국거래가 미국의 국내 거래 또는 수입·수출 거래에 불리한 영향을 주게 되는 경우에 한하여 예외적으로 미국 경쟁법을 적용하겠다는 것이다. 이는 Alcoa 사건(1945), Timberland 사건(1976) 등을 통해 형성된 미국의 "제한적 효과주의(qualified effect doctrine)"를 의회 입법을 통해 명문화한 것으로 설명된다.

유럽은 2004년 "Guidelines on the effect on trade concept contained in Articles 81 and 82 of the Treaty"을 개정하면서 '객관적 속지주의' 혹은 '효과주의' 원칙을 명시적으로 밝혔다. 즉, 대상행위가 제3국에서 행해졌다고 하더라도 EC 역내시장에 영향을 미칠 가능성이 있는 경우에는 EU경쟁법이 적용되며(100항), 이는 대상 행위의 구체적 내용과 관련 사업자의 의도 등을 종합적으로 고려하여 판단한다고 한다(102항). 이는 경제적 단일체 이론(Dyestuffs 사건), 이행이론(Woodpulp 사건) 등 미국과 다른 관점에서 역외적용의 기준을 제시해 왔던 유럽이 미국이 제시한 '제한적 효과주의'로 수렴하고 있다는 의미로 해석된다.

우리나라의 경우, 2004년 12월 공정거래법에 "이 법은 국외에서 이루어진 행위라도 국내시장에 영향을 미치는 경우에는 적용한다"는 조항(제2조의2)을 추가하였는데, 이는 '흑연전극봉 담합사건(2002)'에서 처음으로 우리 공정거래법을 역외 적용한 이후 그 법적 근거를 명확히 한 것이다. 우리 대법원은 "공정거래법 제2조의2에서 말하는 '국내시장에 영향을 미치는 경우'는 문제된 국외행위로 인하여 국내시장에 직접적이고 상당하며 합리적으로 예측 가능한 영향을 미치는 경우로 제한 해석해야" 한다고 하여,[91] '제한적 효과주의' 입장에서 이를 해석하고 있다.[92]

이처럼 경쟁법 집행의 선진국들은 "어떤 경우에 자국의 경쟁법을 국경 밖에도 적용할 것인가"에 관하여 상당히 수렴된 입장을 보이고 있다. 하지만, 이를 개별적 사례

---

91) 대법원 2014. 12. 24. 선고 2012두6216 판결.

92) 최지현, "공정거래법 역외적용의 기준과 범위: 항공화물운임 담합 판결을 중심으로", 경제법연구 제15권 1호 (2016. 4.), 40쪽.

에서 구체적으로 어떻게 해석·적용할 것인지에 대하여는 여전히 불확실성이 남아 있으며,[93] 실제로 서로 상반된 결과를 가져오는 경우가 드물지 않다.

나. 미국 Empagran 사건(2004)[94]

스위스, 독일, 프랑스, 일본에 소재한 비타민 제조사들이 전 세계로 판매하는 비타민에 대한 가격 및 시장분할 카르텔이 문제된 사안에서, 미국 밖에서 비타민을 구입한 에쿠아도르 회사(Empagran) 등 12개 외국 회사들이 담합에 가담한 외국 소재 비타민 제조사들을 상대로 미국 연방지방재판소에 소송을 제기하면서, 미국 셔먼법에 따른 3배 손해배상을 구하였다.

이에 대하여 미국 연방대법원은 2004년 6월 미국 내 해당 비타민을 구매한 소비자는 '국내 침해(domestic injury)'를 이유로 미국 법원에 셔먼법 위반 소송을 제기할 수 있지만, 외국에 소재한 구매자는 '외국에서의 손해(foreign harm)'를 근거로 셔먼법 위반의 소를 제기할 수 없다고 판단하였다. 쉽게 이야기해서 미국 소비자는 국내 손해라는 이유로 FTAIA에 따라 셔먼법 소송을 제기할 수 있지만, 에쿠아도르 소비자는 소송을 제기할 수 없다는 결론이었다. 연방대법원은 담합이 "해외에 초래한 부정적 효과(adverse foreign effect)"와 "국내에 초래한 부정적 효과(adverse domestic effect)"는 별개라는 전제 하에 FTAIA에서 말하는 해당 사건에서 "직접적, 실질적, 합리적으로 예견가능한 효과"가 미국 내에 미치지 않는다고 판시하였다. 그 이유를 설명하면서 연방대법원은 ① FTAIA 입법경위를 보면, 셔먼법의 적용범위를 확대하지 않고 제한하겠다는 것이 입법자의 의도였다면서, ② FTAIA의 문언이 모호한 경우 외국의 주권 영역에 대한 부적절한 개입을 피할 수 있도록 해석해야 한다는 점을 제시하였다.[95]

---

93) 예컨대 미국의 경우 FTAIA 제정 이후에도 여전히 미국 경쟁법의 역외적용 범위와 한계에 대하여 격렬한 논의가 벌어지고 있다. 경쟁법의 역외적용에 관한 이론과 사례들은 별도로 책을 써도 부족할 만큼 방대하지만, 본 논문의 범위를 벗어나므로 '경쟁법의 세계화에 따른 문제점 해소'라고 하는 본 논문에 필요한 범위 내에서 간략하게만 살펴본다. 역외적용의 선행연구에 대한 자세한 정리는, 윤성운·송준현, 독점규제법 30년(제3편 독점규제법의 적용 중 "경쟁법의 역외적용" 부분), 396쪽 각주 4 참조.

94) F. Hoffmann—La Roche Ltd v Empagran, 542 US 155 (2004).

95) F. Hoffmann—La Roche Ltd v Empagran, 542 US 155 (2004). 이 사안에서 미국 DOJ는 연방대법원에 법률의견서(amicus curiae)를 제출하면서 미 법원이 관할권을 행사할 경우, (i) 카르텔 가담사업자의 잠재적 민사책임 범위가 확장됨으로써 DOJ의 리니언시 프로그램에 부정적 영향을 미칠 우려가 있고, (ii) 다른 경쟁당국 간 협력 또한 약화시킬 것이라며 관할 인정에 반대하였다.

이 판결은 미국 민사소송제도의 원고에 우호적(pro-plaintiff)인 특성[96]을 이용한 외국사업자의 미국 내 남소 현상을 막겠다는 FTAIA의 입법취지를 고려함과 동시에, 전통적 예양(traditional comity) 혹은 소극적 예양(negative comity)의 원칙을 존중하는 판결로 이해할 수 있다. 다시 말해, 미국이 경쟁법 역외적용의 범위를 제한하고자 한 대표적 사례였다고 평가할 수 있다.

다. 유럽 Gencor/Lonrho 사건(1999)[97]

광물/금속 산업에서 주로 활동하는 그룹의 모회사인 남아공 법인 Gencor와 채굴, 금속, 호텔 및 농업 관련 사업을 영위하는 그룹의 모회사인 영국 법인 Lonrho의 남아공 자회사 Lonrho Platinum Division(이하 'LPD')는, 남아공법에 따라 설립된 Impala Platinum Holdings Ltd(Implats)에 공동투자를 계획하였다. Gencor와 LPD는 남아공에서 생산활동을 하고 있기 때문에 남아공 경쟁당국(South African Competition Board)에 기업결합신고를 하였고 남아공 경쟁당국은 해당 공동투자가 경쟁제한성이 없다고 보아 승인하였다.

그런데 유럽집행위원회는, Gencor와 LPD로부터 별도의 기업결합신고를 받지 않았음에도 불구하고, 임의로 경쟁제한성 심사를 하였고, 세계 플래티넘(Platinum) 및 로듐(Rhodium) 시장에서 "공동(집단)의 시장지배적 지위(collective dominance position)"[98]를 초래하여 양사가 따로 합의하지 않더라도 가격을 올릴 가능성이 있다고 보아 경쟁제한적인 기업결합으로 보고 금지조치를 부과하였다.

유럽집행위원회가 동 기업결합에 관할권을 행사한 근거는 Gencor와 Lonrho가 유

---

96) 미국 소송에서는 광범위한 증거개시(discovery)가 허용되기 때문에 원고측에서 증거 확보 및 증명이 좀 더 용이하고, 집단소송(class action)이 허용되기 때문에 소액·다수의 피해자들이 쉽게 소송을 통해 권리구제를 받을 수 있다. 나아가 경쟁법 위반에 대해서는 단순한 손해의 회복을 넘어 징벌적 의미를 갖는 '3배 배상(treble damages)'이 허용되며, 패소자에게 상대방의 변호사보수마저 변상하게 되어 있는바, 많은 개인·기업들이 미국 법원에 소송을 제기하려 한다(상세한 설명은 A. Jones & B. Sufrin, EU Competition Law, 1210쪽 참조).

97) Case T-102/96, Gencor Ltd v Commission [1999] ECR II-753.

98) "공동(집단)의 시장지배(collective dominance)"란 EU 경쟁법의 특유한 개념으로 법적으로 독립된 둘 또는 그 이상의 경제단위(economic entities)가 경제적 관점에서 집단 개체(collective entity)로서 특정 시장에서 나타나거나 함께 활동할 경우 보유할 수 있는 시장지배적 지위라고 설명된다(Case C-395/96P, Compagnie Maritime Belge Transports v Commission, 36항).

럽시장 내 매출을 가지고 있다는 이유에서였다. 이에 대해 Gencor는 유럽 기업결합규칙99)은 기업결합 행위가 유럽 내에서 행해질 때만 적용되는 것인데 문제된 행위는 남아공에서 발생한 것이므로 유럽경쟁당국은 관할이 없다면서, 유럽집행위원회 결정에 불복하여 유럽일반법원(General Court, 이하 'GC')에 취소소송을 제기하였다.100) 그러나 GC는 이러한 Gencor의 소를 기각하였다. GC는 Wood Pulp 판결을 인용하면서 유럽 내 매출이 있었던 이상 합의의 '실행'(implementation)이 유럽 내에 있었다고 볼 수 있으므로 유럽경쟁당국에게 관할권이 있다고 판단하였다.101)

현재 한국 공정위의 외국기업에 대한 기업결합신고 요건과 관련한 국내매출 요건에 비추어 보면, 위 Gencor 판결은 새로운 내용은 아니다. 다만 Gencor 판결 중 주목할 부분이 있다. 남아공과 EU 사이에 관할권 충돌의 문제가 발생하지 않는다고 판시한 부분이다. 즉, GC는 남아공 경쟁당국은 "해당 기업결합이 요구된다"고 결정한 것이 아니라 "문제된 기업결합을 금지하지 않겠다"는 소극적 입장을 밝힌 것뿐이므로, 유럽이 해당 거래를 금지하더라도 양국의 관할권이 충돌하지는 않는다고 보았다.102) 즉, 거래를 금지하는 국가(유럽)와 해당 거래를 요구하는 것이 아니라 단순히 허용하는 것에 불과한 국가(남아공) 간에는 관할 충돌이 없다는 취지이다.

우리 대법원도 같은 취지의 판단을 내린 바 있다. 국내 항공사 및 외국 항공사들이 가담한 유류할증료 국제카르텔 사건에서 전일본 항공사(ANA)는 일본법상 자신의 유류할증료 담합행위는 일본 항공법에 따른 행위로써 일본 공정거래법 적용이 배제되므로 한국 공정거래법 적용도 제한되어야 한다고 주장하였는데, 대법원은 이러한 ANA의 주장을 배척하였다. 대법원은 외국법률에 따라 허용되는 행위라도, 당연히 한국 공정거래법 적용마저 배제되는 것은 아니라고 판시하였다. 그러한 법률의 충돌이 사업자에게 적법한 행위를 선택할 수 없게 하는 정도에 이른다면 국내법률의 적용만을 강제할 수는 없고, 만약 외국법률을 존중해야 하는 요청이 현저히 우월하면 국내법 적용이 제한될 수 있다고 판시하였다. 이 경우 국내 시장에 미치는 영향, 당해 행위에 대한

---

99) Council Regulation (EC) No 139/2004 of 20 January 2004 on the control of concentrations between undertakings(이하 '유럽 기업결합규칙')

100) Case T-102/96, Gencor Ltd v Commission [1999] ECR II-753, 48-63항.

101) 위 판결, 87항.

102) 위 판결, 103항.

외국법원의 관여 정도, 각 법률의 상충 정도, 외국기업이 미치는 영향, 외국 정부의 이익 등을 고려해야 한다고 판시하였다.[103]

이러한 유럽 법원 및 한국 대법원 판결은 경쟁법의 국가간 충돌을 보다 제한적으로 해석함과 동시에 국제예양의 범위를 좁게 해석함으로써 결과적으로 역외적용의 범위를 확장하려는 시도로 이해할 수 있다.

라. 유럽 Intel 사건(2014)[104]

컴퓨터 CPU 시장의 지배적 사업자인 Intel은 3개의 컴퓨터 제조사(HP, Acer, Lenovo)에게 경쟁사 AMD의 칩을 탑재한 제품의 출시를 지연하거나 철회하는 대가로 인센티브를 지급하였다. 유럽집행위원회는 이러한 Intel의 인센티브 지급행위를 TFEU 제102조를 위반한 시장지배적 지위 남용행위에 해당한다고 보아 규제하였는데, Intel은 2개의 컴퓨터 제조사(Acer와 Lenovo)에 대한 리베이트 제공행위의 경우 EU 관할권이 없다고 주장하였다. 구체적으로 Intel은 이들 2개사의 제조공장은 모두 유럽 바깥, 즉 Acer는 대만, Lenovo는 중국에 소재하고 있고 애초에 이들 회사는 Intel/AMD로부터 유럽 내에서 CPU를 구매하지 않는다는 점을 지적했다. 때문에 Intel의 리베이트 지급행위는 유럽 밖에서 '실행(implement)'된 것으로 이후 Acer와 Lenovo가 유럽에 컴퓨터를 팔았는지는 Intel로서는 통제할 수 없는 사정이어서 본건 행위와 무관하다고 주장하였다.[105]

그러나 GC는 (i) 문제된 행위가 유럽에서 '실행(implement)'된 경우뿐만 아니라 (ii) 그 효과가 유럽 내에서 실질적이고(substantial), 즉각적이며(immediate) 예상가능(foreseeable)하였다면 유럽경쟁당국이 규제할 수 있다면서 Intel의 행위는 (ii) 요건에

---

103) 대법원 2014. 5. 16. 선고 2012두13665 판결. 대법원은 일본 항공법 제11조가 국토교통성의 인가를 받은 운임협정 등에 일본 독점금지법 적용을 제외하고 있지만, 일정한 거래분야에서 실질적으로 경쟁을 제한하는 경우 그 예외로 규정하고 있기 때문에 일본 법률과 국내 법률 자체가 서로 충돌한다고 보기 어렵고, 사업자가 일본 법률과 국내 법률을 동시에 준수하는 것이 가능하다는 점을 지적하였다. 다시 말해 진정한 의미에서 양국 경쟁법이 충돌한다고 보기 어렵다는 취지로 판시한 것이다.

104) Case T-286/09, Intel Corporation v Commission [2014] EU:T:2014:547. 한편, Intel은 위 판결에 대해 상고하면서 GC가 Intel/Lenovo이 체결한 2006년 및 2007년 계약에 관할을 인정한 잘못이 있다며 상고하였으나, CJ는 2017. 9. 6. GC 판단에 문제가 없다며 Intel 주장을 배척하였다(Case C-413/14P, Intel Corporation Inc. v Commission, 40-65항).

105) 위 판결, 226항.

해당한다고 판시하였다.[106] 미국 쪽에서 개발된 이른바 '제한적 효과주의(qualified effects test)' 이론의 적용을 긍정한 것으로 평가된다. Acer나 Lenovo가 제조한 AMD칩 탑재 노트북이 유럽을 포함한 세계 어디에도 출시되지 못한 것은 Intel의 인센티브 때문이므로 Intel의 이러한 행위는 유럽시장에 예상 가능한(foreseeable) 것을 넘어 의도된(intended) 행위로서 직접적(direct)인 효과를 가져왔다고 판시하였다.[107] 이러한 효과는 반드시 "실제적(actual)일" 필요까지는 없고, 유럽시장(EEA)이 세계시장에서 상당한(significant) 한 부분을 구성하고 있기 때문에 '제한적 효과주의'의 요건을 충족한다고 결론 내렸다.[108]

이 판결은 결국 "유럽시장이 세계시장의 중요한 부분이다"라는 이유로 유럽의 관할권을 확대 적용한 것으로 평가할 수 있다. 만약 대만이나 중국 경쟁당국이 이에 대해 규제를 시도했다면 중복 규제의 문제가 발생할 수 있었을 것인데, 실제로는 그런 규제가 없었던 관계로 중복 규제의 우려가 현실화되지는 않았다.

마. 미국 Nielsen 사건(1996)[109]

AC Nielson은 이른바 '소비자판매추적서비스(retail sales tracking service)[110] 시장의 주요 사업자였는데, 관련시장에 대한 시장지배력을 강화하기 위해 "자신이 지배적 지위를 가진 시장의 서비스"를 이용하기 위해서는 "자신이 치열하게 경쟁하고 있는 다른 시장의 서비스"까지 함께 이용해야 한다는 조건(일종의 '끼워팔기')을 고객들에게 부과하였다.

경쟁사업자 IRI의 신고로 유럽집행위원회 및 미국 DOJ가 조사를 시작했는데, 미국

---

106) 위 판결, 232-234항.

107) 위 판결, 254-255항.

108) 위 판결, 251항.

109) Nielson 사건의 경과에 관한 미국측 설명은 Press Release, US. Dep't of Justice, "Justice Department Closes Investigation into the Way AC Nielsen Co. Contracts Its Services for Tracking Retail Sales" (Dec. 3. 1996) 참조 (https://www.justice.gov/archive/atr/public/press_releases/1996/1031.htm). EU측 설명은 European Community Competition Policy: XXVIth Report on competition policy (1996), 27쪽 참조.

110) "소비자판매추적서비스(retail sales tracking service)"란 바코드스캔 정보 등을 통해 특정 제품이 언제, 어디서, 어떻게 팔렸는지 등에 관한 정보를 취합하여 제품 생산자들에게 제공하여 상품 판매 및 마케팅 계획 수립에 활용하도록 하는 서비스를 말한다.

DOJ는 유럽집행위원회로 하여금 먼저 조사를 하게 하고 자신은 관련 정보 제공 등의 협조만 한 채 조사를 중단하였다. AC Nielson의 끼워팔기 대부분이 EU 영역에서 이루어졌고 유럽집행위원회가 강한 집행의지를 보이고 있다는 이유였다. 유럽집행위원회 조사 과정에서 AC Nielson은 동의의결(commitment decision)을 통해 문제된 끼워팔기 관행을 시정하겠다고 약속했고, 미국 DOJ는 이러한 유럽에서의 동의의결이 자신이 우려했던 경쟁제한효과를 적절히 해소하였다는 이유로 조사를 종결했다.

이는 1991년 및 1995년에 체결된 미·EU경쟁협력협정의 성과라고 할 수 있으며,111) "관할권의 역외적용 범위 획정"이라는 전통적 방식 대신 "적극적 예양(positive comity)과 협력(cooperation)"이라는 새로운 방법으로 관할권 중복을 해소한 좋은 사례라고 할 수 있다.

3. '상호 협력'을 통한 충돌 가능성 해소

경쟁법 집행의 세계화 시대에서 경쟁당국 간 모순·충돌을 회피하는 또 하나의 방법은 정책 수립 및 집행 과정에서 상호 긴밀히 협력하는 것이다.112) 집행결과의 모순·충돌을 피하기 위한 경쟁당국 간 협력 노력과 성과는 '기업결합심사' 분야에서 선도적으로 이루어지고 있는데, 기업결합심사의 경우 '시정조치(remedy)'의 결정 과정 및 그 내용에 대한 협조 혹은 조정이 중요한 이슈로 제기되고 있다.

기업결합 당사회사들 혹은 그 자산이 해외에 소재한 초국경적 기업결합의 경우, 그러한 해외기업 혹은 해외자산에 대하여 경쟁당국이 가장 적절한 시정조치를 어떻게 만들어 내고 부과할 수 있는가 하는 문제가 제기된다(이른바 'cross border merger remedy' 문제).113) 이는 기업결합 당사자들이 제출한 정보, 특히 비밀정보의 경쟁당국 간 공유,

---

111) AC Nielson 사건을 미국·EU의 경쟁당국 간 협조 관점에서 언급한 글로는 Rachel Bradenburger, "Twenty Years of Transatlantic Antitrust Cooperation: the Past and the Future", the CPI Antitrust Chronicle, October 2011(1), 8쪽; Anestis S. Papadopoulos, The International Dimension of EU Competition Law and Policy, Cambridge (2010), 76쪽.

112) 경쟁당국 간 국제협력은 크게 두 가지 관점에서 그 의의를 찾을 수 있다: ① 하나는 정보교환 등을 통해 각자의 집행을 보다 효과적으로 만드는 것이며, ② 다른 하나는 서로 충돌·모순된 집행 결과를 회피하는 것이다 [OECD, Challenges of International Co-operation in Competition Law Enforcement (2014), 19쪽]. 본 연구의 목적은 후자에 있으므로 주로 후자의 관점에서 경쟁당국 간 국제협력 문제를 검토한다.

113) OECD, Remedies in Cross-Border Merger Cases(2013), 9쪽.

이에 필요한 당사회사들의 '비밀포기각서 내지 비밀공유동의서(waiver)'를 징구하는 방식으로 해결이 시도되고 있다.114) 이러한 기업결합 당사자들의 비밀정보 공유에 대한 동의는 경쟁당국 간 초국경 기업결합에 대한 시정조치의 내용을 서로 조정(coordination)하는 데 큰 도움을 주고 있다.115)

시정조치의 내용을 정하는 것도 중요하지만 시정조치의 이행 여부를 감시 내지 감독하는 것도 중요하다. 특히 경쟁당국이 해외에 소재한 자산에 관해 구조적 조치(자산매각명령)를 내렸을 때, 기업결합 당사회사들이 시정조치의 내용을 준수하지 않거나 일부만 준수하는 경우 시정조치를 어떻게 집행할 것인지가 문제된다. 행태적 조치에 관해서도 기업결합 당사자들이 약속한 시정조치 내용을 계속해서 준수하는지를 확인할 수 있는 정보에 어떻게 접근하는지가 문제된다. 이 또한 해당 시정조치를 취하지 않아 시정조치 모니터링과 직접 이해관계가 없는 다른 경쟁당국의 도움이 필요할 수 있다.116)

가. OECD 등 국제기구들의 협력 권고안 제정·배포

앞서 살펴본 것처럼, OECD, ICN 등 국제기구나 국제조직들은 세계 경쟁법 제정을 위한 근본적 노력 외에 경쟁당국 간 충돌 회피를 위한 의견 수렴 및 모범안 제시를 위해서도 노력하고 있다.

기업결합과 관련해서 OECD는 회원국간 토의를 거쳐 2005년 "Recommendation on Merger Review"을 제정했다. 이는 경쟁당국 간 협력을 촉진하는 한편, 회원국들의 기업결합심사 절차의 수렴(convergence)에 기여함으로써 국제적으로 인정되는 모범관행(best practices)를 구축하기 위한 것이었다. OECD는 기업결합 심사가 보다 효율적이고 적시에 이루어질 수 있도록 여러 제안을 하였는데, 특히 경쟁당국들 양자간 혹은 다자간 협조(cooperation)와 조정(coordination)의 필요성 및 중요성을 언급하며 비밀정보의 취급과 관련한 문제를 강조하였는데 그 주요 내용은 다음과 같다.117)

---

114) 한국 공정거래위원회는 ICN의 Waivers of Confidentiality in Merger Investigation(2009)에서 제공한 양식을 활용하고 있다고 한다. OECD, 위 보고서 61쪽.

115) OECD, 위 보고서, 11쪽.

116) OECD, 위 보고서, 12쪽.

117) 원문은 http://www.oecd.org/daf/competition/mergers/40537528.pdf에서 확인 가능하다.

- 회원국은 자신의 관할과 적절한 '연관(nexus)'이 있는 기업결합에 대해서만 관할권을 행사한다(I. A. 1. 2. 1.항)
- 회원국은 문제된 기업결합이 유발할 국내적 경쟁제한의 우려를 해결하는 것을 목적으로 자국 기업결합 규정을 적용하되, 다른 국가가 결정한 시정조치와의 불일치(inconsistencies)를 피하도록 노력해야 한다(I. B. 1.항)
- 회원국은 기업결합 당사자들이 신고시기 및 비밀보장 권리의 자발적 포기(waiver)와 관련해서 경쟁당국과 조정(coordination)을 촉진하도록 권장하고, 당사자들이 그러한 협조를 하지 않더라도 부정적 영향이 없도록 주의해야 한다(I. B. 3.항)

국제카르텔과 관련해서는, 1998년 하드코어 카르텔을 효율적으로 집행하기 위한 "경성 카르텔 권고(Hard Core Cartel Recommendation)"을 OECD가 제정·발표하였는데, 그 주요 권고 사항은 아래와 같다.

- 회원국 경쟁당국은 경성 카르텔에 대해 효과적으로 중단하고 억제해야 한다(I. A. 1.항)
- 회원국은 적극적 예양 원칙을 적용해 일방 국가가 해당 국가 및 다른 국가 모두에 부정적인 영향을 끼치는 반경쟁적 행위에 대하여 조치할 것을 요구할 수 있도록 하고, 다른 국가의 중요한 이익에 영향을 미칠 때 예양의 원칙에 따라 집행권을 행사해야 한다(I. B. 1.항)
- 하드코어 카르텔에 대한 법 집행에 방해가 되는 모든 걸림돌을 검토하고 국내법 및/또는 양자 혹은 다자간 협약 등을 통해 이러한 걸림돌을 제거하거나 완화할 방법을 강구할 것을 촉구한다(I. B. 3.항)

한편 OECD는 가장 강력한 형태의 협력인 "정보공유(information sharing)"와 관련해서, 2005년 "경성카르텔 조사에서 정식 정보공유에 관한 모범관행(Best Practice for Formal Information Exchange in Hard Core Cartel Investigation)"을 제정하여 발표하기도 하였다.[118]

나. 미국, 유럽 등 개별 국가 간 협력 시도 등

OECD 등 국제기구와 더불어 미국, 유럽 등 개별 경쟁당국들도 경쟁법 집행 협력

---

118) 원문은 https://www.oecd.org/competition/cartels/35590548.pdf에서 확인 가능하다.

을 위한 노력을 계속 하고 있다. 예컨대, GE/Honeywell 기업결합에 대한 미국과 유럽의 충돌 직후인 2002년 미국 DOJ와 FTC, 유럽집행위원회는 초국경 기업결합과 관련해서 "기업결합심사에서 협력에 관한 모범관행(The US−EU Best Practices on Cooperation in merger investigations)"119)을 만들어 기업결합심사 시 서로 협력하고 있다.

미국과 유럽 경쟁당국 모두 기업결합의 경쟁제한성 심사 과정에서의 경쟁당국 간 협조도 중요하지만, 특히 정보공유를 기반으로 (i) 적절한 시정조치의 설계(design), 특히 구조적 시정조치로서 매각명령의 대상이 되는 자산의 확인 및 평가 및 (ii) 매각할 자산의 적절한 매각상대방 평가 및 수탁인(trustee) 임명120)과 같은 시정조치 이행방안에서도 경쟁당국 간 협조에 기반한 시정조치 조정(coordination) 과정이 필수적이라는 데 뜻을 같이 하고 있다.121)

이후 미국 및 유럽 간 기업결합심사에서 유의미한 충돌은 발생하지 않았다고 지적되고 있다.122) 유럽집행위원회는 2004년 기업결합심사에서 효율성을 경쟁에 긍정적인 요인으로 인정하는 내용으로 유럽 기업결합규칙을 개정하기도 하였다.123)

한국 공정위는 2011년 외국 경쟁당국과의 공조강화를 위해 "국제 M&A 공조심사 매뉴얼"을 마련하였는데 이는 "미·EU 간 기업결합심사에서 협력에 관한 모범관행(The US−EU Best Practices on Cooperation in merger investigations)"에 기초해 내용을 발전시킨 것으로써, 여기에는 공조범위, 공조절차, 주의점 등의 내용이 담겨 있다.124)

---

119) 원문은 https://www.ftc.gov/system/files/111014eumerger.pdf에서 확인 가능하다.

120) 우리나라의 경우 이 제도는 도입되지 않고 있는데 공정거래위원회는 그 이유 중 하나로 수탁인 비용의 부담주체 및 비용범위에 대해 형성된 합의가 없기 때문이라고 설명하고 있다. OECD, Remedies in Cross−Border Merger Cases (2013), 63쪽.

121) Gifford & Kudrle, 앞의 책, 41−43쪽 및 90−94쪽 참조.

122) 위 Gifford & Kudrle, 앞의 책, 62쪽 참조. 2014년 기준으로 40,000건의 글로벌 M&A가 있었지만 한 경쟁당국에서는 승인되었으나 다른 경쟁당국에 의해 금지된 사례는 보고되지 않았다고 하며, 최근 충돌 사례로는 2012년 독일·뉴욕증권거래소간 합병에 대해 미국 DOJ는 조건부 승인을 하였으나, 유럽집행위원회가 불허한 사례가 있다고 한다[Duy D. Pham, "Resolving Conflicts in International Merger Reviews through Merger Remedies", World Competition, Vol.39 No.2 (2016), 각주 8 참조]. 유럽은 주로 유럽 파생시장에서의 경쟁제한성을 우려한 반면 미국 DOJ는 주식시장에 초점을 맞춰 경쟁제한성을 심사했다고 하며, 보다 자세한 내용은 OECD, Remedies in Cross−Border Merger Cases (2013), 97쪽 참조.

123) Gifford & Kudrle, 앞의 책, 58−59쪽 참조.

124) 공정위 2011. 12. 30.자 보도자료 "외국 경쟁당국과의 공조강화 위해 매뉴얼 제작" 참조.

다. BHP 빌리턴/리오틴토 기업결합(2010)

세계 2위 및 3위 철광석 업체인 BHP 빌리턴과 리오틴토가 생산 조인트벤처 설립 계약을 체결하여 호주 서부 지역의 철광석 광산, 철도 및 항만 등의 생산 기반시설을 결합한 것이 문제된 사건에서도 경쟁당국의 초국경적 시정조치를 둘러싼 협력의 모습을 살필 수 있다. 해당 기업결합은 한국, 일본, 유럽, 중국, 독일 및 호주 경쟁당국에 신고되었고 공정위는 조사정보 교환 등 국제카르텔 조사에서의 국제협력을 넘어 시정조치 수준의 조율에 초점을 맞춘 M&A 분야에서 최초의 국제 공조사건이었다.[125]

한국 공정위는 철광석 시장에서의 양사의 지배적 지위가 강화되고 협조효과를 통해 철광석 가격상승의 가능성이 커진다고 판단하여 경쟁제한성이 있다고 보고 심사보고서를 송부하였다. 우리나라의 경우 양사에 대한 철광석 수입의존도가 67%로 매우 높은 반면, 양사는 한국의 수출비중이 11%로 낮아 한국이 일방적으로 시정조치를 부과하는 경우 양사가 철광석 공급을 한국 내 구매자에게 거절 또는 지연할 가능성이 있다는 점을 공정위는 우려하였다.

이에 공정위는 금지조치가 아닌 행태적 조치를 부과하기로 하고,[126] 다만, 양사의 수출비중이 한국보다 높은 일본 JFTC와 시정조치 수준을 조율하여 양 경쟁당국이 최종명령으로 동일한 시정조치가 부과되도록 적극적인 국제공조를 추진하였다. 이에 BHP 빌리턴과 리오틴토는 합작사 설립계획을 철회하였다.

라. Western Digital/Hitachi GST 기업결합(2012)

세계 하드디스크 드라이브(HDD) 제조 2위 사업자인 Western Digital이 3위 사업자 Viviti Technologies(舊 Hitachi GST)의 주식 100%를 인수하면서 한국, 미국, 일본, EU 그리고 중국에 기업결합신고를 한 사건이다. 한국 공정위는 해당 거래가 3.5인치 데스크톱용 HDD시장 및 3.5인치 가전용 HDD시장에서 주요 사업자 수가 줄어들어 이후 협조효과에 따른 가격인상 소지가 있기 때문에 경쟁제한 가능성이 있다고 판단하였다.

공정위는 시정조치를 부과하기에 앞서 해당 글로벌 기업결합을 심사하는 각국 경

---

125) 공정위 2010. 10. 19.자 보도자료 "국내 전 산업에 영향 큰 글로벌 대형 M&A 첫 제동" 참조.
126) OECD, Remedies in Cross-Border Merger Cases (2013), 117쪽.

쟁당국 간 시정조치의 모순 내지 충돌을 사전에 예방하고자 각국 경쟁당국과 협의하여 시정조치를 조율하였다. 즉, 글로벌 기업간 기업결합이 문제된 사안에서 우리나라만의 일방적인 시정조치는 공급거절이나 지연 같은 집행력 확보 문제가 발생할 수 있다는 점을 인식하고 적극적인 국제 공조를 추진하였다.127) 한국 공정위는 해당 기업결합의 경쟁제한성을 시정하기 위한 조치를 취하기 전 미국 FTC128)와 증거자료 확보와 관련해 긴밀히 협조하였고, 유럽집행위원회와는 시정조치의 내용을 정하는 단계에서 의견을 교환하는 방식으로 협의하였다.129)

이러한 절차를 거친 후 공정위는 Viviti의 3.5인치 데스크톱용 HDD 및 가전용 HDD 생산 관련자산(매수인이 원하는 경우 공장 포함) 및 관련 지식재산권과 영업 관련인력을 매각하는 구조적 시정 조치와 함께 부품공급계약을 매수인과 체결하는 등의 행태적 시정 조치를 같이 부과하였다.130) 미국 FTC 또한 Western Digital이 Viviti가 보유한 중국 소재 자산131)을 Toshiba에게 양도할 것을 요구하고, 한국 공정위와 마찬가지로 매각 대상 공장에서 근무하던 Hitachi 종업원을 고용하고 Toshiba에게 매각할 사업에 필요한 부품을 공급하게 하는 조항을 포함시키는 등 조치 효과 면에서 볼 때 초국경적 시정조치(cross-border remedy)를 내렸다.132) 유럽집행위원회도 3.5인치 HDD 생산 공장을 포함한 주요 자산을 매각하고 관련 지식재산권 및 인력을 이전하는 등 한국 공정위 및 미국 FTC의 시정조치와 유사한 조건으로 해당 기업결합을 승인하였다.133)

---

127) 공정위 2011. 12. 26.자 보도자료, "세계 2, 3위 하드디스크 생산업체간 국제 M&A 제동", 4쪽 참조.

128) 미국 FTC는 10개국 경쟁당국과 일정, 관련시장획정 및 시정조치 조정에 관해 협력하였는데, 유럽집행위원회와 본건 기업결합으로 영향을 받는 시장이 어디인지 확인하는 것과 함께 특히 매각될 자산의 매수인을 Toshiba로 결정하는 것을 긴밀히 협력하였다. 한국 공정위와 JFTC가 미국 FTC 및 유럽집행위원회의 요구사항이 반영된 시정조치를 수용하였다는 설명으로 OECD, Remedies in Cross-Border Merger Cases (2013), 98쪽 참조.

129) 위 OECD 보고서, 60쪽.

130) 공정위 2012. 2. 3. 의결 제2012-017호. 자산 소재지는 공개된 의결서에 비공개 처리되어 있어 정확한 소재지를 파악할 수 없었다. 다만, 시정조치를 미국 FTC와 공조하였다는 점을 고려하면 Viviti가 보유한 중국 소재 자산과 같거나 이를 포함한 것으로 추측 가능하다.

131) OECD, Remedies in Cross-Border Merger Cases (2013), 86쪽.

132) FTC, 2012. 3. 5.자 보도자료, https://www.ftc.gov/news-events/press-releases/2012/03/ftc-action-preserves-competition-market-desktop-hard-disk 참조.

133) 유럽집행위원회, 2011. 11. 23.자 보도자료, http://europa.eu/rapid/press-release_IP-11-1395_en.htm 참조. OECD, Remedies in Cross-Border Merger Cases (2013), 86쪽.

초국경 시정조치(cross-border remedy)에 따를 수 있는 충돌 내지 집행상 어려움을 극복하기 위해 경쟁당국 간 협력을 통한 모순·충돌 회피의 좋은 사례라고 평가할 수 있다.

마. ASML/Cymer 기업결합 사건(2013)

반도체 원자재 웨이퍼에 레이저를 이용해 회로를 그리는 반도체 리소그래피(광미세가공) 시스템 시장에서 세계 1위 업체인 미국 기업 ASML이, 리소그래피 시스템에 사용되는 광원(Light source, 주로 레이저)을 생산하는 세계 1위 미국 업체 Cymer의 주식 100%를 취득한 사례는, 초국경 시정조치 관련 경쟁당국과 협력 및 그 한계를 확인할 수 있는 좋은 예이다.[134]

해당 기업결합은 한국, 일본, 미국, 이스라엘 그리고 대만 경쟁당국에 신고되었는데, 한국 공정위는 JFTC와 해당 기업결합에 대한 관점이 유사하다고 인식하였다.[135] 때문에 JFTC와 시장획정, 경쟁제한성 심사, 상호 정보교환 그리고 이후 보도자료 전달까지 긴밀히 협의하였다. 이러한 협력 결과 본건 기업결합에 대한 한국 및 일본의 시정조치는 서로 유사하였는데, 그러면서도 차이를 완전히 없애지는 못했다.

먼저, 한국 공정위와 JFTC는 문제된 결합으로 광원 시장 및 리소그래피 시스템에서 수직적 기업결합이 발생한다는 전제 하에, (i) 리소그래피 시장에서 일본 Nikon, Canon 등이 광원의 대체공급선을 확보하기 어렵게 됨에 따라 이들 회사의 비용이 증가되는 등 구매선 차단 효과가 우려되고, (ii) Cymer 경쟁사인 Gigaphoton으로부터 광원 구매비중이 높은 ASML이 기업결합 후 Gigaphoton으로부터 광원 구매량 축소, 불리한 조건 부과 등을 통해 Gigaphoton에게 판매선 차단 효과를 발생시킬 소지가 있다고 보았다. 또한 한국 및 일본 경쟁당국은 (iii) 반도체 제조 장비 거래 특성상 거래자간 기술, 장래 사업계획 등 민감한 정보를 공개할 수밖에 없는데, 기업결합으로 Cymer가 거래과정에서 취득한 ASML 경쟁사의 정보를 ASML과 공유하고, ASML 또한 거래과정에서 취득한 Cymer 경쟁사의 중요정보를 Cymer와 공유할 경우 기업결합 당

---

134) 위 보고서, 61쪽.
135) 공급체인상 광원시장-리소그래피시장-반도체시장으로 관련 시장이 구성되는데 (i) 광원시장에서는 Cymer의 경쟁사업자는 일본기업인 Gigaphoton, (ii) 리소그래피시장에서 미국기업 ASML의 경쟁사업자는 일본기업인 Nikkon과 Cannon, (iii) 반도체시장에서는 한국기업인 삼성과 하이닉스가 각각 존재했다.

사회사의 경쟁사들이 결합 당사회사에 의존도가 높아 공동행위를 통한 협조효과의 발생 소지가 있어 경쟁제한성 우려가 있다고 동일하게 판단하였다.[136)]

다만, JFTC는 상방시장(광원) 및 하방시장(리소그래피 시스템)의 기업결합 당사회사인 ASML 및 Cymer 경쟁사가 모두 일본기업이기 때문에 해당 일본기업에 미칠 효과를 우려해 반도체 제조 장비 시장에서 경쟁제한 여부에 초점을 둔 반면, 공정위는 여기에 더해 본건 기업결합이 반도체 제조사인 삼성전자 및 SK하이닉스에 미칠 경쟁제한적 효과까지 고려해 기업결합 후 리소그래피 시스템 공급자(ASML)의 삼성전자와 SK하이닉스를 상대로 한 남용행위를 방지할 조치도 필요했다.[137)]

이에 한국 공정위와 JFTC는 수직결합에 따른 광원시장 및 리소그래피 시스템 시장에서의 봉쇄효과 및 협조효과를 막기 위해 ① ASML 및 Cymer의 판매부문에 대한 독립적 운영(기업결합 이전과 동일), ② 기밀정보 교류방지를 위한 방화벽 설치, ③ 광원구매 및 판매에 있어 FRAND(Fair, reasonable and non−discriminatory) 원칙을 준수할 것을 똑같이 요구하였다.[138)] 다만, 한국 공정위는 본건 기업결합이 자국 반도체 제조사에 미칠 영향을 우려하여, 추가적으로 ④ 결합 당사회사의 리소그래피 시스템 판매시 남용행위 금지라는 행태적 시정조치도 함께 부과했다.[139)]

이러한 ASML/Cymer 사례는 경쟁당국 간 협력도 국가별 경쟁상황의 차이에서 오는 이슈마저 해결할 수는 없으므로 경쟁당국들이 일치된 시정조치를 부과하는 것에 일정한 한계가 존재할 수 있다는 점을 잘 보여준다.[140)]

4. 타국 집행에 대한 적극적 의견 개진을 통한 충돌 회피

초국경적 거래의 증가 및 그에 대한 경쟁법의 역외적용 사례가 증가함에 따라 피조사기업 혹은 피소 기업 소재 국가의 경쟁당국이 조사 또는 소송을 진행하는 국가의

---

136) 공정위 2013. 5. 24.자 보도자료 "역외 반도체 제조 장비사간 수직적 기업결합에 시정명령", 2−3쪽 참조; OECD, Remedies in Cross−Border Merger Cases (2013), 54−56쪽 참조.

137) OECD, Remedies in Cross−Border Merger Cases (2013), 64쪽.

138) 공정위 2013. 5. 24.자 보도자료 "역외 반도체 제조 장비사간 수직적 기업결합에 시정명령", 3쪽; OECD, Remedies in Cross−Border Merger Cases (2013), 55−56쪽 참조. 한국 공정위는 해당 내용의 시정조치를 부과하였고, JFTC는 해당 조건부 승인 결정을 내렸다.

139) 공정위 2013. 6. 26. 의결 제2013−118호.

140) OECD, Remedies in Cross−Border Merger Cases (2013), 64쪽.

경쟁당국이나 법원에 적극적으로 의견을 개진하는 사례도 늘고 있다. 자국 경쟁법의 적용만으로는 자국의 주권 및 자국기업의 이익을 보호하는데 부족하기 때문이다.

타 경쟁당국에 대한 의견 개진은 양자간 경쟁협력협정에 따른 공식·비공식적 의견교환의 방식으로 이루어지는 경우가 많고, 타 국가의 법원에 소송이 제기된 경우 그 법원에 의견서(amicus curiae brief[141]))를 제출하는 방식으로 통상 이루어진다.[142]

가. 미국 Motorola Mobility v. AU Optronics Corp 사건(2014)[143]

미국의 휴대폰 제조·판매회사인 Motorola는 휴대폰 제조에 필요한 LCD패널의 99%를 해외 자회사들을 통해 구매한 다음, 현지 공장에서 휴대폰을 조립하여 미국 등 세계 각국에 판매하여 왔는데, AU Optronics 등 LCD패널 제조사들이 LCD 가격에 관하여 담합을 하였다. 이에 Motorola는 미국 셔먼법 위반을 이유로 AU Optronics 등을 상대로 손해배상소송을 제기하였는데, 피고들은 Motorola 현지 자회사에 판매된 LCD 패널 부분은 미국 시장에 대해 "직접적이고 실질적이며 합리적으로 예견가능한 영향"을 미치지 않았다는 이유로 기각을 구하였다.

이에 대하여 미국 FTC와 DOJ는 비록 LCD패널이 외국에서 판매되었다고 하더라도 해당 LCD패널을 장착한 휴대폰이 미국으로 배송된 경우에는 미국의 관할이 미친다는 내용의 amicus curiae 의견서를 미국 법원에 제출하였고, 일본, 대만 정부 및 한국 공정위의 경우 "다른 국가의 주권 및 국제예양(international comity)의 원칙에 반할 우려가 있다"는 이유로 Motorola 해외 자회사가 구매한 LCD패널 부분에 대한 손해배상 청구를 기각해 달라는 취지의 amicus curiae 의견서를 제출하였다.[144]

미국 제7지구 연방항소법원은 두 번의 심리 끝에 Motorola의 해외구매 분에 관한

---

141) "Amicus curiae"란 "friend of the court"라는 의미의 라틴어로서, 미국 소송에서 직접 당사자가 아닌 제3 자가 그 사건에 대해 법원에 제출하는 의견서를 amicus curiae 의견서라고 한다.

142) 본문에서 언급한 사건들 외에도 피 조사/피소 기업의 정부가 조사/소송 국가의 당국이나 법원에 의견을 개진한 사례는 일일이 열거할 수 없을 정도로 많다.

143) Motorola Mobility LLC v. AU Optronics Corp. et al., 775 F.3d 816 (7th Cir. 2014); Motorola Mobility LLC v. AU Optronics Corp. et al., 746 F.3d 842 (7th Cir. 2014), Motorola Mobility LLC v. AU Optronics Corp. et al., 2014 WL 258154 (N.D.Ill. 2014) 각 참조.

144) 한예선, "경쟁법의 역외적용 요건과 범위에 관한 검토: Motorola Mobility LLC v. AU Optronics Corp. 판결을 중심으로", 경쟁저널 제178호 (2015. 1.), 73-74쪽.

청구를 기각하였다. 1차 판결에서는 해외자회사가 구매한 LCD패널 부분에 대한 담합은 미국시장에 미친 영향이 간접적이고 미미하다는 이유로 미국의 관할 대상이 아니라고 본 반면, Motorola의 요청에 따라 같은 사건을 다시 심리한 법원은 부품가격에 관한 담합이 존재한 이상 해외 자회사를 거쳐 완제품만이 미국으로 수입·판매되었다고 하더라도 미국 시장에 대한 "직접적이고 실질적이며 합리적으로 예견 가능한 영향이 존재"한다고 하여 관할권은 인정하면서도, 그 담합으로 피해를 본 것은 해당 LCD 패널을 구입한 해외자회사들이고, Motorola 본사는 주주로서 간접적 손해를 입은 것에 불과하다는 이유로 Motorola의 청구를 기각하였다. 이에 더하여 해외 자회사가 역외 거래로 피해를 입었음에도 불구하고 미국 본사가 미국 셔먼법에 따라 소송을 제기하는 것은 다른 국가의 고유한 규제영역을 침범하는 것이 될 수 있다고 지적하였다.

미국법원이 판결문에 명시하지는 않았지만, Motorola의 청구를 기각한 배경에는 한국 공정위 등 다수의 국가들이 amicus curiae 의견서를 제출하여 기각을 구한 것도 일정한 영향을 미쳤을 것으로 생각된다.

나. 미국 Vitamin C 담합 손해배상소송 사건(2016)[145]

중국산 비타민C를 구매한 소비자들은 Herbei Welcome Pharmaceutical 등 중국 비타민C 제조사들이 비타민C 생산량 및 가격에 관하여 담합하였다는 이유로 중국 비타민C 제조사들을 상대로 미국 연방지방법원에 손해배상소송을 제기하였다. 이에 대해 중국 비타민C 제조사들은 그러한 담합활동은 중국 정부의 명령에 따른 행위이므로 미국에게 관할권이 없거나 행사가 자제되어야 한다고 주장하였다.

그러자 중국 MOFCOM은 "피고들의 비타민C 담합은 중국법에 따른 것이었다"는 내용의 amicus curiae 의견서를 미국법원에 제출하였다. 이는 중국 정부가 미국 법원에 중국 정부의 공식적 입장을 최초로 개진한 사례라고 한다.

미국 제2연방지구 항소법원은 중국 MOFCOM의 의견서를 근거로 중국법과 미국법 사이에 "진정 충돌(true conflicts)"이 있다고 보아 "국제예양의 원칙"에 따라 원고들의 청구를 기각하여야 한다고 판시하였다.[146]

---

145) In re Vitamin C Antitrust Litigation, 837 F.3d 175 (2d Cir. 2016).

146) 위 판결, 194-195항 참조.

5. 과징금 부과 및 산정을 통한 충돌·과잉집행의 회피

복수집행에 따른 과잉규제의 위험을 배제하기 위해서는 특정 규제당국만이 규제하게 함으로써 '복수' 규제 자체를 없애는 방법도 있지만, '복수' 규제가 이루어지는 것을 전제로 '처분'의 중복과 과잉을 막는 방법이 있다. 세계 경쟁당국들은 '과징금'을 산정하는 과정에서 '관련매출액'을 달리 인식하거나 이를 가중·감경하는 과정에서 이 같은 과잉집행의 우려를 해소하고자 시도하고 있다.

가. 유럽 LCD패널(Innolux) 사건(2015)[147]

유럽경쟁당국은 삼성전자, LG디스플레이 등 6개 LCD패널 사업자가 가담한 국제카르텔 사건에서 대만 기업인 Innolux사(이전 명칭 Chimei Innolux Corporation)에게 3억 유로의 과징금을 부과하였다. 유럽경쟁당국은 과징금 산정의 기초가 되는 '관련매출액(value of the sales)'을 산정하면서 크게 두 가지 유형의 매출을 제시하였다. 즉, ① 담합가담자가 담합대상 LCD패널을 EEA 내 다른 사업자에게 판매한 매출(direct EEA sales)과 ② 담합가담자 아닌 사업자가 담합대상 LCD패널을 최종제품에 탑재된 형태로 EEA 내에 판매한 매출로 구분하였다. 유럽집행위원회는 ② 매출을 다시 두 가지 유형으로 즉, (i) 최종제품을 판 사업자가 담합가담자의 계열회사였던, 이른바 '변형상품을 통한 직접매출'(direct EEA sales through transformed products)의 경우와 (ii) 최종제품을 판 사업자가 담합가담자와 무관한 비계열사인 '간접매출'(indirect sales)로 구분하였다. 결론적으로 유럽경쟁당국은 담합가담자와 연관이 있는 ①과 ②(i)를 과징금 산정의 기초가되는 관련매출액으로 보았다.

Innolux는 이러한 유럽집행위원회의 결정에 불복하여 유럽 바깥에 설립된 100% 완전자회사가 최종제품을 통해 유럽 내에서 얻은 LCD패널 매출[매출②(i)에 포함] 또한 과징금 산정에서 제외되어야 한다고 주장하였다. 이를 매출액 산정에 포함시킨 것은 "과징금 산정 방법에 관한 가이드라인(Guidelines on the method of setting fines imposed pursuant to Article 23(2)(a) of Regulation No1/2003, 이하 '유럽 과징금 부과 고시')" 제13항에 위반될 뿐만 아니라 유럽집행위원회의 영토관할의 한계를 무시한 것으로 다른 경쟁당국이 중복 제재할 위험이 발생한다고 주장하였다.

---

147) Case C-231/14 P, Innolux Corp. v. European Commission.

이에 대해 유럽 Court of Justice(舊 ECJ, 이하 '유럽사법재판소')는 Innolux의 주장을 기각하였다. 유럽사법재판소는 최종제품은 담합대상이 아니며 LCD패널의 하방시장(downstream market) 관련 제품이라는 점은 인정하였다. 하지만, Innolux와 수직적으로 통합된(vertically integrated) 완전자회사가 유럽 바깥에서 만든 최종제품을 유럽 내 사업자에 판매하는 경우, LCD패널의 담합가격은 최종제품 가격에도 영향을 미치므로 유럽 최종제품 시장에도 경쟁제한적인 영향을 미친다고 판시하였다. 또한 유럽집행위원회가 EU 회원국 아닌 경쟁당국의 조사절차 내지 제재를 고려하지 않는다고 해서 일사부재리의 원칙(the principle non bis in idem) 또는 다른 법 원칙을 위반하는 것도 아니라고 판시함으로써 "유럽(EEA) 바깥에 소재한 경쟁당국이 중복 제재할 수 있다"는 Innolux 주장도 배척했다. 이 같은 유럽사법재판소의 판단은 미국 제7지구 연방항소법원이 Motorola 판결에서 카르텔 대상 제품이 미국 외에서 판매되었다고 하더라도 이를 탑재한 최종 제품이 미국 내 유입되는 경우, 미국 내 거래에 충분하고 직접적인 효과(sufficiently direct effect)를 미친다고 볼 수 있다고 판단한 것과 같은 맥락이라고 평가할 수 있다.[148]

하지만, 유럽사법재판소의 Innolux 판결은 관할의 충돌 또는 중복 제재의 문제를 초래할 소지가 있다. 실제 LCD패널 거래가 있었던 국가의 경쟁당국도 동일한 매출에 관하여 과징금을 부과할 수 있기 때문이다.

나. Marine Hose 국제카르텔 사건

Marine Hose 사건은 유조선, 석유비축시설 등에 쓰이는 고무호스를 제조하는 사업자들이 시장분할, 수주조정, 가격 및 수량 등에 관해 합의한 것이 문제된 국제카르텔 사건이다. 이 사건에 대하여는 우리나라를 비롯하여 미국, 유럽, 일본, 호주, 브라질 등이 모두 조사에 착수하여 과징금 기타 제재를 가하였다.[149]

일본 JFTC는 8개의 Marine Hose 제조사들에게 시정명령을 부과하면서도 과징금은 일본 사업자인 Bridgestone에 대해서만 부과하였다. Bridgestone의 경우 일본 소재 수요자(석유회사 및 재일미군)들에게 Marine Hose를 공급하였던바, 그 매출액을 기초로

---

148) 정세훈·최인선, "유럽경쟁법의 적용: 유럽사법재판소의 LCD 사건 판결과 시사점", 경쟁저널 제182호 (2015. 9.), 99–100쪽 참조.

149) 성승제, 앞의 글, 51–54쪽 참조.

과징금 238만엔(리니언시를 이유로 30% 감액)을 부과하였다. 반면 카르텔에 가담한 나머지 외국사업자들은 관련기간 중 일본에 소재한 수요자가 발주한 마린호스를 수주하지 않았다는 이유로 과징금 부과대상에서 제외하였다.[150] 이렇게 관할 영역 내 매출액만을 과징금 산정의 기초로 삼는 것은 복수 제재에 따른 과잉 재제의 위험성을 회피하는 대표적인 방법이다.

한국 공정위도 같은 사건에서 JFTC와 비슷한 방식으로 과징금을 산정·부과하였다. 즉, 관련 기간 중 한국수요업체가 발주한 입찰건의 계약금액만을 토대로 Bridgestone을 포함한 5개사에게 총 14억 2,400만원의 과징금을 부과하였다.[151] 그 과정에서 낙찰자의 경우 계약금액 전부를 관련매출액으로 본 반면, 낙찰탈락자(이른바 '들러리')의 경우 기본과징금의 1/2을 감경하였다. 이는 입찰담합에 대한 우리 과징금고시 IV.1.다.(1)(마)항에 따른 것인데, 담합 가담의 정도와 담합 가담을 통해서 얻은 이익을 고려한 '조정'이라고 할 수 있다.[152]

유럽집행위원회는 11개 Marine Hose 제조사들에 대하여 금지명령을 내리는 한편, Bridgestone에 5,850만 유로, Dunlop에 1,800만 유로, Trelleborg Industrie에 490만 유로, Parker ITR에 2,561만 유로, Manuli Rubber Industries에 490만 유로의 과징금을 부과했는데, 그 과징금 산정 과정 방법이 주목할 만하다.[153] 즉, 유럽집행위원회는 Marine Hose 제조사들의 전 세계 매출이 아닌 유럽(EEA) 내 매출액을 관련매출액의 기초로 삼으면서도, 이를 실제 담합에 가담한 사업자별로 나누는 과정에서 특수한 방법을 채택했다. 각 사업자의 유럽 점유율에 따라 이를 나누는 대신, 각 사업자의 세계 시장 점유율에 따라 이를 나누었다.[154] Marine Hose 카르텔은 전 세계를 대상으로 한 국제카르텔인 만큼 유럽 점유율보다 전 세계 시장점유율이 각 사업자의 책임 정도를 좀 더 적절히 반영한다는 것을 이유로 들었다. 그 결과 실제 유럽 역내 매출이 거의 없었던 Bridgestone도 고액의 과징금을 부과받게 되었다.[155]

---

150) 日本 経済産業省, 国際カルテル事件における各国競争当局の執行に関する事例調査報告書 (2016. 6.), 11~12쪽.

151) 공정거래위원회 2009. 7. 3. 의결 제2009-152호.

152) 위 의결서 41-42쪽.

153) Case COMP/39406 - Marine Hoses, 429항.

154) 이는 2006년 개정된 유럽 과징금 부과 고시 제18항에 명시되어 있다.

155) 日本 経済産業省, 앞의 보고서, 11-12쪽.

이는 "중복·과잉집행 위험의 회피"와 "정당한 과징금 부과"라는 두 가지 목적을 동시에 달성하고자 하는 새로운 시도라고 판단된다. 즉, 유럽이 전 세계 매출액을 기준으로 과징금을 부과한다면, 이는 본건과 같이 다른 경쟁당국들도 조사 및 제재하고 있는 상황에서 중복·과잉 제재가 불가피하다. 따라서 유럽 역내 매출만을 토대로 과징금을 산정한 것은 "중복·과잉집행"의 위험을 회피하기 위한 적절한 조치라고 할 수 있다. 다만, 유럽 내 시장점유율을 기준으로 그 매출액을 나누는 것은, 유럽 시장점유율과 세계 시장점유율이 상이한 경우 유럽 범위를 넘는 국제카르텔에 가담한 사업자별 위법행위 가담의 정도와 부당이득의 정도에 맞지 않는 부당한 결과를 초래할 수 있다. 담합의 결과가 발생한 모든 국가에서 똑같은 방법으로 과징금을 책정·부과한다면, 이런 문제는 해소될 수 있지만, 국제카르텔을 규제하지 않는 경쟁당국이 다수인 상황에서 이 점이 확실치 않다면 과징금을 사업자별 최종 가담·책임의 정도에 맞도록 세계시장 점유율에 따라 그 관련매출액을 배분한 것으로 이해할 수 있다.156) 이 같은 유럽의 관련매출액 산정방법은 초국경적 국제카르텔에 관한 과징금 산정방법으로서 고려해 볼 만한 내용이다.

그밖에 미국의 경우, 미국 DOJ와 Marine Hose 제조사들 간의 Plea Agreement에 따라 형사벌금이 부과되었는데, Plea Bargain의 성격상 해당 벌금의 구체적 산정 근거와 방법은 공개되지 않았다.157)

다. 유류할증료 국제카르텔 사건

국제카르텔에 대한 과징금 중복 처분 가능성에 관한 또 하나의 좋은 사례로 "유류할증료 국제카르텔 사건"이 있다.

다수의 항공화물운송사업자들은 항공화물운임의 일부로서 '유류할증료(fuel surch-

---

156) 예컨대 갑, 을 2개의 업체가 A, B 두 국가 시장에 관하여 담합을 하였는데 A시장은 갑만이 B 시장은 을만이 담합 물품을 공급하였다고 가정해 보자. A, B 두 나라의 경쟁당국이 모두 이 담합을 제재한다면, 갑은 A국가 매출액 전부를 기준으로 을은 B국가 매출액 전부를 기준으로 과징금을 부과받게 되는바, 책임 정도에 맞는 제재가 실현되게 된다. 그런데 A국만 제재를 하고 B국은 제재를 하지 않는다면, 담합은 같이 참여하였는데 A국에게 물품을 공급한 갑만 과징금을 부과받고 B국에 물품을 공급한 을은 사실상 면책된다는 문제가 있다. 이러한 경우 A국의 경쟁당국이 A국에 대한 매출액을 기준으로 과징금을 산정한 다음 이를 A, B국 시장 전체에 대한 시장점유율로 나누어 갑, 을 모두에게 부과한다면 이러한 문제는 일부 해소되게 된다.

157) 日本 経済産業省, 앞의 보고서, 12쪽.

arge)'를 도입, 변경하는 과정에서 서로 담합하였고, 이에 대하여 미국, 유럽, 한국 등 다수 국가의 경쟁당국이 조사·제재하였다.

유럽집행위원회는 ① EU 회원국 간, ② EU 회원국과 스위스 간, 그리고 ③ EU회원국과 제3국 간 모든 노선에 대한 유류할증료 담합 전부가 유럽의 규제 대상이 되며, 과징금 산정의 근거가 되는 관련매출액(the value of sales) 역시 이 모든 노선의 항공화물운임이 되어야 한다고 보았다.[158] 당시 항공사들은 "EU발 제3국행 노선"은 고려될 수 있지만, "제3국발 EU행 노선"의 매출액은 제외되어야 한다고 주장하였는데, "제3국발 EU행" 항공권 발행행위의 대부분은 EEA 역외에서 이루어지고 EEA지역에 미치는 영향이 작다는 이유에서였다.[159] 그러나 유럽집행위원회는 이러한 항공화물운송사업자들의 주장을 배척하고, "EU발 제3국행"은 물론 "제3국발 EU행" 노선의 매출 전부를 관련매출액으로 인식하였다. 대신 "EU-제3국간 노선"에 관한 담합의 경우 그 경쟁제한적 효과의 상당 부분이 EEA 역외에서 발생한다는 점을 고려하여 "EU-제3국간 노선" 매출액은 50% 감액하였다.[160]

한국 공정위 역시 "한국발 제3국행" 노선은 물론 "제3국발 한국행 노선"을 규제하였고 관련 노선 매출 전부를 관련매출액으로 보았다.[161] 대신 "유럽발 한국행" 노선에 관해서는 "EU 경쟁당국에서도 동일한 행위에 대하여 조사가 이루어지고 있으므로 … 동일한 관련매출액이 양 경쟁당국에서 사용될 가능성이 있다는 점을 감안하여" 최종 부과과징금을 50% 감경하였다.[162] 이러한 한국 공정위의 조치는 유럽집행위원회가 "EU발", "EU행"을 불문하고 그 경쟁제한효과의 일부가 EEA 밖에 미쳤을 것이라는 이

---

158) Case COMP/39258 – Airfreight, 1163항. 유럽집행위원회의 이 결정은 GC에 의하여 2015. 12. 16. 취소되었는데, 그 이유는 실체적인 것이 아니라 의결서의 이유와 결정 내용이 서로 상충된다는 형식적인 것 때문이었다(Cases T-9/11 Air Canada, T-28/11 Koninklijke Luchvaart Maatschappij 등). 이에 유럽집행위원회는 2017. 3. 17. 기존 의결과 동일한 결론과 제재 처분을 내리면서 의결서의 형식적 내용만 보완하는 재처분을 내렸다.

159) Case COMP/39258 – Airfreight, 1167항.

160) 위 사건, 1217, 1170항.

161) 공정거래위원회 2010. 11. 29. 의결 제2010-143호(한국발), 2010-144호(유럽발), 2010-145(일본발), 2010-146호(홍콩발) 각 참조.

162) 공정거래위원회 2010. 11. 29. 의결 2010-144호, 104쪽 참조. 이에 더하여 "한국발", "일본발", "홍콩발" 등 다른 노선들도 모두 항공화물운송업의 현황 등을 이유로 부과과징금을 50% 감액해 주었던바, 결과적으로 "유럽발"과 다른 노선 사이에 차이가 없게 되었다.

유로 매출액 전부에 대하여 50% 감액한 것과 같은 맥락으로 이해할 수 있다. 즉, 과징금 이중 부과 혹은 과잉 부과를 피하기 위한 조치라고 이해된다.

한편, "한국−일본 노선"에 취항하였던 일본항공사들의 경우, 자신들의 행위가 일본 국토교통성의 행정지도에 따른 것으로 위법하지 않다고 주장하였는데, 한국 공정위는 이 같은 주장을 배척하는 대신 같은 이유로 가장 낮은 수준(3.5%)의 과징금부과기준율을 적용하였다.163) 이는 true conflict를 인정하지는 않는 대신 제재 수위를 낮추는 방식으로 '국제예양'을 고려한 것으로 해석된다.

미국의 경우, DOJ의 조사는 plea agreement로 종결되었는데, 미국 DOJ는 '미국행' 매출액은 제외하고 '미국발' 매출액을 근거로 벌금을 산정하면서도 '미국행' 공동행위에도 가담하였다는 사실을 고려하여 반대로 벌금액을 50% 가중하였다.164)

결국 복수 집행에 따른 과잉규제의 우려를 피하는 방법은 유럽이나 한국처럼 관련매출액을 넓게 잡고 감경해 주는 방식도 있을 수 있고, 미국처럼 애초에 관련매출액을 좁게 잡고 다른 행위를 가중 요소로 삼는 방식도 있을 수 있다고 하겠다.

6. 시정명령의 모순·충돌 회피

경쟁법 위반에 대한 제재조치(remedy)는 크게 '과징금'과 '시정명령'으로 나누어 볼 수 있는데, '과징금'의 경우에는 주로 '중복 제재' 혹은 '과잉 제재'가 문제되는 반면, 시정명령의 경우에는 그 모순·충돌 가능성이 주로 문제된다.

이러한 문제점은 앞서 살펴본 바와 같은 경쟁당국 간 '협력'을 통해 사전적으로 해소하는 것이 하나의 방법이며, 또 하나는 각자 집행 과정에서 그 시정명령의 적용대상을 제한하거나 일정한 단서를 부기하는 방법을 고려할 수 있다.

가. Western Digital/Hitachi GST 기업결합 사건

세계 하드디스크드라이브(HDD) 제조 2위 사업자인 Western Digital이 3위 사업자 Viviti Technologies(舊 Hitachi GST)의 주식 100%를 인수하는 거래와 관련해서 한국,

---

163) 공정거래위원회 2010. 11. 29. 의결 제2010−145호, 66쪽 참조. 다만, 다른 사건에서도 모두 동일한 과징금부과기준율(3.5%)을 적용하였던바, 그 의미가 크다고 하기는 어렵다.

164) 최지현, 앞의 글, 51쪽.

미국, 일본, EU 중국에 기업결합신고 절차가 진행되었다.

앞서 IV.3.라.항에서 살펴본 것처럼, 한국 공정위 및 미국 FTC를 비롯한 각국 경쟁당국은 상호 협력 및 조정을 거치는 등 긴밀히 협의하였다. 미국 FTC와 유럽집행위원회는 매각자산의 상대방(Toshiba) 결정과정에 긴밀히 협력하였고, 한국 공정위와 JFTC도 FTC 및 유럽집행위원회 요구사항이 반영된 시정조치를 수용하였다.

그런데 미국 FTC가 자산매각조치로 Western Digital에 요구한 Western Digital과 Toshiba 간 매각 일정 및 특정 근로자들의 파견 일정 등의 경우, 중국 MOFCOM이 부과한 특정한 행태적 시정조치를 만족시키기 위해 변경되지 않을 수 없었다.165) 이에 미국 FTC는 모든 드러난 이슈들이 해결될 때까지 자산매각 관련 명령을 연기하였고, 이를 모두 반영해 최종 시정명령 내용을 조정하였다. 이러한 조정과 관련해서 미국 FTC는 당초 매수인(Toshiba) 선정 및 시정조치 내용을 협의한 유럽집행위원회와도 다시 협의하였다.

때때로 초국경 시정조치는 예상하지 못한 사정 또는 경쟁당국 간 협력에 따른 후속 진행상황으로 수정되는 경우가 발생하는데, Western Digital/Hitach GST 사례는 미국 FTC 등 기존 경쟁당국이 중국 MOFCOM의 시정조치로 인해 발생하는 충돌상황을 회피하기 위해 유럽경쟁당국과 함께 추가 논의를 한 사례라고 할 수 있다. 중국/인도 등 신흥 경쟁당국의 출현으로 기존 경쟁당국 간 협력이 새로운 국면에 접어들었음을 보여주는 예라고 할 수도 있을 것이다.

나. Qualcomm 시장지배적 지위 남용 사건

앞서 II.2.항에서 잠깐 언급한 것처럼, 이동통신 관련 모뎀칩셋 시장의 지배적 사업자이자 관련 표준필수특허를 보유한 Qualcomm의 라이선스 정책과 관련하여 다수의 경쟁당국이 조사 및 제재 등의 조치를 취하였거나 취하고 있다.

예컨대 중국 NDRC는 2015년 2월경, 한국 공정위는 2016년 12월경, 대만 공정위는 2017년 10월경 각각 일정한 과징금 부과처분 및 시정명령을 내렸고,166) 미국 FTC

---

165) 이상, OECD, Remedies in Cross-Border Merger Cases (2013), 98쪽. MOFCOM의 특정 조치가 무엇인지는 해당 보고서에 설명이 없는 관계로 확인할 수 없었다.

166) 공정거래위원회 2017. 1. 20. 의결 제2017-025호. 대만 의결에 관해서는 대만 공정위 홈페이지에 게재된 보도자료 참조. http://www.ftc.gov.tw/internet/main/doc/docDetail.aspx?uid=126&docid=15235

는 2017년 1월경 Qualcomm의 경쟁법 위반을 이유로 미국 연방지방법원에 소송을 제기하였다. 그밖에 유럽집행위원회 등도 2017년 11월 현재 Qualcomm의 같은 행위에 대하여 조사를 진행 중이다.167)

이렇게 동일 사안에 대하여 복수의 경쟁당국이 조사 및 집행에 나서면서 그 시정명령이 각기 충돌·모순될 수 있다는 지적이 제기되고 있다. 즉, 한국 공정위는 "라이선스를 원하는 모뎀칩셋 제조사에게도 라이선스를 제공하라"는 시정명령을 내린 반면, 중국 국가발전개혁위원회(NDRC)는 휴대폰 제조사에 대한 로열티를 낮추라는 취지의 시정조치를 명했는데, 이에 대하여 Qualcomm은 "휴대폰 제조사에 라이선스를 계속 제공함"을 전제로 한 중국 NDRC의 로열티 인하명령과 "모뎀칩셋사로 라이선스 대상을 변경하라"는 한국 공정위의 명령은 서로 모순되어 둘 다 이행하는 것이 곤란하다고 주장하고 있다.

이러한 시정명령의 충돌 가능성과 관련하여 중국 NDRC는 시정명령의 대상을 "중국 영역 내에서 제작·판매·사용되는 단말기"에 대한 라이선스로 제한하면서 "중국 영토 밖에서 이루어지는 라이선스"에는 적용되지 아니한다는 점을 분명히 하였다. 시정명령의 적용대상을 제한함으로써 중복·충돌 가능성을 회피하고자 한 것이다.

한국 공정위 역시 시정명령의 적용 범위에 대하여 비슷한 제한을 두었다. 즉, ① 대한민국에 본점을 둔 휴대폰 제조사와 그 국내외 계열회사, ② 대한민국에서 또는 대한민국으로 휴대폰을 판매하는 사업자 및 그 국내외 계열사, ③ 대한민국에서 또는 대한민국으로 휴대폰을 판매하는 사업자에게 휴대폰을 공급하는 사업자 및 그 국내외 계열사, ④ 대한민국에 본점을 둔 모뎀칩 제조사와 그 국내외 계열사, ⑤ 위 ① 내지 ③의 휴대폰제조사에게 모뎀칩셋을 공급하는 사업자 및 그 국내외 계열사와 Qualcomm 간의 거래에만 한국 공정위의 시정명령의 효력이 미치도록 한 것이다. 대한민국 시장에 영향을 미치는 거래만을 시정명령의 대상으로 국한한 것인데, 중국 NDRC의 시정명령보다는 적용범위가 넓다고 할 수 있다.

나아가 공정위는 시정명령의 마지막에 다음과 같은 '단서'를 추가하였다.

---

167) 공정거래위원회 2016. 12. 28.자 보도자료 "Qualcomm사의 이동통신 표준필수특허 남용행위 엄중 제재" 참조.

> 피심인들은 이 시정명령일 이후 확정되는 외국 법원이나 경쟁당국의 구속력 있는 최종적인 판단 또는 조치나 명령이 이 시정명령과 상충되어 동시에 준수하는 것이 불가능한 경우 공정거래위원회에 이 시정명령의 재검토를 요청할 수 있다.

한국 공정위의 시정명령 이후 그와 상충되는 외국 경쟁당국이나 법원의 명령이 내려지는 경우, 한국 공정위의 시정명령을 재검토하겠다는 내용으로서, "소극적 예양(negative comity)"을 시정명령의 내용으로 명기한 것이다. 이 같은 "예양 단서" 조항을 추가한 시정명령은 한국은 물론 외국의 집행 사례에서도 찾기 어려운데, 향후 초국경적 경쟁법 집행에서 시범적인 사례가 될 수 있지 않을까 생각된다.

7. 형사처벌의 중복·충돌의 회피

미국의 경우 담합행위에 대하여 적극적으로 형사처벌을 해왔고, 많은 가담자들이 실형을 받아 복역하였지만, 나머지 국가들은 경쟁법 위반에 대해 형사처벌을 하지 않아 왔다.[168] 그 결과 경쟁법 위반에 대한 형사처벌의 중복·충돌 가능성은 높지 않았다.

하지만 점차 많은 국가들이 경쟁법 위반, 특히 담합행위에 대한 형사처벌을 시도하고 있다. 오스트레일리아, 오스트리아, 브라질, 캐나다, 덴마크, 독일, 헝가리, 아일랜드, 이스라엘, 일본, 네덜란드, 영국 등이 그러하다. 하지만 이들 국가들도 여전히 징역형보다는 벌금형을 선호하는 경향이 있다고 한다.[169]

우리나라의 경우, 주요한 공정거래법 위반행위에 대하여 처벌조항을 두면서도 그에 대한 형사소추는 공정위가 고발한 경우에 한하여 할 수 있도록 "전속고발제"를 두었다. 다만, 공정위가 고발권 행사에 소극적이라는 비판과 함께 공정거래법 위반행위에 대한 엄중한 처벌을 요구하는 여론이 커지면서 담합행위에 대한 형사처벌이 많아지고 있는 추세이고, 가담 임직원들에 대한 징역형 선고도 늘고 있다.

이렇게 경쟁법 위반에 대해 형사처벌하는 국가들이 늘어나면서 초국경적 경쟁제한행위에 대한 중복 처벌 가능성에 관한 우려도 점차 커지고 있다.[170] 특히 미국은 1990

---

168) Fox & Crane, 앞의 책, 444-445쪽.

169) 위 책. 444-445쪽.

170) 공정거래법의 역외적용과 관련하여 "외국인의 외국에서의 공정거래법 위반은 형사처벌할 수 없다"는 견해가 있음. 공정거래법 제2조의2는 "국내시장에 영향을 미치는 경우" 처벌규정을 적용할 수 있다는 것인데, 이는 "죄형법정주의"의 원칙상 구성요건이 너무 모호하여 문제가 있다고 함. 석광현, "독점규제 및 공정거

년대까지만 하더라도 외국인 가담자의 경우 징역형 부과는 면제해 왔는데(이른바 "No Jail Deal"), 최근에는 내국인과 똑같이 징역형을 부과하고 있으며, 외국인에게 부과되는 징역기간도 빠른 속도로 늘고 있다. 2000~2005년 기간 동안 국제카르텔 사건에서 외국인에게 부과된 평균 징역형 기간은 3~4개월 정도였던 것이, 2006년에는 7개월, 2007년에는 12개월로 증가하였고, 2008년 1월 현재에는 20개월에 달한다고 한다.[171] 이러한 사정 역시 중복 처벌에 대한 우려를 증가시키는 요소이다.

이 같은 형사처벌의 중복·충돌을 회피하는 문제에 관해서는 Marine Hose 사건에 관한 미국 및 영국 법원의 양형 및 집행 사례가 참고가 된다.[172] 이 사건에서 미국 판사는, 영국 법원에서 이미 징역형을 선고받은 카르텔 가담 임원에 대하여 징역형을 선고하면서도, 먼저 영국 교도소에서 복역할 수 있도록 허용하였다. 다만, 보다 긴 영국의 징역형을 모두 집행하는 경우 별도로 미국 징역형은 집행하지 않을 수 있도록 하면서,[173] 영국에서 예정된 기간보다 일찍 석방시킬 경우 해당 임원은 남은 형기를 마치기 위해 미국 교도소로 가도록 하였다.[174]

살피건대, 동일 경쟁법 위반에 대한 중복 처벌을 피하는 방법은 ① 양형 단계에서 고려하는 방법과 ② 일단 형은 선고하고 집행단계에서 고려하는 방법이 있을 수 있는데, Marine Hose 사건에서 영·미 법원이 취한 방법은 후자의 것으로 보인다.

경쟁법 위반에 대한 형사처벌 규정의 역외적용 사례는 아직까지 우리나라에서는 없는 것으로 보인다. 다만 다음과 같은 형법 제7조의 문언상 Marine Hose 사건에서 영·미 법원이 취한 것과 같은 방법이 우리나라 법상으로도 가능할 것으로 보인다.

> **형법 제7조(외국에서 집행된 형의 산입)** 죄를 지어 외국에서 형의 전부 또는 일부가 집행된 사람에 대해서는 그 집행된 형의 전부 또는 일부를 선고하는 형에 산입한다.

래에 관한 법률의 역외적용", 판례연구 제21집(2) (2007. 12.), 44쪽.

171) 신봉삼, "국제카르텔 규제, 브레이크가 없다", 경쟁저널 제149호(2010. 3.) 참조.

172) Fox & Crane, 앞의 책, 448−450쪽.

173) OECD, Improving International Co−operation in Cartel Investigations (2012), 265쪽.

174) OECD, Challenges of International Co−operation in Competition Law Enforcement (2014), 45쪽.

8. 소 결

이상 살펴본 바와 같이 세계 각국의 경쟁당국과 법원은 각자 집행이 불가피한 현실 속에서 경쟁법 집행의 중복·모순 등을 피하기 위해 여러 가지 아이디어를 찾고 시도해 왔는데, 이를 모아보면 다음과 같다.

- 각국의 관할권 행사의 한계를 정하는 방법으로 중복집행을 피하는 방법
- 관할권은 인정하더라도 타국의 법령과 true conflict가 존재한다는 이유로 관할권 행사를 자제하는 방법
- '적극적 예양'의 원칙에 따라 실질적 관련성이 더 큰 국가에 집행을 촉구하고, 그러한 타국의 집행 결과가 만족스러운 경우, 별도로 다시 집행하지 않는 방법
- 경쟁당국 간 긴밀한 협력을 통해 ① 누가 집행할 것인지, ② 집행 결과를 어떻게 구성할 것인지 등을 조율함으로써 중복 또는 충돌을 피하는 방법
- 타국 집행 절차에 amicus 의견서 제출 등의 방법으로 적극적으로 의견을 개진하고, 이러한 타국의 의견을 존중하는 방법으로 중복·충돌을 회피하는 방법
- 각자 제재를 하더라도 과징금 산정 시 관련매출액을 관할 영역 부분으로 제한하거나 이를 가중·감경하는 과정에서 감안함으로써 중복집행·과잉집행을 피하는 방법
- 각자 시정명령을 부과하더라도 그 적용대상을 제한하거나 "타국 조치와 충돌할 경우 효력을 잃는다거나 재고할 수 있다"는 "예약적 단서" 조항을 추가함으로써 시정명령 간 모순·충돌을 회피하는 방법
- 형사처벌 집행 시 어느 일국에 최종 집행을 위탁하거나, 이미 타국에서 집행된 형량을 자국 형량에서 공제함으로써 이중 복역 등의 위험을 피하는 방법

V. 경쟁법 세계화에 대한 우리나라의 대처 노력과 개선 방향

1. 경쟁법의 세계화에 대처하기 위한 적극적 대외활동[175]

한국 공정위는 초국경적 경쟁법 위반행위에 보다 효과적으로 대응하고 그 과정에

---

[175] 공정위의 적극적 대외협력 활동 내역은 공정위가 매년 발간하는 공정거래백서 제6편 "경쟁정책의 국제협력 강화" 편에 잘 정리되어 있다. 그 내용과 분량이 해마다 증가하고 있는데, 이는 그만큼 공정위의 대외활동이 활발해지고 있다는 증거이다. 이 단락의 주요 내용은 별도의 인용이 없더라도 2016년 공정거래백서를 토대로 다른 자료의 내용을 보완한 것임을 밝힌다.

서 발생할 수 있는 중복·모순·마찰 등을 피하기 위해 적극적으로 대외활동에 나서고 있다.

먼저 한국 공정위는 다자간 회의에 주도적으로 참여하고 있다. 공정위는 ICN의 경우 2001년 출범 당시부터 ICN 최고 의사결정기구인 운영그룹(Steering Group)의 멤버이자 회원가입작업반 의장으로 활동하고 있으며 2004년 제3차 ICN 연차총회를 서울에서 개최하기도 하였고, OECD 경쟁위원회(Competition Committee)[176]의 부의장단 멤버로서 세계에서 두 곳뿐인 OCED경쟁센터를 서울에서 운영하고 있으며,[177] UNCTAD 경쟁법 담당과에 직원을 파견하여 한국의 경험과 노하우를 개도국들에게 전하고 있다. 나아가 2001년부터는 서울국제경쟁포럼(Seoul International Competition Forum)을 격년으로 주최하여 최신 경쟁법 이슈에 관한 논의를 이끌고 있다.

이에 더하여 양자간 협력 활동도 활발히 하고 있는데, 앞서 설명한 것처럼 한국 정부가 체결하는 양자간 FTA에 경쟁챕터를 삽입하는데 성공해 왔으며, 이에 더하여 총 16개 외국 경쟁당국과 별도로 기관간 협력 약정을 체결하였고, 미국, EU, 일본 등 주요 경쟁당국과 정례적으로 경쟁정책협의회를 개최하고 있다.

한국 공정위는 이러한 적극적 국제활동 참여를 통해 외국의 경쟁법 집행 동향과 최신 논의들을 파악하고, 한국 기업 및 소비자의 이익이 국제적 논의에 반영될 수 있도록 목소리를 높이는 한편, 구체적 집행과정에서 외국 경쟁당국과 긴밀한 협력을 통해 효율적 집행을 도모하고 있다.

2. 경쟁법 세계화에 대처하기 위한 국내 법령 및 공정위 규정 개정

경쟁법의 세계화 물결에 대응하기 위해 국내 입법 및 규정을 손보는 작업도 이루어지고 있다.

먼저 2004년 12월 "이 법은 국외에서 이루어진 행위라도 국내시장에 영향을 미치는 경우에는 적용한다."는 규정이 공정거래법 제2조의2로 추가되었다. 이는 이른바 '제한적 효과주의' 원칙을 천명한 것으로써 공정거래법의 역외적용에 관한 근거 규정

---

176) OECD의 경쟁법·정책에 관한 논의를 담당하는 기구로서 과거 "경쟁법·정책위원회(Committee on Competition Law & Policy, CLP)"로 불리던 것이 2001년부터 "경쟁위원회(Competition Committee)"로 불리고 있다.

177) 나머지 한 곳은 헝가리 부다페스트이다.

이 마련되었다는 데 의의가 있다.

2004년 12월 개정시 공정거래법 제36조의2도 신설하여 외국 경쟁당국과 공조에 관한 근거 규정도 마련하였다.[178] 외국정부와 경쟁법 집행을 위한 협정을 체결할 권한을 부여하는 한편, 그 협정 체결과 무관하게 외국정부의 '상호보증'이 있는 경우 외국정부의 지원요청에 응할 수 있다고 함으로써 상호보증에 의한 협력 확대를 시도한 것이다.

2007년 8월에는 공정거래법 제53조의3[179]을 개정하여 외국에 소재한 사업자나 사업자단체에 대한 송달 규정도 보완하였다. 종전에는 국내에 송달대리인을 지정하지 아니한 외국사업자의 경우 실제 송달 없이 언론 "공고"만으로 송달에 갈음할 수 있도록 되어 있었는데,[180] 개정을 통해 먼저 해외 본사에 우편, 교부, 이메일 등으로 송달을 시도하고 그러한 송달이 불가능한 경우에 한하여 "공고"로 대체하게 하였다.[181] 이는 한-미 FTA 등이 요구하는 "실질적 방어기회"를 외국사업자에게 충실히 보장하기 위한 개선 노력으로 보인다.

공정위는 경쟁법의 세계화에 맞춰 공정위 내부 지침 및 고시도 제·개정하여 왔다. 예컨대 2000년 10월 「외국사업자의 공정거래법 위반행위에 대한 조사 및 처리지침」을 제정하여 외국사업자 조사 및 처리 방법에 관한 기본적인 사항을 정하였고,[182] 「공정

---

178) 개정 공정거래법 제36조의2(공정거래위원회의 국제협력) ① 정부는 대한민국의 법률 및 이익에 반하지 않는 범위 안에서 외국정부와 이 법의 집행을 위한 협정을 체결할 수 있다. ② 공정거래위원회는 제1항의 규정에 의하여 체결한 협정에 따라 외국정부의 법집행을 지원할 수 있다. ③ 공정거래위원회는 제1항의 규정에 의한 협정이 체결되어 있지 않은 경우에도 외국정부의 법집행 요청 시 동일 또는 유사한 사항에 관하여 대한민국의 지원요청에 응한다는 요청국의 보증이 있는 경우에는 지원할 수 있다.

179) 개정 공정거래법 제53조의3(문서의 송달) ① 문서의 송달은 「행정절차법」 제14조 내지 제16조의 규정을 준용한다. ② 제1항의 규정에 불구하고 국외에 주소·영업소 또는 사무소(이하 "주소등"이라 한다)를 두고 있는 사업자 또는 사업자단체에 대해서는 국내에 대리인을 지정하도록 하여 동 대리인에게 송달한다. ③ 제2항에 따라 국내에 대리인을 지정하여야 하는 사업자 또는 사업자단체가 국내에 대리인을 지정하지 아니한 경우에는 제1항에 따른다.

180) 개정 전 공정거래법 제53조의3(문서의 송달) ① 문서의 송달은 행정절차법 제14조 내지 제16조의 규정을 준용한다. ② 제1항의 규정에 불구하고 국외에 주소를 두고 있는 사업자 또는 사업자단체에 대해서는 국내에 대리인을 지정하도록 하여 동 대리인에게 송달하고, 해당 사업자 또는 사업자단체가 국내에 대리인을 지정하지 아니한 경우에는 관보·공보·게시판·일간신문 중 하나 이상에 공고하고 인터넷에도 공고하여야 한다.

181) 개정법 제53조의3 제1항이 원용하고 있는 행정절차법 제14조의 내용이다.

182) 이 지침은 2000년 제정 이후 개정되거나 따로 폐지되지 않은 것으로 보인다.

거래위원회 회의운영 및 사건절차 등에 관한 규칙」(이하 '공정위 회의운영규칙')에도 외국사업자에 관한 특별규정을 추가하였다. 예컨대 동 규정 제41조의2에 '참고인'에 대한 교차신문에 관한 규정을 신설하였는데 이는 한-미 FTA가 요구하는 '반대신문권 보장'을 위한 조치로 이해된다.[183] 「부당한 공동행위 자진신고자 등에 대한 시정조치 등 감면제도 운영고시」가 제8조의2를 신설하여 '서면'이 아닌 '구두' 감면신청도 허용한 것은 미국 증거개시(discovery) 제도에 대한 기업들의 우려를 반영한 조치이다.

3. 경쟁법 세계화에 따른 추가적 개선 사항

경쟁법 세계화에 대한 대처방안은 초국경적 경쟁제한행위를 몸소 조사하고 세계 경쟁당국과 직접 교류하고 있는 공정위를 비롯한 각국 경쟁당국이 가장 잘 알 수 있고 알고 있을 것인바, 이에 대하여 아직 경험이 일천한 실무가가 의견을 낸다는 것은 대단히 조심스럽다. 다만 아이디어 제공 차원에서 이 연구용역을 수행하는 과정에서 알게 된 내용을 토대로 몇 가지 제안을 조심스럽게 해보면 다음과 같다.

가. 경쟁법의 역외 집행 및 협력에 관한 지침 제정

미국의 경우 FTC와 DOJ가 공동으로 "Antitrust Guidelines for International Enforcement and Cooperation"란 가이드라인을 제정한 다음 수시로 업데이트하고 있다.[184] 이 가이드라인은 "미국 경쟁당국의 국제적 집행에 관심을 가질 국제적 기업들에게 가이드라인을 제공하기 위해 제정되었다"고 하면서, 미국이 언제 역외적용되는지 그 원칙을 구체적 사례와 함께 설명하는 한편(제3장), 미 당국이 경쟁법 집행시 고려하는 국제예양의 원칙과 절차(제4장), 외국 당국과 협력 방법(제5장) 등을 정하고 있다.

이 중 상당 부분은 앞서 살펴본 것처럼, 이미 우리나라의 법령 및 공정위의 기존 규정에 반영되어 있다. 하지만, 경쟁법의 세계화에 좀 더 체계적이고 적극적으로 대처

---

183) 그 밖에도 외국계 기업으로써 관련 거래금액이 10억원 이상이거나 통상마찰 등이 우려되는 경우에는 소회의가 아닌 전원회의에서 처리하도록 하고 있고(동 규정 제4조 제2항 제11호), 외국사업자의 경우 피심인 의견서 제출기간을 달리 정할 수 있도록 예외규정도 두고 있다(제29조 제10항 단서).

184) 이 가이드라인 원문은 미국 DOJ 사이트에서 다운로드받을 수 있다.

(https://www.justice.gov/atr/internationalguidelines/download)

한다는 점에서 위 미국의 것과 유사한 지침 혹은 가이드라인을 공정위 차원에서 제정해 보는 방안을 고려해 볼 수 있다고 생각한다.[185] 이러한 기준 제시는 세계 경쟁법의 주요 원칙으로 제시되는 '투명성(transparency)'을 실현하여 외국사업자들에게 한국 경쟁법 집행에 대한 불필요한 오해와 우려를 불식시킬 수 있을 것이다. 한편 이를 제정하기 위해서는 그간의 경쟁법 적용 및 집행과정을 '초국경적 사건'의 관점에서 하나하나 다시 짚어 보게 될 터이고 그 과정에서 공정위는 물론 학계·실무자들의 참여가 이루어질 것인데, 그러한 과정 자체도 큰 의미가 있을 것이다.

이러한 지침에는 한국 공정거래법 역외적용의 상세 기준, 외국 소재 사업자에 대한 문서의 송달 등 연락 방법, 초국경적 경쟁법 위반 사건에 대한 조사 방법, 외국 경쟁당국과의 협력, 중복집행·과잉집행 혹은 집행의 모순·충돌을 회피하는 방안 등이 담길 수 있을 것이다.

나. 시정조치·과징금 조정 등에 대한 규정 마련

앞서 살펴본 바와 같이, 경쟁법의 세계화에 따라 시정조치가 모순·충돌하거나 과징금과 형사처벌이 중복될 우려가 상존한다. 우리 공정위는 이를 실무적으로 지혜롭게 풀어내고 있으나, 이에 관한 근거규정을 공정거래법 시행령이나 공정위 지침에 명시해 두는 것이 어떨까 한다.

예를 들어, "유류할증료 국제카르텔" 사건에서 쌍방향 노선 모두의 매출액을 관련 매출액으로 보면서 부과과징금을 50% 감경한 바 있는데, 당시의 고민을 반영해 국제카르텔의 과징금 산정에 관한 특칙을 두어 이런 감경·조정의 가능성과 기준을 미리 제시해 두는 것도 하나의 방안이다. "Marine Hose 국제카르텔 사건"에서 유럽집행위원회가 적용한 "매출액은 국내시장을 기준으로·시장점유율은 세계시장을 기준으로"의 원칙을 채택하는 것도 고려해 볼 만하다.[186]

공정위는 복수집행에 따른 시정조치의 모순·충돌을 피하기 위해 외국 경쟁당국과 협의하고 이에 기초해 시정조치를 입안·조정하고 있는데, 이에 대해서도 근거 규정을 마련해 두는 것이 만에 하나 있을 수 있는 '적법성 논란'을 피하고 사업자들에게 예측

---

185) 2000년 10월에 제정하고 아직까지 한 번도 개정된 적이 없는 월 "외국사업자의 공정거래법 위반행위에 대한 조사 및 처리지침"을 개정하는 방법으로 접근하는 것도 하나의 방법이라 생각된다.

186) EU의 경우 이를 "유럽 과징금 부과 고시" 제18항에 명시하고 있다.

가능성을 줄 수 있는 길이 아닐까 한다.

다. '반대신문권 보장의 실질화' 등 공정위 사건 심의절차 개선

앞서 살펴본 것처럼, 한-미 FTA 체결을 계기로 공정위 회의운영규칙에 반대신문권을 보장하는 내용이 추가되었다. 그러나 공정위는 물론 기업과 그 대리인들이 처한 현실적 제약으로 말미암아 실제로 반대신문이 이루어진 경우는 거의 없는 것으로 보인다. Qualcomm의 시장지배적 지위 사건에서 Qualcomm은 심의 과정에서 이 점을 지적하며 다투기도 하였다. 이러한 지적이 정당하였는지는 별론으로 하고 앞으로도 외국기업, 특히 미국기업에 대한 집행이 증가할 것으로 예상되는 만큼, 피심인이 원하는 경우 전원회의에서 실제 반대신문이 이루어질 수 있도록 공정위 사건 심의 절차 개선 등 이에 필요한 조치를 미리 취해 두는 것도 좋을 것이다. 이는 공정위 의결의 제1심 판결적 성격에 대한 우려를 해소하는 방법도 될 수 있을 것이다.

VI. 결 론

이상 살펴본 바와 같이 경쟁법 집행의 세계화는 21세기에서 피할 수 없는 현실이다. 전 세계 경쟁당국과 학계, 실무가들은 그에 따른 문제점을 해소하고 효과적인 집행을 이루어내기 위해 여러 층위에서 다양한 노력들과 시도를 해왔음을 알 수 있다. 단일한 세계 경쟁법 제정 및 경쟁법 집행시스템 마련을 추구하면서도 동시에 각자 집행을 전제로 그 내용과 절차를 '수렴'하기 위한 노력이 병행되어 왔으며, 개별 사안 사안마다 경쟁당국과 법원이 지혜를 모아 "초국경적 경쟁제한행위에 대한 효과적 대처"와 "중복집행에 따른 문제점 해소"라는 두 마리의 토끼를 잡기 위해 노력해 왔다. 한국 공정위 역시 이러한 다양한 층위의 노력에 적극적으로 참여하여 함께 고민하고 목소리를 내왔다.

필자들은 이에 대한 해답을 줄 위치나 능력을 가지고 있지 아니하다. 다만, 이렇게 계속 노력하다 보면, 미네르바의 부엉이가 곧 날아오르게 되지 않을까 감히 생각한다. 그때까지는 지금과 같이 두 가지 목표를 염두에 두면서 개별적·구체적 사안을 해결하고 이를 제도에 반영하려는 시도를 반복해야 하지 않을까 한다.

참고문헌

[국내문헌]
＜단행본＞
공정거래위원회, 2016년 공정거래백서 (2016).
성승제, 국제카르텔 규율과 대처방안 연구, 한국법제연구원 (2016).
David J. Gerber (이동률 역), 국제경쟁법, 박영사 (2014).

＜논문＞
김수련, "조건부 리베이트에 대한 미국 및 유럽 판결의 비교: British Airways 사건을 중심으로", 경제법판례연구 제6권 (2010. 1.).
석광현, "독점규제 및 공정거래에 관한 법률의 역외적용", 판례연구 제21집(2) (2007. 12.).
신봉삼, "국제카르텔 규제, 브레이크가 없다", 경쟁저널 제149호 (2010. 3.).
윤성운·송준현, "경쟁법의 역외적용", 독점규제법 30년, 법문사 (2011).
이민호, "GE/Honeywell 기업결합 사건에 대한 유럽1심법원 판결 검토: 포트폴리오 효과가 혼합 결합 규제의 근거가 될 수 있는가?", 경제법판례연구 제5권 (2009. 2.).
이순미, "경쟁법 집행에서 국제협력의 필요성과 발전방향: OECD 논의 동향을 중심으로", 경쟁저널 제178호 (2015. 1.).
정세훈·최인선, "유럽경쟁법의 적용: 유럽사법재판소의 LCD 사건 판결과 시사점", 경쟁저널 제182호 (2015. 9.).
정영진, "시장지배적 지위 남용행위에 대한 유럽 경쟁법과 미국 독점금지법의 접근방법의 차이: 유럽위원회의 Virgin/British Airways 결정(1999)을 중심으로", 경쟁저널 제122호 (2005. 11.).
최지현, "공정거래법 역외적용의 기준과 범위: 항공화물운임 담합 판결을 중심으로", 경제법연구 제15권 1호 (2016. 4.).
한예선, "경쟁법의 역외적용 요건과 범위에 관한 검토: Motorola Mobility LLC v. AU Optronics Corp. 판결을 중심으로", 경쟁저널 제178호 (2015. 1.).

[외국문헌]
＜단행본＞
Alison Jones & Brenda Sufrin, EU Competition Law: Text, Cases, and Materials, Oxford University Press (2016).

Andrew I Gavil & Harry First, The Microsoft Antitrust Cases: Competition Policy for the Twenty−First Century, The MIT Press (2014).

Andrew T. Guzman, Cooperation, Comity, and Competition Policy, Oxford University Press (2011).

Anestis S. Papadopoulos, The International Dimension of EU Competition Law and Policy, Cambridge (2010).

Daniel J. Gifford & Robert T. Kudrle, The Atlantic Divide in Antitrust: An Examination of US and EU Competition Policy, University of Chicago Press (2015).

Einer Elhauge & Damien Geradin, Global Antitrust Law and Economics, Foundation Press (2007).

Eleanor M. Fox & Daniel A. Crane, Global issues in Antitrust and Competition Law, West Academic Publishing (2010).

<논문>

Daniel Sokol, "Monopolist without Borders: The Institutional Challenge of International Antitrust in a Global Gilded Age", Berkley Business Law Journal, Vol.4 No.1 (2007).

Damien Geradin, "The Perils of Antitrust Proliferation: The Globalization of Antitrust and the Risk of Overregulation of Competitive Behavior", Chicago Journal of International Law, Vol.10 No.1 (2009).

Daniel J. Gifford, "The Draft International Antitrust Code Proposed at Munich: Good Intentions Gone Awry", Minnesota Journal of Global Trade, Vol.6 No.1 (1997).

Daniel J. Gifford & E. Thomas Sullivan, "Can International Antitrust Be Saved for the Post−Boeing Merger World?", Antitrust bulletin, Vol.45 No.1 (2000).

Duy D. Pham, "Resolving Conflicts in International Merger Reviews through Merger Remedies", World Competition, Vol.39 No.2 (2016).

Eleanor M. Fox, "Toward World Antitrust and Market Access", American Journal of International Law, Vol.91 No.1 (1997).

Francis Snyder, "Soft Law and Institutional Practice in the European Community", the Construction of Europe: Essays in Honour of Emile Noel (1994).

Hew Pate, "What I Heard in the Great Hall of the People - Realistic Expectations of Chinese Antitrust", Antitrust Law Journal, Vol.75 No.1 (2008).

Hugh M. Hollman & William E. Kovacic, "The International Competition Network: Its Past, Current and Future Role", Minnesota Journal of International Law, Vol.20 No.2 (2011).

Kenneth W. Abbott & Duncan Snidal, "Hard and Soft Law in International Governance", International Organization, Vol.54 No.3 (2000).

Mark R. A. Palim, "The Worldwide Growth of Competition Law: An Empirical Analysis", Antitrust bulletin, Vol.43 No.1 (1998).

Rachel Bradenburger, "Twenty Years of Transatlantic Antitrust Cooperation: the Past and the Future", the CPI Antitrust Chronicle, October 2011(1).

Wolfgang Fikentscher, "The Draft International Antitrust Code(DIAC) in the Context of International Technological Integration", Public Policy and Global Technological Integration (1997).

<기타>

日本 経済産業省, 国際カルテル事件における各国競争当局の執行に関する事例−査報告書(2016. 6.).

European Commission, European Community competition policy: XXVIth Report on com− petition policy (1996).

ICN, A Statement of Mission and Achievements up Until May 2005 (2005).

OECD, Challenges of International Co−operation in Competition Law Enforcement (2014).

OECD, Cross−Border Merger Control: Challenges for Developing and Emerging Economics (2011).

OECD, Improving International Co−operation in Cartel Investigations (2012).

OECD, Remedies in Cross−Border Merger Cases (2013).

UNCTAD, "Competition Provisions in Regional Trade Agreements: How to Assure Development Gains", UNCTAD/DITC/CLP/2005/1 (2005).

법/률/의/지/평

책소개

[내가 쓴] '안데스를 걷다'
-다양한 생태계, 놀라운 경관 품은 7000Km 종단-[*]

조용환 변호사

이 책은 2016년 가을 콜롬비아·페루·볼리비아·칠레·아르헨티나 다섯 나라를 여행한 기록이다. 안데스산맥을 따라 안데스인들의 문화가 꽃핀 곳, 찬란하면서 허무한 인간의 역사 속에 끈질긴 삶의 대장정이 펼쳐진 곳이다. 어린 시절엔 환상과 동경으로, 어른이 돼서는 공감과 연민으로 내 마음을 사로잡은 그곳의 자연과 역사와 문화를 둘러보며 느낀 바를 썼다.

남미 대륙의 북쪽에서 남쪽까지 7,000km를 달리는 안데스산맥은 지구상의 모든 지형과 기후를 품고 있다. 다양한 생태계와 함께 놀라운 경관이 이어진다. 만년설로 덮인 바위산과 빙하와 호수, 거대한 평원이 빚어내는 안데스의 자연은 숨이 막힐 정도로 아름답고 평화롭다.

그 앞에 서면 우주의 먼지에 지나지 않는 내가 인간으로 태어난 것에 가슴 저릴 만큼 감사하게 된다. 그저 '숭고하다'라는 말 외에 그 자연을 표현하지 못하는 내 언어의 빈곤함이 안타까울 따름이다.

안데스산맥에 깃들인 인간의 역사도 굴곡으로 가득 찼다. 폐허로 남은 마추픽추가 보여주듯 절정에 이른 놀라운 문명이 근대 세계의 파도에 휩쓸려 덧없이 사라졌다. 사람들은 절멸의 파국을 겪었다. 식민지배 아래 인종과 문화와 종교가 폭력적으로 뒤섞였다. 19세기 초 독립한 후에도 혼란이 계속됐다. 서민을 배제한 백인 지배층의 과도

---

[*] 이 글은 『법률신문』 제4579호(2018. 2. 5.)에 게재된 칼럼이다.

한 이념 갈등, 외세 개입, 군사독재, 인권유린과 저항, 고단한 민주화의 여정에 이르기까지, 남미의 안쓰러운 역사는 우리를 비추는 거울과 같다. 반세기 넘는 내전을 끝내고 평화의 문을 열기 위해 안간힘을 쓰는 콜롬비아는 말할 것도 없다.

그들도 현대사의 그늘에서 벗어나려 애쓰고 있었다. 비극의 현장에 세운 기념관들은 진실을 밝히고 피해자들을 위로하며 다음 세대를 교육해 새로운 사회의 기초로 삼으려는 의지를 보여주었다. 과거 권력의 시녀였던 사법부의 서로 다른 모습도 눈길을 끌었다. 우리베 대통령의 3선 연임을 위한 헌법개정을 막아내고 소수자를 보호하면서 반인도적 범죄를 사면하는 법률을 위헌 선언한 콜롬비아 헌법재판소는 평화의 길을 여는 데 크게 기여했다. 칠레와 아르헨티나 대법원은 반인도적 범죄를 시효에 관계없이 처벌하고 피해자들이 배상받을 수 있는 길을 열었다. 부러웠다. 반면 모랄레스에게 3선에 이어 4선 연임의 길까지 열어준 볼리비아 헌법재판소의 현란한 궤변을 보는 마음은 씁쓸하고 착잡했다.

"모든 여행의 끝은 우리가 출발한 곳으로 되돌아와서 그곳을 새롭게 아는 것"이라는 시인 엘리엇의 말처럼 몸은 안데스를 떠도는데 마음은 끊임없이 한반도를 넘나들었다. 이 책은 그런 내 마음의 여정을 담은 기록이다. 여행 중에 느낀, 내 모국어로 누군가와 소통하고 싶다는 욕망의 산물이기도 하다. 남미의 자연과 역사와 문화, 그리고 그것을 통해 우리의 모습을 더 넓고 깊게 보려는 이들에게 조금이라도 도움이 된다면 더 바랄 나위가 없다.

카드뉴스

층간소음 스트레스, '법'대로 합시다[*]

사봉관 변호사

---

[*] 이 글은 『한경비즈니스』 제1199호(2018. 11. 19 ~ 2018. 11. 25)에 카드뉴스 형식으로 게재된 칼럼이다.

신혼의 단꿈도 잠시…
A씨 부부는 층간 소음 때문에 잠을 이룰 수가 없었다.
아이들이 뛰노는 소리는 물론
화장실에서 물 내리는 소리,
TV 드라마 소리도 그대로 들릴 정도였다.

이웃집에 쪽지도 쓰고,
관리실에 조정도 요청해 봤지만 헛수고…

참다못해 신혼집을 급매물로 내놓은 A씨.
하지만 아파트를 보러 오는 사람이 없었다.

A씨는 어떻게 해야 할까?

층간 소음 : 아파트 자체의 구조적 결함이나
            이웃 거주자의 잘못으로 발생

외부 소음 : 아파트 외부에서 발생하는
            도로 소음 등.

아파트 소음은 발생 원인에 따라
층간 소음과 외부소음으로 구분된다.

판례에 따르면
소음으로 말미암아 생활에 고통 받는 정도가
사회 통념상 일반적으로 참아내야 할
정도를 넘는지 여부에 따라 책임을 인정하고 있다.

'참을 한도'에 따라
민법상
방해배제 청구

불법행위로 인한
손해배상 책임

여기서 '참을 한도'여부는
어떻게 결정될까.

"피해의 성질과 정도 피해 이익의 공공성
가해 행위의 종류와 공공성
가해자의 방지 조치 또는 손해 회피의 가능성
공법상 규제 기준의 위반 여부 등을 종합 고려"

첫째!

환경분쟁조정위원회에 조정 신청을 하고,
민사상 소음을 발생시키지 말라는
금지 청구와 손해배상 청구 소송을 제기한다!

환경분쟁
조정위원회

만일 소음의 정도가 심하다면
경범죄처벌법 위반(인근 소란 행위)을
주장할 수도 있다.

경범죄처벌법
위반

층간 소음이 시공사의 설계 내지
시공상 잘못으로 발생했다면?

"아파트 하자에 해당하므로
사업 주체(시공사)를 상대로
하자 보수비 상당의
손해배상 책임을 물을 수 있습니다."

변호사

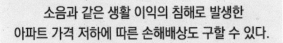

소음과 같은 생활 이익의 침해로 발생한
아파트 가격 저하에 따른 손해배상도 구할 수 있다.

"가격 저하에 따른 손해를
산정할 때는 방음 시설 설치비 등의
지출 증대와 별도로 소음 장해와
상당 인과관계가 있는
정상가격의 감소액을 부동산 감정 등의
방법으로 평가해야 합니다."

변호사

찾아보기

공저자 약력

구상수	공인회계사	서울대학교 농경제학과, 성균관대학교 법학전문대학원(박사)
구자형	변호사	서울대학교 법학전문대학원, 변호사시험 3회
권창영	변호사	서울대학교 물리학과, 서울대학교 대학원(법학박사), 사법연수원 28기, 前 의정부지방법원 부장판사
김선국	변호사	경희대학교 법학전문대학원, 변호사시험 2회
김성수	변호사	서울대학교 의과대학, 한국방송통신대학교 법학과, 사법연수원 27기
김이태	변호사	고려대학교 법과대학, 사법연수원 35기
김지형	대표변호사	원광대학교 법경대학, 사법연수원 11기, 前 대법원 대법관
김지홍	변호사	서울대학교 법과대학, 사법연수원 27기
김태형	변호사	서울대학교 사회과학대학, 사법연수원 39기
박성철	변호사	서울대학교 사회과학대학, 사법연수원 37기
배성진	변호사	서울대학교 법과대학, 사법연수원 28기
사봉관	변호사	서울대학교 법과대학, 사법연수원 23기, 前 서울중앙지방법원 부장판사
성창익	변호사	서울대학교 법과대학, 사법연수원 24기, 前 울산지방법원 부장판사
이광선	변호사	성균관대학교 법과대학, 고려대학교 법과대학원 박사과정 수료, 사법연수원 35기
이병주	변호사	서울대학교 법과대학, 사법연수원 34기
이소영	변호사	연세대학교 법과대학, 사법연수원 31기
이주언	변호사	성균관대학교 법학과, 사법연수원 41기, 사단법인 두루
이혜온	변호사	연세대학교 법학전문대학원, 변호사시험 3회
이 훈	외국변호사 (미국뉴욕주)	미국 University of Michigan Ann Arbor. MI, 미국 Syracuse University College of Law(J.D.)
임성택	대표변호사	서울대학교 법과대학, 명지대학교 대학원(법학석사), 사법연수원 27기

정 원　변호사　　　　서울대학교 법과대학, 사법연수원 30기

조용환　변호사　　　　서울대학교 법과대학, 서울대학교 대학원(법학석사), 사법연수원 14기

채희석　변호사　　　　서울대학교 법과대학, 러시아 모스크바 국립국제관계대학교 법과대학원(석사),
　　　　　　　　　　　사법연수원 32기

최승수　변호사　　　　서울대학교 법과대학, 사법연수원 25기

허 종　변호사　　　　서강대학교 법학전문대학원, 변호사시험1회

법률의 지평

초판발행	2019년 7월 15일
지은이	법무법인(유한) 지평
펴낸이	안종만 · 안상준
편 집	배근하
기획/마케팅	조성호
표지디자인	이미연
제 작	우인도 · 고철민
펴낸곳	(주) 박영사
	서울특별시 종로구 새문안로3길 36, 1601
	등록 1959. 3. 11. 제300-1959-1호(倫)
전 화	02)733-6771
f a x	02)736-4818
e-mail	pys@pybook.co.kr
homepage	www.pybook.co.kr
ISBN	979-11-303-3417-2 93360

정 가   20,000원